高等院校新闻传播学研究生教材
暨南大学研究生精品课程教材

新闻报道学

薛国林　张晋升　著

暨南大学出版社
JINAN UNIVERSITY PRESS

中国·广州

图书在版编目（CIP）数据

新闻报道学/薛国林，张晋升著．—广州：暨南大学出版社，2013.6
（高等院校新闻传播学研究生教材）
ISBN 978 -7 -5668 -0591 -1

Ⅰ.①新…　Ⅱ.①薛…②张…　Ⅲ.①新闻报道　Ⅳ.①G212

中国版本图书馆CIP数据核字（2013）第108338号

新闻报道学
著　　者　薛国林　张晋升

出 版 人　徐义雄
策划编辑　杜小陆　史学英
责任编辑　黄北光
责任校对　刘　璇　史　阳
出版发行　暨南大学出版社（广州暨南大学　邮编：510630）
网　　址　http：//www.jnupress.com　http：//press.jnu.edu.cn
电　　话　总编室（8620）85221601
　　　　　营销部（8620）85225284　85228291　85228292（邮购）
排　　版　广州市锦建商务服务有限公司
印　　刷　佛山市浩文彩色印刷有限公司
开　　本　787mm×960mm　1/16
印　　张　20.75
字　　数　350千
版　　次　2013年6月第1版
印　　次　2013年6月第1次
定　　价　45.00元

总　序

由暨南大学新闻与传播学院主编的新闻传播学研究生系列教材——《新闻传播学》、《媒介经营管理》、《国际传播学》、《新闻报道学》、《广播电视新闻研究》、《传播学研究方法》、《传播学专业英语》等，即将陆续出版。这是一种尝试和探索，我们没有足够的经验，质量如何、价值如何，有待实践检验。

为什么说是一种探索？研究生毕竟不是本科生，更不是中小学生，他们在课堂上无须使用正正规规的教材，尤其是新闻传播学专业的研究生更不需要这样做。媒体自身的变革日益加快，决定媒体生存和发展的生态环境变化也很大，尤其在当今新媒体、泛媒体时代，技术、形态、内容、产品、营销方式变幻莫测，有些技术甚至一年一个样。在这样的环境下，别说硕士生、博士生，就是本科生也不会守着课本或教材死读书、读死书；老师也绝不会照本宣科，而是会尽量脱离课本讲授新鲜活泼的内容。也许有人会问：出版新闻传播学研究生教材还有意义吗？

现实的情况是，即便没有固定的教材，老师、学生也需要看一些有价值的辅导教材及其他专业相关书籍，哪怕当中有些观点并不一定为大家认同，但若能引发思考、探索、争议，那也是好事。如果从这个角度来考虑，就不应该把出版新闻传播学研究生教材看成多余的事。

其实，出版教材的事情不是不能做，而是要出版有一定借鉴意义、有自己特色的教材。

与北京、上海等地的高层次新闻院校相比，暨南大学新闻与传播学院的研究条件和能力显然有较大差距，但我们有自己的优势。广东地处改革开放前沿，又是传媒大省，我们沐浴在领风气之先的环境中，享受着优质的业界资源，这些资源对新闻教育的发展起到了支撑作用。我们已清楚看到，学界与业界结合所发挥的对传媒教育发展的巨大作用。我们已通过建立“训练营”、“特训营”等，在广东业界建立创新基地。我们坚持通过举办“传媒学术大讲坛”、“传媒领袖讲习班”等方式，请传媒精英上课，吸取学术前沿和创新实践的营养。因此，我们的教材应该有较强的针对性和实用性。当然仅此还不够，还应该有宽阔的视野，包括一定的国际视野。尽管随着时间的推移，该系列未必能适合将来变化的情况，但期待能做得更具前瞻性一些，以延伸教材的生命力。即便将来不太适合了，其作为历史阶段的认识也有存在的历史价值。本系列教材力求做到这一点。就现阶段来说，也尽量做到像侯东阳老师在写作《国际传播学》时所说：“本教材结合一些热门的理论和现象，根据一个个专题进行深入研究，在体例和内容方面有别于其他著作和教材，有助于更深入、更系统的研究。”如果整个系列教材都能做到这一点，则既具有一定的前瞻性，又具有一定的时代价值。

范以锦
暨南大学新闻与传播学院院长、教授、博士生导师
2012年6月

目 录

绪论：新闻报道学是一门综合性学科

在已有的一些著述中，新闻报道学主要是作为新闻学科中的一门应用学科，并且随着时代的发展、传播方式的变更，它的一些重要理念也发生着深刻变化。那么，新闻报道学究竟是否只是一门应用学科？新的媒介环境又给它带来了哪些冲击和发展契机？要解析这些问题，就需要从它的研究对象、研究现状与研究任务等方面来进行。

一、新闻报道学的研究对象

新闻报道学的研究对象从微观上看，包括新闻报道过程中的采访、写作、编辑、传播、反馈等相互关联的几个环节所需要的业务技能，侧重于新闻文本的研究。从宏观上看，则是把新闻报道的主体与客体统筹结合起来，既强调方法论，又要求把新闻报道的主体——新闻人的思维培养摆到与业务技能同等的地位上来。新闻报道的实质就是两者互动的结果，正确的思维方式指导和渗透于新闻报道采集、制作和传播的每一个过程，如果忽略了对主体的研究，单纯把新闻报道学固定在业务技能培养上，使得主客体分离，既不科学，也不利于新闻报道学的长远发展。

在对主体，即对新闻人思维培养的研究方面，新闻报道学研究的对象包括一般新闻规律、新闻原则、新闻观、新闻法规以及职业道德等。在对客体的研究方面，新闻报道学主要集中在对消息报道、通讯报道、深度报道以及新媒体新闻如博客和微博的研究，同时还包括新闻编辑学、新闻评论学等。对几个重要的新闻报道领域、报道思维和方法的研究，主要集中在相对于消息和通讯等一般新闻写作而言的特殊新闻写作上，包括时政新闻报道、经济新闻报道、社会新闻报道、文体新闻报道、突发事件报道以及人物报道等。此外，深度新闻报道、解释性新闻报道、调查性新闻报道、精确新闻报道以及预测性新闻报道也是新闻报道学比较重要的特殊研究领域。

新闻报道学作为一门复杂的学科，俨然符合理论体系的特质，如果把新闻报道学进行理论体系拆分，它还可以分为新闻报道学原理、新闻报道学实务、新闻报道心理学、新闻报道美学、新闻报道社会学等。

其中，新闻报道学原理主要是对新闻报道的一般规律和原则的研究，包括新闻叙事的原理与方法；新闻报道学实务主要研究新闻报道的业务技能培养，如消息、通讯的写作方法，不同体裁的新闻写作规律与技巧等；新闻报道心理学是对新闻报道活动中的心理现象的研究，包括受众需求研究、新闻人与新闻来源研究，也包括新闻报道对受众认知和行为改变的研究等；新闻报道美学则主要研究新闻报道过程中主客体的审美价值判断，新闻内容和形式美的标准等；新闻报道社会学是运用社会学的原理和方法，研究新闻传播活动与人的社会活动关系，偏重于对新闻传播活动的社会功能、社会影响等的研究。

以上对新闻报道学研究对象的探讨还只是“冰山一角”，从不同的角度出发会得到不同的结果，但它们都遵循一个规律，那就是不再把新闻报道学作为一门单纯的应用学科，而是涉及新闻报道的方方面面。如此说来，新闻报道学是一个极为庞杂的学科体系，下面将陆续进行更深入的探讨。

二、新闻报道学的研究现状与任务

1. 新闻报道学不只是微观上的技能，更需要与理念和思想有机结合

以往的新闻报道学研究，多注重如何提高培养新闻工作者的业务技能和实操能力，在这种情况下，新闻报道学的相关论著多是经验传授和技术指导，这样新闻报道学就会被禁锢在微观技能的“喋喋不休”上，徘徊不前。当然，这并非说微观技能不重要，对于新闻报道的整个过程来说，掌握恰当的方法和拥有良好的技能固然是不可或缺乃至至关重要的。但是，实践也慢慢证明，只有完整的、正确的报道理念和报道思想才能有效地指导新闻报道的顺利实践、高效开展，良好的新闻报道理念和思想对于提高新闻人的业务素养有着举足轻重的作用。

新闻报道学是一门涉及多方面知识与能力的综合性学科，相对于新闻采访、

新闻编辑、新闻写作等来说，新闻报道是一项不折不扣的系统性工程。首先，在选择新闻报道对象时需要判断和甄别能力，尤其在当前微博被广泛使用的时代，网络信息庞杂，网络舆情瞬息万变，在获取新闻来源时，不仅需要基本的价值判断能力、对时局的理解能力，更需要在“浩如烟海”的信息流中有快速识别、迅速抓取信息的能力，还需要对网络及微博信源这个隐匿性高、复杂而又夹带情绪的信息场有敏锐的洞察和判断能力。从这个层面看，随着传播新技术的不断涌现，给新闻报道活动设置新的议题，新闻报道学探索的脚步就不会停止。其次，在新闻写作上，如何衡量事实真相的价值，如何做到客观与平衡，更是考验新闻报道“真功夫”的门槛。但这些还不够，要做到新闻产品的“易读性”，还需要在新闻叙事方法和规律的把握上加“火候”。此外，在新闻报道学研究领域中，新闻人的社会活动能力、公关审美能力、新闻传播能力等都是需要认识和学习的。

因此，从这些层面看，需要结合理论与实践对新闻报道学进行深入探讨，系统地阐述新闻报道的原理与实务，把新闻报道的基本理念、思想以及原则与新闻的采、写、编等具体实务有机结合起来，并且将理念渗透到实务的每一个环节里。新闻报道学所培养的能力是将各种业务素养和技能融会贯通，并使之相辅相成的综合性能力，而不仅仅是一些采写编技巧所能囊括的，要善于发现它们之间的内在联系，关键要懂得新闻报道的真谛所在。

2. 新闻报道学要重视基本的新闻报道规律与原则

新闻报道与新闻规律、新闻原则是紧密结合在一起的。因为任何一次新闻报道所涉及的采、写、编等环环相扣，相互依存，是一个完整的系统，而这个系统的每个部分又依傍于基本的新闻规律与原则，只有把握好新闻规律与原则，才能步步为营，取得成功。

在一些新闻理论中，有人提出新闻报道可以借鉴文学写作手法，特别是引进美学理念，这样让读者在接受新闻事实的过程中可以获得美的感受和熏陶，可谓最大化满足读者的阅读需求，也使得新闻报道更加有感染力。这种观念无可非议，甚至是值得倡导的。不过在现实环境中，如果对新闻报道的尺度把握不准，“量变引起质变”，就会使新闻报道产生异化。这是因为新闻报道“质”的框架把新闻约束在“新近发生的具有传播价值的事实”里面，“量”的框架把新闻约束在“具有真实性、实效性、准确性、客观性、公正性、平衡性”等特质里面，“量变”必须限制在“量”的框架之内，超过或不足，就是不符合要求的新闻报道。

新闻报道的原则是指在新闻“量”的框架之中的真实性、准确性和时效性因素。要做到新闻报道的真实性需要在新闻源头上把好关，做到最基本的确有其事、确有其人，避免文学创作中的主观臆测和“合理想象”；新闻报道的准确性需要在新闻语言表述上拿捏得当，对文学创作中的修辞格同样需要谨慎以待；追求时效性的同时也要讲究适宜性，需要记者具备大局意识，不为图快而发布不适宜的新闻，更不为图快而失实。新闻报道的原则包括客观性、公正性和平衡性，这些不是衡量新闻好坏的附加值，而是与真实性、时效性、准确性一样，都是新闻报道不可或缺的基本原则。关于新闻报道的客观性，在当前的新闻研究中，“纯客观”报道的呼声一直都有，但回顾新闻的发展历史和新闻事业的特征，便可以明了，无论何种媒体的新闻报道，无一不包含倾向性。新闻报道作为意识形态领域的一部分，它总是和社会的政治、经济、生活紧密相连，并且新闻报道作为人的活动，又无可避免地包含着一定的价值倾向，新闻报道的客观实质要求是指新闻报道要根据事实来描述，因而“纯客观”的新闻报道是不存在的！新闻报道的平衡性要求新闻报道在新闻来源、报道对象、新闻材料选取等方面均做到平衡，也就是在报道一个观点和意见时要注意呈现其他意见，特别是相反的意见。有了均等的“话语权”，新闻报道便不会片面和武断。而公正的新闻报道，则是指新闻报道不带私利和偏见，要有诚实的态度，并且合乎伦理等。

由此可见，要让新闻报道学步入快速发展的轨道，必须肃清这些观点模糊、界定不清的研究现状，认识到新闻报道与文学创作的区别和“纯客观”的不切实际，乃至不把新闻报道与宣传等同起来。只有对新闻报道的基本规律和原则所包含的深刻内容有所理解和感悟，才能透彻地认识到新闻报道学的真谛，新闻报道学也将以更加清晰的面孔呈现在人们面前，不施粉黛，别样动人。

3. 新闻报道学不能滞后于传播技术的发展，要与时俱进

自从电子网络技术成为当前信息传播的重要手段，特别是“自媒体”时代的到来，人类传播方式更替的频率越来越快。从世纪之初的大众传播时代到现在的“自媒体”时代，互联网俨然把原本“浩瀚无垠”的世界打造成了不折不扣

的“地球村”，“公民新闻”与“公民记者”提出不过数年，如今又被赋予了新的意义。科学技术的发展对传播方式的影响是如此深刻。

新闻报道学对思维理念和方法论的研究均不可偏废，不过，新的传播方式不是“脱胎换骨”般出现在大家眼前的，而是从旧的传播方式逐渐演化和过渡而来，这就决定了新的传播方式所需要的理论支撑必须从旧的理论体系出发。但是，新的传播方式又以新的姿态彰显着自我风采，即新闻传播所涉及的一些理论和方法论显示出随着生产方式和科学技术发展而不断发展的特征，这就需要我们用不断更新的理念看待新闻报道学。

我们的信息服务观念需要更新，我们的新闻产业观念也需要更新。以微博为代表的“自媒体”时代的到来，让传统媒体既得利又慌了手脚。微博使传统媒体在拓宽新闻来源、拓展报道视野上尝到了甜头，但反视之，不禁会想，传统媒体会不会逐渐被微博“绑架”？传统媒体在全媒体“咄咄逼人”的气势面前，又该如何在新闻报道上更胜一筹？带着这些问题，我们再反视已有的新闻报道学著作，当中一些观念十分滞后，有的甚至有恍若隔世之感，这些最终都不符合时代发展的需求，不符合新闻报道学与时俱进、拓宽前进道路的需求。所以，新闻报道学要谋得长足发展，就需要不断接时代之气息，不能故步自封，停滞不前。新闻报道学的发展呼唤紧贴时代脉搏的新理念、新方法。

例如，在以往的时政新闻报道上，最基本的追求大概是“不求有功，但求无过”，于是乎，长期以来套话连篇、长篇累牍、不抓重点的时政报道步入了困局，而当受众逐渐不买账了，这些“官话”、“套话”报道也就失去了应有的价值。在这样的情况下，不突围就等于坐以待毙，而从党的十八大之后，我们又很欣喜地看到了对党和国家领导人报道的新变化、新风向，近年央视新闻报道的不断改革和2012年引起热议的央视新闻联播“你幸福吗”报道更是让人们看到了“严肃”新闻报道的新面孔。

因此，新闻报道学在技术指导层面上，要求做到与时俱进就显得越来越重要。从这一点来说，探讨全媒体时代的新闻写作就“师出有名”了。如此，新闻报道学就与时代脉搏相贴合，有了时代的热度，就能够催生新的思想和理念，也就能产生更富有时代气息的报道作品，最终促进新闻报道学的长足发展。

对于新闻报道学这门复杂的学科，它所涉及的知识很难通过一本书来详尽叙述，本书只是针对新闻报道学几个重要的点并紧密结合当前最新的媒介环境展开研究和讨论，本书具备如下三个特征：一是以问题为导向，突出思辨性；二是“学”与“术”相结合，突出实用性；三是紧扣时代脉搏，突出新颖性。希望通过此书描绘出新闻报道学新面孔的一角，帮助大家用新的眼光去打量新闻报道学，用新的方法去学习和把握新闻报道学。

本教材是对研究生讲课的讲稿，以专题形式呈现新闻报道学的主体部分内容，在体系的完整性和结构的严密性等方面有待进一步整理、完善、提高。祈盼提出更多意见。

第一章　新闻来源与新闻报道

新闻来源，是指一则新闻中所涉及的事实、观点以及背景材料的出处，即从何而来，由谁提供。这是狭义的新闻来源的概念，广义的新闻来源不仅指新闻事实的出处和提供者，还包括提供新闻报道的渠道（记者采访、通讯社发稿、观众来信等）。新闻来源又可称为消息来源，它们的实质是一样的，只是表述上有所不同而已。

从广义的新闻来源的概念可以知道，新闻来源实质上包含了两层含义：一是新闻报道中对所涉及材料出处进行的交代；二是新闻媒介获取新闻的渠道。在新闻报道中是否交代新闻来源决定着受众“信不信”媒介新闻信息的问题，影响媒介信誉，但这个问题涉及两种不同的情况，需要区别对待，这将会在本章第三、四节分别展开讨论。本章第一节主要探析媒介获取新闻来源渠道的畅通是否影响媒介的生存与发展。

第一节　为什么说新闻来源影响媒介生存与发展

【问题提出】无论是以前还是网络技术飞速发展的今天，新闻来源一向被视为媒介的咽喉，其重要性不言而喻，但其重要性究竟表现在哪些方面？为什么说媒介的报道面和报道水准与媒介的新闻来源息息相关？在新媒体时代，媒介对待新闻来源的态度和立场发生了哪些变化，这些变化又对媒介自身带来了哪些机遇与挑战？新时期“内容为王”理念对新闻来源提出了哪些要求，它的发生背景又是什么？

一、新闻来源决定媒介报道面和报道水准，造就“新闻来源市场”

时任《南方都市报》执行总编辑的任天阳在2012年7月4日暨南大学第五期“传媒领袖讲习班”课堂上，在做题为“新媒体格局下的新闻线索研究”的演讲时就阐明了记者取得新闻线索、收获新闻来源的重要性，指出以广泛的新闻线索收获的有价值的新闻来源是创造众多新闻品种的基础。“在维系新闻生产循环中，广告只是报纸的附属值，信息的生产传播和再生产源于新闻线索的源源不断。如果一份报纸的新闻线索少了，比如电话爆料的数量下降，就将预示着报纸的发行量少了，报道的方向可能出现偏差，不能和读者很好地互动并收取读者的反馈。”新闻线索是获取新闻来源的一个重要方面，新闻线索的减少也就意味着新闻来源的萎缩。因此，新闻来源决定着媒介的报道是否客观全面，是否能够与读者进行交流讨论，乃至决定媒介的生存。《中国青年报》的曹林也提出“媒体的主流与边缘，很多时候与自身的行政级别和名号没有太大关系，而在于信息的供给。在人们需要信息作判断依据的时候，提供了多少有价值的信息；一事当前，人们求索真相的时候，媒体提供了多少对事实的报道。媒体提供给消费者的核心产品是新闻信息，媒体的地位，要以对新闻规律的遵守去判断”①。一个媒体要捍卫自己的地位不是去攀名号，而是在新闻信息的供给上下工夫，新闻信息越及时、全面、客观，能够给予受众的参考价值越大，也就越能得到受众的认同和追捧。但这些都需要靠新闻源头持续不断地供给，只有新闻源头足了，新闻报道才能呈现最大化的及时全面，媒体的地位也才会更牢固。

每逢一些世界性和国家性的重大事件，各大新闻媒体都会派遣专业采写团队进入事件发生地进行报道。例如，2012年伦敦奥运会尚未开始，各大媒体就已摩拳擦掌，准备迎接这场体育盛事，专业记者团队更是早早抵达伦敦，进行前期的采访和布局。以广州的《羊城晚报》为例，在2012年4月18日，伦敦奥运倒计时100天，《羊城晚报》就发起了“招募100名伦敦奥运特约记者”的行动。该行动招募到了包括奥运会志愿者在内的一批人员作为通讯员，目的是广开新闻

---

① 曹林．传统媒体优势的自杀．南方传媒研究（第37辑）．广州：南方日报出版社，2012.

来源，挖掘第一手现场材料。并派遣了一支专业采写队伍奔赴伦敦，在伦敦生活观察，并于6月1日开始推出伦敦奥运会前奏报道——“奥运双城记”。这实质上就是对新闻来源的策划。现在越来越多的媒体意识到，只有把握好新闻来源这个最初步也是最重要的一关，才能提高报道水准，在重大事件报道中脱颖而出，拔得头筹。

正是随着新闻来源逐渐受到重视，逐步催生出了“新闻来源市场”。新闻来源与新闻媒体之间的关系“市场化”，就构成了新闻来源市场。媒介行业是一个“内容为王”的特殊产业，媒体参与市场化竞争，能否在激烈的竞争中生存立足，在很大程度上取决于现实生活中是否存在着丰富多彩、便于利用的新闻来源以及新闻媒体能否高效率地利用这些新闻来源。“事实上，近年来随着各地报业市场的新闻竞争愈演愈烈，同城报纸之间旷日持久地大打新闻战，无不使出浑身解数以开辟新闻来源渠道，并在争夺新闻信息资源的竞争中广泛引进市场手段，诸如对外购买新闻稿件和新闻图片，加强媒体联动和消息共享，悬赏新闻线索，奖励新闻线人等，其结果是一个充满活力的新闻来源市场开始形成。”①

二、新时期媒介迫切拓展信源渠道折射新闻来源重要性

国内新闻媒体主要的、传统的新闻来源渠道包括记者采访、通讯社、社会条线、读者和社会大众四大部分。其中，记者采访是指记者为搜寻新闻来源、捕捉新闻线索、发现并获取新闻素材而进行的一系列采访工作；通讯社由于信息采集及时迅速、权威准确，曾一直是媒体获取新闻来源的重要渠道，但由于很难做到与特定的报纸定位和风格良好匹配，现在除了特殊情况外，媒体多用本报记者采写的稿件，如国内报纸在重大政治事件或突发事件以及国际版才多用新华社的稿件，而其他版块几乎都是本报采写的新闻；社会条线主要是指政府、政党、社会团体和部门的新闻宣传机构或专职新闻宣传员向记者传达最新的新闻素材和新闻报道线索，由于这类新闻比较“官方”，形式也中规中矩，要想让这类新闻变得

---

① 吴定勇．城市生活多元丰富与都市报新闻来源市场的形成．中南民族大学学报（人文社会科学版），2005（1）．

好看就需要记者追加采访一些新鲜的素材，改变一下新闻语言的叙述方式，这样新闻报道的效果才会大不一样。随着新媒体时代的到来，记者采访形式变得多样化，媒介与读者互动更加灵活，社会条线和通讯社的主导地位一去不复返，媒介追逐新闻来源的理念与方式开始发生变化。

1. 媒介越来越把读者与社会大众作为新闻来源之本

深圳大学传播学院院长吴予敏在 2012 年 11 月 29 日给暨南大学新闻与传播学院研究生做的题为“新兴文化业态的发展与深圳经验”的讲座中，介绍了美国报业数字化转型中新闻生产以及其中最为关键的新闻来源获取渠道进行的策略转变：改变了过去报社完全依赖专职记者采写新闻的传统，大量招聘兼职记者、公民记者，邀请自由撰稿人和专家学者供稿；报纸的角色从传统的新闻采集中心变成海量信息和数据的挖掘中心。从这个层面看，现代大众传播媒介越来越意识到，读者与社会大众才是最根本的新闻来源。他们或是新闻的参与者，或是事件的目击者，或是信息的知情人，或是记者的联系人，他们提供的新闻来源多、广、活。这是报纸取之不尽、用之不竭的信息源泉，也正是由于他们的加入，媒体仿佛在大街小巷安装了无数个摄像头，随时可以捕捉社会最近发展的动态，获取最新的报道线索，得到第一手的新闻素材。

2. 网络与微博助阵，媒介接收新闻来源更加灵活多样

现在，读者越来越普遍地感觉到翻开一张报纸或者点开一个新闻网页，诸如“某某微博近日引发热议”、“网上最近盛传……”之类的标题或导语应接不暇。例如，2012 年 8、9 月份的“表哥”杨达才事件，事情的发生和解决几乎都在微博上进行，传统媒体关于此事报道的新闻来源也大都来自网络，与此相类似的“周久耕天价烟”事件，也属于网络热点新闻呈现在报纸上的情况。

越来越多的记者不断从微博、各大论坛上寻找新闻源，有时还直接在新闻报道中引用用户上传的内容。“2010 年一项针对中国记者社交媒体使用习惯的调查显示，超过 60% 的记者曾通过从社交媒体上获取的新闻线索或采访对象完成选题报道，47.7% 的记者表示‘经常使用’微博。”[①] 由此可见，在网络的日益影响下，网络信源越来越被重视甚至依靠。

---

① 中国记者社交媒体使用报告［EB/OL］. 新浪网，2010 - 12 - 11.

媒体接收读者与社会大众提供新闻来源也已经不再局限于来电、来信、来稿等形式，为了得到读者与社会大众的最大支持，使其能够充分参与到提供新闻来源的队伍中来，各大媒体几乎打开了所有“窗口”，开辟了所有渠道以方便社会大众提供信息。例如，报眉上刊登电子邮件地址，版面显著位置上刊登报料电话，有偿采用新闻线索和素材，按新闻价值大小给予不同奖励等。此外，最引人注目的是现在各大媒体纷纷开通官方微博，利用微博发布即时新闻，同时也注重与粉丝互动，接收微博爆料。这也从一个侧面反映出，一方面媒体越来越看重读者与社会大众在提供新闻来源方面发挥的作用，另一方面媒体能够充分运用新传播技术带来的革新。

三、新时期“内容为王”理念对新闻来源提出更高要求

在过去，一家媒体只要经常刊登独家新闻，就会营造极大的影响力。获取独家新闻来源，打造独家报道，一直是媒体积累影响力、打造品牌的法宝和制胜武器。然而也正是像微博这样的新媒体崛起，在各路信源蜂拥充斥的情况下，新闻媒体的独家新闻来源变得越来越窄，业界已经意识到这个苗头，开始对新闻来源及制作新闻报道的模式进行重新思考。

最早提出“内容为王”的维亚康姆公司总裁雷石东这样解释该理念：“传媒企业的基石必须而且绝对必须是内容，内容就是一切！受众接受一个媒体，不是因为这个媒体的技术，而是它所传送的内容。”因此，可以说，内容始终是传媒产业的基石。“对传统媒体而言，融合了从业人员精力、知识和思想的原创性内容具有无法代替性，‘内容为王’依然是其保持核心竞争力的重要法则。”① “内容为王”这句口号始终不会过时，做好内容存量才能有的放矢地扩大增量，在新媒体环境下，传统媒体想掌握话语权，就要把“内容为王”落到实处，这就对新闻来源的质量、渠道寡众提出了要求，唯有灵敏、全面、准确的新闻来源渠道得到保证，呈现出来的新闻报道才会丰富、客观而又贴近受众。因此，无论是在

---

① 王希，范以锦．不是至尊，何以为王——融媒时代内容价值分析．南方传媒研究（第36辑）．广州：南方日报出版社，2012．83．

看重独家新闻的过去，还是同质化日益突出的现在，重视新闻来源是始终不会过时的。

一千个人心中有一千个哈姆雷特，一千个读者就有一千种内容需求。面对移动互联网等新媒体不可遏止的发展势头，传统媒体在稳住阵脚蓄势出击的同时，也非常有必要对立身之本的“内容为王”这个概念作进一步反思和延伸，于是就需要对内容的源头——新闻来源提出新要求。这主要表现在：现在的独家是角度、深度、观念，而不再是信源独家，即对新闻来源要进行深加工和解读，当独家不再可能时，独到就不可或缺。因此，如何通过新闻采集和编辑加工的流程再造对新闻资源进行二度开发，使有限的新闻资源得到充分的利用，逐渐成为赢得媒体竞争的关键。例如，对于同一新闻事件可以用“人无我有”的角度切入，给人耳目一新的感觉。对一个新闻事件，要立体呈现，从因果关系、矛盾演变、影响和发展以及新闻背景等方面进行全方位报道，让新闻从浅显走向深入。这也是越来越多的媒体开始对信息进行深加工、再次整合以及赋予新闻报道判断力的原因。对于同一件重要事件，尽管你中有我、我中有你，但不同媒体其人员构成不同、理念不同、报道方式不同，其效果自然也不同。人们除了想知道新闻事件的具体情况，还想了解事件的原因及影响意义，这就需要媒体对新闻事件加以预期和判断。因此，经由专业媒介机构把关、解读、加工的高质量内容产品成为了区别不同媒体的标志，新闻来源从提供什么变成了怎么加工，其价值再次凸显出来。

【问题总结】现代大众媒介的竞争，从直接表现上看，是新闻传播内容、传播方式和传播技术的竞争。但是从深层次看，则表现为两个方面：一是争夺新闻来源，二是争夺新闻受众。对新闻来源的竞争，实质上就是对新闻信息资源的发现和开发利用。广泛、高质量的新闻来源会拓宽报道面，呈现更加及时和丰富的新闻“大餐”，对提升媒介的影响力、争取受众有直接的影响。这也就是为什么在当今越来越激烈的媒介竞争中，新闻市场的竞争在很大程度上是新闻来源的竞争。

第二节　如何获取和使用新闻来源才符合新闻规律

【问题提出】在新媒体时代，随着网络技术的迅速发展，以微博为代表的网络新闻来源开始受到重视，其对传统的新闻采编工作带来的冲击是极为深刻的。网络及微博新闻来源具有哪些显著的特点？它给传统媒体带来的机遇和挑战有哪些？传统媒体又该用哪些具体的方法去使用、处理和把关网络及微博新闻来源，以防被不实信息所蒙蔽呢？

在探讨如何获取和使用新闻来源才符合新闻规律这个话题之前，我们需要对网络和微博新闻来源提高认识和进行分析。

一、以微博为代表的网络新闻来源开始崭露头角

在信息爆炸的现代社会，传统媒体的新闻来源已经受到极大的冲击。例如，《中国青年报》驻福建记者站站长、高级记者陈强在接受本书访谈时说，过去一般通过朋友、积累的人脉、地方性的报纸以及观察走访等获取新闻来源，但有了微博以后，微博就成了他主要的新闻来源渠道了。“在一些@我的人中，可能就有能够提供有价值的信息和新闻线索的人。”而且这不是个别现象，已经有越来越多的传统媒体的新闻人开通微博，他们大都是为了更好地关注社会动态，以便获取新闻来源。陈强说：“在网络时代，微博开辟出了一个很广泛的新闻来源地，这也是我作为传统媒体记者活跃在微博上的原因。但这与‘走基层’理念并不违背，因为‘走基层’如果盲目地去走的话，也不一定能够获得良好的新闻源和实情。网络汇集了来自基层的声音，从网络获取新闻来源再去有目的地‘走基层’，这样才有针对性。不过对于网络新闻来源，只能当做一个新闻源而已，它不是新闻本身，它里面存在很多虚假信息，需要你不断核实。”

2011年惊动全国的“7·23”温州动车脱轨事故，也是一起典型的“微博发声”事件。事故发生后，第一篇“报道”并非来自传统媒体，而是一名乘客发

布的微博，这条微博触动了全国媒体的神经，第二天关于该事件的新闻报道铺天盖地出现在全国各大报纸上。可以说，那条微博是这次事件不折不扣的新闻来源，虽然只有短短的几十个字，却像一个重磅炸弹，让全国人民为之一震。《羊城晚报》在2012年两会期间报道康有为故居事件的新闻来源也是微博，具体过程是：一位网友发布了“康有为故居‘七树堂’，你看得出来这是文物吗”这样一条微博，并配发了图片，图片中一间清末风格的古屋破败不堪。很快，名记者闾丘露薇转发了这条微博，并发表评论：“刚刚去采访，看到一片狼藉，这里会变成二环内一个地产项目，看了图纸，会变成一个新款的四合院，不知道到时候还有没有康有为的痕迹，或者会不会变成高尚会所。”由于名人的转发和证实，这条微博的内容已经确信无疑，《羊城晚报》立即意识到了这里面蕴藏着的巨大新闻价值，并顺着这个新闻由头进行了深入采访，终于发出了有影响力的报道。

《中国社会舆情年度报告2012》中的数据显示，2011年发生的舆情事件中，微博成为第一大信息源，占20%以上。因此，在当今的新媒体态势下，随着互联网的快速发展，网络新闻不仅成为人们获取新闻的重要来源，同时也成为传统媒体寻找新闻线索的重要途径。而随着微博的崛起，以微博为代表的网络新媒体更是为记者和传统媒体开辟了广阔的新闻来源。微博因其双向传播、短平快、交互性强等优势，越来越成为人们获取信息、发布信息、传播信息的首选平台。随着媒介竞争的日趋激烈，对新闻来源的争夺已经成为媒介间竞争的一个重要手段，关注和开发网络新闻源，特别是以微博为代表的网络新媒体的新闻源，及时发现网上有价值的信息已经成为传统媒体重要的新闻来源之一。

二、网络及微博新闻来源，机遇与挑战并存

记者获取新闻来源的渠道日益广泛，网络与微博无疑成了一个新增点，并迅速凸显其影响力。网络以及微博新闻来源之所以能够引起轩然大波，跟它的特点是分不开的，其对传统媒体的影响也是极为巨大的。一般来说，网络以及微博新闻来源具有隐匿性高、信息流庞杂、事实挟带观点等特点，这就决定了传统媒体在使用网络以及微博新闻来源时既要有包容又要有谨慎的态度；既要充分利用其打开信源，又要提防被其“绑架”。

1. 网络及微博信源是隐匿性高、复杂而又挟带情绪的信息场

网络以及微博新闻来源有区别于传统新闻来源的新面貌，对其加深认识极为重要，一般来说，它具有下面几个特征：①具有较高的隐匿性。网络以及微博新闻来源具有隐匿性与互联网普遍存在的匿名性是“一脉相承”的，正是因为这样，网上的很多消息具有较高的不确定性，也因此成了滋生假新闻的土壤。并且，由于微博信息的发布门槛比较低，某些微博用户为了达到耸人听闻、刺激公众神经以求更多关注的效果，往往更愿意把普通事件故意夸大、渲染甚至歪曲事实；这就给微博新闻真实性的甄别带来了巨大的难度和挑战。②充斥着复杂的信息流。网络本身的匿名性以及微博的草根性赋予了大众最大化的言论和信息的发布、分享以及交换的自由，从而导致大量随意的、情绪化的、非理性的内容充斥其中，这些碎片化和个人化的大量信息经过层层积累，往往会将那些有价值的新闻来源埋没其中，给记者寻找新闻来源带来一定的难度。③提供的往往不再是单纯的事实，即提供的事实附带着舆论因素和情感色彩。这主要体现在，由于很多网络平台的信息发布者带有随意性和主观感受以及网络平台大都具有评论功能，会使得事实和大量的判断、评论交织在一起。这样就很难将新闻事实与意见完全分开，而且很多信息本身就因为挟带发布者自身的评价和态度而使新闻事实发生偏向，已经不再是单纯的新闻事实了，而微博更是如此，所以网络新闻来源本身就带有议程设置的倾向。

2. 网络信源扩张淡化媒介中心，使媒介姿态平民化

在以传统媒介为中心的时代，呈现得更多的是从媒介到受众的单一传播形式，即媒体根据自已的定位选择报道题材传输给受众，在这种情况下受众往往会被边缘化，而没有在传媒上发声的机会。但在新的媒介生态下，“自媒体”的出现，媒介中心被逐步淡化，以往作为沉默的大多数的受众逐步成为信息的源头，传统的“自上而下”的传播方式革命性地变成双向乃至多向交互传播的方式。在这种情况下，主流媒体开始关注以前受到限制而无法报道以及很难进入媒体视野的新闻选题，如“‘表哥’杨达才事件”涉及的官员腐败问题，厦门“PX事件”背后的权益抗争话题等。

网络信源新闻的兴起，“新闻生产者与受众之间的角色变得模糊，传播主体由原来的记者正在逐渐变成记者—网民的双主体关系，这使得互动性、参与性的

新闻生产模式逐渐在报纸中得到广泛应用，如调查新闻化、观点新闻化、博客新闻化这三种新的报网融合报道方式受到一些报纸青睐。并且，由网络信源频频爆出的新媒体事件，引发报纸的跟进报道，给报纸的传播内容带来了深刻变化。”[①]因此，网络信源的扩张一方面可以使得传统媒体在新媒体的冲击下不断对现存的新闻生产常规或新闻价值作出修正，另一方面可以深刻地改变传统媒体对于新闻来源的认识，使得新闻来源不再受限于传统的政府机关、企事业单位以及官员名人等，而是把新闻来源的视角投向了受众，可以说这打开了一个全新的格局。

3. 媒体既要利用网络及微博信源打开信源，也要提防“被绑架”

网络的迅速发展使其成为各种信息的集散地，而微博的崛起，又给传统媒体带来了更多的新闻线索，越来越成为传统媒体重要的新闻来源地。其中，对于微博而言，由于其“先发布，后审查”，大大保证了新闻的时效性，并且微博具有实时的信息生产、简单化的操作方式等得天独厚的优势，往往成为一些突发新闻的第一新闻来源。但网络和微博新闻来源纷扰复杂，并且存在大量虚假信息，而这些虚假信息往往被包装得“栩栩如生”，新闻的“5W”要素也俱全，这些信息往往会误导记者把它们误认为新闻来源，从而产生了很多假新闻。尤其是微博作为人们日益依赖的新闻来源，正面临着严重的信任危机，其中影响比较大的当属著名作家金庸先生“被去世”的消息，产生了极其恶劣的社会影响。此外，一些微博新闻来源的发布者由于缺乏专业训练和相关知识，他们对事实的叙述难免带有个人偏见而流于片面，还有一些发布者往往会由于自身利益关系对事件进行利于自己的阐释，难免带有主观偏见。并且，某个事件一旦在网络上形成了气候就会给传统媒体带来压力，他们会迫于读者需求的压力而跟进报道，这种跟进有时候是出于无奈的，因为并不是每一件在网络上被热炒的事件都具有新闻价值。因此，传统媒体对待网络及微博信源，既要有充分的包容态度，利用其扩大信源；又要有谨慎的心理，防止被虚假或是恶意的网络及微博信源欺骗，甚至为了纯粹地迎合大众口味对网络和微博事件“穷追不舍”，而放弃对其他更有价值新闻的关注和报道。

---

① 邓庄．网络信源扩张与报纸新闻生产转型．新闻知识，2012（7）．

三、正确与公正地使用、处理和把关新闻来源的方法

认识到网络以及微博新闻来源的特点和对传统媒体的影响后，结合传统媒体常用的新闻来源获取方式和渠道，我们再一起探讨记者和媒体该如何正确使用新闻来源才符合新闻的发展规律。要认清这个问题，就需要对如何正确使用、把握新闻来源以及如何对新闻来源把关进行深入的理解。下面将对这些话题一一进行说明。

1．正确使用新闻来源的方法

一般来说，新闻来源的使用有下面几种方法：

（1）把新闻事件参与者作为新闻来源。新闻事件参与者，即当事人亲自参与了某个事件，对新闻事实最有发言权。报道这样的新闻，就应力求找到参与者，由他们来交代消息来源，这样不仅真实可靠，而且由于有大量第一手现场材料，写出的新闻报道也会极富表现力。

（2）把新闻事件目击者作为新闻来源。一些新闻事件的发生，记者往往不在现场，只能靠事后搜集相关材料才能得到新闻信息。如果联系到目击者，并采用目击者的口吻来交代事件的全过程，由于他们的描述最接近事件真相，会使读者感到很接近，甚至产生身临其境之感。

（3）把新闻事件知情者作为新闻来源。有些事件比较重大，人们难以一下子进行认识和理解；有些事情往往来得很突然，出人意料。在这类事件发生后，人们往往存在很多疑问，若通过知情者来介绍来源，由于他们本身就存在对事件的了解优势，并且能够提供相关确凿和有说服力的信息，那么读者心中的疑团就会自然解开。

（4）把新闻事件中的权威人士作为新闻来源。权威人士是某一领域最具信息资源和判断力的人，他们表达的观点和陈述的事实最具权威性，也最具说服力，所以，当消息来源渠道很多时，就要尽量选用权威人士的信息。

此外，在使用新闻来源的方法中，还有其他三种方法，一种是模糊或者暗示的说法，比如“据当事人称”、“据目击者说”、“据知情人介绍”等；另一种是只介绍新闻来源的身份而不介绍其姓名，比如“据教育部新闻发言人说”；还有

一种就是既交代新闻来源的身份又交代其姓名。“在具体操作的时候，稿件中要确保有一处完整交待新闻来源的身份和姓名，其余之处可以只出现身份或者姓名，灵活使用。新闻来源可以放在新闻事实之前，也可以在新闻事实之后交待新闻来源。”①

2. 正确把握和处理新闻来源的方法

当前，随着网络媒体的迅猛发展特别是微博的崛起，很多人都会认为传统媒体日渐式微，尤其是网络新闻具有极大的时效性，人们越来越倾向于在网络获取最及时的新闻。但事实并非如此，“在一个信息泛滥的年代，许多新闻消费者本身就会非常需要那些能够选择、编辑、验证、分清本末、综合并诠释的令人信赖的信息过滤者。受众所表达的这种需求，给传统新闻媒体的把关者们带来了在新的数字世界中找到自己位置的希望”②。那么媒体和记者该如何使用新闻来源，尤其是如何处理网络和微博新闻来源才能符合新闻规律呢?

（1）追溯新闻源头，发掘第一新闻来源。发掘第一新闻来源就是记者在准备采用新闻来源时，一定要追溯到第一新闻来源，即新闻事实本身最初的来源。特别是对网络及微博新闻来源，由于其极为复杂，众说纷纭，在不断的转发、评论中往往会发生失真的现象，因此，需要记者不断追溯，找到新闻来源的源头，并且需要经过多个信源的核实来确定消息的可信性。

（2）具有判断识别能力，坚持新闻专业主义。对于一些新闻来源，由于传播主体自身条件的限制，往往会忽略了事实的本质真相及前因后果。因此，记者需要坚持自己的独立判断，具有对新闻来源的判断识别能力，不能人云亦云；要坚持新闻专业主义的立场，分析事件本身所具有的新闻价值和社会意义。尤其是微博中浅显的信息发布使得很多信息“只见树木、不见森林”，对于突发事件，情绪化文字的推动和沉默的螺旋的束缚，使信息公信力大打折扣，则需要更加谨慎地去对待。

（3）具有洞察审度能力，挖掘核心新闻来源。传统媒体有能力接触到新闻来源的核心地带，因而需要利用自身的优势来获得最核心的新闻事实。

---

① 殷莉. 学会新闻来源的使用与辨识. 新闻与写作，2005（6）.

② 罗伯特·哈克特，赵月枝. 维系民主？西方政治与新闻客观性. 沈荟，周雨译. 北京：清华大学出版社，2005. 162.

网络媒体和微博虽然具有信息发布迅速及时等传统媒体无法比拟的优势，但对于可信性和权威性，传统媒体始终立于不败之地。网络的发展是科技进步的重要表现，它在大大改善新闻媒体的环境，为记者发掘新闻来源提供巨大便利的同时，其弊端不可忽视，只有擦亮双眼，合理、准确利用网络以及微博新闻来源，它们才是一个蕴含巨大矿藏的宝地，因为公众对于新闻真实性的追求和认可永远都是无法改变和替代的。新闻记者要充分利用网络及微博新闻源，不仅需要充分认清对方，同样也要对自身的地位有一个更清晰明确的认识，从而更好地掌握新闻报道的主动权。因此，对于网络和微博新闻来源，“传统媒体一定不能失去职业判断和对专业的坚守，不能被网友曝光内容的新奇和刺激冲昏头脑，一定要当好把关人的角色。以传统媒体的严谨捍卫新闻的品质，保守新闻人的荣耀，守护新闻纸的公信力。网友当然是可以曝的，但当记者将这样的新闻署着自己的名字写到新闻纸上说，就不能‘网友曝’了，而应该用记者自己的调查和核实去写新闻，新闻叙述的方式就要由‘网友曝’转换成‘记者调查发现’，网友所曝要经过记者核实才能写到新闻纸上——这不仅是叙述方式的转换，更是赋予了网帖内容以新闻的生命”①。

3. 正确把关新闻来源的方法

记者在掌握到了一定的新闻来源后，要对新闻来源进行把关，具体的方法有以下几种：

一是进行可信度测试。记者在得到新闻来源后的第一步工作就是进行可信度测试，那么如何测试新闻来源的可信度呢？美国《新闻日报》调查报道记者、后任新闻学教师的鲍勃·格林提出了测试新闻来源可信度的六个方法。

查阅记录：该新闻来源过去是否提供了正确的信息。

可确定性：该新闻来源是否提供证实信息的其他证人的姓名或文件。

接近性：该新闻来源是否处于知道他所传播事实的位置。

动机：该新闻来源是否有动机提供合理材料。

考察上下文：信息是否与事实相符。

---

① 曹林．传统媒体优势的自杀．南方传媒研究（第37辑）．广州：南方日报出版社，2012．

可信性：该新闻来源是否稳定，是否处于记者控制之下。[①]

二是坚持客观公正，避免主观臆断。记者编辑应保持头脑清醒，要站在客观公正的立场上去选择、审核材料。克服“一边倒”的主观片面性，坚持实事求是，不要人云亦云，随风倒，要问一下客观实际中各个方面情况；要破除偏见，透过现象，洞察其本质，不能先入为主，带个人偏见；在报道中遇到不同意见，要听取各方面的声音，做到客观公正。[②] 2011 年 9 月份轰动一时的“八毛门”事件就是一例。2011 年 9 月 5 日深圳新闻网记者报道的《医院要做 10 万元手术最终 8 毛钱治愈》引起社会广泛关注，长期处于相互猜忌与质疑的医患关系之弦一下子被绷紧，人们纷纷指责“涉事”医院，并要求医院出面道歉。而随着事态发展，最终证明医院本身并无过错。至此，患儿父亲为自己专业知识的缺乏及一时冲动向医院道歉，深圳新闻网也特意刊发了《八毛门，我们的错与爱》一文，喊出“我们错了!”在该事件中，深圳新闻网就是在客观、中立、平衡的新闻专业精神上栽了跟头，记者没有对医院方进行深入的采访，一开始就带着偏见，对患儿父亲偏听偏信，未做到双方信息平衡。

三是多角度质疑，多方面核实。对各种各样的新闻来源，不论是否来自领导部门，都要一视同仁，不轻易放行，盲目相信，而是要坚持寻求更多的渠道来调查、核对，避免失实误导，以偏概全。对于一些细节，亦不能放过。一旦有误，就可能影响到整篇新闻报道的质量，严重危及其真实准确性。总之从多角度、多方面多思考，多设问、多核实，才能真正做好检验新闻资料的真实性，真正把新闻来源把关落到实处。[③]

需要注意的是，虽然交代新闻来源已经是常态化的新闻写作要求，但写稿时要交代新闻来源是指报道的主要事实和重要情节需要提示新闻来源，并非稿中每个事实、每个数字、每句话都得做到“个个有来历，句句有出处”。一般来说，下面几种情况可以不必提及新闻来源：“①属于公认的事情；②常识性的内容；③记者直接采访的事情；④客观叙述其过程或归纳概括性的用语都不必写出新闻来源；⑤简讯、快讯之类的事件性新闻，只用三言两语进行报道或传播一个信

---

① 薛国林. 当代新闻写作. 广州：暨南大学出版社，2011. 64.

②③ 朱艺波. 谈新闻来源的把关. 传媒，2003（5）.

息，也可不交代新闻来源。”①

【问题总结】以微博为代表的网络新闻来源有利亦有弊，在实际操作过程中，对其保持一种谨慎态度始终是不为过的。但也不能因噎废食，网络信源在当今时代发挥的作用可以说是其他信源渠道所无法比拟的，如果能够在使用、处理和把关网络信源时按照一定规律办事，网络信源将会提供很大的便利性。此外，记者在写稿时按照新闻写作规律下笔，在应当交代新闻来源的段落或内容写出新闻来源，在无须交代新闻来源的情况下不画蛇添足，使新闻写作科学性、规范化也是我们要遵循新闻专业主义的一个不可忽视的问题。

第三节　“有关人士说”，它们可信吗（一）
——交代新闻来源的重要性

【问题提出】“有关人士说……”，“一位权威人士指出……”，“一位不愿透露姓名的人士告诉记者说……”，在我们每天接触的新闻信息中，不乏上述不透露新闻来源的新闻。对于这样的新闻我们该如何看待，它们可信吗？为什么说交代新闻来源是新闻规范的体现，交代新闻来源的重要性又具体表现在哪些地方？

首先，我们一起看一篇探究这个问题的小文章：

那些新闻里的“有关人士”们②

我得坦白，在哥大新闻学院，印象最深的一课，不是怎么去当一个战地记者，不是熟练地剪拼视频文件，也不是用各种工具去追寻黑金来源。而是最最基本的——处理好每条稿子的消息源。

我在纽约的第一个采访对象，是一位自称过气演员的黑人。我与他在中央公

---

① 孙世恺．谈新闻来源．新闻与写作，1989（7）．

② 顾卉妮．那些新闻里的“有关人士”们．南方传媒研究（第36辑）．广州：南方日报出版社，2012．213～215．

园的长凳上聊了一下午，他绘声绘色地讲了一天他的人生故事。我回去整理完录音，开篇第一句话写道：

“人们常说，你在中央公园里遇到的人十有八九是个艺术家，至少也是个有故事的人。”

老师读罢，问了一句让我当时目瞪口呆的话——

“你这里的‘人们’，是谁？”

在国内时，习惯了报纸上的“有关人士说”、“据一位熟悉情况的人士称”，总觉得“有关人士”后面说的内容，比这“有关人士”到底是谁重要许多，脑子里也完全没想过这问题：到底谁是这些有关人士？

出于对稿件信度的考虑，也为了使刊登的故事尽可能地免受法律之责，美国媒体对于每一条引语的来源慎之又慎。编辑一旦看到故事中出现语焉不详的“有关人士”，必然会本能地皱眉头。

好吧，以后不随意说“有些人”、“有关人”便是。后来到唐人街采访，访问不少中国新移民，因此报道里，又有了“小李说”、“老王道”之类。教授仍旧是在一旁打问号：哪个李？哪个王？

我试图解释：咱中国人啊，不大习惯给陌生人说名字。教授不理，只问：你试过了吗？

与采访美国本地人不同，采访中国人，确实要在压榨受访者全名上花更多的精力。10个受访者里，或者有5个不愿说名字，4个只愿意告诉你一个姓，但总有那么一个，既愿意告诉你全名，也能给你相关的信息。归根结底，还是一个概率问题，只要采访工夫到了，并非不可能的任务。

于是，下一个问题你肯定要问：为什么要花这么大的精力去要一个名字？

首先，这是对消息源的束缚。当你知道你的名字要出现在公众视野中，你必然会对发言更加谨慎，更加负责。一旦出事，你要承担责任。最近美国广受欢迎的广播节目 *This American Life* 邀请的嘉宾在自己对富士康之旅的叙述中多处做假，被发现后不但让 *TAL* 丢脸，也在美国媒体圈里引发了轩然大波。

其次，也是对记者的束缚。我过去在某内媒实习时，向一些法律背景的硕士、博士请教过问题，但见报之后，这些人却被记者处理为“某法律界人士”。如果信息源实名，记者这样的“懒”也就没法偷了。《纽约时报》在经历了2003

年历史上最大的抄袭丑闻之后，对信息源的要求更加高，除了非常情况（即使如此，还要解释匿名的原因，比如可能导致对方被解雇、影响人身安全等），都要求实名。

再次，这是对公众知情权负责。当一个消息源有具体出处、身份、背景时，公众就能自行判断整条消息的质量，从而决定是否应该采信。反之，如果都是含含糊糊的“消息人士”，公众就会自警，得掂量掂量这新闻到底该怎么读。

最后，无论出于法律风险，还是政治风险，实名消息源使媒体可以做到自我保护。

对于新闻专业学生，还有一条让我们热爱实名信息源的理由：把每条新闻的引语出处勾出来，就能逐渐积累到该题材的专家名、机构名，下次能拿来自用。

说得容易，但是匿名源的诱惑实在太大了。比如说，好不容易采了一个大咖，对方说得滔滔不绝，拳拳到肉，但唯一条件是不能署名。而原则性很强的编辑却说，没名儿的材料我不能用。怎么办?

这种弃之可惜、用之不能的苦楚，只好坦然面对。Sorry，next。

至此，我猜肯定有同行会长叹一口气道：你说的是西方新闻守则，我们可以参考借鉴，但实际操作中，还是要考虑国情。在解决技术难题之前，动辄先把责任推到“国情”身上，其实对提高媒体的专业水平有百害而无一益。我只好模仿教授老气横秋地问一句：

“你试过了吗?”

通过这篇文章，我们可以看出，西方媒体很注重在新闻报道中交代清楚新闻来源，即使一个新闻来源很有价值，但如果不能实名，他们宁愿不用也不会去破坏这个守则。而在国内，在新闻报道中使用“有关人士……”的现象屡见不鲜，在百度搜索“有关人士”，只是标题包含这个词汇的就达数百万个，如《茅台酒将申报奢侈品资格？茅台有关人士否认》（今视网，2011 年 11 月 24 日）、《据有关人士分析 今年不排除出现 98 式大洪水》（大楚网，2010 年 7 月 13 日）、《亚龙湾细沙网上热销 有关人士称或将破坏环境》（中国新闻网，2010 年 6 月 7 日）……在这些报道中，将“有关人士”放入标题是出于制作上的需要，因为标题无法详细交代新闻来源，只能用“有关人士”代替，而在新闻报道的正文对

“有关人士”的具体身份做了介绍。但绝大部分新闻报道却在正文依然用“有关人士”作为新闻来源的交代。

目前，我国新闻行业各类管理法规对于如何合理使用隐匿新闻来源尚未作出统一的、清晰的规定，很多媒体对于自己滥用隐匿新闻来源的做法似乎并无觉察，因为媒体对新闻的关注更胜于对新闻来源的关注。一方面媒体与记者早已把这种用法视作默许，另一方面受众也对此熟视无睹，甚至认为是在可接受范围之内，这使得隐匿新闻来源的做法被不断“普及”，甚至随意使用。但实际上，记者任由这一行业“潜规则”大行其道对于提高记者的媒介素养和专业水平是极为不利的，会使得新闻报道的质量受损，甚至可能助长记者通过夸大其词乃至撒谎来吸引公众注意力的风气，同时也损害了受众的知情权，让人觉得新闻报道神秘莫测、无法信任。

新闻来源的获取固然很重要，但在新闻报道中对这个来源进行说明和交代也同等重要，两者不可偏废。新闻报道的可信度可以考量的因素有很多，而新闻来源是其中最重要也是最基本的要素之一。为什么说在新闻报道中交代新闻来源很重要？这主要可以从两个层面进行解读：第一个层面是指对新闻专业主义的追求，即在新闻中交代或暗示新闻来源是新闻专业主义所要追求的新闻规范问题；第二个层面是指媒体信誉机制的构建，即在新闻中交代或暗示新闻来源有助于提升媒体的公信力。下面将对这两个层面分别进行解读。

一、交代新闻来源是追求新闻规范的重要体现

新闻媒介的重要目标是向受众提供新闻报道，这不仅包括提供新闻事实，而且包括交代这些新闻事实由谁提供、是怎么来的，这是新闻规范的要求。在一篇新闻报道中交代新闻来源的必要性主要体现在以下几点：

（1）增强新闻报道的准确性和可信度。一篇报道的准确性和可信度很大程度上取决于新闻来源，在新闻中交代或暗示新闻来源，既能够使读者知道新闻事实是从哪里来的，更加相信确有其事，而且可以依据新闻来源去核实，增强新闻的可信性。反之，如果在新闻中不交代必要的新闻来源，就会使读者产生疑问：报道的事情是谁提供的？会不会是记者凭空捏造的？所以，该交代新闻来源时给

出新闻来源是十分必要的。

（2）增加新闻报道的权威性。一些新闻中的事实一般是由权威机构或权威人士提供的，比记者自己叙述更有权威性。

（3）满足公众的知情权。“知情权”源于公众有“言论自由”的概念，也就是说，公众除了有表达自由的权利外，也有知道的权利。新闻报道提供新闻来源，可以防止一些新闻干扰到媒体从而有损公民了解真相的权利。

（4）对新闻事实的提供者既是尊重更是一种制约。[①] 在新闻中注明新闻来源是某部门或某人提供的，倘有不实之处可以有处可查，并且，部门或者个人在提供新闻事实时也会更加认真、严肃。

（5）有利于记者的自我保护。交代新闻来源可以有效地防止新闻失实，但不是交代了新闻来源，新闻就不会失实。但如果交代了新闻来源，一旦新闻失实，侵权就多了一个共同责任者或者说多了一个被告。另外，由于新闻报道中写上了权威信息的提供者，有关当事人也就不会轻易提起诉讼，给记者省去不必要的麻烦。

二、有助于构建媒体信誉机制，提升媒体的公信力

在新闻传播过程中，受众和媒介的关系可以理解为委托人和代理人之间的一种合约关系。合约规定了委托人（受众）要求代理人（媒介）必须实现的目标以及给予的报酬，但这些都必须建立在一定的条件之下。这些条件包括：“①代理人没有隐瞒必要的信息，能够让委托人知道什么是有效的行为和期望得到怎样的结果。②委托人拥有有关行为和结果方面的充分信息。③代理人几乎不承担任何风险，即委托人不会违约。”[②] 而在新闻报道中，记者提供新闻来源，受众就可以充分了解到该报道的可信程度，并对记者和媒介的工作满意，久而久之，代理人（记者和媒介）和委托人（受众）之间就可以建立起一种长期而稳定的信任关系，媒介的信誉机制就此构建成功。

---

① 孙世恺．谈新闻来源．新闻与写作，1989（7）．

② 张维迎．信息、信任与法律．北京：生活·读书·新知三联书店，2003．40~41．

此外，新闻来源与媒体的公信力亦有着很大的关系。

媒体的公信力是多维度的，一般包括媒体总体的公信力、媒体渠道公信力、新闻来源公信力、媒体组织机构公信力和媒体从业人员公信力等。外国学者Thorson和Moore曾指出，“公信力是一个关于新闻（信息）来源和传输信息的媒介或渠道两个方面的问题”。

因此，新闻来源的准确权威有助于打造媒体的“信誉等级”，在现代社会，庞大的信息流充斥在报纸和网络上，面对这些复杂繁多的新闻信息以及信息的提供者，人们倾向于信任明确的来源以及权威人士的话语，并且权威的等级越高，新闻来源被认为越可信。

媒体的“信誉等级”与受众的忠诚度又是息息相关的。新闻来源的真实与权威直接决定着新闻报道的传播效果，高信誉度能够取得受众的信任，使得受众在心理上认同并接受这个媒介。如今，大众传播媒介已竞相使用信誉争夺受众。“信誉作为一种最难估计的资产，且影响价值最大，良好的信誉具有以下效果，它包括：①是招徕观众的吸铁石；②可以增值；③对于可能的竞争有遏制效果；④从长远来说，给媒体和个人带来良好的经济和社会效果。”[①]

既然新闻来源与媒体的信誉度密切相关，那么在新闻报道中，如果一旦出现新闻来源不完整甚至造假，就应该立即更正并道歉，这也是确立媒体公信力最好的手段和方式之一。新闻来源的权威不是指有资历、有权利的“权威人士”，如果记者屈服于这种倾向，就是允许权势者来定义事件和新闻报道了，从而使社会等级在新闻可信度和可靠性的等级中体现出来。事实上，这是一种可怕的结果。[②] 为解决这一矛盾，在一些有分歧的新闻报道事件中，应多方采集，立体呈现，官方和民间并重，给予辩论的空间，也就是使同一条新闻有多角度的新闻来源。

三、中西方新闻来源观比较

对于获取新闻来源的重要性，所有的新闻媒介都能体会到，但对于在新闻报

---

① 张维迎. 信息、信任与法律. 北京：生活·读书·新知三联书店，2003. 110.

② 李法宝. 新闻传播方法论. 广州：中山大学出版社，2007. 160.

道中交代新闻来源，在世界新闻发展历程中，各个国家以及同一国家不同地区都有不同的观念和使用方式，下面就对中西方新闻来源观进行比较。

美联社前国际部主任乔治·克伦姆斯基认为："只要新闻内容不是历史事实，不是普通常识，不是报界从未公开披露或从未直接观察到的，都应该交代新闻来源或出处。"① 西方记者在写作新闻报道时十分注意把新闻来源交代清楚，有时甚至到了不厌其烦的程度。西方新闻界强调新闻报道应该"客观"、"公正"、"用事实说话"，而交代新闻来源，则是他们为保证"客观"、"公正"而在写作中采取的一项重要措施。

西方的一些主流媒体对如何使用新闻来源均做了明确而具体的规定。

例如，路透社对新闻来源的规定主要有：除极少数特例外，都应清楚明确地交代新闻来源，无论怎样交代新闻来源，必须确保可信、不偏不倚、在法律上安全。除了极少数特急快讯外，必须给每篇报道的每一个说法注明出处，除非它是公认的事实或公众已经清楚了解的信息。最好的新闻来源是记者的亲眼所见，有名有姓的新闻来源次之。最次的是匿名新闻来源，如"权威人士"等，报道这些新闻来源所说的话应负的责任完全由记者一人承担，有名有姓有职务的新闻来源比较有分量，新闻来源应尽可能具体，不要用"可靠人士"、"消息灵通人士"和"圈内人士"等作为新闻来源……②

法新社对新闻来源的规定主要有：通讯社的一切新闻必须有来源，如果新闻来源不清或不准，首先应求准而不求快。记者本人有时就是新闻来源的，这种情况一般应该写明。新闻来源要尽可能准确，评论、判断、估价和对事物的描述都要有来源，任何稿件都不得例外……③

而美联社对有关匿名新闻来源的规定主要有：一是匿名新闻的提供者应该是唯一的新闻来源；二是匿名新闻来源的提供者拒绝被录音或是拒绝将自己说过的话进行引用；三是提供的新闻是客观事实，而非个人观点。④

与西方相比，中国目前尚未形成具有普遍意义的强制性或约束力的职业道德

---

① ［美］梅尔文·门彻．新闻报道与写作．展江译．北京：华夏出版社，2004．

②③ 唐润华摘译．路透社采编人员手册；法新社工作人员手册．新闻研究，1994（3）．

④ ［美］杰里·施瓦茨．如何成为顶级记者——美联社新闻报道手册．曹俊，王蕊译．北京：中央编译出版社，2003．

标准来规范新闻报道中的新闻来源写作问题，只是在《中国新闻工作者职业道德准则》第三条有"尊重被采访者的声明和正当要求"的款项。但我国新闻界关于新闻来源的研究和探讨并非没有先例，而且都有独到的见解。例如，我国著名新闻学者徐宝璜曾在《新闻学》一书中对"新闻之来源"有所阐述，指出新闻来源获取的难易与社会的开放程度有很大关系。这个见解就目前来说是正确的，这也是中国新闻理论著作中关于新闻来源最初的论述和分析。陆定一也曾在《我们对于新闻学的基本观点》中提出党报的新闻报道要重视和使用新闻来源。

新中国成立后，中国新闻界鼓励记者既能够经常跑政府机关，也能够深入基层、深入群众，能够贴近新闻来源，熟悉新闻来源。但由于中国的新闻业起源于政治需要，一开始就被赋予强烈的政治色彩，在相当长的一段时间内，其主要目的都是为政治服务，以宣传政治主张、引导舆论为主，新闻报道偏重于平实的陈述表达，对新闻来源并不重视。究其原因，主要有：①党报（台）作为舆论机关，新闻来源主要是官方渠道，言论高度集中，所以交代新闻来源变得无足轻重。②中国的新闻媒体作为党和政府的喉舌，在信息披露方面还存在着严重的不对称。作为政府部门或者官员，如果披露信息，就要承担由此带来的风险；作为普通民众，如果他们的诉求以及话语有所"出格"或者不准确，也会带来一些困扰甚至"追责"。在这种情况下，都会选择趋于沉默或者要求匿名，记者在处理时也就自然而然地隐去了新闻来源。③缺乏新闻专业主义熏陶。1908 年，美国密苏里大学新闻学院创办人兼首任院长沃尔特·威廉博士制定了《记者守则》，这是极具意义的，因为这是在西方首次提出一个系统的新闻职业道德规范。沃尔特·威廉博士在其中提出了记者和公众有接触政府消息来源的权利，这也是西方法律所明确规定的。而在中国，由于对要在报道中交代"新闻来源"重视得比较晚，相关的理论研究也出现得比较迟，所以很多业界记者对此都缺乏一个清醒的认识，在实际工作中自然会对此疏忽，在意识上甚至也觉得模棱两可，可有可无。

此外，"在中国的传统文化中，中国儒家的'诚信'伦理思想是以家庭个人为中心，强调血缘共同体，这就决定了中国人一般只对'自家人'袒露心声，而对'外人'有所保留。而西方文化中的'诚信'是建立在契约基础上的生活准则，它是对承诺和协议的遵守和兑现。这两种不同的文化，不同的诚信方式也决定了人们对于新闻来源的两种态度，即西方新闻界认为在新闻报道中写明新闻来源是媒介与受众的契约关系，因此要用强制性、规范性的准则保护它的实行"[①]。但在中国，公众却多会认为新闻的主体是事实的报道，只要新闻事实准确全面且客观就可以接受，而对于交代新闻来源这一块，就觉得无足轻重，有则有，无则无，模糊则模糊，听之任之。并且，中国人有点趋于保守，对于新闻采访，他们虽然愿意透露相关新闻信息，但不愿让自己的身份和姓名袒露在公众的眼球下。

通过以上这些比较，就不难理解《那些新闻里的"有关人士"们》这篇文章中出现的中西方新闻来源观差异的原因了。追根溯源往往是找到问题症结的重要途径，虽然没有哪一条规定说新闻报道中禁止使用"有关人士说"，这确实是不现实也是不科学的，但如果记者明白了在新闻报道中交代新闻来源的重要性，那么对他获取新闻来源以及新闻写作都会大有裨益：它警醒记者不能弄虚作假，时刻保持头脑清醒，要对受众负责，更要对自己负责。如是，那么即使不得已迫于其他原因使用"有关人士说"，所写出的新闻报道也实现了最大程度上的准确、公正和客观，对维护新闻专业主义，维护媒体形象，保护新闻真实性都是极为重要的。

不过，正如上文所说，也有"不得已"的情况出现，而且这种情况还不是很偶然，这不是说所有使用"有关人士说"的都是不专业、有弄虚作假的嫌疑，有时候它的使用是得到认可的，为什么会出现这种截然不同的现象呢？第四节将会对这个问题进行阐述。

【问题总结】由于目前我国对交代新闻来源还没有统一、清晰的规定，加上我国报纸发展的历史层面的原因，交代新闻来源始终处于尴尬境地，但交代新闻来源是一种传媒业的规范，对媒介的声誉也有着极大的影响。因此，新闻中必须交代应该交代的新闻来源，这是新闻写作科学性的具体要求，也是新闻报道做到真实、客观、公正、可信的一种标志。

---

① 李法宝．新闻传播方法论．广州：中山大学出版社，2007．191．

第四节 “有关人士说”，它们可信吗（二）

——隐匿新闻来源的必要性

【问题提出】这一节，可以说是对第三节的补充，第三节讨论了交代新闻来源的重要性，但这一节体现的思想似乎与第三节完全相反，因为讨论的是隐匿新闻来源的必要性，即在一定程度上肯定了“有关人士说”在新闻报道中的存在意义。正所谓任何事情都不是绝对的，需要一分为二地去看待。在有些情况下，不交代新闻来源，或者说使用隐匿新闻来源的方式却又是可以理解和可取的。这是为什么呢？

首先，我们要对记者使用隐匿新闻来源的原因有所了解。

一、记者隐匿新闻来源涉及多方面原因

“新闻来源属于职业秘密，记者只有为新闻来源保密，自由的采访才能实现，真实的报道才有保障。因为法律没有规定公民必须接受采访，新闻信息的提供者出于对媒体的信任，才将其了解的敏感消息提供给记者，如果新闻机构不能为新闻来源保密，将其暴露给第三方，使其利益受损，或遭到威胁，必将丧失所有消息提供者的信赖，最终将导致消息来源枯竭，从源头上危及新闻事业。”①

新闻事业的一个重要原则和传统是新闻工作者必须保护新闻来源的身份，对于争议性报道或调查性报道更是如此。最著名的一个案例就是20世纪70年代的“水门事件”，该事件最终导致了美国总统尼克松下台，但当时人们只知道向记者提供线索的人叫“深喉”，记者没有说出其真实身份，人们也无法得知。美国著名新闻学家麦尔文曼彻尔曾说过：新闻来源是记者生命的血液，广泛开辟新闻来源渠道，广泛收集提供新闻线索，对新闻记者采访工作来讲确实有着至关重要

---

① 许向东．为新闻来源保密．新闻采编，2003（5）．

的作用。而采用隐匿新闻来源的方式，就是对新闻源头的保护，保护新闻来源就是保护新闻工作者自己生命的血液。

除此之外，记者使用隐匿新闻来源的原因主要有以下几个方面：

（1）涉及对立性利益。如果记者被迫暴露新闻提供源，很多情况下会让这些提供新闻来源的个人或集团处于不利的地位，这些新闻源势必会干涸消失，这样将会失去很多有价值的新闻，公众的知晓权也势必受到不利影响。隐匿新闻来源，避免对提供新闻来源的人或机构造成伤害，既是对新闻来源的一种尊重，也是新闻道德的重要体现。此外，这种行为可以帮助建立或加深记者与新闻来源的良好关系。

（2）避免遭受批评。在新闻实践中，记者和新闻来源都会为探求新闻的本质，保障新闻的真实，作出不懈的、艰苦的努力。然而这种努力无法让记者和新闻来源完全幸免成为“瞎子摸象”寓言中的角色。新闻来源通常都不是故意去欺骗或者误导读者，而记者则更不愿意去误导受众。偶然出现失误，完全是人在认知世界、认知社会时无法避免的一种偏差。然而认知偏差的责任却常常会推给记者和新闻来源。在这种情势下，记者为了躲避对于这种偏差的指责和批评，不透露新闻来源无疑是一种较好的方法，致使板子要打，但找不着地。①

（3）保护大众知情权。如果发布的匿名新闻带来的社会效应比起因为交代新闻来源而不能报道该新闻更为积极时，隐匿新闻来源所造成的潜在危害可以从宽考虑，即如果新闻价值大到必须让广大受众知道真相，则以匿名形式保护新闻来源当属必然。

（4）保护国家、相关机构和个人的秘密。记者的工作不能违反国家相关保密法律法规，遇到这种情况，可以在当事人的要求下，考虑使用隐匿新闻来源的方式进行报道。

二、隐匿新闻来源的形式多样

知晓了记者隐匿新闻来源的原因后，我们一起来看一下它的使用形式。一般

---

① 许亚荃．不透露新闻来源行为探析．江西社会科学，1999（4）．

比较常见的隐匿新闻来源的形式是“单项隐名”，即不愿意提供真实身份或姓名的人向记者提供新闻信息。还有就是“双重隐名”，“双重隐名是指不愿意提供真实身份或姓名的人又以其他没有真实身份或姓名的人向新闻报道者提供的新闻信息。”① 双重隐名概念上的实质就是“不愿具名”的新闻来源，在向记者或者媒体提供新闻时又以“隐名证人”的方式指控某些事物。例如，汇通网2012年5月24日的一篇新闻《消息人士：西班牙官员对再融资360亿欧元的计划持不同意见》中前两段内容为：

某消息人士周三（5月23日）表示，西班牙官员对于如何帮助身负重债区域2012年再度融资360亿欧元持不同意见。而有80亿欧元债券将于年内到期。

消息人士称，官员们的分歧是由于从西班牙银行业贷给各地区的双边贷款达280亿欧元，而这将加重投资者对西班牙压缩财政改革银行业的担忧。

在这则新闻中，“某消息人士”是不知身份和姓名的人，而他提供的信息中的“西班牙官员”、“官员们”同样没有明确的身份和姓名，所以这篇新闻的前两段的写法就属于典型的“双重隐名”形式。

在新闻采集和传递手段比较落后的早期，“双重隐名”甚至“多重隐名”曾被广泛使用，但这极易危害新闻的真实性原则。不过在复杂的客观条件下，“双重隐名”可以补充消息来源的不足，但使用时需要注意两个方面：一是要尽量减少“隐名”的不确定因素，即能够运用确切的词语和其他能够提供新闻来源身份的限制词语勾勒出信息提供者的大概形象。例如，用“戏剧界相关人士”就比“权威人士”显得更具体可信。二是尽量不直接引用“双重隐名”的原话，即记者最好用相对客观的词句代替“隐名”的消息提供者个性化语言，这样不仅可以对“隐名”的消息提供者进行保护，也能使得语句更加符合事件真相。

此外还有两种比较常见的方法就是“全隐”和“抽象化”。“全隐是指不提供与消息来源身份有关的任何讯息。”② 例如，“不愿透露姓名的知情人士指出”、

① 李法宝．新闻传播方法论．广州：中山大学出版社，2007．193．

② 项亮．媒体保护新闻来源的匿名策略分析．郑州大学学报（哲学社会科学版），2007（1）．

"消息来源指出"、"据了解"、"据悉"等。此外，还要对未成年人、犯罪受害人进行化名报道，文章中对这种做法应当注明。抽象化是指提高消息来源身份的抽象层次，扩大涵盖的人数，增加别有用心者追查的难度。例如，市政府某办公室人员告诉新闻记者某件事，而记者可以措辞为"根据官方提供的信息"、"官方透漏"等。

此外，对于广播电视，对一些新闻来源的音像进行技术处理同样可以达到隐匿新闻来源的目的。例如，广播电视媒体为了保护消息来源，根据电子媒体的信息特点，对消息来源的声音、图像进行技术上的处理，达到无法辨认消息来源的目的。一般的处理方式有声音噪化、图像打"马赛克"等。

三、隐匿新闻来源的注意事项

（1）隐匿新闻来源的使用不能常规化。新闻记者要以各种方法和途径来获得信息来源并进行核实，尽量避免新闻来源提出匿名的要求。公开新闻来源是新闻报道合理而且正常的要求，如无必要，新闻记者要尽量说服新闻来源公开其姓名。

（2）实事求是，不能因为匿名而捏造。隐匿新闻来源给了一些投机取巧的记者可乘之机，他们为了迎合新闻的整体格调和其他目的，会将捏造的事实冒充为匿名新闻来源提供的信息，甚至编造新闻。例如，在2004年曾轰动一时的《女大学生卖淫现象调查》，经《青年参考》率先刊出后，被广泛转载，社会一片哗然。而最终事实证明，这是一篇严重失实的新闻报道，整篇报道既没有记者的实地查证，所持结论性观点也均来自无法查证的匿名新闻来源，这样就给了记者极大的"捏造"空间。

（3）明确隐匿新闻来源的动机，知晓匿名的原因。在隐去新闻来源的身份之前，记者需要知晓匿名的原因。新闻来源的提供者要求隐匿其身份的原因是多种多样的，有的是出于良好愿望和自我保护，有的则心怀叵测另有目的。因此，记者在隐匿他们的身份之前一定要努力搞清楚他们的动机，同时也要顾及披露新闻来源的身份可能会给当事人带来的危害。

（4）善于用其他明确的新闻来源证明隐匿新闻来源的可信性，即要使用多方面的新闻源交叉印证，谨慎单方面的新闻源。这主要体现在两个方面：一是记者在获取新闻来源过程中，当比较难确认其准确度时，可以通过其他渠道来进行佐证；二是在新闻写作时，要注意用比较明确的新闻来源暗示隐匿新闻来源是准确而可信的。

四、隐匿新闻来源的负面影响

匿名消息来源是一把双刃剑，它既能为媒介争取到潜在的消息来源，推动新闻事业的发展，也可能给一些记者编造假新闻、发布不实消息以可乘之机。有些记者往往打着新闻来源需要保密，不能泄露其姓名的旗帜编造假新闻。

“匿名新闻来源的负面性主要就是在所传播的消息中没有人承担社会责任，很容易导致虚假的新闻出现，从而危害媒体的公信力。主要体现在两方面：首先是不必要的、过多的匿名可能会降低新闻的可信性和权威性。其次是匿名会让某些新闻来源提供虚假信息，甚至被一些人利用，从而出现一些假新闻。”[①] 隐匿新闻来源也是需要承担风险的。关于隐匿新闻来源产生的风险，约翰·钱塞勒和沃尔特·米尔斯合著的《记者生涯——现代美国新闻业务漫谈》是这样说的：“有时有这样一种情况，对新闻来源非保密不可，否则就无法进行报道，应该说这还是合理的。这种情形下在华盛顿最为常见，在州政府和市政厅也时有发生。为了得到消息，记者必须事先同意写报道时不披露消息提供者的姓名。一般情况下，尽量不要接受这个条件。但如消息重要，有时不得不同意隐匿信息提供者的姓名，并准备承担可能由此产生的风险，官员们有意透露消息，随后又加以否认，是屡见不鲜的事。”

隐匿新闻来源除了要冒新闻来源的提供者出尔反尔，甚至撒谎的风险外，还会使新闻报道缺乏可信性。由此可见，隐匿新闻来源与由此带来的新闻风险仿佛是一座难以攻破的“围城”。这就需要记者把握好一个度，用正确的、谨慎的态度去对待。

---

① 项亮. 媒体保护新闻来源的匿名策略分析. 郑州大学学报（哲学社会科学版），2007（1）.

五、正确处理因隐匿新闻来源而导致的法律与职业道德冲突

记者一旦许诺为新闻来源保密，就应当遵守诺言，如果出现司法介入，记者要根据不同情况区别对待。记者既要维护国家法律的尊严，又要维护新闻媒介和新闻工作者的信誉，但这样往往会导致尴尬和两难的境地，因此，记者迫切需要正确处理职业道德和法律的冲突。

当记者为新闻来源保密和法庭需要记者提供证据发生冲突时，应该遵循什么样的准则来解决这种法律与道德的冲突，在不同的国家，甚至同一国家不同地区，都会有所不同。例如，在德国，法律就明文规定，如果涉及新闻来源问题需要记者提供证据的，记者有权拒绝在法庭上作证。在美国，虽然有所谓的保护记者不出席作证的“庇护法”，但也规定了记者不得为新闻来源保密的情况：“①通过其他渠道不可能了解到的情况；②与该诉讼直接有关的情况；③直接涉及原告的要求权，而对此项诉讼至为重要的情况。同时，美国联邦最高法院认为如果要求记者公开新闻来源，政府必须满足以下条件：①要有足够的证明，证明记者掌握与特定违法事件有关的消息；②必须证明要求记者证言的资料是其他手段难以获得的；③要证明这项信息急需获得。”[①]

在我国现阶段，对于如何依法使用隐匿新闻来源的方法并没有明确规定，根据《新闻学大辞典》，“大众传播媒介负有保护新闻来源不受侵害的责任，对不愿透露姓名或机构名称的新闻材料提供者，除司法执法需要外，一般应予保密”。我们认为，当新闻来源的保密问题涉及司法程序时，记者应以社会效益、社会责任为标杆，倡导一种有甄别的、有限的、有态度的保密原则。如果对于危害国家和人民利益的作为犯罪分子的新闻来源，记者仍死守僵化的保密教条不放，客观上就变成了为虎作伥。记者可以、应该和只能在法律范围内，为新闻来源保密的原则作最大限度的发挥，即“戴着镣铐跳舞”。

【问题总结】 通过对“‘有关人士说’，它们可信吗”两个迥然不同层面的探

① ［美］密苏里新闻学院写作组．新闻写作教程．范红等译．北京：新华出版社，444～445．

讨，我们知道在新闻报道中交代新闻来源是极其重要的，但在特定的情况下，在新闻报道中隐匿新闻来源却是必要的，两者并不相悖。只有在如何交代新闻来源上树立起全局观和秉承新闻专业主义，才能游刃有余，既对新闻来源做到了极大的保护和尊重，又能让读者满意并获得他们的信任和支持。同时，记者在面对这两方面时如何做出恰如其分的“抉择”，也是考验其职业素养和综合能力的重要一关。

第五节　新闻来源的质量取决于记者的基本功

【问题提出】为什么说记者的功课做得是否充足跟能够获得什么程度的新闻来源息息相关？为什么说判断一个事件有没有新闻价值，决定如何采集新闻，怎样寻找高质量的新闻来源都是记者基本功的体现？记者要提高获取新闻来源质量的能力又该从哪些方面努力呢？

一、需要善于把握全局，灵活多变、斗智斗勇

对于同一新闻来源，很多记者都能掌握，但有的能够采访成功，有的却难以开展，有的能够写出漂亮的新闻报道，有的只是蜻蜓点水，写得不痛不痒，这些都和记者的基本功有关。特别是对一个敏感的、重大的新闻事件的报道，记者在开辟新闻来源渠道以及获取新闻来源的过程中会遇到许许多多的困难和阻挠，在这种情况下，记者的斗智斗勇、灵活多变、善于攻破被访者心理防备就显得极其重要，下面看一个具体的案例。

2009年4月3日《中国青年报》首次曝光了贵州习水干部嫖宿幼女案，震惊全国。自该报道刊出之后便引起社会广泛关注，全国多家媒体转载此报道并进行跟进式深度报道。最终，该案在习水县人民法院开庭审理，数名贵州习水县政府官员、司法干部、教师、县人大代表等涉案公职人员得到处理。

这一案件之所以引起社会舆论的如此重视，源于一位记者的正义揭发。否

则，这个一年前就发生的案件还不为人知。这位记者就是《中国青年报》驻福建记者站站长、高级记者陈强。陈强在回顾这次暗访经历时曾说，这次卧底习水县六日，是他经历过的“从业二十多年来最艰难的一次暗访”。

在陈强2009年3月下旬进入贵州之前的一个月，也有一些记者前往习水调查，无奈均无功而返。“太难了”，在习水待了三天的《中国青年报》女同事后来对陈强说：“没有人愿意说出真相。”这激起了陈强的强烈好奇。他想：如此恶劣的案件，怎么会打听不到呢？

于是他开始着手上网查找资料。网上一搜，相关网页要么已被屏蔽，无法打开；要么就是只有标题，里面的内容已被删除。从网络上无法得到一些有利的线索，陈强决定要把这些谜团通过实地探访一一弄清楚。

3月26日，他到达习水的第一天，就开始有意与出租车司机、小店老板等最了解当地社会生态的人接触，并听到了很多不堪入耳的细节。为了寻找到与这个事件可能相关的“学生妹”，他甚至在无奈之下装成嫖客实施暗访。

暗访获得突破性进展是在到习水的第五天，他获悉一位受害女生老家在某乡镇。一番辗转后，终于找到了受害女生的父亲，但这位父亲却矢口否认。这时，陈强的一句话立即刺激到了这位父亲，使他态度发生了急剧的转变，开口道出了原委，并提供了其他受害女生家属的联系方式。陈强的这句话是“我也有个和你家孩子一样大的女儿，她要是出了事，我肯定出来拼命”。

事实证明这个线索是极为有用的，陈强靠着那位父亲提供的联系方式，找到了这些受害人，并了解了几位女孩受害的来龙去脉。

经过六天的深入暗访，陈强觉得有必要亮出身份，和当地官方“摊牌”了。“如果你不了解情况就去找官方，他们可能会忽悠你。如果能够拿出证据，让官员觉得，你不说我可以报道，你说了我可以报道更全面客观一些，对他们处境可能更加有利一些，这样就可以让他们就范。”凭着多年的职业经验，陈强找到了习水县政法委书记，告诉他这几天暗访的情况后，这位官员只好把一份有关此案的汇报材料给他看。至此，关于这个事件的有用信息几乎都已被陈强获取。

纵观这次暗访的全过程，陈强能够取得成功的原因在于他有很好的全局观，该如何一步步获取有效的新闻线索在他脑海中早已有了计划，与官员的“摊牌”

也说明他有很高的政治感悟能力，知道如何把握好火候，不打草惊蛇，不贸然行动。并且随机应变，善于站在对方立场思考，让受访者意识到记者是来帮助他们的，从而打消心理顾虑。

对于通过暗访获取新闻来源，陈强是这样认为的："暗访通常是人们不愿意去面对记者，记者也不能像公安一样对当事人进行强制问话，所以就不得不转换一种身份，这样才能比较客观全面地了解到一些真相。暗访的记者已经不仅仅是记者本人了，而是代替公众获取真相。但暗访不能与法律相悖，需要在相关法律以及道德的框架束缚内活动。"也正如暨南大学新闻与传播学院院长范以锦在微博上所说的："卧底暗访是否合乎伦理，一直有争议。信息能公开透明，媒体也就可以光明正大采访，但事实并非如此。如果以'伦理'之名完全反对隐性采访，脱离现实生活环境。有些地方、某些机构一味隐瞒事实真相，媒体只得聚齐隐性采访的利器，但滥用、乱用乃至伤及无辜，则有悖伦理。"

通过暗访这种方式获取新闻，要做到最大化还原事实本来的面目和公正客观，就需要记者运筹帷幄，既有掌控全局的能力，也有细致入微的细节发现能力，同时多方面求证，不断收集信息源并用已经掌握的信息相互佐证，保证每一个信息都能够准确。此外，在这种揭露阴暗面的新闻中，获取充足的新闻来源很重要，在写作的拿捏上也很重要，这种拿捏水平主要是力求正效应大于负效应，这不仅仅关系到记者的业务能力和基本功问题，还关系到责任和道德。

纵观很多重大新闻事件的报道，大部分都是调查性报道，对于这类报道的新闻来源获取是一场记者基本功的大比拼，比拼耐力，比拼智慧，更比拼心理承受力。

二、能够关注细节，去伪存真、去粗取精

新闻来源的质量好坏取决于记者的基本功，还在于记者能不能将一个新闻来源去伪存真、去粗取精，从细节挖掘出蕴含巨大价值的新闻。《楚天都市报》对"信义兄弟"的报道就是一例。

"信义兄弟"的线索一开始来自于《楚天都市报》的新闻报料平台，是孙东林打来的求助电话，原因是其哥哥孙水林一家车祸后遗体尚在异乡，善后工作遇

到很大困难，请求《楚天都市报》的记者给予关注，促使事情尽快得到解决。记者认为这跟每天都能接到很多的交通事故报料一样，并且事故已经发生在十天之前，没有了时效性，而且牵扯两省，有没有必要介入也是一个问题。不过记者凭着情为民系的媒体责任感还是决定到当事人的家里实地走访。记者到达遇难者孙水林的弟弟孙东林家里后，在孙东林的悲诉声中，记者突然捕捉到了一个一闪而过的细节：孙东林在哥哥遇难轿车的残骸里发现了 26 万元的现金！回家过年为什么要带这么多现金？在记者追问下，隐藏在车祸背后的感人故事浮出水面：原来，孙水林急着赶回家，还有一个更加重要的原因，就是要在春节前将自己欠工友的二十多万元工资发给大家过年。在记者的继续追问下，更让人唏嘘不已的是，弟弟孙东林在哥哥一家丧事还没有办完之际，也不知道欠工友多少钱的情况下，让民工们凭着良心领工钱……①

对于这样一个重大的人物典型，如果不是记者有敏锐的新闻洞察力和良好的新闻价值判断力，就会险些与其失之交臂。

“信义兄弟”的行为感动无数人　（图片来源：新华网）

① 舒均. 中国新闻奖一等奖“信义兄弟”采写幕后. 新闻与写作，2012（3）.

三、记者该如何提高新闻来源的质量

深入采访第一线，关注最真实的社会，掌握第一手的采访资料，获取高质量的新闻来源，这对于一位记者来说其重要性不言而喻。但随着社会的发展，记者获取新闻来源的渠道却越来越狭窄了。例如，记者自己开车的多了，就少了机会乘公交或打的去发现社会，很多有趣的或者有价值的信息就难以接触到。随着网络、微博的发展，“剪刀＋糨糊”的拼抄式写作日渐增多，这样就更难挖掘到新闻线索。并且，“现在记者不愿用脚来跑新闻，导致了在新闻采写中，浮躁之气频现。一些记者滥竽充数凑新闻，随意掺水写新闻，道听途说造新闻，为抓眼球编新闻，这些都忽略了新闻来源获取的本质思想”①。王充云曾曰“涉潜水者见虾，其颇深者察鱼鳖，其涉尤甚者观蛟龙”，说的就是这个道理。对此，复旦大学新闻学院教授李良荣说，记者就应“五动”：动腿、动眼、动嘴、动心、再动手。动腿，多跑现场，多跑基层；动眼，多用自己的眼睛去观察；动嘴，多用嘴巴，不耻下问；动心，要站在读者、老百姓的立场上，贴着他们的心去采写。如此“五动”的记者，才能写出好文章。

两千多年前，阿基米德曾说过，给我一个支点，我就能撬起整个地球；两千多年后的今天，记者会说，给我网络，给我微博，我可以人在报社坐，却能知天下事。但这是很危险的，传统报纸对记者有这么几个要求，即“腿勤、嘴勤、脑勤、手勤”，这四勤中尤其强调腿勤，强调新闻是跑出来的。由此可见，记者多深入社会，深入群众，多走动发现鲜活的新闻线索是极为重要的。记者除了要善于运用网络新闻来源以及勤于“跑”之外，还需要通过什么途径来提高自己获取新闻来源的能力和质量呢？

（1）扩大交际圈。记者的职业特征就是需要与人打交道，尤其要善于与陌生人打交道。打交道的过程也是交朋友的机会，朋友多了，在一定程度上新闻线索就多，新闻来源也就多了。特别是对于一些掌握和经手大量信息的组织机构、工作人员、学者专家等，如果能够与他们建立并保持良好的关系，有时甚至不用

---

① 钱鑫. 记者“职业浮躁征”浅析. 新闻记者，2009（4）.

记者自己去问，他们都会主动提供有价值的、最新的信息。

（2）多问为什么。看到一个社会现象或者一件事，不能只停留在表面，而是要多问为什么。一件事情的发生往往有多种原因，要认清它的主要原因、次要原因、外部原因、内部原因等，并且一个事件的发生往往不是单方面的原因造成的，记者不仅要全面客观地看待这个事件，也要注意把复杂的问题简单化，方便受众理解。

（3）学会换位思考。例如，上述案例中陈强的那句“我也有个和你家孩子一样大的女儿，她要是出了事，我肯定出来拼命”就是换位思考，他从受害者家长愤恨、无助但又害怕的立场出发，一下子击溃了受害者家长的心理防备。此外，换位思考是要站在受众的角度捕捉新闻点，获取新闻来源，这样就能够有的放矢地找到新闻选题。

（4）处处留心，随时记录。看书、上网、与朋友聊天，甚至在街头被塞到手中的宣传单，都可能是一个新闻源。例如，2010 年 9 月 24 日，《南方都市报》推出的耗时半年余的独立调查报道《安元鼎：北京截访“黑监狱”调查》就是南都深度新闻部的喻尘在和朋友喝咖啡时意外获得的新闻线索。此外，记者平时可以把一些在脑海中稍纵即逝的灵感、点子进行记录，要对一些话题性资料进行储备，建立一个资料库。当资料积累到一定的时候，记者就会从这些信息丛中获得灵感，产生一些报道想法和思路。

在获取新闻来源后，还需要记者去思考判断，把新闻来源变成科学可行的线索，避免盲目、无效。同时，采访这一关是最能体现记者基本功的，要明确采访的侧重点，找到切入点以及控制好采访的范围大小和采访的时间长短等。并且，记者的功底深浅，往往还会从作品思想性的差别中体现出来，即对于现代传媒业来说，记者核心能力的竞争已集中到了“思”的能力上。记者要比拼的是“明察秋毫”的观察力、“风声鹤唳”的敏感度、“蓦然回首”的灵感、“语不惊人死不休”的敬业精神。

【问题总结】穆青曾说：在生活中，并不缺少新闻，缺少的只是发现。安岗曾说：脚底板下出新闻。南振中曾说：采访不仅是记者的工作，而且是记者的生活。这是新闻界老一辈谈新闻工作以及记者该如何挖掘新闻线索、发现新闻来源的几句名言。虽然他们说这些话时离现在已经有几十年了，但其中的哲理和睿智仍然值得现在的新闻工作者思考和学习。这几句话在一定程度上说明：发掘新闻线索，获取新闻来源是记者的一项基本功。并且，记者本人深入新闻事件和获取直接新闻来源是多发独家新闻的秘诀之一。这就要求记者深入生活、深入实际，到第一线采访，亲自体验、掌握最基层、最原始的新闻材料；有敏锐的洞察力和亲和力，能够与新闻事实的知情人、当事人直接接触并获取第一手材料，这也是记者能够反映真实生活和社会本来面目，提高新闻报道质量，捉到新闻这条“活鱼”的有力保证。

第六节　新闻来源与记者及媒介的关系

【问题提出】现代社会媒介担负着监督守望功能，为了履行职责，媒介需要源源不断的新闻来源，正如上一节所探讨的，“新闻来源是记者的黄油和面包”。在获取新闻来源提供新闻线索的过程中，记者不可避免地要与他们接触，于是记者也就会与新闻来源产生各种各样的关系，这些关系该如何认定？记者和媒介与新闻来源保持怎样的关系才是最融洽的？

一、新闻来源与记者的追随与共生关系

1．记者基于个人利益主动接近新闻来源而形成的追随关系

记者深入生活实际，亦即深入新闻事件中去认知、感受、抓取新闻事实，可以使记者在报道新闻时能够做到尽可能准确乃至精确。但在新闻实践中，他们不可能，有时也不必要介入所有的新闻事实中，记者的主体地位往往是新闻事件的告知者和中介。这就决定了记者要出更多的新闻产品就需要主动、广泛地接近掌握新闻源的人和组织，并且很多时候，记者依靠或者只能依靠他们的新闻来源来获取所需的信息。

记者基于个人利益主动接近新闻来源有正面和负面两方面内容。正面的内容是指：“记者以挖掘新闻事实材料为唯一目的，自己寻找、培养和建立的与新闻

来源的关系。”[①] 负面的内容是指：“记者不以挖掘事实材料为目的，甚至完全以谋取一己私利为动机，去接近新闻来源以获取好处。”[②]

“通常而言，记者新闻来源的优劣、寡众决定了记者工作的成败，记者的新闻来源好，记者就好；来源多，信息就多。但如果记者的新闻来源是有欠真实、自私自利、误导读者的人或是与新闻事件毫不相关的人，记者必然因此而陷自身于泥潭之中。新闻来源是记者的一条血脉，记者会对新闻来源加以十分谨慎的鉴别和挑选，保证其良好的品质，并努力认清新闻来源所提供的信息内容和他们所提出的问题。因为这些不仅会影响记者报道的内容，更关系到记者日后的工作开展，从而影响整个新闻的价值取向和整个新闻环境。可以这样说，新闻记者和新闻来源的关系，远比具体的新闻写作和编辑的技术重要得多。新闻记者协调好与新闻来源的友善关系，以及保护新闻来源的利益根本，则成为新闻工作中的一个不可或缺的部分。但这种保护和友善关系，都是必须建立在服务受众、尊重受众的这一基础之上的。”[③]

2. *新闻来源为获取自身的利益主动接近记者而形成的追随关系*

新闻来源为获取自身的利益主动接近记者的情况包括两个方面，一个是正面积极的，一个是负面消极的。正面积极的是指作为新闻来源的个人或机构为谋求自身利益，增加自身美誉度，主动与记者建立良好关系，以便将自身良好形象广为传播，其中公共关系的运作就是极为鲜明的代表性例子。这种通过公共关系的运作，通过记者和媒介获取自身利益在当今较为普遍，只要内容诚实、手段合法，就是正常和可操作的。但把记者和媒介作为获取不正当利益的手段，使得新闻失实和丧失客观性就是负面消极的。并且这也是滋生假新闻和有偿新闻的温床，一些经济团体或个人会为了达到某些目的而不择手段，用经济利益引诱记者，进而合谋生产假新闻和有偿新闻。

3. *新闻来源与记者出于一定的权利和义务以及满足公众知情权形成的共生关系*

共生关系是基于记者和新闻来源双方的共同利益而产生的一种关系，新闻来源与记者形成的共生关系主要包括两个方面：

---

①② 陈向阳．记者与新闻来源的共生关系及责任分析．新闻记者，1998（12）．

③ 许亚荃．不透露新闻来源行为探析．江西社会科学，1999（4）．

一是双方为共同满足公众的知情权而形成的共生关系。作为新闻来源的个人或机构，或出于使人知晓的愿望，或出于某种正义感和社会责任，向记者提供新闻事实材料和线索，这种动机已经不完全是在个人利益的驱动之下了。在这种新闻来源的配合下，记者采写公开透明的能够引起公众兴趣的新闻，以及为揭露某些事件，经过特定工序（如暗访等）将大量具有新闻价值和社会效果的新闻推向公众，引发关注和促进事件解决，从而伸张了正义。

二是双方为了一定的权利和义务而形成的共生关系。作为新闻来源的一些国家机关有一定的权利和义务向记者提供特定范围内的信息，以实现政务公开透明，而记者也有一定的权利和义务将这些信息报道出去，以便公众知晓从而作出相应的决策，为公众的经济、政治生活带来便利。例如，卫生、地震、气象等部门有义务发布各种与其职能相关的数据及报告，方便公众参考从而做出相应的决策。而记者本着社会责任感，有权利参照和根据这些部门所提供的材料和意见进行新闻报道活动，同时，媒介和记者在必要时，有义务根据新闻来源的要求对新闻报道进行更正或答复。

此外，需要注意的是，当记者与新闻来源的关系超出了正常范围，就会滋生出各种负面影响。例如，记者在与新闻来源人的长期接触中，由于会建立良好的私人关系，会由起初的工作关系变成朋友关系，以至于把自己融入其中，当做是他们其中的一员，这样就很容易导致记者在以后的新闻报道中带有个人主观倾向而使新闻失去客观公正性。正如暨南大学新闻与传播学院院长范以锦在微博上所说："有些新闻人长期固定与某个领域打交道，交了不少朋友，有利也有弊。有的陷得太深，成为某些机构的代言人，不能独立履行记者的职责，这就超越了一般朋友关系。因此，当业界有人对我说'采访对象绝非敌人，但不是朋友'时，我说，朋友可以当，但不能成为百依百顺的新闻'情人'。"

还有就是记者与新闻来源的关系变成了买卖关系，表现在记者为了得到消息、照片或者独家采访的机会而付钱给新闻来源，这些行为严重腐蚀了新闻道德，并且会对社会产生危害。因此，把记者和新闻来源的关系保持在合理的范围内，既是新闻道德的呼唤，也是保障社会利益的要求。

二、新闻来源与记者的责任承担关系

随着我国新闻事业规模的扩大、法律的完善和群众民主意识的逐步提高，新闻官司逐渐呈增多趋势，记者或媒体成为被告的事屡见不鲜，有时甚至是两家媒体机构打起了新闻官司，比较典型的代表就是我国首起“因新闻打假而引出的媒体状告媒体的新闻官司”，即广州《新快报》与文新集团所属的《新闻记者》杂志之间的新闻官司。

而记者在获取新闻来源，并将其写作发表后，由于各种各样的原因，不可能尽善尽美，有时就会因为其中一个环节出现差错而导致新闻失实或者侵害到某些人的名誉和利益，很多时候虽然还没到打官司的地步，但对于出现这样不应该的失误，需要有人对其负责，承担一定的责任。这里只阐述记者和新闻来源之间的责任承担关系，厘清这一层关系也是为了更好地让记者做好新闻来源把关工作以及保护好自身的权益。

“（1）记者和新闻来源共同承担责任。在这种情况中，或者是新闻来源有意提供错误的事实材料和意见信息，而记者作为传播者把关作用发挥不良；或者是在新闻来源造假和有误的同时，记者又进行了错误的加工处理。这样，双方都应对该新闻报道所造成的后果负责。

（2）记者单方承担责任。在这种情况中，新闻来源或者无意提供了错误的事实材料和意见信息，并声明不为此负责，或者提供的是比较粗糙、片面的原材料，而记者不作文本的调查研究和采访核实工作就贸然发表，甚至出于名利目的歪曲新闻来源的本意、故意进行失实报道，这样造成法律纠纷和道德争议时，本着保护新闻来源的原则，应由记者负全部责任。

（3）新闻来源单方承担责任。例如，由权威机关提供、授权和委托记者（传媒）发布的材料和信息有误，所造成的问题则应由新闻来源单方负责，不应该追究记者和媒介的责任，因为在这种情况下，记者和传媒只表现为传播的技术硬件和发送环节，无权参与传播内容的把关过程，也不可能对此信息进行选择、加工和处理。"①

三、新闻来源深刻地影响媒体的话语形式

新闻来源不仅会与记者产生多种关系，也会与媒体产生一定的关系，新闻来源与媒体的关系主要体现在新闻来源会影响媒介的新闻话语和议程设置。

"新闻话语（包括文字、图片、声音等）是对真实事件的一种再现的过程，并不是对世界完全客观的反映，而是利用新闻的制作手段与编辑技术，使用程式化的规则，对社会现象进行局部的反映和解释，是一种典型的编码（encoding）过程。"② 所以说，新闻来源能够建构媒体新闻话语是因为在一篇新闻报道中，记者的直接观察最能反映事实；但记者并没有三头六臂，大多数新闻报道没有经过直接观察，记者只能从他人那里获得新闻来源，通过采访目击者和其他知情人士代替记者本人的观察，引述别人的话语不仅使得报道更生动，且直接表明是对方所说的，从而显得真实可信。这样，新闻当事人或知情人士掌控的关于某一事件的消息是否为公众所知就具有了最初的决定权和影响力。换句话说，如果新闻来源对某事件采取沉默的态度，那么，公众就永远难以知晓这件事。

新闻来源对媒体新闻话语的直接影响表现在：新闻媒体通过新闻来源获取新闻线索、进行新闻报道，新闻来源依靠政治、经济等力量影响新闻话语。新闻来源为媒体构建了信息流，这些信息流有一部分进入媒体的视野，经过选择加工被报道出来从而被公众所知。新闻来源变成了新闻报道，新闻报道承载着一定的观点和意见，新闻报道占据了报纸版面或网站的空间，受众会对该新闻报道进行阅读消化进而形成理解。新闻来源依靠政治、经济等力量影响新闻话语，表现在一些处于强势地位的新闻来源可以控制新闻的发布，如政府部门，它们可以要求媒体通过审查才能发布新闻，政府官员或经济团体的高层会选择那些对自己有利的新闻进行发布。而受政治、经济等掌控的新闻来源为接近受众，还会通过各种公关手段提供成形的新闻报道让媒介发布，这些都会对媒介的客观公正带来严重的

---

① 陈向阳. 记者与新闻来源的共生关系及责任分析. 新闻记者，1998（12）.

② 范红. 新闻话语的编码和霸权的形成. 现代传播，2004（2）.

影响。

新闻来源对媒体新闻话语的间接影响表现在：通过对记者的思想观念产生潜移默化的熏陶。比如，“跑固定线路的记者常将大部分的工作时间花在某些固定的采访对象身上。于是，他们不可避免地开始与这些工作产生认同。这些采访对象日复一日为记者提供所需的新闻资讯，但与此同时，他们的价值观、利益、问题甚至行为举止，也因长久地共事，而逐渐为记者所熟悉、接纳”①。并且，在日常的新闻报道工作中，新闻媒体都以报道独家新闻和内幕消息为荣，记者要获取这样的信息，就必须得到新闻来源的帮助，因此，在许多情况下，“他都会将那些足以损害重要采访对象和新闻来源的新闻加以保留，不予发布，以免破坏甚至失去与这些重要新闻来源之间的互惠关系”。

此外，新闻来源也会在很大程度上影响着媒介的议程设置，从本质上来说，就是占据统治地位的政治、经济等势力对舆论的控制。一般来说，它们的控制手段主要包括两种：一是通过召开新闻发布会发布一些信息并通过答记者问来发表意见和看法，从而影响记者的理解和报道；二是通过在日常工作中有意地与记者接触，以“私下放风”的方式进行舆论引导。这样，媒体不是从受众应该知道什么出发来报道新闻，而是根据一些人与机构想让观众知道什么来发布新闻，由此，作为占据有利地位的人与集体就实现了对媒体议程设置的操控。

【问题总结】在本节里我们主要把记者和媒介与新闻来源的关系划分为追随与共生关系以及责任承担关系。如果上升到媒体层面，新闻来源的获取以及加工后的新闻报道，也会在一定程度上影响着媒介的话语形式和议程设置。明了记者和媒介与新闻来源的关系，可以更好地帮助记者和媒介处理好与新闻来源的关系，并恰当地利用新闻来源为媒介谋得发展。

参考文献

李法宝. 新闻传播方法论. 广州：中山大学出版社，2007.

---

① ［美］罗胥克. 制作新闻. 姜雪影译. 台北：远流出版事业公司，82～83.

第二章　新闻报道的真实性原则

新闻传播学界的“神谕者”——加拿大多伦多大学教授麦克卢汉在《理解媒介》中开宗明义：“媒介即是讯息。”这是一种超逻辑的论断，A 就是 B 的前提是两者本身就是同一种物质。正如我们不会说“水杯是水”一样，因为水杯和水是两种完全不同的东西。某种程度上说，媒介与信息的关系可视为渠道与产品的关系。媒介是传播信息的载体，对于大众传播媒介来说其新闻报道执行了这种传播的职能。这种“此即彼”关系的比喻，其实意在说明新闻报道传播信息、寻求现实世界之事实真相，并告知受众这是它追求的题中之义与终极目标。

新闻报道须有信息，并且新闻必须符合事实，这无论是在新闻传播学界的学理性研究还是业界的实践性探讨上都是一致公认的准则。然而，承认、理解新闻真实与践行这一原则，完全是两回事。在业界的新闻报道中，失实现象并没有因为真实性原则的公认而销声匿迹。

陆定一曾经指出：“新闻，我是天天看的，看了几十年了，看来看去，想来想去，我还是认为，新闻一定要真实。”“新闻工作搞来搞去还是个真实问题，新闻学千头万绪，根本性的还是这个问题。有了这一条就有信用了。有信用，报纸就有人看了。”我们可以把新闻报道的真实性问题分为三个方面：新闻报道的真实性从何而来？这是本源问题。我们需要新闻报道在多大程度上做到真实呢？这是价值问题。怎么样可以让新闻报道最大程度反映新闻事件的真相呢？这是技术问题。

第一节　新闻报道如何传播事实

【问题提出】新闻真实是一个古老而永恒的话题。事实是新闻报道的本源，新闻报道的真实性要求新闻报道要准确地再现新闻事实的本来面目。其中，如何“准确地再现”成了检验新闻报道是否传播了事实的试金石。那么，新闻记者该如何把握新闻报道的“准确性”，“再现”得以体现最大化真实的途径有哪些？一个“新闻事实”该具备哪些条件才能进入媒介的视野范围？新闻报道经过记者和编辑的加工，跟其他普通商品的生产一样，是“做”出来的，我们可以称其为一个对事实进行“架构”的过程，那又该如何理解和看待这一过程呢？

一、新闻报道何以开始——事实是新闻报道的本源

“提前收到的20岁生日礼物，冒着寒风把它找回来了，2011年果然是给力年有没有，有没有！PS最近颈椎疼啊疼，天天睡不着觉，躲被窝里补觉觉去。”郭美美在2011年4月发微博炫耀其玛莎拉蒂豪车。由于其“中国红十字会商业总经理”的身份认证，并多次炫耀自己的名包、名车等，红十字会不断遭到质疑。红十字会到底有黑幕吗？不同的说法呈现不同的“事实”。

“红十字协会和红十字商会根本就是两个不同性质，为什么会有那么多人揪着红十字这三个字不放过呢，这跟人同姓或者同名是一个性质。”郭美美发微博这样解释，但随后这条微博也被删除。

“我压根就没有干女儿，红十字会也没有所谓商业总经理这种职位。”面对质疑，红十字会副会长郭长江接受采访时这样说。

随后，新浪微博承认，认证审核有误并致歉。

《南方都市报》记者王星说：“郭美美事件的部分关键节点是我与同事调查出来的，我必须承认最后真有些失望——没有发现黑幕，没有副部级干部，郭美美的财富与红十字会无关。但这就是事实，被人骂也只能说真话。”

有网友指出此事件为炒作，一位微博博主在进行评论时说：“刚刚与北京了解此事的哥们联系过，此事件为一网络推手炒作事件！建议大家取消关注。”

关于“郭美美事件”的不同事实，哪些才是新闻报道的事实真相呢？事实与新闻报道的关系是怎样的呢？

对于新闻报道来说，第一个环节就是确定进入新闻传播渠道的新闻事实，这其实是新闻传播者采集和“把关”的结果。没有新闻事实的确定，就没有新闻

报道的发生。因为新闻报道不是“有闻必录”，“‘报纸有闻必录’，此吾国报纸之一极普通之口头禅，且常引为护身符者也，其实绝无意义。”“若‘必录新闻’，则报纸之新闻，与街谈巷议无别矣。况新闻纸之篇幅有限，又安能‘必录’新闻之全部耶?”① 事实是多种多样的，因而关于事实的信息也不能穷尽把握。新闻传播者不可能也不必反映所有的事实，只有那些能够满足受众对自身及周围环境“知”的需要和愿望，能够消除不确定性的事实信息即新闻事实，才能被传者注意并成为反映对象。

在由诸多千差万别具体的事实构成的世界里，新闻事实是其中具有新闻品质的特殊事实。新闻报道总是需要先有一系列新闻性的事实，进而对这些事实的存在状态或者发展历程进行传播。事实是第一性的，新闻是第二性的；事实在先，新闻报道在后。新闻存在的合理性也正是它能向受众传播新近变动的新鲜事实的信息，新闻报道学其实也可以称为一种“事学”。

其实，探寻新闻的原质或者本质的过程比探寻的结果更重要。因为，我们可以从中领略探寻者思维方式的魅力及论证的严密，这或多或少能给人以启发。首先需要从问题开始，既然不是所有的事实都是新闻事实，那应该根据什么标准来判断哪些是新闻事实，哪些不是新闻事实呢？新闻事实是怎样的一种特殊事实呢？事实信息的告知使新闻报道有别于一般传递观点或者思想感情的作品，那么事实本身又是什么呢？问题意识是人类获取答案与知识的动力和来源。这些对新闻本体进一步的追问和思考，其答案是我们研究“事实”与新闻报道学的关系，在具体操作时甄选事实中符合新闻品质的新闻事实，是打造新闻报道精品的理论前提。报道和传播不具有新闻品质的一般事实，那么新闻报道就未能反映客观世界变动状态，那就是新闻传播者的失职，新闻报道本身的存在也就失去了合理性。

毛泽东在《〈政治周报〉发刊理由》一文中提出关于事实的著名论断：“《政治周报》的体裁，十分之九是实际事实之叙述，只有十分之一是对于反革命派宣传的辩论。”②

---

① 徐宝璜．新闻文存·新闻学．北京：中国新闻出版社，1987．290．

② 毛泽东．毛泽东新闻工作文选．北京：新华出版社，1983．5．

敌人说“广东共产”，我们说“请看事实”。敌人说“广东内哄”，我们说“请看事实”。敌人说“广州政府勾联俄国丧权辱国”，我们说“请看事实”。敌人说“广州政府治下水深火热民不聊生”，我们说“请看事实”。

毛泽东让敌人看的事实是指“广东并没有……”的实际情况，这种实际情况是不依赖于叙述主体的客观存在，这其实是“事实”的所指。而通过符号化的关于事实的叙述是一种能指。文中“请看事实”所指的“事实”实际上是“我们”作为主体把握到的东西。关于客观事物的情况为人们感知到，为人们的经验和概念所占有，它便从客观自在转为人的叙述。这牵涉到“事物”与“事实”两个概念的比较。事物是某种对象式的实体，用概念来反映，并用一个词语来叙述；而事实的叙述是通过一个判断，并用一个句子来表达和陈述。正如罗素在《我们关于外界世界的知识》中指出的那样：“当我谈到一个事实时，我不是指世界上的一个简单的事物，而是指某种性质或某些事物有某种关系。因此，例如我不把拿破仑叫作事实，而把他有野心或他娶约瑟芬叫作事实。”[①]“广东”是关于事物的陈述，而“广东不共产”则是关于事实的表达。

这样说来，所谓事实，就是“客观事物或现象的某种实际情况（某物具有某种性质或某些事物具有某种关系）。正因为如此，作为社会存在的事实，不能仅仅是某些性质和关系的纯粹存在，它还需要人在具体的经验中对其中的性质和关系进行确定”[②]。事实本身就其内容而言是客观的，是某种客观存在的事物的实际状况，存在于外部空间，而就其被经验和概念所接受这点来说，它又存在于人的意识之中，带有主观的色彩。事实是主体和客体的结合。

关于新闻的定义，目前新闻传播学界说法不一。较为人们所接受的是1943年陆定一在《我们对于新闻学的基本观点》一文中提出的：“新闻的定义，就是新近发生的事实的报道。”这种说法包含了新闻传播者要报道新闻事实，且是“新近发生的”，这表明了新闻事实的客观存在，而新闻报道正是对这种客观存在的反映和表述。“报道”是传者的一种感知和叙述，是主体的反映行为，这包括了对事实的选择和价值判断。事实是主客观的结合，传者自身的认知能力及道

① ［英］伯特兰·罗素．我们关于外间世界的知识．陈启伟译．上海：上海译文出版社，1990．39．
② 芮必峰．新闻本体论纲．新闻与传播研究，1997（4）．

德品质就产生了与其主体相对应的对事实的叙述，这种对新闻事实的叙述与新闻事实本身是否相符便是我们本章所要研究的新闻报道真实性的问题。

既然“事实”的含义明确了，那么如何理解新闻事实与一般事实的区别呢？哪些事实是新闻事实，哪些不是呢？根据上述观点，我们认为新闻事实不同于一般事实的品质在于：

从事实主体方面考虑，事实主体在实践中对自身及周围环境具有“知”的需求。这种需求要求有人的认识活动，并与主体建立紧密的联系。中国人民大学杨保军先生在他的《新闻事实论》一书中说：“人们之所以把事实世界中的一些事实叫做新闻事实，就是因为他们与这些事实之间建立起了已经意识到的新闻关系（也许在一定的历史条件不称作新闻关系）。在这种关系中，新闻事实自然是经验到的事实，是由感觉、知觉、概念等把握了的客观事实。”① 这种经验事实就是人化了的事实，凝结着人“知”的需求。一个荒无人烟的岛上发生了地震或其他不为人知的奇迹不能成为新闻事实，因为缺少了主体力量的实现。

从事实客体方面考虑，事实本身具有引起人们共同关注并满足人类这种“知”的需要的某种属性，即新闻价值。例如：

第一，新闻事实具有新鲜性。新闻报道是一种“易碎品”，新闻报道的事实即使异常重要，其新闻价值也必定随着时间的流逝而减少。今天的新闻到明天就成为旧闻了。新闻媒体常常为了比其他媒体早几秒钟报道新闻事件而竭尽全力，因为争取了时间就争取了读者的注意力。新闻报道信息公开的时间性对于民主国家也同等重要，民众通过及时的报道了解公共权力的运作，而不是总被告知属于“机密”而要等到数十年之后才能“解密”，这样民主原则才真正能得到实施。

第二，重要性。一条新闻的影响力取决于它所报道的“事实”能影响多少人以及对他们切身利益的影响程度。政局变化，自然灾害，经济变动等都与大多数民众的切身利益密切相关，能影响到很多人，因此具有很强的新闻价值。

第三，显要性。“名人 + 普通事件 = 新闻”，“名人 + 不普通事件 = 新闻”。常人在台上演讲发言被轰下台也许只会让演讲者自身感到尴尬，没有什么特别之处，但同样的事若发生在名人身上则会成为引人瞩目的新闻。2012 年 11 月 17

---

① 杨保军. 新闻事实论. 北京：新华出版社，2001. 11.

日，北京师范大学教授于丹在北京大学剧院昆曲专场后作总结发言时被观众“哈轰”下台，因为于丹是大众名人、学术明星，她的“小尴尬”被媒体广播成“大丑事”。美国《圣路易邮讯报》的编辑曾就某一天的头版新闻报道说：“这是一篇谎言，而我知道它是谎言，但是我都必须登它，因为它是一位重要的官员的说辞。这位官员的名字与头衔让这段话具有新闻性。如果这是一位名不见经传的人说的话，我早就将它扔到垃圾桶了。”

第四，异常性。异常本身就能引起人们的共同兴趣，事实越是超出常态，越具有成为新闻事实的潜力。曾有人问法国作家莫泊桑为什么他的小说里有那么多的坏女人。莫泊桑回答说：“清白的女人成不了故事。”这种反常性的事实能满足读者的猎奇心理，同时异常变动的信息能提示人们周围环境的变化并及时作出深度分析和应急对策。

第五，接近性。人们会更关注发生在自己附近的“事实”或者与自身感情上有联系的人或者事实。事实与人们利益之间的关系越密切，新闻价值越大。有句俗语叫“接地气”，意为顺乎人理，接其自然。新闻报道也需要“接地气”，贴近现实，关注公众的切身利益，关注媒体所在地读者的真实愿望，保持新闻报道本土化。这已成为传统媒体面对来自新媒体压力时的竞争之道。

二、如何理解新闻报道的真实性——“再现”的准确性

一项学术研究，始于问题的提出，终于问题的解决。对研究生来说，发现问题，提出问题，并致力于解决问题是自身科研能力和创新能力体现之关键所在。研究的问题不管是受反对还是受欢迎，真理都会在问题的讨论中格外分明。在问题中输入学理，也容易消除人对学理的抗拒，从而在不自觉中接受学理。对于新闻报道的真实性，我们首先应该批判性地提出：既然新闻报道不可能不带有传者的主观色彩，那么新闻报道怎么样才算是真实的？新闻报道的真实与文学作品所说的真实有什么区别呢？我们常说本质真实，新闻报道要做到本质真实吗？这些都是研究新闻报道真实性首先需要提出和解决的问题。

新闻媒体进行新闻事实报道，并不是对新闻事实的信息进行“镜子”式的再现，而是通过对这类象征性事实信息进行选择和加工，以新闻报道向人们揭示

事实信息。新闻媒体传播形成的信息环境并不是客观环境本身，而是一种“似是而非”的拟态环境，也有学者称之为“假环境”。可见，新闻报道其实是对新闻事实本身的一种“仿真”，是对现实的一种建构，即使是高精度的“仿真”，也毕竟不是真实本身。美国专栏作家沃尔特·李普曼说：“在我看来，最有益的假设是新闻和真实并不是一回事，必须清楚地加以区分。”① 他认为，记者带着成见到出事地点，之后他带回来的多半是他想象的、已经改观了的事件报道。那么对新闻真实性的探究应该从什么样的角度出发呢？

真实的评判标准是主体对客体的正确反映，这种“符合论”意义上的“真实”对研究新闻报道真实性很有帮助。这个说法来源于哲学家洛克，他认为，真实是我们的观念和事物的实相之间的契合。先来看一个例子：我们把坐在电脑桌边写作的主体“我”，看做是一种事实。在桌子上摆放着的照片中的“我”，是对“我”的一种反映，或高大或帅气，这要看反映的程度，这个程度可以看做新闻报道真实性的程度。而墙上油画挂着“我”，这个“我”有了文艺气息，“我”已经不是原本的“我”了，这可以看做是文学作品的反映。照片中的“我”并不是主体“我”本身，而是对主体“我”本来面目的反映，这种反映可以看做新闻报道真实的体现。油画中的“我”显然已经有了画者本身的想象和感情，这个“我”是对主体“我”的一种升华。虽然有文学作品和新闻报道都是对人类社会生活的反映，它们的真实都要求表现的事实与被表现的事实一致，但它们确实是两类不同样式的真实。

文学来源于现实，而高于现实。文学文本所反映的对象在现实中要有一定的原型，但并不以与现实的原型高度符合为目标，而是以艺术的手法超越原型的直接面目，通过一定的形象来表现作家的思想感情和审美情趣。卢那察尔斯基说：“全部艺术就是一大‘花招’……艺术家的职责根本不是照相，不是记录事实，而是在于用想象和幻想的办法去创造事实，即虚构事实而又做得叫你感觉不到这是虚构，却说：这就是它，这就是真实！”② 文学文本将社会生活中的事实打碎并加以改造和加工，通过想象对事实有所损益和缀合，形成新的事实。文学文本

---

① ［美］沃尔特·李普曼. 舆论学. 林珊译. 北京：华夏出版社，1989. 237.
② ［苏］卢那察尔斯基. 论文学. 蒋路译，北京：人民文学出版社，1978. 307.

的真实不仅艺术地再现了社会生活的真实，更是对人类社会生活的一种“再造”。

新闻报道是对事实世界中具有新闻价值的事实的记述与再现，其主要目的不在于传达思想感情或者观点，而在于传播已经发生或正在发生的新闻事实。新闻报道追求的是一种具象的报道与新闻事实之间一对一的直接的符合性，“新闻是记录当代的历史，是当代史的最可靠最忠实的记录，应具有高度的科学性和准确性”。“新闻报道所要求的真实必须是真人真事而不容任何虚构”。[①] 新闻报道对社会生活的反映，是一种纯粹的记录，它对新闻事实的记述是对人类生活的一种“再现”。

文学真实是“应有其事”的真实，它要求人们把一切可能发生的事情视为真实。以现实生活的情理对文学文本中的人物或事件进行衡量和审察，其中出现的人物个性和事态发展必须符合现实生活中人物的状貌和事态发展的逻辑，这种真实是一种总体印象式、总体感觉的真实，不仅要符合现实之理，更要合乎文学艺术之情。“文学不仅要按照现实生活的状貌和特征及生活自身的逻辑来再造第二现实，更要按艺术美的原则来表现生活。表现的过程就是作家感情化入作品的过程。文学艺术的美就是通过这种化入获得的。感情是艺术美的核心或本质。”[②]

新闻报道真实是一种“确有其事”的真实，它再现社会生活时必须严格按照现实生活的本来面目来反映。它报道已经发生或正在发生的具体而确定的事实，它只关心某事是否发生过，而不顾及某事是否应该发生，那些似乎不可能发生但又确实发生了的事实更是它关心的对象。由此我们知道，新闻报道真实性就是指新闻报道必须完全符合要反映的经验的新闻事实，准确地再现新闻事实的本来面目。这就是说新闻报道要如实地描述、解释现实生活，不允许有些许出入和歪曲，新闻作品中出现的人物和事件以及有关细节必须是通过直接或间接的方式可证明的，以便人们了解和把握其真实的程度。我们可以从具体的几层含义来理解这种“再现”的准确性：

新闻报道中的新闻事实必须真实。新闻报道中涉及的内容包括新闻事实本身，对新闻事实的描述、分析、解释及评价，这些事实要素必须真实。新闻事实

---

① 甘惜分．新闻理论基础．北京：中国人民大学出版社，1982. 119～120.

② 暨南大学新闻系．面向21世纪的新闻与传播论文集·文学与新闻真实性之比较．广州：暨南大学出版社，1996. 305.

真实与否是衡量是不是新闻的首要标准，而不是衡量新闻好坏的标准。真实是新闻报道的生命，离开事实的真实，新闻报道就不可能存在。新闻没有也不应该有真假之分，事实不真实就不是新闻。

新闻事实信息是构成新闻报道的本体，那么新闻首先必须确有其事，反映的必须是确实发生过或正在发生的新闻事实。预测性的新闻报道，“预测”本身就是真实的事实，因此报道也是真实的。新闻传播者在传递新闻事实的过程中，其倾向性是不能避免的，总会自觉不自觉地用新闻报道来体现自己的好恶褒贬或政治观点与态度。这是新闻报道的客观性原则要讨论的范畴，它要求“用事实说话”。但是用事实说的“话”，也必须是所用“事实”能够承载的，不能人为拔高事实本身的含义。

将新闻事实的真实面目揭示在人们面前，新闻报道算是完成了传递事实信息的基本任务。新闻报道还有更高的追求，就是要反映社会生活的本质，即本质真实。本质真实要求新闻报道真实地反映社会生活的本质，而不是反映社会生活本质本身的事实。

在新闻报道的实践中，新闻报道的本质真实可以分为两个主要方面。就整体报道而言，新闻报道的新闻事实总体必须真实。这是指新闻报道的宏观真实，新闻报道应该全面反映社会生活变化状况的本质真实。这是对新闻传播机构或者一个时期而言的，不是针对一个人或者一条新闻报道，这要求新闻媒体从社会现实生活的总和上把握现实，揭示一定目标报道领域或者整个社会的主流、主导情况，揭示时代的根本趋向。

就具体的报道而言，新闻报道需要更深层次地挖掘新闻事实背后的事实，向人们揭示在现象真实之下社会生活的本质。这种本质真实不是普遍性要求，不能要求每一篇新闻报道都必须反映社会生活的本质。有些新闻作品告诉人们现象即可，不必进一步探究事实的本质。

本质真实虽然不是新闻报道真实的基本要求，但是这一要求却是“禁止性原则”，所有的新闻报道都不能对人类社会生活的本质做歪曲的、虚假的反映。

三、怎样“做”新闻——新闻报道是对新闻事实的架构

事实进入新闻报道的现实时空视野，成为新闻事实，然后事实的细节性片段变成新闻报道。这个过程是媒体把现实生活世界的片段依据自身话语进行重构的过程。这种架构使得新闻媒体像一张网去捕捞新闻事实并加以报道。新闻网络有网孔，因此不可能事无巨细，囊括所有，而这张新闻网是要捕大鱼的，它的捕获能力体现在如何结网、网格覆盖面，网撒何处等。在这样的新闻网络中，新闻媒体每天不断生产新闻报道。什么样的日常生活的片段细节可以作为捕获的对象，什么地方可以捕获？新闻报道需要记者通过新闻网络的架构大致确定新闻事实出现的地点及报道的方式。然后新闻价值、新闻报道的题材分类、新闻采访、新闻报道的表现手法及语言等操作规则便成为架构的模式要素，总结新闻业务操作经验也是为了减少在新闻报道过程中架构事实的成本。

如同报纸对新闻事实的建构一样，电视新闻报道在架构上也可以避免出现不真实的情况。一般来说，电视新闻片一般被看做是对事实的完全记录，它的实时拍摄有意拒绝对空间与时间的人为操控。不过，电视新闻报道中镜头语言的使用也有自身的一套语言规范。比如，快动和慢动镜头在电影拍摄技巧中常常用来表达快速追赶或者爱护、温柔等特殊的含义。电视新闻的拍摄不能随便混用这种技巧，否则新闻片会因为节奏破坏而被舍弃。而慢动作的镜头在体育新闻中是必需的，以便让观众看到运动员的技术动作，为新闻播报提供纪实的证据。对于不同的新闻事件，电视新闻对拍摄的取舍如同报纸一样，也有自己的章法。如涉及谋杀事件的镜头往往是人行道上的鲜血和汽车挡风玻璃上的弹孔。电视新闻片根据不同的活动进行镜头编码，重新建构新闻事件的空间与意义。

“大体须有，定体则无。”事实是新的，报道的技巧却是不变的。新闻报道形成的一整套规范使得具有新闻价值的事实流动性趋向稳定，也使得媒体的诸多新闻报道有了固定的模式和做法。新闻媒体根据不同的新闻报道方式，比如纯新闻的客观报道、调查性报道、解释性报道等，或者根据新闻报道的内容，比如突发新闻、时政新闻、社会新闻、经济新闻等，熟练地确定新闻事实发生的地点以及从什么样的角度报道，这些职业手法就是新闻报道对新闻事实架构不可缺少的

工具，新闻报道就是这样“做”出来的。

盖伊·塔奇曼在研究作为框架的新闻时，提供了一个交流的片段。①

“怎么样?”

“没什么。”

“六段?”

“可以。”

她指出，这个片段的交流本身是毫无意义的，在提供了一个增加附加信息的框架之后，这个片段可以被转化为新闻报道的框架：

记者从火灾现场回到了地方新闻编辑部。当他走进地方新闻编辑部时，这位编辑停下手头的活儿，抬头问道：“怎么样?”记者回答（指火灾）：“没什么。”编辑问：“六段?”（六段的空间用于报道火灾是不是够了?）记者回答：“可以。”然后走到他的桌子边，开始写他的关于火灾的六段报道。

有了具体的操作规范和技术，事实信息的片段可以被赋予一种性格，它可以为记者观察到的一场小火灾提供“六段”的报道模式。在内容和意义的叙述上，新闻报道有自己的特殊要求，不同于一般的叙事模式。新闻报道最具时效性的特点决定了其文本的简短、新鲜、确切。在组织报道时，按照事实信息的重要程度从一个主题转到另一个主题，对受众来说，看到新闻报道的导语或者前面部分就能知道核心信息。这就是新闻报道标准的报道形式——倒金字塔结构。这种头重脚轻的不平衡性新闻报道形式把最重要的素材放在报道开头，较重要的材料放在后面，不仅方便记者采写，更有利于编辑新闻版面，它无疑具有功利主义和实用主义的色彩。

在新闻报道实践中，即使是对同一新闻事实的报道，不同的媒体或者出于某种倾向性，建构的方式不同，新闻报道传达的意义也不同。新闻报道依据通用的事实真实而进行架构和加工，但其本身仍然是信息环境的信息化，是对社会生活的反映。新闻报道在多大程度上做到还原事实真相，仍取决于新闻媒体报道形式

① ［美］盖伊·塔奇曼. 做新闻. 麻争旗等译. 北京：华夏出版社，2008. 181.

上的叙述。例如，关于1949年北京解放的事件，中国和美国的通讯社报道截然不同。

新华社1949年1月30日电 世界驰名的文化古都，拥有200万人口的北平，本日宣布解放。北平的解放是伟大的中国人民革命运动中最重要的军事发展和政治发展之一。原有国民党反动军队及其军事机构大约20万人左右据守的北平，乃是执行中国共产党毛泽东主席宣布的八项和平条件以和平方法结束战争的第一个榜样。这个事实的发生，是人民解放军十分强大、所向无敌，国民党反动军队中的广大官兵战意消沉，不愿再作毫无出路的抵抗，和北平广大人民群众坚决拥护真正民主和平的结果。北平的国民党主力现已开至城外指定地点，人民解放军定于本日开始入城接防。北平的人民久已像亲人一样地渴望着人民解放军。在知道了人民解放军即将开入北平之后，北平的工人、学生、市民连忙热闹非凡地筹备着盛大的欢迎仪式，并因国民党军全部出城之一再延期而感觉不耐。人民解放军即将和平地开入北平的消息，使这个古城突然恢复了青春的活力，从1月23日起物价顿然下降，街道上重新拥挤着欢天喜地的行人，他们到处探听着解放军入城的确实日期，询问着和传说着解放军和共产党的宣传品的内容。

美联社1949年2月3日电 今日北平给它的共产党征服者一个热闹的欢迎，就只有这个经常被征服的城市才能做到。共产党向拥挤着的成千上万的人显出一两件东西看看——长达数里的缴获来的美国造的各种车辆。长列的市民在这个热闹的欢迎游行中把嗓子都喊哑了——正如当日本人占领北平他们欢迎日本人，当美国人回来他们欢迎美国人，当中国国民党人回来他们欢迎国民党，以及数百年前欢迎蒙古人与鞑靼人一样。北平在欢迎他的征服者方面是素享盛名的。

新闻报道对事实的架构，前提是事实的真实。报道的新闻事件是“自在性”的经验事实，而在新闻传播的实践中却频频出现有意计划和安排的事件报道。这其实是对新闻事件的策划，称之为“媒介事件”或“制造新闻”，有学者称之为传媒“假事件”。在新闻事实发生之前由记者参与策划促成事件发生并予以报道，消息来源与报道者重合，记者充当了新闻事件的主要行为人。这种新闻报道对新闻事实的架构是不是违背了新闻事实必须真实的原则呢？有的学者认为，新闻是对新近发生或正在发生的事实的报道，是旁观者对事实的忠实记录。“媒介事件”使媒体从旁观者变成行为主体，既否认了“事实”，又否认了“发生”，是违背新闻报道真实性要求的。

新闻事件策划在公共关系学中通常叫“制造新闻”，即“指专业公共关系人员经过精心策划，有意识地安排某些具有新闻价值的事件在某个选定的时间内发生，由此制造出适于传播媒介报道的新闻事件”①。其实，这种新闻事件的策划与我国媒体执行政治宣传任务过程中的宣传性现象在本质上是相同的。如下图所示：

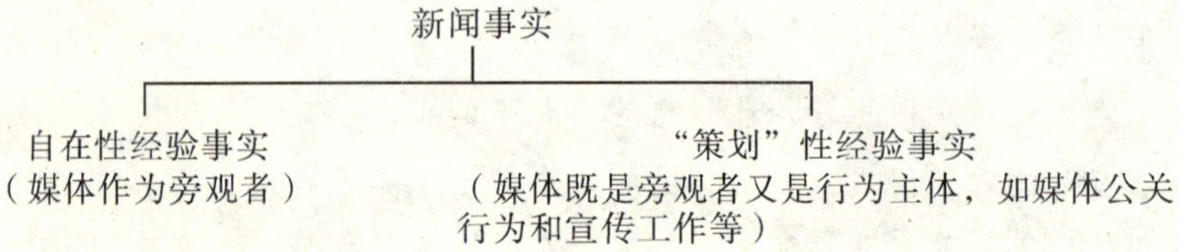

图 2－1

2010年11月到2011年5月，《羊城晚报》关于“羊城新八景”② 评选的策划，吸引众多读者参与，《羊城晚报》推出专题报道全程记录“羊城新八景”的出炉，引起社会的强烈反响。“羊城新八景”的评选在2012年3月载入了广州地方志十件大事。《羊城晚报》参与策划的事实是真实的，同时能引起社会的关注，这是符合新闻报道要求的。新闻媒体不满足于对客观事实被动式的客观报道，为了低成本获取独家新闻，树立和优化传媒形象，利用自身影响主动参与促成新闻事件的发生。新闻传播机构并不是孤立的，它们处在相互联系的社会之中，也可以作为行为主体成为报道的对象。传媒参与的这个事件只要是真实存在的，且不违反公众利益，就有其存在的合理性。这种新闻事件策划在现实社会中不仅大量存在，而且随着信息化程度的加深越来越成为包括新闻媒体在内各行各

① 转引自董天策．“新闻策划”剖析．新闻大学，1998（1）．

② 羊城八景是指广州市的八个名胜景点。《羊城晚报》入选的“新八景”是：“塔耀新城”、“珠水流金”、“云山叠翠”、“越秀风华”、“古祠流芳”、“荔湾胜境”、“科城锦绣”、“湿地唱晚”。

业的自觉追求。2012 年“十一”长假期间，央视策划了主题为“你幸福吗”的大型群众采访活动，并在每晚的《新闻联播》中播出。这一随机的采访活动也属于新闻事件策划，这一调查的结果是不可预期与限定的，是什么就是什么，调查本身是真实的，是可以作为新闻事实来报道的。

【问题总结】新闻报道如何传播新闻事实才准确客观，强调的是“符合性”的问题，而“符合性”可以从两个方面来展现：一是展现事实的方法，即新闻报道对新闻事实的叙述、分析及评价必须是真实的，体现出再现的准确性。二是新闻报道必须全面反映新闻事实的变化。还有就是新闻报道传播事实的过程是媒体对社会现实的建构，体现了新闻报道是媒体“做”出来的，而这个“做”是媒体为了更好地“再现”社会生活的本来面目。

第二节　事实真相是新闻报道的基本价值

【问题提出】在媒介发达的社会，假新闻往往大行其道，假新闻产生的根源是什么？事实的复杂善变以及其他不确定因素能够成为假新闻产生的借口吗？作为新闻从业人员又该如何去把握，谨防假新闻的产生？新闻报道追求真实的基本动力和约束力又是什么呢？

一、新闻报道能在多大程度上直逼事实真相——虚假新闻报道问题

美国学者乔治·塞德斯在《一千个美国人》中指出：“似是而非的谎话是最坏的谎言，半真半假的新闻是最难应付的事情，只具有一部分事实的新闻比完全谣言、完全隐匿要坏。”卡斯柏·约斯特在《新闻学原理》中也曾言：“一切新闻的主要因素是事实。如果一条新闻并不道地的真实的话，刊登这条新闻的报纸也就和这个荒谬的报道一样的荒谬。”新闻报道的最高准则莫过于“阐明真理而使魔鬼感到羞愧”，在具体的新闻报道实践中，有些新闻媒体热衷于报道花边新闻、娱乐新闻、奇闻轶事和一些鸡毛蒜皮的新闻，甚至恶意伪造新闻报道，这种

新闻报道目的在于刺激眼球和追求轰动效应，结果羞愧的只能是新闻媒体自身。

我国新闻传播事业和西方资产阶级新闻传播事业无论在体制还是新闻业务操作上都有很大的差别，但是在坚持新闻报道真实上却是惊人地一致。2010 年 11 月 8 日记者节当天，《中国青年报》发出“争取不写假新闻的权利”的呼声。学术期刊《新闻记者》自 2001 年第一期推出全国十大假新闻的评选栏目《鞭挞“客里空”[①]，见义勇为，义无反顾》，到 2011 年已经坚持了十年。新闻不实仍是顽症，在新闻传播实践中态势不减。

案例一：2006 年 3 月 12 日，《华商报》报道法国电影《蝴蝶》导演菲利普·慕勒认为《吉祥三宝》抄袭电影主题曲的主要旋律，并向当地法院提起了诉讼。《世界新闻报》记者与菲利普·慕勒取得联系，慕勒说他本人并不了解抄袭的事情，更谈不上提起诉讼了。

案例二：2007 年 7 月 8 日，北京电视台《透明度》栏目以“纸做的包子”为题，报道了记者暗访一无照加工店用废纸箱制作小笼包出售的“新闻”。节目播出后经调查核实，该电视台的某记者花钱雇农民工，化装成包子店老板编造了一系列有关“肉和纸比例关系”的谎言。该记者以损害商品声誉罪被判处有期徒刑 1 年。

案例三：2008 年 5 月 8 日，《黑龙江晨报》报道了一则“新闻”：哈尔滨一六旬老人因儿子没考上名牌大学，为激励儿子他自考考上清华大学美术学院研究生。经证实，该老人并非考上清华大学研究生，而只是报名参加了清华大学中国画高级研修班学习，这个研修班一般不需要考试。

案例四：2009 年 2 月 2 日，《北京商报》直接引用国家电影局局长童刚的话：“今年内我们会拿出具体的电影分级意见。”报道说《电影促进法》及电影分级制度将出台。经调查，童刚最近并没有接受过任何采访。此报道与《江南时报》2004 年 2 月 24 日报道的主要内容完全一致。

---

① “客里空”是1944年延安《解放日报》连载的一部苏联话剧《前线》中一个特派记者的名字。此人善于捕风捉影、弄虚作假，他不做实际调查，而是面壁虚构。“客里空”是俄语的音译，原意为“乱嚷乱叫的人”或“好吹嘘的人”。当年，在党的新闻工作者中开展了热烈的反“客里空”运动，这个词成了新闻报道中虚构编撰的代名词，人们在写文章时把那些歪曲事实的报道消息称为“客里空”。

案例五： 2010年12月6日，《中国新闻周刊》官方微博转发微博称金庸于2010年12月6日在香港尖沙咀圣玛利亚医院去世。事实上，香港并没有一家名为圣玛利亚的医院。当天《中国新闻周刊》迅速做出回应，决定关闭官方微博1个月，责令新媒体部门集中学习整顿外，还对相关责任人做出严厉追责。

我们现在看到一则新闻都要去问，这事是真是假？这跟媒体长期存在的虚假新闻报道不无关系。这些虚假报道经专业的新闻采编人员之手，出现在各地的主流媒体上，有很大的受众影响力。一经转载，传播范围更会继续扩大。在信息时代，新闻真实性的原则不断遭受践踏。

学界在审视虚假新闻的概念及外延时分析了不同的存在形态。杨保军认为，虚假新闻的指称对象包括假新闻、失实新闻和策划性新闻。假新闻并不是在新闻前提下对新闻的分类，它是在性质上相对真实新闻存在的一个概念。① 董天策概括了虚假新闻存在的状态，包括假新闻、失实新闻及可能出现失实的新闻。对于失实新闻，应该从失实的程度进行具体分析，而可能出现失实的新闻如“策划性新闻”、“公关新闻”等是否作为假新闻仍需讨论。② 我们这里讨论的新闻报道失实主要是针对新闻报道不能准确反映事实本来面目的问题，讨论新闻报道何以不实。我们认为，新闻报道失实问题可以分为两种：目的性失实问题和技术性失实问题。所谓目的性失实，就是指报道者明知“新闻事实”是虚假的、编造的，但为达到某种目的，仍加以报道。所谓技术性失实，是指报道者在不知情的情况下，把虚假的“新闻事实”加以报道。

虚假报道影响的不只是新闻工作者和新闻媒体的公信力，更重要的是影响公众对生存环境真实变动状况的认识与判断，从而干扰人们对于自身社会行为的选择与决策。那么虚假报道形成的原因是什么呢？由于新闻媒体的传播行为不是孤立的，并不处于真空中，所以新闻失实不能完全归于传播者道德品质败坏及业务不熟，应认识到还有传播本身与经济压力、竞争压力及媒介所有者等各种力量的制约。

---

① 参见杨保军．认清假新闻的真面目．新闻记者，2011（2）．

② 参见董天策．虚假新闻的产生机制与治理路径．新闻记者，2011（3）．

有学者将新闻报道失实的原因或表现形式概括为：一是捕风捉影，无中生有；二是一叶障目，不见泰山；三是张冠李戴，人地错位；四是移花接木，可以拼凑；五是现场模拟，情景再现；六是引蛇出洞，不择手段；七是添枝加叶，涂脂抹粉；八是追求轰动，肆意炒作；九是大而化之，不讲细节；十是盲目轻信，不顾后果；十一是受制于人，甘当枪手；十二是滥用权力，大开后门；十三是挟私报复，指鹿为马。[①] 这种文学式的语言概括和归纳对我们认清虚假新闻的真面目，把握虚假新闻的形成原因是有帮助的。不过这些原因分析的概括存在着一定的新闻传播学理性的局限。我们需要从新闻传播的整个过程，结合新闻媒体的生态去把握。

1. 新闻事实本身因素

新闻事实本身具有的天然特性，往往是导致新闻报道出现不实的一个不可避免的因素。新闻事实传播的及时性和实时性要求，造成新闻记者没有完全掌握事实情况就匆忙报道。尽管新闻记者极尽所能地通过各种手段和方法去反映新闻事实的本来面目，但在实际的新闻传播活动中，传播者很难在极为有限的时间内对新闻事实进行全面深入的了解和反映，而且真实复杂的新闻事件是不断发展变化的，有些事实和要素开始时并没有出现，而是随着时间的推移慢慢出现。美国《纽约时报》前副主编罗伯特·赖斯特说：“如果第二次世界大战之前，新闻界普遍认为，最没有生命力的东西莫过于昨天的报纸的话，那么今天的看法是：最没有生命力的东西莫过于几个小时以前发生的新闻真实。”而如今对新闻事实的实时性有着更高的要求，尤其是对于门户网站等新媒体来说，几秒钟的时间就可能使新闻报道成为“旧闻”。案例中《中国新闻周刊》官方微博就是因为想要抢先发布，而没有经过核实才使得“金庸去世”这样的不实信息成为“新闻”。

真实与及时在新闻传播内在系统里的矛盾不可能被消除和避免，但是可以通过后续报道加以修正和更新。最重要的是新闻记者要正确地处理好真实与及时的关系，寻求最佳的报道状态。对于读者大众来说，了解新闻传播的天然特性，具备基本的媒介素养，可正确理解和对待在时间上有特殊要求并正处于传播状态的新闻报道，具有一定的鉴别力，但仍要持续不断地关注媒体对相关事实的连续

---

① 参见张书省. 虚假新闻十三种及其矫正. 今传媒，2005（8）.

报道。

2. 新闻传播主体因素

新闻传播主体主要是指传播者和受众，在实际的新闻报道中新闻传播主体（主要指新闻媒体）在反映新闻事实本来面目时扮演着最重要的角色。新闻媒体有自身的定位和比较稳定的媒体方针和编辑方针，有着自己对事实真相的传播理念和价值追求，但同时也有对自身的经济利益及社会利益的追求。

第一，新闻媒体本身是意识形态机构，同时也是“第四权力”，是舆论监督机构，也是经济企业和知识传播机构。作为多重身份的统一体，媒体自身的立场和实际的利益追求会使媒体以各种角度审视事实最新的变动情况。作为新闻事实的“把关人”，新闻媒体对事实的反映依赖于自身的选择和过滤，这会带有新闻媒体自身的主观色彩，报道事实的真实也是在媒体编辑方针、经营方针之下的真实。例如，我国新闻媒体实行“以正面宣传”为主的报道方针，对新闻事实的报道常常以弘扬社会主旋律、塑造社会主流价值观为目的，这使得新闻媒体一定程度上对负面新闻的关注较少或者在报道负面新闻时有美化的嫌疑。

新闻报道的失实现象也会受到受众直接或者间接的影响，因为有市场需求才会有满足市场需求的内容提供者。传播学在早期研究传播效果时流行“魔弹论”的说法，认为新闻传播就像子弹，而受众就是靶子，子弹击中目标，靶子就会倒下。这也说明早期新闻报道对受众的影响，过去读者对新闻报道是深信不疑的，把新闻报道看得很严肃神圣。现在传受双方的地位发生了变化，新闻媒体在受众需要的压力下进行报道，会出现传播者以异化的方式留住自己的读者群。在新闻报道实践中，媒体报道新闻的标准不是报道的社会效益和现实意义，而是为满足受众的心理需求，报道他们偏好的社会新闻、娱乐新闻等，当这些趣味性的事实不能满足需求时，造假的动机与行为便产生了。

第二，新闻报道需要通过新闻媒体的从业人员才能实现，因此新闻工作者的职业道德和工作作风的好坏、知识水平与业务能力的高低等与新闻能否反映事实本来面目密切相关。对真相的不懈追求是记者重要的道德品质，也是新闻报道工作的底线。“责任感是新闻报道中见不到的那部分。它是记者完成工作的一种态度。”“在表象背后，新闻业是一项讲究道德的事业，是在可证实的真相和紧促的时间限制下，依靠诚实和勤奋工作的行业。”① 记者有了职业责任感、诚实和对真相的不懈追求的品质才能杜绝各种形式的“有偿新闻”和“有偿不闻”，捍卫新闻真实。

“记者生活于一个混乱无序、纷繁复杂的世界里。然而他们努力地通过进取心、机智、精力和智慧接近事实真相，把他们的认识用所有人都能理解的语言和形式表达出来。”② 记者在智力、报道技巧及社会知识等方面有所不足时，就会在新闻报道过程中产生种种失误。比如记者在采访过程中，采访的方式不当或者设置具有导向性的问题而对事实的正常状态造成干扰。新闻记者或主观片面、偏听偏信，或采访不深入，或表述含混，这些都是导致新闻报道失实的重要原因。

3. 媒介生态因素

新闻业子系统所处的社会大环境中的各种因素和力量相互作用会影响新闻事实的报道，新闻媒体的独立性越来越弱，常常会主动向各种社会力量靠拢或与其合谋。涂尔干曾指出：“只有通过社会环境才能真正解释社会现象及其变化的实际情况，才可以避免主观的臆断。”新闻报道反映新闻事实本来面目的过程会受到媒介环境中各种因素的制约。

首先是来自经济的压力。《费城问讯者报》的编辑麦克斯韦尔·金说：“在新闻编辑部里，我们不再谈论新闻事业本身。我们正在忍受商业压力和职业标准相互冲突的煎熬。”新闻媒体具有商业属性，需要追求利润的最大化，它跟其他企业一样需要遵守经济运作的规律。经济原因导致的新闻失实属于目的性失实，新闻媒体在经济利益驱使下热衷于满足人们需求所能带来利润的“新闻事实”，在广告收入的支配下，以夸张、缩小、隐瞒等不当手段处理报道一些新闻事实，充当为金钱效力的“媒体打手”，造成不同程度的新闻报道失实现象。美国学者利奥·博加特说：“作为传播的消费者，我们评价的标准是传播的价值及其对我们的意义；而广告商评价的标准是被他们称为‘暴露机会’的传播效率。媒介内容主要受到扩大消费群体这种需求的驱动，而不是传播我们这个世界的真相或表达深层的思想和情感的渴望的驱动。”新闻真实成为广告商等各种经济力量同

① ［美］梅尔文·门彻．新闻报道与写作．展江主译．北京：华夏出版社，2005．69．
② ［美］梅尔文·门彻．新闻报道与写作．展江主译．北京：华夏出版社，2005．41．

意的“真实”，这种制约下的真实必然是有限的真实。

媒体间为确保自身的经济效益也会开展竞争，有些恶性竞争导致虚假新闻报道不断出现。媒体为赢得竞争，开展了“抢新闻”之战，对采访来的“新闻事实”，不经过核实就报道，有些甚至会采用不正当的手段制造“新闻事件”，以引起轰动效应。“如果竞争需要它，我便需要它”，新闻媒体之间因竞争不断“蚕食”着新闻真实性原则的真正内涵。

其次是政治性力量的制约。美国学者赫伯特·阿特休尔在《权力的媒介》中说，“在所有的新闻体系中，新闻媒介都是掌握着政治和经济权力者的代言人”，新闻媒体常常服务于它所依附的政治制度及政府政党的力量。在西方高度发达的资本主义民主制度下，新闻传播虽然是在自由主义的理念下运行，但也会屈服于政府“特殊时期”的新闻管制。有些媒体标榜独立于政府的客观公正真实，但其实常常是某些政党的代言人。在我国，新闻媒体具有“一元体制，二元运行”的特殊性质，新闻媒体是党、政府和人民的喉舌，新闻报道追求的真实也是以正面宣传和报道为主的指导方针下的真实。

二、新闻报道为什么要坚持真实——事实真相的意义

在爱因斯坦提出“相对论”后不久，德国就出版了一本书——《一百个专家学者证明爱因斯坦的“相对论”错了》。有好事者把这个消息告知爱因斯坦，爱因斯坦开始非常惊奇，继而慢慢说道：“找这么多人干啥，只需一个人证明我错，就足够了。”探索真理是艰难的，同样，媒体进行新闻报道，还原新闻事实本来面目，让真相出现在读者面前也是一项艰难的工作。温斯顿·丘吉尔曾言：“当真相穿上裤子的时候，谎言已经跑遍整个美国了。”

从理论上说，新闻报道主要不是传播美好的愿望，不是传播真挚的感情，也不是传播最正确的思想，而是传播客观事实。新闻媒体把报道新闻作为第一要务是它的内在规定性决定的。梅尔文·门彻认为记者应该具备这样的共同特征：坚持不懈，公正，知识面广，有进取心，勇敢，富有同情心。而他所认为的这些素质和能力是为了将记者的观察结果转化为普通大众所能理解的新闻事实报道。

法国第一份报纸在创刊号上承诺：“一件事上，我不会向任何人屈服——那

就是我对真实的追求。”真实对新闻报道的重要性不言自明，真实是新闻报道的生命，真实是新闻报道的本质。杨保军从系统内（新闻业自身）和系统外（针对新闻业子系统而存在的社会环境）两个向度来分析真实的双重价值和意义。他认为，真实是新闻媒体的生存发展之本，追求真实，揭示真相，这是新闻传播内在的、规律性的要求，是人类新闻传播现象、传播活动、新闻传播业经过长期演变、发展逐步形成的一种约定；真实是新闻传播的优势之源和影响之根，新闻报道正是通过自己内容的真实性赢得了人们的信赖；新闻真实是信息社会的民主保障与安全前提，只有当信息完备的公众参与到自由交换意见的公共生活中来，民主社会才能正常运转；真实是知识社会与道德社会的内在诉求，新闻传播包含的知识是知识社会成长的新鲜血液，传播真实的新闻从业者是良好道德风尚的倡导者。[①] 美国新闻自由委员会提出现代社会对报刊的五项要求包括：供给真实情况；成为公众论坛；描绘典型图画；介绍阐明社会的目标和美德；及时传播信息。从功能主义的要求出发，新闻业也致力于提供“可以确定的最接近真实的真实”。

新闻从业者无所畏惧、不偏不倚、超功利地追求真实都是为公众服务的，公众需要相信并且接受的是千真万确的活生生的事实，这是无可替代的。在信息化的今天，新闻媒体追求真实的本能跟以往任何时代一样必要。历史学教授彼得·维里克认为追求真实在今天显得更加必要。他说：“尽管我们屡战屡败，但是我想象不出还有什么比努力发现真相、尽量如实报道真相更英勇无畏。”

1. 新闻工作的目的和公众的求知欲

童兵先生说：“新闻所关注的事，无论是自然界发生的事还是人类世界发生的事，大多同人的生活发展有关，新闻从不问津同人完全没有关系的事实。”人们关心的社会基本话题和评价新闻价值的基本标准存在着高度的共识性。在漫长的历史和多样的文化中，人们交换着相似的新闻信息，“你知道最近的那件事情吗?”新闻报道代替了人们去感知事实世界的最新变动，求知的渴望得到满足，人们会感到安全和自信。人们对新闻报道的这种兴趣是出于求知的本能，他们需要知道山外面发生了什么，需要了解他们无法亲身经历的事情。人类漫长的文明

---

① 杨保军. 新闻真实论. 北京：中国人民大学出版社，2005. 356 ~ 383.

史也是信息交换的历史。美国亚利桑那州参议员约翰·麦凯恩在回忆自己在越南多年的战俘生涯时写道："当时最想念的不是舒适的生活、可口的饭菜、自由，甚至不是家人和朋友，我最想念的是信息——未经审查和歪曲的、丰富的信息。"希望得到真实的信息，这是人的本能。房价又涨了吗？这个官员的手表是不是用合法收入买来的？个人收入所得税起征点提高了吗？今年春运还会那么拥堵吗？真实的新闻报道是人们了解自己周围世界最新变动的最主要依据，人们需要根据这些信息来调整应对社会的意见和决策。

在新媒体和其他信息传播渠道日益扩大的今天，作为新闻报道的消费者，受众分化速度加快；作为新闻报道的生产者，新闻工作也面临着信任危机。新闻媒体利用多种技术和手段去架构和加工新闻事实，媒体用"全媒体"来追求报道形式的与时俱进。在以多种多样的风格和形式进行新闻报道的同时，新闻工作者必须牢记新闻报道工作的目标和原则：为公众提供真实准确的新闻事实。《纽约时报》的副主编比尔·凯勒曾指出："我们期待陪审团做出公平的裁决，老师传授诚实的知识，历史学家写出不偏不倚的历史，科学家进行不带偏见的研究，我们认为这些都是天经地义。为什么我们要降低新闻工作者的目标呢？不论真正的客观性是否可能实现……我们努力报道，力求尽可能多地向读者提供足够的信息，帮助他们进行决策。这就是我们的终极理想。"坚持新闻报道真实是新闻工作者的职业底线，是新闻工作者应该始终坚持的职业理想和信念。

2. 民主政治的需要

西方新闻界把"看门狗"作为对新闻业发挥舆论监督功能的美誉。美国新闻学者詹姆斯·凯瑞曾提出新闻与民主是等同的，他认为："在民主的逻辑和理论下践行新闻业是不可思议的，事实上，新闻业已被有效地理解为民主的另一个代名词。"尽管新闻业本身并不产生民主或者提供民主范式，然而坚守真实的新闻工作原则对民主的重要作用不言而喻。

迈克尔·舒德森指出新闻服务于民主的七项主要功能是：①新闻媒体为民众提供公正全面的信息，有助于他们做出合理的政治选择；②新闻媒体可以调查掌权部门，尤其是政府层面的权力，让公民了解内幕；③新闻媒体可以提供连贯的阐释性分析评论、框架，从而帮助公民理解他们面对的复杂世界；④新闻媒体可以告诉人们他人的状况，以此来达到对他人生存状态及人生观念的正确评价和鉴别，尤其是对那些情况不如自己的人，从而唤起社会同情、塑造和维系共同体的感觉；⑤新闻媒体可以成为公民之间对话的论坛，并使论坛能够促进社会中不同团体之间思想观念的碰撞、交流和沟通；⑥新闻媒体可以动员公民支持某个政策观念、立法草案或政策方案；⑦新闻业在民主中的角色是民主的，而不是民粹的，需要保护少数派的权利而拥护和捍卫代议制的民主体制。[①] 民众没有知情权，就没有民主。民主社会是建立在政务信息公开和公民言论自由基础之上的，而公众对自己周围世界的了解来源于新闻媒体。新闻媒体为维护和保障人们的知情权提供真实而全面的新闻报道，这些报道能够帮助公众关注自己乃至整个人类的前途和命运，民主政治需要一个自由而负责任的新闻界。

3. 媒体需要用真实的“事实”来说话

在新闻传播的理论和实践中我们常常用到一个术语“用事实说话”，表现在新闻报道中即用事实信息来表达报道的倾向性。在西方新闻界，纯粹兜售观点的新闻报道是为媒体人所鄙夷的。西方提倡客观的报道方式，将事实和意见相分离，这种“纯客观”也是相对的。新闻报道不可避免地带有传播者的主观色彩，有时新闻媒体会根据自身的媒体方针和编辑方针，利用事实来表明自身的立场和倾向。而这种表达与“发声”是无形的意见，即“藏舌头”，新闻报道在叙述事实的同时叙述着观点。媒体不得不用事实“说话”（倾向的必然性），媒体需要用“事实”（发议论的有效手段）来说话。

新闻报道为什么要用摆事实来表达观点呢？这除了跟新闻报道的真实性、客观性要求等新闻规律密切相关之外，还有很多重要因素，比如中国文学作品有寓褒贬于叙事之中的传统；用活生生的事实来论断更易被读者接受，更具有说服力；媒体需要打造新闻精品，提高媒体公信力。相传孔夫子编撰《春秋》，“笔则笔，削则削”，寓褒贬于一字之中，含有“微言大义”，这被称为春秋笔法。作者不直接对事件和人物发表意见，而是通过对人物的叙述来表达褒贬。这种叙述在于选用的事实即遣词造句的功力，读者在阅读时不自觉地接受了报道的观点。刘少奇1956年在对新华社新闻工作的一次指示中曾指出：“要学习资产阶级

---

① ［美］迈克尔·舒德森. 为什么民主需要不可爱的新闻界. 贺文发译. 北京：华夏出版社，2010. 23，48.

通讯社记者的报道技巧。他们善于运用客观的手法、巧妙的笔调，既报道了事实，又挖苦了我们，他们的立场站得很稳。”

【问题总结】本小节主要探讨了新闻报道的基本价值及新闻失实的问题。新闻报道是对变动的新鲜经验事实的传播，是告知人们新闻信息的载体，传播新闻事实真相是新闻报道的基本价值。记者的报道会留存为“明日的历史”，这就要求新闻报道要对当下负责，对明天负责。这里主要是强调新闻报道的功能性问题，同时对如今社会上新闻报道失实（包括技术性和目的性）问题作出分析，真实是新闻报道的底线，并不是一种评判新闻报道优劣的标准。

第三节　新闻报道真实的实现路径

【问题提出】作为媒介和记者，追逐事实真实始终是新闻报道的本质，记者提高自身的甄别能力去洞穿谎言与假象，既是基本的工作规范和要求，也是其专业素养和能力的体现。那么记者该通过怎样的操作手段去避免工作失误，最大化地保证新闻报道的真实？落实到写作过程中，又该注意哪些方面的事项使得新闻报道更易让人信服，更加客观公正呢？

任何媒介形态的新闻报道都依赖于一定的语言符号文本，并且这种依赖是不可缺少、不可替代的。美国学者斯蒂文·小约翰曾指出：“任何对语言或传播的讨论如果不涉及话语，或者说比句子长的、作为进行中的传播一部分的讯息单位，包括谈话、书面文本甚至非语言形式，那就不可能是完整的。尽管语言和其他符号体系是传播的积木块，话语则是传播本身的产物。”我们讨论新闻报道的真实性，也需要将实现新闻报道真实的话语模式纳入讨论的范围。法国哲学家米歇尔·福柯把知识归结为一种重要的话语体系。在他看来每门科学都是一种话语，包括新闻报道学。

新闻报道学的话语体系是由一系列的陈述构成的，包括新闻、新闻价值、新闻报道、新闻采访、新闻记者、时政新闻、经济新闻等，这不仅仅是关于“说”

和“写”的问题，还包括实现新闻报道的一系列操作活动。前面我们提到新闻报道是对新闻事实的架构，这种架构包括一系列的操作规范，这些规范制约着新闻报道传播事实，以及探索新闻事件背后真相的全过程。

事实真实是新闻报道的本质，新闻报道的产生不是思辨性地探究本质，也不假设和验证公理，而是一种“不吃即化的冰棍”。在严格的时间限制下，新闻报道仍需迅速确认新闻事实。新闻报道经过事实的选择、确认和加工，将新闻事实“体现”出来，体现的过程中新闻业自有一套理念、规范和程序，我们常常用新闻专业主义对此进行描述。在讨论新闻报道反映事实本来面目时，新闻专业主义对记者来说意味着遵循这些具有组织特征的话语模式：明确记者肩负的责任和实现新闻报道真实的操作规范。“铁肩担道义，妙手著文章”，这是中国知识分子的德性品质和处世方式，也是新闻工作者的职业良知和规范。

一、“铁肩担道义”——新闻工作者的职业责任

新闻工作者对真实的责任意味着什么？新闻工作者的特征是行动和实践，不是哲思和内省。仿佛新闻报道只需要用框架选择信息和传播出去，不需要进行严肃的思考。泰德·科佩尔曾言：上新闻学院纯粹是浪费时间。而为使新闻报道真实，新闻记者应该肩负什么样的责任呢？比尔·科瓦齐认为新闻工作者必须具备的个人品质和职业素养包括[①]：

（1）新闻工作者首先要对真实负责。

（2）新闻工作者首先要忠于公民。

（3）新闻工作的实质是用核实进行约束。

（4）新闻工作者必须独立于报道对象。

（5）新闻工作者必须成为独立的权力监督者。

（6）新闻工作者必须成为公众评论和妥协的论坛和广场。

（7）新闻工作者必须让重大事件变得有趣并且与受众息息相关。

---

① ［美］比尔·科瓦齐．新闻的十大基本原则 新闻从业者须知和公众的期待．刘海龙等译．北京：北京大学出版社，2011.5.

（8）新闻工作者应该使新闻全面均衡。

（9）新闻工作者有责任按良心行事。

（10）公民对新闻也享有权利和承担义务。

记者的职业责任在于记录社会上发生的最新变动，并将这种职业成果融入社会发展进程中去。媒体能提供的最伟大的服务就是报道，把所有的真相准确完整地展现在读者面前。职业责任感是一种观念的力量，是一种精神的动力，它只有落实到记者的新闻报道行为之中，才能发挥实际的作用。记者责任的内容可以概括为：公正客观、自由独立和服务公众。

"传媒的精神就是公正，就是理性，就是客观，就是永远以追求真理作为生存和发展的终极原则。你可以为了生存而采取暂时性的策略性的艺术，但你不能长久地偏离真理的大道；你可以不说话不表态，但你不可以乱说话乱表态，因为你可能误导受众沦为个别强势群体的帮凶和傀儡；你可以不为所有人说话，但你必须为你锁定的受众说真话说实话；甚至可以说错话，但你不可以阻止别人说实话。"① 客观公正就是要尊重新闻事实本身，揭露事实真相，不偏不倚，就是要坚持正义和真理，充分利用新闻自由实现社会公众的知情权，敢为弱势群体说话。对具体的某个新闻报道来说，就是语气不偏不倚，报道动机正当、报道手段正当和报道结果正义。

吴思先生曾提出过一个概念叫"潜规则"，这是相对于正式的规则、明确的规则而言，他认为，"潜规则"是指"隐藏在正式规则之下，却在实际上支配着中国社会运行的规矩"。在我国的新闻传播实践中也存在着这样那样的潜规则，这些潜规则不能得到有效制止，继而成为业界默认的"规则"。在新闻记者不能完全追求真相、揭露真相的情况下，记者可不可以有退而求其次的选择呢？有人就曾提出在不能说真话的时候，记者最起码不应该说假话。这固然可以成为缓兵策略，但也不能长期作壁上观，因为从功能主义角度来审视新闻报道，不作为就等于作恶。

新闻媒体吸引读者及拥有读者的权力不受限制，只需考虑公众福祉。为了做到新闻报道真实，新闻工作者必须明确他们首先要服务于谁。忠实于权力和广告

---

① 唐代兴．公民社会：媒体伦理重构的时代方向．http://www.cssm.gov.cn/view.php?id=10025.

收入的新闻媒体只是一种谋利的工具，服务公众才意味着自由独立。新闻工作者挖掘和报道事实真相时不应受到阻碍，即使是所有者的经济利益受到损害也在所不惜。《泰晤士报》主编维克汉姆·斯蒂德说：“严格意义上的新闻记者乃是非官方的公仆，其宗旨是服务社会。”美国记者约瑟夫·普利策有一个比喻被奉为“真理”：“倘若一个国家是一条航行在大海上的船，新闻记者就是船头的瞭望者。他要在一望无际的海面上观察一切，审视海上的不测风云和浅滩暗礁，及时发出警告。”

西方的新闻专业主义在实践中更强调记者的责任在于客观和不偏不倚，而在中国，“参与”是媒体及其从业者身份或角色的重要特征，将来可能会持续相当长的时期。杜导正先生认为，目前的中国社会的问题可以总结为四个方面：官员腐败，贫富悬殊，治安不好，道德滑坡。焦点是权力过分集中，腐败蔓延不止。麦克道戈尔说：“服务于民主，这是自由报刊存在的理由。”中国的转型更加需要新闻媒体——民主的“看门狗”角色，如以“南方系”报业为代表的中国新闻工作者怀有中国知识分子“济世忧民”的文人底色，他们身上有一种挥之不去的英雄情结，他们致力于通过新闻报道去启蒙、监督和揭黑，致力于“让无力者有力，让悲观者前行”。

二、“妙手著文章”——新闻报道的操作规范

新闻报道怎样追求事实真相在新闻传播实践中是具体的、可操作的。新闻报道学本身就是应用性强的科学，新闻报道真实的实现不仅需要新闻记者用服务公众的责任感去反映事实，贯彻新闻传播的理念，履行新闻业的道德准则，还需要专业的规范和方法去保障新闻真实。美国职业新闻记者协会（SPJ）职业伦理规范有三条记者的实践原则和标准：追求真实并加以报道；减小伤害；独立行动。其中在真实性上有如下细则：

- 新闻记者应该忠实、公正和勇敢地搜集报道和转述信息。新闻记者应该检验来自所有来源的信息的准确性，小心避免无意的错误。绝不允许故意扭曲。
- 努力找到报道的主体，给他们对于声称的错误行为做出反应的机会。
- 任何可能的时候，都要指明消息来源。

● 公众应该有尽可能多的信息来判断消息来源的可靠性。

● 在承诺保证信息来源匿名之前，永远要质问一下信息来源的动机。对为换取信息而做出的承诺中各种可能的情况都要做出清楚的说明，一旦承诺，则遵守诺言。

● 确保标题、导读和其他突出处理的材料、照片、图表、声音和引语都没有错误表达。

● 避免在转述和连续性的报道中误导。如果有必要转述别的媒体的一条新闻，可以这样做，但要标识清楚。

● 除非传统的公开的方法不能得到对公众至关重要的信息，不要采用秘密或窃听式的方法获取信息。如果使用了这样的方法，在报道中应该加以说明。

● 永远不要剽窃。

● 勇敢地讲述关于人类经验多样性和广泛性的报道，尽管这些经验可能是不经常有的。

● 检查自己的文化价值观念，并避免将这些价值观念强加给别人。

● 观察人时不要被民族、性别、年龄、宗教、种族、地理、性取向、是否残障、外貌或社会地位这些因素框住。

● 支持公开的意见交流，即使这些意见自己很反感。

● 让无声的人们发出声音，官方信息和非官方的信息被以同样价值对待。

● 在鼓吹文章和新闻报道之间做出明确区分。分析性文章和评论应被明确标出，以免与事实和报道文本相混。

● 对广告和新闻做区分，避免出现模糊两者界限的杂交式文章。

● 认识到自己的特殊使命，要确保公众事务是公开处理的，而且政府记录可以公开查阅。

中华全国新闻记者协会第七届理事会第二次全体会议 2009 年 11 月 9 日修订的《中国新闻工作者职业道德准则》第四条“坚持新闻真实性原则”阐述了新闻记者追求真实的操作性规范。

要把真实作为新闻的生命，坚持深入调查研究，报道做到真实、准确、全面、客观。

（1）要通过合法途径和方式获取新闻素材，新闻采访要出示有效的新闻记者证。认真核实新闻信息来源，确保新闻要素及情节准确。

(2) 报道新闻不夸大不缩小不歪曲事实，不摆布采访报道对象，禁止虚构或制造新闻。刊播新闻报道要署作者的真名。

(3) 摘转其他媒体的报道要把好事实关，不刊播违反科学和生活常识的内容。

(4) 刊播了失实报道要勇于承担责任，及时更正并致歉，消除不良影响。

新闻报道最终是要落实到新闻记者的具体工作中的，新闻报道如何真实地反映新闻事实，这就是“体现”的方法问题。在实践中形成的具体的工作规范和方法直接制约着记者的新闻报道行为，直接影响着新闻报道的真实性。《南方日报》机动部记者赵南坚认为目前新闻业界不谈新闻真实性的存在，是因为真实是有限制的“真实”，是用平衡和客观的操作方法来代替“真实”。他说：“我宁愿干一百件（事情），也不愿干一千件有一件是错的。”他认为保持新闻报道真实性的规范和操作原则是：安全生产，“零”投诉，平衡及多方求证。从新闻业界的实践我们也能了解到新闻报道真实在操作中的窘境。那么在“安全生产”的前提下，我们如何在操作技术上对保证新闻报道真实做出“退而求其次”的选择呢？

1. 明确消息来源

沃尔特·李普曼在《舆论学》中论述新闻与真实的关系时举了一个例子：当一份报纸六次刊登列宁去世的消息，而这个消息是从一个反复证明为不可靠的来源发出的，那么这家报纸对于六次报道列宁已去世是无法辩护的，也是无法辩解的，什么借口也没有。在这个例子中，新闻不是“列宁已去世”，而是“赫尔辛基说列宁已去世”。新闻报道不是直接把消息来源的声明作为报道的事实要素，而是这“声明”本身就是需要报道的对象。

一般来说，除非来自记者的直接观察，否则都要注明消息来源。明确消息来源对维护新闻真实性具有特别重要的意义。只有注明了消息来源，受众才能根据消息来源的权威性区别判断报道的可信度。我们常常会见到报道中使用“据有关人士介绍”这样的词语来交代消息来源，不管是不是出于保护信源的目的，这种含糊的交代确实不能使人信服。新闻工作者是真相的追求者和报道者，他们必须对受众真诚、透明、公开地解释记者如何知道和为什么要相信记者知道的事情。

为确保新闻报道真实性，在消息来源的使用上要：①记者直接观察；②使用权威和可靠的消息；③要使用相关的可靠物证。

2. 要展现新闻事实

把新闻真实理解为一个过程对实现新闻真实很有帮助，在展现新闻事实的操作上也更现实。新闻的真实性与时效性都是新闻报道的品质，真实是新闻报道的生命，及时是新闻报道的要件。在许多情况下新闻记者并不能完全掌握报道的主动权，有些新闻事件情况复杂，新闻事件要在一个动态发展过程中才会呈现出它的真相。

在这种情况下，就需要做连续性报道以求事实真相。在事件发生后，以第一篇动态消息为起点，随着时间的推移丰富完善新闻报道。第一则新闻报道可能是新闻事件的趋势或者苗头，如对一场车祸进行简单的描述，说明车祸的时间、地点、伤亡损失、交通工具类型、特殊的天气或路况等，这些事实要素是最基本的，有记录可供验证。一旦确定了事实，记者要尽可能对事件的真相进行调查和叙述，不断为“体现”真相提供“可知的最佳版本”。2011 年媒体关于“八毛门”事件的报道暴露出他们在处理“最佳版本”上专业性的缺失。2011 年 9 月 5 日深圳新闻网以“医院要动十几万元的手术 最终 8 毛钱治愈”为题报道了“八毛门”的风波，引起舆论哗然。然后有媒体不断追踪报道，把事件中的深圳儿童医院推到了舆论的风口浪尖。在患儿父亲向社会公布自己的感谢信与道歉信之后，深圳新闻网发布公开信《八毛门：我们的错与爱》，向医院和受众正式道歉，之后新闻媒体便由谴责“过度医疗”转向反思错综复杂的医患关系。事件发生之后新闻媒体第一时间要做的并不是断言事件中孰是孰非，而是第一时间“展现”新闻事实，然后追踪报道还原事实真相。

实现事实再现的方法是通过“展现”，而不是“讲述”或者其他任何关于事实的虚构、假设。我们或许可以从路遥的《平凡的世界》中寻找“展现”的魅力：

刘巧珍刷牙了……

村里少数思想古旧、不习惯现代文明的人，在山里、在路上、在家里，纷纷议论他们村新出现的这个“西洋景”……

这天早晨，她端着牙缸，又蹲在他们家的硷畔上刷开了牙。没刷几下，生硬的牙刷很快就把牙床弄破了，情况正如村里人传说的“满嘴里冒着血糊子”。但她不管这些，照样使劲刷。巧玲告诉她，刚开始刷牙把牙床刷破是正常的，刷几次就好了。

这时候，碰巧几个出山的女子路过她家门前，嬉皮笑脸地站下看她出“洋相”；另外一些村里的碎脑娃娃看见这几个女子围在这里，不知出了啥事，也跑过来凑热闹；紧接着，几个早起拾粪路过这里的老汉也过来看新奇。

这些人围住这个刷牙的人，稀奇地议论着，声音嗡嗡地响成一片，那几个拾粪的老头竟然在她前面蹲下来，像观察一头生病的牛犊一样，互相指着她的嘴巴各抒己见。后面来的一个老汉一看见她满嘴里冒着血沫子，还以为得了啥急症，对其他老汉惊呼：“还不赶快请个医生来?”逗得在场的人都哈哈大笑了。

巧珍本来想和周围的人辩解几句，大大方方开个玩笑，解脱自己，无奈嘴里说不成话。她也不管这些了，照样不慌不忙刷她的牙。她本来想结束了，但又赌气地想：我多刷一会让他们看，叫他们看的习惯着！

牙刷在嘴里鼓弄了好一阵后，然后取出牙刷，喝了一口缸子里的清水，漱了漱口，把牙膏沫子吐在地上，又喝了一口水漱起来。周围一圈人的眼光就从那牙缸子里看到她的嘴上，又从她嘴上看到土地上。

文中并没有通过肯定式的议论不断重复刘巧珍刷牙在村子里是多么稀奇的事情，而是通过展现细节提示这一信息更加真实地存在。托尔斯泰说：“我不讲述，我不解释，我只是展现，让我的角色替我说话。”通过具体的细节展现事实真相，寻找细节其实是记者在寻找能够逼真地再现采访的材料。威廉·巴勒斯说：一般而言，如果他没有看见、听见、摸到或闻到什么，他就写不出什么东西。通过细节的描写，细节性事实的展现，比概括的语言更加有说服力，也更显真实。通过比较，我们很容易辨别写作方式不同带来的真实性程度的差别：

一位记者这样写道：“极度悲伤的父母在整个葬礼仪式中一直泪流不止。”

另一位记者这样写道："这对父母哭得很平静。富克兰克林夫人不得不靠在丈夫的身上以支撑自己。"

记者不能断言观察到的具体新闻事件，而是要注重展现事件的发生过程。同时，也不能为了寻找细节而主观地进行合理想象。在第五届中国新闻奖评选中，有一篇题为"九米拼搏"的通讯，描写了长途客车司机毛计三在与火车相撞临死前几秒钟的心理活动。这种无可验证的心理活动的细节展现遭到了专家的质疑，该通讯最后没能入选。记者也要谨防由于千篇一律的套话上的"细节"展现引起的不真实，如"台下响起了雷鸣般的掌声"。

3. 坚持用核实来约束

交代消息来源并不能证明新闻报道的真实性，它所做的是把"真实"的责任"转嫁"给消息来源。在注明一个消息来源时，记者要去验证消息来源的准确性。在新闻报道中，对于涉及的每一个事实要素都要经过核实和验证，不仅要对构成新闻报道的具体时间、地点、人物等主要事实要素进行核实，而且要对新闻中出现的所有背景材料进行核实。

公元前5世纪修昔底德在介绍他对伯罗奔尼撒战争的叙述方式时，写下了关于发现真相的方法论献辞："关于事件事实的报道……我定下了一条原则：绝不轻易写下我听到的第一个故事，甚至也不接受自己的一般印象的引导；我描述的事件，有的是我亲历的，如果是从目击者那里听来的，我一定尽可能详尽地进行检查。即便如此，真相还是真不容易发现：不同的目击者对待同一事件，也有不同的说法，或者因为偏袒某一方，或者是因为记忆不完全。"可以说，这也是新闻报道纪实的核心任务。比尔·科瓦奇说："验证原则把新闻与娱乐、宣传、小说、艺术区分开来……只有新闻最关注准确地记录发生了什么事……现在新闻中的断言泛滥成灾，破坏了古老的新闻验证，验证原则是解决这一问题的良药……"

核实是要把消息来源的声明与记者调查的事实作比较，"核实"的结果要在报道中呈现出来：①记者的逻辑分析过程，证明消息来源违背常理的虚假；②记者怎样细致地观察，核实消息来源的真实；③记者没有偏听偏信，而是去采访矛盾的另一方，平衡展现双方的观点；④记者采访了其他的相关人士，他们的说法可以提供佐证。

【问题总结】本小节主要阐述新闻报道如何更加准确、客观地反映新闻事实的本来面目，创造更加客观的媒介“拟态环境”。这里就涉及一个“体现”的方法问题，可以从新闻报道和记者本身两个方面阐述：记者要明确自身肩负的责任，把新闻专业主义践行于新闻报道之中。新闻报道中要通过各种手段来“展现事实”，使用权威的、灵通的、可靠的人物的消息来源，坚持核实消息来源等。

第三章　新闻报道的客观性原则

新闻报道的客观性原则是新闻学领域最为久远的命题之一，其基本思想是对事实进行真实、平衡、公正的报道，禁止在报道中直接、公开地表达撰稿人的主观倾向和立场。客观性原则有着非常丰富的内涵：它既是新闻业严格秉持的一种职业理念，又是一种严谨的行业规范，也是新闻从业者孜孜以求的专业理想。自20世纪20年代以来，西方新闻界便一直严格遵守着客观报道原则并奉之为圭臬。但对客观性原则的质疑从其诞生之日起也从没停止过，客观性原则被认为是西方新闻界中最富有争议性却又被顽强坚守着的新闻理论。

作为一种理念，客观性原则的内涵有哪些？作为一种报道规范，它又有哪些具体要求？它的诞生有着怎样的历史和社会背景？它的发展道路为什么总是充满质疑？面对质疑，我们到底还要不要坚守客观性原则？以上是本章将要重点探讨的问题。

第一节　什么是客观性原则

【问题提出】什么是客观性原则？怎样理解客观性原则？当客观性原则作为一种职业理念时，记者需要从哪些方面去维护新闻的客观性？客观性原则所要求的操作规范又具有哪些重大的意义呢？

一、由一篇报道看新闻报道的客观性原则

在对客观性原则进行详细介绍之前，我们先来看一篇曾引起广泛争议和讨论的报道。

1998年3月24日的《羊城体育》二版头条有一篇名为"'首尾'之战场外音"的文章。这篇署名肖晓的文章，对3月22日甲A联赛第一轮广州松日队主场对大连万达队的比赛，作了这样的报道：

"对于比赛中大连队得到的那个点球，松日俱乐部赛后一直耿耿于怀。当晚，该俱乐部的一位负责人致电本报及其他新闻单位，要求记者在文章中反映此球是裁判的误判。他还投诉，赛前这位主裁判收了客队20万现金，希望新闻界能予以曝光。"

报道一出，当值主裁判陆俊便向法院提起对《羊城体育》的名誉权诉讼。在《羊城体育》看来，本报的报道有确切的消息来源，而且在报道中没有加以评论，只是如实报道，可谓客观公正，何错之有？但是深究下去就会发现，正是由于对新闻报道的客观性原则的片面理解使得该报最终陷入了败诉的尴尬境地。最终法院判陆俊胜诉，要求《羊城体育》在报上刊登声明，向陆俊道歉，赔偿陆俊精神损失费85 000元，赔偿实际经济损失17 832元，并承担案件的受理费用。

这件案子当年在新闻界引起了很大的争议，从舆论监督的功能主义角度出发为《羊城体育》鸣不平的学者和业界人士大有人在，从新闻专业主义规范角度对其批评的人士也不在少数，并由此引发了一场关于"新闻客观性"的大讨论。《新闻记者》杂志当年曾接连发表12篇文章围绕新闻的"客观性"展开专题探讨，这些文章从专业主义的角度出发，对于《"首尾"之战场外音》一文提出诸多质疑和批评。其中陈力丹教授的观点很有代表性，他在《真实与客观形式的统一》一文中指出："《羊城体育》在选择新闻时，受贿20万元这样大的事实也许太刺激人了，却没有更多考虑说出这样的'事实'需要多少人的查证才能够证实，而是把冲突、显要、时效等具有卖点的因素考虑得多了些"；"报纸出于监督社会的功能的理念出发，在有新闻来源的情况下进行'客观报道'是社会认可的职业行为。在这个意义上，《羊城体育》关注像陆俊这样较高级别的体育明星，应该说是具有职业意识的。但是其新闻来源是唯一的，而且来自与大连队利益冲突的俱乐部，即使根据生活经验，也应该想想这样的新闻来源是否可靠。其次，现在是信息社会，信息联络极为方便，完全可以做到立即采访陆俊本人，使得报道既起到监督作用，又保持平衡态势。可是该报并没有这样做，而且看来在

（文章）发表后短时间内也没准备这样做，这是令人遗憾的。”

陈力丹所说的“把冲突、显要、时效等具有卖点的因素考虑得多了些”实际上指的是《羊城体育》在报道理念上的问题：追求轰动效应和商业利益的最大化甚于真实准确地报道事实，替家乡球队“鸣不平”的带有地方主义色彩的报道冲动代替了客观公正的职业态度。而“新闻来源是否可靠以及报道没有保持平衡态势令人遗憾”实质上指的是报道操作规范的问题：《羊城体育》轻信与事件有重大利益关系的消息来源和带有明显倾向来进行报道的这种做法不符合真实、平衡、公正的客观报道规范。要理解客观性原则，我们认为还是从职业理念和操作规范这两个层次入手较为清晰易懂。

二、从职业理念上理解客观性原则

作为一种职业理念，客观性原则要求新闻从业者在头脑中保持对这个职业的清醒认识：要向公众客观地传递不带偏见的事实，努力将事实和价值分开。新闻从业者在报道事实时要尊重事实本身，对有关事实的评价和看法要保持高度怀疑的态度。借用舒登声的话来说，客观就是对“事实”的信奉和对“价值”的不信任，并且在报道中努力将两者区分开。

坚持客观性原则的理念，新闻从业者应努力在以下几个方面严格要求自己：

第一，情感上保持中立。在报道事实之前，没有偏袒或打压某一方的念头，摒弃自身的好恶，实事求是，平等地对待涉事各方。

第二，避免个人利益牵绊。有些事实也许会涉及记者或编辑的个人利益问题，而由于时效上的限制，记者或编辑大多时候又不能像法官一样可以申请回避或由别人提出申请回避。在这种情况下，记者应尽量跳出个人的利益圈子，避免利用手里的报道权来为自己或者亲人、朋友“说话”，防止“公器私用”。

第三，抛开政治偏见。对待有着特殊政治身份的人，比如被判有罪的人员时，不应该戴着有色眼镜，不能因报道对象违反了法律就给予其道德、人格上的全盘否定。应意识到，当事人已经受到法律的制裁，应给予其公正、客观的报道。

第四，对评价保持怀疑。不道听途说，不偏听偏信，对于任何价值判断和论断式的总结都应该保持一种怀疑的态度，积极调查，努力求证。

第五，抵抗压力干扰。做到这一点很难，尤其是在我国目前这种新闻体制之下，政治、经济以及其他因素的干扰往往无可避免。但记者和编辑应该以积极抗争的心态去应对压力，而不是一味妥协。压力有时候也是动力，往往压力越大，越能成就有影响力的报道。但其中分寸应该拿捏有度，应智慧而非盲目地对待压力。

对客观性理念的坚持，是新闻从业者职业态度的自我展现和负责任的行业共同体形象得以塑造和维护的基础。“他们之所以是必需的，不仅仅是因为他们在方法上是有效的，还因为他们被认为是正确的和有益的。他们是技术上的规定，也是道德上的规定。”① 将客观性首先作为一种职业理念来理解是有必要的，没有理念、方法的客观往往难以实现。台湾资深新闻工作者黄年认为：“传媒呈现的世界，往往只是采编人员的‘拙劣主观’采集的‘客观切片’。所以只谈客观报道的方式，不能保证新闻的真正客观，必须以健全的主观条件来准确掌握客观。”②

信息时代，新闻媒介在现代社会组织中扮演着越来越重要的角色，与其他社会组织，包括政府、企业、学校、家庭甚至宗教团体等都有着密切的互动关系。由此看来，新闻机构及其从业人员所秉持的报道理念不但影响着本身的发展，而且连带影响到其他社会组织的发展，甚至关系到整个社会的稳定。

三、从操作规范上理解客观性原则

甘惜分教授主编的《新闻学大辞典》对客观性原则如此描述：“客观性是西方新闻界首先提出的一种报道原则，强调新闻报道是记者对事实的客观叙述，记者只是把已经发生的事实记录下来，告诉人们在什么时间、什么地方发生了什么事，这件事是谁干的；报道中引用的别人的话须注明出处，记者不应在新闻中掺加进自己的意见，不应作个人评论；新闻与评论须严格区分开来，新闻即

① 黄旦，孙藜．新闻客观性三题．新闻大学，2005（6）．

② 黄年．一把扇子——谈新闻记者的内在世界．联合报系月刊（127）．

新闻；评论即评论，评论意见只应出现在社论或署名评论中。”[①] 再来看看博耶（J. H. Boyer）对于客观性原则的总结，他在访问了五十家报社编辑后归纳出客观报道的六项基本要素：①平衡与公正地呈现一个议题中各个方面的看法；②正确与真实的报道；③呈现所有的相关要点；④将事实与意见分开，但是将意见视为相关；⑤将记者本身态度、意见或涉入的影响减至最低；⑥避免偏颇、怨恨以及迂回的言论。[②]

甘惜分和博耶的归纳，实际上都是针对如何根据客观性原则来进行报道所作的说明。客观性理念是在职业道德和伦理的层面约束新闻工作者的。而作为一种操作规范，客观性原则是新闻工作者在实践中的行动指南。在总结前人相关论述的基础上，我们从内容和形式两个层面来理解在实践操作中作为报道规范的客观性原则。

1．通向客观的第一步是真实

内容层面的客观实际上要求的是报道内容的真实。甘惜分和博耶在他们对于客观性的理解中都不约而同地将真实看做是客观报道的一个首要条件。真实是新闻的生命，新闻所报道的是客观存在的人物、事件或者现象。客观报道的前提是报道内容的真实，没有这个前提，也就谈不上客观报道。无论是夹叙夹议的新闻述评，还是陈述事实的客观报道，抑或是任何一种新闻样式，无不以真实性为第一要旨。真实性是描述一个对象，而客观性体现了传播主体对于对象的理解方式，新闻所描述的对象和与这一描述所采用的方式是两回事，后者必须建立在前者的基础上。在前述案例中，《羊城体育》之所以败诉，很重要的一个原因就是被认为报道建立在不真实的基础之上（起码是缺乏查证），而且后续的报道也没有及时跟进做出说明或对之前报道中的说法进行更正。应该注意的是，新闻报道在某些特殊情况（如战争、自然灾害等）下不一定能够做到第一时间的真实。事件正在发生，由于客观条件的限制，有些信息难免没有办法第一时间知晓或查证，但是事件又是非常重要或者紧迫的，在这种情况下，报道中存在一些不真实可以看做是合法的误差，只要在后续的报道中及时对之前的报道进行纠正，仍然

---

① 甘惜分等. 新闻学大辞典. 河南：河南人民出版社，1993.

② 彭家发. 新闻客观性原理. 台北：台湾三民书局，1994. 40.

可以被专业规范所认可。

美国报纸编辑人协会在其1972年修订的章程中写道："在报道新闻中做到客观是另一个目标（第一个目标是做到新闻的真实性）。做到这一点是一个有经验的职业新闻工作者的标志，是我们努力要去达到的一个水准，我们必须敬仰那些做到了客观报道的记者。"从中可以看出，新闻报道不仅仅是为了达到新闻真实，它似乎有另外的追求目标，但真实报道是一个记者必须首先做到的。

2. 通向客观的三点要求

新闻报道在具体形式即表现手法上，也应秉持客观性原则。在对新闻所包含事实的安排上，不能掺杂记者或编辑的任何个人意图和情感，应当完全遵循客观性理念所倡导的平衡、公正等要求。形式上的要求是客观报道得以成功的技术保障。作为一种实践规范，在形式上我们大致可将客观性原则归纳为如下几条：

第一，事实和观点分开，不可把带有明显价值判断和强烈主观色彩的观点当做基本事实误导受众。新闻报道要注意将意见与消息区分开来，表达观点的文章要专门放在"言论版"上，与一般新闻报道分开，不能相互混淆。国外报纸的"言论版"与一般新闻报道的版面通常都有严格区分，泾渭分明。评论文章通常都署有作者个人姓名，以表"文责自负"，不代表报纸立场和意见。另外，很多国家的报纸还通行"社论版对页"的做法，即在社论版对面一页刊登读者意见和评论文章，以示报纸作为中立的信息平台对于受众话语权的尊重和保障，公正平衡的报道精神得以彰显。

第二，按照事情的本来面目呈现事实。要做到客观呈现事实，技术上的要求大致可以归纳出这样几条：①使用直接引语。新闻报道要尽量使用直接引语，要尽可能引述新闻事件当事人和知情者的原话，将其原汁原味地提供给读者。所谓"直接引语"，就是直接引用别人的原文原话。在形式上，要将这些引用的原话用""引起来，以示此话为其本人原话。②交代消息来源。新闻报道要交代清楚所报道的新闻事实出自何处，线索是由谁提供的，尽量防止出现新闻报道中所提供的事实出处含混不清、无法查证的情况。③提供充足证据。新闻报道要尽可能全面地报道事实，如实反映各方面的情况，同时要注意提供能够说明新闻事实的充足的证据材料，特别要注意强调可以证实的事实，坚决舍弃那些无法提供证据或难以证实的材料。有媒体明确提出，每条消息至少须有两个独立的消息来源证实后才可采用。对于有争议和纠纷的事件，要提供能说明事实真相和纠纷的依据。④如实叙述事实。客观性原则最基本的要求是，报道者在报道新闻时必须严格按照“客观叙述事实”的报道规范，向读者原原本本地提供最原始的事实材料，把已经发生和正在发生的事实忠实地记录下来，然后由读者自己去作出比较和判断，并使用第三人称来进行报道。

第三，作为报道者的记者不应以任何方式在报道中表现自己。报道者在报道新闻的过程中不应挟带个人感情，不随意对所报道的新闻事实作主观的解释和议论，在叙述别人对新闻事实的观点和意见的时候，也要防止有意或无意地掺进个人的看法和意见。如果个人要表达对所报道事实的看法和意见，可以另写评论文章，单独刊发。

3. 客观性原则的作用

客观性原则所要求的操作规范是中外新闻界在客观性理念的指引下，经过长时间的业务实践和经验总结后沉淀积累的结果。尽管不同学者的归纳不尽相同，但是没有人否认存在这样一套对于社会、新闻机构、新闻从业者来说都具有非常重大意义的业务上的方法与技巧。

首先，坚持客观性原则可以在一定程度上维护社会秩序和稳定。客观的新闻报道是确保信息社会正常运转的一个非常重要的环节，它能够为受众提供充分的信息，亦给予新闻事实涉及的各个方面平等的答辩机会，有助于整个社会的平稳发展；其次，坚持客观性原则有助于吸引更多的受众。在市场经济大环境下，新闻媒体说到底是要为受众服务的。受众所需要的不是指手画脚的说教，而是真实、公正、平衡的客观事实。客观性原则正好尊重和满足了受众这种心理需求，更利于取得受众信任；最后，坚持客观性原则可以帮助新闻从业者在报道某些具有争议性的事件时避免不必要的纠纷。由于近年出现了越来越多的新闻官司，而且以新闻单位和新闻人一方最终败诉的案例也屡见不鲜，日渐攀高的报道成本和风险成为束缚新闻单位和记者编辑的沉重镣铐，稍有不慎，将给新闻单位和新闻从业者的声誉和利益造成重大损失。这一点也是众多新闻单位和新闻从业者将坚持客观报道当作行业铁律的重要原因。《新京报》2007 年 10 月 17 日 A18 版的主题新闻《人大禁外人上自习惹争议》差不多占据了一整版。从字里行间以及版面编排，我们多少能够感觉到该报对这件事情持批评态度，特别是版面中心部位的漫画，将人大教学楼外围用铁丝网包围起来，摆出一副对于校外人士严防死守的架势，倾向明显。但是它的行文既客观又平衡，多方的看法齐全，言论部分也考虑到了各方意见。人大校方即使对这篇报道有意见，也无话可说，避免了来自人大的投诉和纠扰。这篇报道很好地按照客观报道的操作规范将争议提出，吸引读者关注这件事情的目的便达到了，至于是非判断，读者自然仁者见仁、智者见智，用不着报社操心。

需要特别注意的是，客观性原则和客观主义是完全不同的两个概念，不能给客观性简单地扣上“客观主义”的帽子。坚持客观性原则并不等于摒弃立场和倾向，恰恰相反，通过客观陈述的内在逻辑力量来表达立场，往往更加有理有据，鲜明有力。这一点，我们将在第四节谈到。

【问题总结】客观性是新闻报道做到真实、全面、准确的前提条件，只有客观，才能接近事实。客观性原则不仅是新闻工作的一种专业规范，也是主要的新闻专业理念。新闻从业者要践行客观性原则，最主要的就是需要根据事实描述事实，即按照事情的本来面目呈现事实；并且进行理性展示，即抛开偏见，避免利益裹挟以及保持情感中立，做到不偏不倚。此外，在报道中，记者不以任何方式在报道中表现自己，把事实跟观点分开也是极为必要的。

第二节　回溯客观性原则

【问题提出】我们现在一直在提的新闻“客观性原则”是在什么样的社会背景下产生的？它经历了一个怎样的发展过程？当“客观性原则”得到较为普遍的认同时，为什么会有人质疑它不可能带来真相？

一、客观性原则形成的背景

从历史发展的角度来看，新闻报道的客观性原则在20世纪20年代被确认为西方新闻界的专业理念和报道准则并非一蹴而就，而是一个根据时代变迁和客观环境的需要不断调整和变革的过程，其产生有着特殊的历史背景和条件。

19 世纪初期，美国报业开始从集权主义向自由主义过渡，新闻媒介开始走上大众化的通俗路线。到 19 世纪 40 年代，政党报刊日益没落，商业报刊逐渐兴起。报业逐渐发展出一套以提高地位和报酬为目的的新闻专业理念，其中就包括了客观性原则（据理查德·斯特雷克法斯教授考证，“客观性” 这个词汇直到 20 世纪 20 年代才进入新闻界，早期的新闻界通常用“无偏见”、“中立”、“公平”、“无党派色彩” 等字眼来表达）。当时的报刊编辑和发行人员发现，意识形态浓的报纸，其销路只局限在一小部分抱有这种意识形态的人群之内，很难达到赢利的目的。抱着“各个党派的成员都有可能成为读者” 的信念，媒体（当时的媒体主要指报纸）不再以党派的观点和立场作为选择事实和加以报道的标准，商业化传媒的目标就是尽可能地扩大自己的受众群，受众多了，广告才会增加，经营才能维持和扩大。报纸内容逐渐以有关现实的新闻替代评论和意见，同时极力避免只刊登一面之词。

政党报刊向商业报刊的转变是客观性原则得以产生的大背景。此外，19 世纪 40 年代，电报的发明和美联社的诞生在一定程度上推动了客观性原则的产生。当时用电报传新闻价格不菲，而且由于技术原因电报也并不那么可靠。所以以往新闻写作中的主要毛病，如不能很好地尊重事实，文章中经常出现带个人观点和主观经验的第一人称叙述以及许多过于细节化的陈述，它们在电报发明之后不得不被抛弃。记者们开始学会了把最关键的事实浓缩成短消息或简讯，一种刻意雕琢的新闻写作形式——倒金字塔结构也应运而生。

电报的发明让新闻在更远的范围和更短的时间内得以传递，并直接促成了世界上最早的通讯社之一的美联社成立。而美联社的成立又进一步为客观报道原则的确立提供了实践依据。美联社于 1848 年在纽约成立，该社最初的名字为海港新闻社，由纽约《太阳报》等六家报纸合资组成。目的在于充分利用新发明的电报，迅速传递美国与墨西哥之间的战争新闻，使新闻能在最短的时间内传到各报纸编辑的手上。当时各报的报道立场不同，美联社提供的稿件不得不采取中立、平衡的客观写作方式，因为唯有如此，它的报道才能为各种报纸采用，从而降低生产成本，提高利润。

19世纪以来哲学认识论的发展和实证主义思潮的不断进步也为客观性提供了依据。18世纪，哲学上有一种观点叫“不可知论”，代表人物是英国哲学家休谟。他认为，人对许多事物不可能完全认识。19世纪中叶以后，出现了反对不可知论的观点，认为经过人类的不断努力，世界是可以认识的，马克思、恩格斯也持这种观点。这个观点对新闻报道也产生了影响，因为新闻报道是对事物的反映，客观、全面、真实地反映需要有哲学观点作为支撑。在哲学上，过去不可知论占有相当重要的地位，现在另一种哲学观点占了上风，认为人是可以认识事物的，而且最终可以完全地认识事物。哲学理念的变化，无形中也促使新闻工作者的职业理念随之改变。

同一时期，科学主义思潮中最早的流派之一——实证主义在西方开始盛行，对科学抱有信心的社会科学领域内的知识分子纷纷将科学的方法看成是解读社会奥秘的新途径，新闻领域亦不例外，将实证主义的科学方法看成是反对宣传和个人偏见的不二之选。在科学思潮的影响下，许多社会科学领域中的知识分子认为，不存在先验的真理，只有通过科学的方法所获得的知识才是有效的。而科学的方法就是以客观的标准来从事研究。在李普曼看来，真正的新闻从业人员不是那种会抢新闻的伶俐记者，而是那些无畏的，耐心的，用科学方法装备起来的人，他们努力去了解真实的世界究竟是怎样的。①

此外，19世纪中叶照相技术问世，这种全新的传播技术引出了一种新的理念——外部事物可以完全真实地被反映出来。由于早期的照相技术没有人为的干扰，似乎是对客观世界的真实反映，这也在某种程度为客观报道事实提供了技术支持和信心。

二、客观性原则的确立

1833年9月，本杰明·戴（Benjamin H. Day）在纽约创办《太阳报》，拉开了美国商业报刊发展的序幕。此后，《斯普林菲尔共和党人报》的主编塞缪尔在1855年的一篇社论中提出，要在事实和意见之间划清界限。他认为，新闻应当

① Walter lippmann. *Liberty and the News*, New York: Har court , Brace and Howe , 1920, p. 56.

只告诉读者最原始的资料，然后让读者自己作出比较与衡量。这可以看做是客观性原则的雏形——目前找到的关于客观性原则最早的表述，是1702年英国第一家日报《每日新闻》（*The Daily Courant*）。创办人马力特（E. Mallet）宣称："本报创办之目的，在于迅速、正确而公正地报道国外新闻，不加评论，而且相信读者的智慧，对刊载消息的确切含义，一定有正确的判断。"可惜当时处于政党报刊的快速发展时期，这样的理念太超前，没过几年，《每日新闻》就变成了英国最早的党报之一——托利党的日报。

客观性作为一种正式的理念被明确提出，实际上拖到了19世纪末20世纪初。现在比较公认的是1900年美联社提出的"报道事实，而不发表自己的意见"的宗旨，这是第一次以传媒"社训"的形式明确提出客观性原则。

1902年，普利策筹办哥伦比亚新闻学院。在谈到新闻教育理念时，他特别提到学院教育应强调正确与可靠的报道，应训练学生把事实与意见区分开来。1920年，李普曼更是强调，对于新闻工作者的训练，一定要以客观公正的理想为主。这意味着客观性理念逐渐渗透到教育的殿堂。

到1923年，美国制定的《新闻规约》将客观性原则作为媒体的行为规约之一，其第五条是这样表述的："不偏——健全的工作可以使新闻报道和意见表达清楚地区别开来。新闻报道不应该掺加意见或有任何偏见。"[①] 1924年出版的克劳福德的《新闻道德》一书，用整整三章的篇幅第一次正式讨论了客观性原则，对它做了界定，把它作为新闻业的一个专业道德标准，从而推广了这一理念。

至此，新闻报道的客观性原则已在美国新闻界得到广泛认同且最终得以确立，并逐渐在世界范围内得到肯定和推广，整个新闻业也在一种极富道德责任感的职业理念和小心谨慎的操作规范的指引下开始了新的发展。19世纪中晚期，新闻媒体通过提供真实、平衡、公正的信息，培育更大的受众群体。媒体自身也获得了生存保障，从而免于各种诉讼和谴责。如果说这个时期新闻媒体进行真实、平衡、公正的报道只是出于一种策略性的考量的话，那么20世纪初新闻专业化的发展则促使客观性原则成为一种带有强烈道德色彩并被自觉遵守的职业理念。

---

① 转引自童兵．中西新闻比较论纲．北京：新华出版社，1999．323．

西方新闻媒体在第一次世界大战期间几乎都充当了战争宣传机构，参战国把整个国家机器都开动起来压制事实真相，这使新闻的客观性原则遭到了严重冲击，新闻业强烈意识到宣传机构对新闻的操纵并抵制宣传、公关等行业对其的侵扰，以确保自己的职业形象和地位。普利策发起的“要把新闻业提升到一个富有学识的专业层次”的呼吁在当时得到了广泛呼应。美国新闻学教授墨里尔曾调查过50名新闻工作者与50名新闻教育家，结果发现有2/3的受访者认为，如果一篇报道被认为是客观的，那么它就是符合专业道德的。客观报道为什么能保障新闻职业道德？有学者认为，这是因为客观性原则，既植根于人的道德意识，又植根于人的理性精神：植根于人的道德意识，是客观报道满足“人的精神交往需要”和符合“人的社会性道德意识”的结果；而理性精神所体现的人对真理的追求，也是一种道德行为，所表现的求真意识，也是一种道德意识。因此客观报道本身就包含着道德因素，这也就难怪“客观性”会随之作为新闻伦理而被新闻界所遵循了。①

社会的需要、新闻业自身发展的需要及编辑部内部控制的需要等最终导致客观性原则在20世纪20年代得以最终确立，它不仅仅是新闻行业在操作上的规范和要求，更是一种承担了社会责任并且在道德精神上鞭策新闻人士和媒体单位的职业理念。

三、客观性原则历经挑战

客观性原则的确立，对于西方新闻界有着非常重大的意义。施拉姆在《报刊的四种理论》一书中称其是“20世纪前25年中对于新闻学的独特贡献”。曾担任美联社总经理的库伯（Kent Cooper）说过：客观性原则是美国给予世界的一种至高无上的原创性道德理念。但是随着时代的发展和环境变迁，客观性原则却不断受到质疑和挑战。不断有学者指出客观性原则往往导致肤浅和不负责任，并且容易被利益集团利用。另一方面，许多学者认为，客观性原则不过是个口号，它不但不会带来好处，还往往使得真相甚至新闻工作人员本身被蒙蔽。这就表明新

① 单波．重建新闻客观性原理．现代传播，1999（1）．

闻界所遵循的客观报道，不仅远没有达到理想的正面效果，而且产生了很多负面影响。客观性原则还一度被认为是带有侮辱性的字眼，甚至演变成为一种骗局。①

1．国家利益的挑战

对客观性原则的挑战首先来自国家利益对于新闻业的影响。沃尔特·李普曼和梅兹曾专门研究了《纽约时报》从1917年3月到1920年3月对苏维埃政府的报道，写成了一份报告刊登在《新共和》上。报告中列举了《纽约时报》在国家利益的驱使下对苏联的不客观报道：

在苏维埃政权最初的两年里，《纽约时报》报道了91次红色政府垮台，6次被武装推翻，首都几乎3次被占领，2次被烧毁，全国性的恐慌2次，对布尔什维克的武装起义6次，经常性地处于全国性的饥荒当中……而白色的胜利是巨大的，打死的敌人和缴获的枪支弹药超过整个白军装备的好几倍。从1919年1月到1920年上半年，苏联被描述成侵略的，它入侵波兰，侵入欧洲也是不可避免的。实际上当时波兰军队却在俄罗斯境内。

媒介上的“红色恐怖”使美国公众不能获得关于苏联的客观真实的情况，一向客观公正的《纽约时报》在国家利益面前也不能保持客观的态度。整个冷战期间，美国的新闻媒介与国家利益紧紧地结合在一起，而牺牲掉了报道的客观性。

2．新闻合法性受到怀疑

对于客观性原则的抨击，还在于对媒介新闻报道合法性来源——受托人模式的怀疑。新闻业的受托人模式最早由舒登声提出，他认为公民是把自己应该知道新闻信息的权利委托给专业人士，就像他们把自己的身体交给医生一样。在这样的模式中，记者以独立为前提，以专业为标准，相信自己能够知道公众需要什么，并代表公众去搜集、提供他们所需要的新闻。由此，新闻媒介便堂而皇之地担任起理所当然的社会代表，声称他们的报道严格依照客观性原则进行并通过系统调查来反映事实。从理论上讲，新闻媒介的权利与公众的权利本不矛盾，因为

---

① 彭家发．新闻客观性原理．台北：台湾三民书局，1994．40．

只有具备了特殊的搜集新闻的权利，才能负担起公众所委托的角色。问题的关键是，这种公众的委托关系毕竟只是一种假设，在新闻传播的实际生产过程中，作为委托人的公众，对于报道什么不报道什么，根本无法直接插手，甚至很多时候必要的知情权是缺失的。结果是，新闻媒介成为拥有新闻搜集和发布特权的强势机构，在政府、公众、媒介三者的互动中，唯独公众成为“被动的看客”，尽管所有新闻事务都是打着为他们服务的旗号而开展的。

3. “事实”与“真相”的悖论

客观性原则遭人诟病最多的是其不可能带来社会真相。客观报道所倡导的“事实”往往成为蒙蔽真理的“元凶”。最好的例子莫过于麦卡锡利用新闻的客观性原则如傀儡般操纵记者，得尽便宜。20世纪50年代初期，时任美国国会议员的麦卡锡，利用媒体大肆渲染共产党侵入政府和舆论界，并促使成立“非美调查委员会”（House Committee on Un-American Activities），在文艺界和政府部门煽动人们互相揭发，许多著名人士如演员查理·卓别林和“原子弹之父”罗伯特·奥本海默等都受到迫害，被指控为向苏联透露机密和为苏联充当间谍。虽然事后证实，麦卡锡“指控”的内容并非事实，而且当时的记者和编辑对于麦卡锡的说法也颇有怀疑和顾忌，但在客观性原则的支配之下，媒体对他的言论又不能不进行“客观”报道。在“你不报道别家媒体也会报道”的压力和对客观性原则“愚忠”的双重作用下，麦卡锡对记者予取予求，成功将新闻变成了实现个人政治野心的工具。另外，还有人指出，由于记者过分遵循“客观”的要求而缺乏一种交往中应有的“移情心理”，往往无法从沟通中获得真相。黑格尔曾对休谟经验哲学提出过一些批评：“只不过是现在有某物出现，然后随之有某物出现”、“只不过是一些同时并列和先后相继的状态或事物在时间上的连续状况”、“在时间上的连续中是没有因果联系，因而也没有必然性”。[1] 黄旦教授认为，可以将黑格尔对休谟经验哲学的批评移用到要求事实与价值相分离的新闻客观性上，因为两者本来就有共通的基础：只有个性，没有一般；只有偶然，没有必然。因此就可能导致舒登声所说的“使谎言与真相受到同样的重视；傻瓜的影响力提高到

---

① 黑格尔．哲学史讲稿（卷四）．贺麟、王太庆译．北京：商务印书馆，1978．

与睿智者同一水平，无知者与饱学者地位相等，罪恶与善良也无差别”[①]。难怪《时代》杂志痛斥客观性是“新闻界最令人匪夷所思的滥调质疑”，是一种对客观性的迷信。

4. 来自多个学科的质疑

除了上述挑战，许多人文社会学科亦从自身的角度对客观报道进行了质疑。

社会学的矛头直指新闻业在社会结构中的位置。尤其是进入现代社会，媒介的作用似乎显得越来越重要。有人将大众传媒视为“第四种权力”，记者更被冠以“无冕之王”的封号。实际上，媒介及其从业人员并非生活于真空之中，不可能超越社会生活而凌驾于其他社会组织之上。恰恰相反，媒体与其他社会组织和社会势力有着千丝万缕的联系，而且常常受制于这些组织势力。新闻业既不可能独立，也无法客观，充满各种社会控制是其常态。社会地位越高，社会的和经济的势力越大，接触媒介进而操控传播过程的能力也就越强。客观性原则支配下的媒介，成为政府或社会权势阶层抛头露面的舞台，因为这些人或部门才是媒介主要的消息来源。甘斯（Gans）曾做过统计：在20世纪六七十年代的美国媒介报道的新闻中，主角是知名人士，最为常见的是总统、总统候选人、联邦官员和各级政府官员。仅此就可以证明，自以为是“客观报道”的新闻媒介，实际在某种程度上认同并依附于某种社会权力。由此而违背了平等、公正的主旨还在其次，更关键的是，它不但不可能为社会公众带来可资理性判断的充足信息，甚至很有可能因此被政府和社会权势所操纵。

从政治学的角度来看，任何媒介都生存并依赖于一定的政治制度，因此，它们不能没有自己的政治立场和政治利益，更不必说政治集团和机构对它们的掌控。格伯纳（Gerbener G.）从20世纪60年代开始就不断研究新闻报道的意识形态与政治趋势。他发现，任何机构所生产的信息，都有意识形态，非意识形态的、非政治性的、非党派的新闻搜集及报道系统几乎不存在。组织学揭示新闻生产是集体合作的过程，组织的特征、文化、结构、制度无不在其中打上自己的印记。

哲学则认为人生下来就不是一张白纸，马上就会被灌输各种文化、政治和意

① Schudson. M（1978）. *Discovering the News*. NY：Basic Books，Inc.，Publishers.

识观念，被“涂抹上种种色彩”，价值无涉完全是痴人说梦。人类社会的各种事务总是浸染着各种各样的意义和价值，甚至不存在一个等待被反映的客观世界。

面对各种各样的挑战和质疑，客观性原则自诞生起便一直处于一种不断辩白和自我证明的状态。然而，看似被动，客观性原则硬是靠着推挡之功，凭借自身生存发展的内在逻辑，守住了生存和发展的阵地，充分展现了其顽强的生命力。时至今日，围绕客观性的争论仍然无休无止便足以证明这一点。

四、客观性原则的发展

20 世纪 20 年代后期，美国经济日渐衰退，1929 年 10 月 29 日，纽约股市大崩盘，开始了美国经济史上的大萧条时期。这一时期的美国虽然经济低迷，但国民教育水平却有大幅提高，新科技陆续发明并推广使用，自然与社会科学发展迅速。对于一般报纸遵照客观性原则所生产的客观报道，读者越来越不能接受，他们希望了解新闻事件，更希望能够了解事件的来龙去脉以及事件背后的意义。加上这一时期广播业开始崛起，其新闻时效性令报纸倍感压力。

1937 年 10 月，出任美国《新闻周刊》发行人的摩尔（Malcolm Muir）在就任之初，就提出他的“三度空间编辑公式”，认为除报道新闻事实之外，还应将新闻的背景及其意义表达出来，使新闻更有意义，更具可读性。① 这种做法实际上为解释性报道拉开了序幕。1938 年，第一本关于解释性报道的著作——《解释性报道》（*Interpretative Reporting*），由西北大学新闻学教授麦道高（Curies D. MacDougall）出版后，解释性报道从此迈出稳健步伐，令客观性原则愈加受到质疑。这一时期，面对广播的压力，印刷媒体为了在竞争中赢利，在解释新闻报道方面，也变得越发大胆和执着。②

1947 年，美国新闻自由委员会提出的报告《一个自由而负责的新闻界》同样让客观性原则再次陷入被质疑的漩涡之中。报告中提出的“社会责任论”认为新闻媒介应该为社会提供真实、完整、有益的消息，并显示出消息的内在含

---

① 彭家发. 特写写作. 台北：台湾商务印书馆，1986.
② 彭家发. 新闻文学点、线、面：译介美国近年的新派新闻报道. 台北：业强出版社，1988.

义，以及对社会目标与价值提供说明与澄清。鉴于客观报道原则作为“中立的信息传输带”的弊端，提倡社会责任理论的美国出版自由委员会（哈钦斯委员会）特别推崇解释性报道。

此外，由于在监督环境以及在新闻各个环节的关系上，调查性报道能够担负积极的角色，因此在那个年代，调查报道在新闻报道中占据了一席之地。尤其到了20世纪60年代后期，随着越战的爆发，调查性报道的作用和优势得到了充分的展现。例如，《纽约时报》记者赫什（Seymour Hersh）等人对越南“马里谋杀案”的深入调查报道，以及对中央情报局活动的一系列“内幕新闻”的发掘，震惊了整个美国新闻界。后来，《新闻日报》、《波士顿环球报》甚至美联社等媒体都纷纷成立了调查报道小组或类似的专题调查小组。让调查报道名声大噪的当属对水门事件的报道。1972年6月，《华盛顿邮报》的两位记者伍德沃德（Bob Woodward）和伯恩斯坦（Carl Bernstein）在时任美国联邦调查局副局长马克·费尔特的帮助下，运用调查报道，揭露了大选期间共和党人对民主党总部进行窃听的丑行，这直接导致了尼克松总统的下台。

由于解释性报道和调查性报道在实践中取得的突出成绩，越来越多的人将矛头指向了直接呈现事实而不涉及意义和价值的客观性报道，前者取代后者的呼声越来越高。解释性报道与调查性报道虽然在形式上对客观性原则有所突破，但是从本质上看，解释性报道和调查性报道对客观性原则的突破极为有限，它们仍然没有逃离客观报道的范畴。

在信奉解释性报道的新闻工作者看来，直接报道是陈旧的、简单的、浅薄的，而解释性报道则更加全面和深入。解释性报道将忠实的、合法的解释与歪曲的、主观的“编辑”（即兜售作者自己的偏见和倾向）加以区别，并设计出一些特殊的显示客观性的新闻种类，如背景材料、专栏分析、电视的杂志节目等，将解释性内容小心翼翼地插入双方的观点和新闻报道之中。在报道争议问题时，客观性原则要求记者采用新闻来源的观点而不是用自己的话，通过专家和有关方面的参与，以平衡的报道方式达到解释的目的，而不站在任何一方的立场，更不会自作主张充当“解说员”。因此，媒介仍是客观的引述者、报道者，而不是真正的解释者。

如果说解释性报道主要是在事实的报道中加入分析和观点的话，调查性报道则更多的是对报道事实的深化。调查性新闻告诉公众的事实不是简单的、表面的事实，而是新闻工作者积极参与、深入发掘的结果，是以思想和观点为导向、以隐藏的内幕为内容的对重大事实的揭露。争取“公民的知情权”便是新闻媒介追求新闻自由最强有力的理由，保证了新闻媒介有接近新闻来源的机会，特别是了解政府和其他权势集团不愿公开的信息的权利。1966 年，美国政府通过了《信息自由法案》，作出了对社会公开信息的承诺。随着知情权的获得，调查性报道便具有了合法性，也大大增强了新闻工作者的权利和义务，并推动了解释性报道和调查性报道的发展。随着越战内幕和水门事件的揭露，美国的调查性报道进入了黄金时代。

解释性报道和调查性报道在本质上仍然没有违背客观性原则要求真实、平衡、公正地报道事实的内涵，只是在形式上比起早期的将意见和事实分开、不带偏见地报道事实有了进一步的发展。虽然后来出现了越来越多的新闻报道形式，比如充满主观性和创造性并以第一人称写作的新新闻报道、要求记者融入其中的参与式新闻、将新闻写作艺术与小说写作技巧融为一体的文艺新闻等报道形式，但这些新闻报道形式和技巧，在专业领域中大都只获得有限的支持和发展，并未形成大气候。

【问题总结】政党报刊向商业报刊的转变使得客观性原则得以产生，其中电报等新技术带来的报业革新、哲学认识论的发展和实证主义思潮的不断进步都对客观性原则的兴起起到一定的推动作用。但人们对它的质疑声也不断，特别是对后来兴起的解释性报道和调查性报道。新闻报道作为意识形态领域的一部分，它总是和社会的政治、经济生活紧密相连的，但客观性原则在新闻报道中仍然作为一种最重要的理念和方法继续被广大新闻从业者坚守。

第三节　客观报道中的“刻板印象”

【问题提出】客观事实是新闻得以存在的基础，而报道给了客观事实以生命，使之能够成为新闻，但在这个过程中，记者潜意识中的“刻板印象”却广泛存在，如此说来真是骇人听闻！记者的“刻板印象”是如何对新闻报道产生影响的？为什么说这种影响难以消除？

一、无法避免的“刻板印象”

“刻板印象”是李普曼在1922年的著作《公众舆论》中提出的概念，指的是一种简化形态、用以协助人们快速了解世界的经验和印象积累。它是指人们对社会环境中某一类人或事物产生的固定、概括、笼统的看法，它通常伴随着对该事物的价值评价和好恶感情。刻板印象可以为人们认识事物提供简便的参考标准，但也阻碍人们对新事物的接受。个人有个人的刻板印象，社会也有其社会成员广泛接受的和普遍通行的刻板成见，因而它也起着对社会的控制作用。

不可否认，刻板印象广泛存在于新闻报道中。新闻从业者和其他社会成员一样，无可避免地被身处的社会环境和自小耳濡目染的文化传统等因素所影响，这种影响不知不觉，犹如春风化雨一般润物细无声。当一个人自诩以客观的视角来观察世界时，他实际上是作为一个社会的参加者和传统的继承人来看待事物的。“这些参加者的看法看起来是客观的，描述它们的陈述听起来是客观的，因为这些看法和陈述根本没有提到参加者及其提出的传统。它们实际上是主观的，因为它们依赖于所选择的传统，依赖于参加者对该传统的利用。”① 新闻从业者在进行报道时所带有的刻板印象正是来自于这些传统。

当一个记者以客观性理念和规范严格要求自己时，他很自然地认为自己是在客观地观察和描述。在这种观察和描述中，他内里的刻板印象早已被熏陶他的文化传统所规定并隐藏起来。作为一个个体，新闻从业者对于客观性理念的坚持和操作规范的遵从也许能帮助他清醒地意识到自己的观点、看法、感情倾向等主观因素，帮助他在具体的新闻报道中小心地把这些主观因素排除在事实材料之外，不让它们影响到叙述的准确与全面，也不让它们侵害真实、公正、平衡。这样做他就以为是客观了，而对客观报道的一般理解也就是这样的。但是，他没有注意到主观方面的刻板印象仍然在起作用，这其中有这么一些导致刻板印象的因素应

① ［美］保罗·法伊尔阿本德．自由社会中的科学．兰征译．上海：上海译文出版社，1990．57．

当注意：意识形态，社会阶层以及文化传统。

二、国家意识形态绑架新闻报道

几乎所有的媒体在对外报道时都无法摆脱国家意识形态的影响，就连号称最公正的BBC也不例外。2008年4月，北京奥运会的火炬在伦敦传递时受到部分藏独分子的的冲击和阻碍，很多参与传递的火炬手受到骚扰，BBC事后对这些人进行了采访，并从中选择了一位名叫Konnie Huq的女运动员的谈话，在之后的节目中反复回放。该女运动员手中所握火炬曾被抢脱手，自己被藏独分子推搡了很多下，视频中的她面露惊慌。然而，她在采访中却说：

正因为英国是一个自由的国度，所以这些人才能有机会发表他们的声音（暗示中国是不自由的），我相信奥运精神，然而很可惜举办国是这样一个国家，有这么差的记录……我一直都说，我参加这次火炬传递并不代表我对中国在任何方面有所宽恕。

BBC实际上选择了最能代表其观点和立场的人物，借她的口以“客观”呈现的方式来表达自己的主观意见。这些话后来作为直接引语以不同字体单独排版，出现在BBC的相关新闻网页上。一位叫Emily的女记者在现场进行报道，她描绘了现场的大致情况后，特别指出当时警察非常多，然而围观的老百姓非常少，也许是因为当天的伦敦大雪阻碍了人们的游兴。后来在男记者的提示下，她和摄像记者一起观望了正在等候的藏独分子，给了他们镜头，并肯定地说：“有一群人在抗议，他们非常和平，不吵闹，是非常和平的抗议，以至于你不说我都没有注意到。”在整个火炬传递过程中，有许多舞着狮子的华人表演者和举着中国国旗的学生团体，他们是人群里最活跃也是最容易辨识的，但整个报道中却没有让一个举着五星红旗的中国人出来说点什么。

BBC一直是英国媒体引以为傲的作为“客观和正义”象征的媒体代表，BBC的存在也是英国及其他欧洲批判主义学者用来抨击和批判美国极其商业化的媒体的重要依据——“欧洲新闻媒体和跟你们美国不一样，因为我们有BBC。”BBC

的宗旨是提供不偏不倚的报道，服务于公众。然而，它可以不受政界的影响，可以不受商界的要挟，可以揭露政治、商业、社会中的各种弊端，却无法避免国家意识形态所导致的严重偏见。体现在中国问题上，反对中国的一切，是正常的；不反对中国，才不正常。即使报道出现事实错误，他们都可以错得理直气壮。在这个时候，国家层面的价值观就成为“报道中国”的框架，以此来架构事实，实质与客观性理念和操作规范的要求相去甚远。

三、文化传统影响客观报道

文化传统对客观报道的影响是更深层次的。一个社会的文化价值观念对个人的构造是我们不大能够明显意识到的，因为它是我们生存的最基本的东西，没有了文化传统，人就不成其为具体的人了。没有哪一个记者能够脱离他固有的传统，传统提供了人们观察世界的基本依据。所以，记者在报道另一个文化中的具体事务时，一般不大可能做到客观。与某些价值判断表面上相联系的客观性产生于这样一个事实，即使用了一种特殊的传统却没有认识到它：感觉不到主观性并不等于证明了“客观性”，而是证明了疏忽。①

这说明，文化传统赋予个人的主观性是不容易察觉的。因此，当记者排除了主观感情、好恶、偏向来报道事实时，他自以为做到了客观，但实际上他仍然带有主观性，这种主观性很难摆脱。这种态度在它所处的文化传统内部显得非常合理、自然，并且看起来是客观的，因为这对一个社会的稳定和发展是有帮助的。但当世界上存在着的多元文化传统或意识形态发生矛盾时，这种“客观”态度就会自然演化成某种程度上的主观偏见或曰刻板印象。正如李普曼所言：“在我们观察世界以前，已有人告诉我们世界是什么样的了。对于大多数事物，我们是先想象它们，然后才经历它们的。”②

即便认识到了这一点，人们也很难处处加以警戒，甚至不得不依赖这些文化传统以及它们所携带的“刻板印象”。李普曼认为：“事实上是会有许多非常准

① ［美］保罗·法伊尔阿本德．自由社会中的科学．兰征译．上海：上海译文出版社，1990．47．
② ［美］沃尔特·李普曼．舆论学．林珊译．北京：华夏出版社，1989．57．

确的一致性的，而我们又不可避免地十分需要节省关注事物的精力，因而如果抛弃全部固定成见，完全单纯地探讨经验，就会使人类生活枯竭。”① 就是说，基于传统所形成的看法虽然隐藏着它自己的刻板印象，但人们仍需借助它来应付各种社会事务，从而能够对生存的环境进行快速判断，特别是在如此紧张而繁忙的新闻工作中。既然我们不可苛求新闻从业者在进行新闻报道时摒弃传统，而传统又无可避免地携带着刻板印象，所以我们将此种刻板印象所导致的主观性看做是“合法的偏见”，是一种排除了记者个人感情、利益、爱好等偏见之后体现出来的职业态度。纯粹的机械式的客观报道实际上是不可能的，因为意见和事实实际上不可分离。

另外，阶级利益也常常对客观报道产生影响，主要在于利益冲突导致的实际看法不一致。处在不同社会阶级的人会对同样的事情产生不同的看法，阶级冲突反映在新闻中就不可能有客观性。美国的主流媒介基本上反映的是中上层社会的观点，所谓的美国的生活方式即是中产阶级的生活方式。媒介是保护这种生活方式的，因为中产阶级是媒介的主要财源。中国目前的情况很类似，媒介报道的对象主要集中在城市而不是乡村，受众主要是中产白领而不是工人农民，选择的报道角度也更多是从精英阶层的利益出发，从广告商和媒介自身利益出发而忽略了工人农民的利益和诉求，他们成了被信息时代大众媒介“遗忘”的群体。在城市化的发展中甚至遭遇媒介污名化，被贴上了粗俗、低趣以及道德败坏等标签。

需要说明的是，我们所说的客观，实际上并不是要求记者做到字典里白纸黑字所定义的客观，而只是说新闻报道在传递消息的过程中是作为一种干净的“绿色通道”，只要受众从新闻的具体表述中看不到记者的主观意见和立场表达，便可说他做到了客观报道。但是，没有直接亮出鲜明的看法并不等于新闻报道没有立场。这一点，我们将在下一节谈到。

【问题总结】客观报道中的“刻板印象”使得新闻报道中的事实并不等于客观事实，因为它带有记者自己的认识，添加了自身意识中的“刻板印象”成分，读者只是对其认识结果进行接收。由此说来，新闻客观性是一种相对而言的客观

---

① ［美］沃尔特·李普曼．舆论学．林珊译．北京：华夏出版社，1989．57．

性，绝对意义上的客观性是无法实现的，即“纯客观”的报道是很难做到的。但记者和媒体的职责主要就是让受众了解事情的全面情况，以便做出自己的判断。如果在这一点上加以深刻认识，或许就是一个突破口。

第四节　表达立场和客观性原则是否矛盾

【问题提出】新闻报道作为意识形态领域的一部分，不可能消除人的主观能动性影响，也就是说记者和媒介都有表达立场的倾向。强调新闻客观性是必要的，新闻的立场表达又难以克服，那是不是意味着它们互相矛盾、互相排斥？解决的方法又是什么？

一、新闻报道的主观能动性影响

欧美资本主义国家有关新闻的著述中几乎不提新闻立场，而是一味强调进行真实、平衡、公正的客观报道。在我国，新闻媒介作为党和人民的喉舌，担负起了比欧美国家高度商业化的新闻业更多的舆论导向的职责，明确提出要站在维护国家和人民利益的立场上进行报道。

绝口不提新闻立场并不代表其没有立场，事实上，包括声称坚持新闻专业主义进行客观报道的欧美国家媒体在内，其新闻报道都是有立场的，明确对于新闻事实的选择，报什么、不报什么、怎么报、何时报，都是站在一定的立场进行思考和实践的。我们认为，在新闻报道中要完全摒弃立场是绝对不可能的，也是不应该的：不考虑立场只强调客观和只强调立场不善于用事实说话，容易导致客观主义倾向和主观主义倾向。最理想的状态是善于通过客观叙述让事实说话，既坚持客观的报道原则，又要坚持一定的思想原则和政治立场，恰当地表达对于新闻事实的观点和意见，体现报道者应有的立场。

新闻界常说的“用事实说话”，就是对客观性原则与立场关系的一种通俗、简练而又准确的概括。“说话”，就是发表看法，表达观点；“用事实说话”，就是将观点、看法，将自己的立场和倾向寓于所报道的事实之中，通过事实的叙述将观点意见和立场倾向表现出来。所以新闻报道本身往往会显露出报道者的某种立场和倾向。一些高明的记者往往善于运用精心选择的事实和巧妙的描写方法以及一些特殊的章法、句法和字眼来表达自己的立场和倾向，用潜移默化的方式影响受众。有时，他们明明要偏袒一方攻击另一方，却会通过非常“公正”和“冷静”的方式进行客观报道。1949 年北平解放后，美联社报道了一则一位中国女性因为穿狐皮大衣而遭到侮辱的新闻：

正在尽一切努力企图赢得新政权欢心的北平学生们，对共产主义有自己的新观点。今天，一群学生在一条大街上拦住了一位穿着皮大衣的中国女郎。一位中国学生指着她的大衣问道：“这是什么皮子?”她回答道：“狐皮。”另一个学生问：“狐狸有几条腿?”她说：“4 条。”她的一位询问者下令：“那么，像狐狸一样爬。”女郎开始哭了。人群中若干年长的人代这位女郎从中调停，他们乞求学生们不要损害她的人格。学生们同意了，但在走开以前，一位学生说了最后一句话。他警告说：“现在我们有新中国，不准任何人穿狐皮。”①

针对这则报道，学者周也平在《客观报道辨析——兼与程天敏教授商榷》一文中指出：“如果穆萨（作者）先生所报道的纯属子虚乌有，那么这条新闻不过是居心叵测的造谣诽谤，根本谈不上是客观报道；如果是穆萨先生亲眼所见，那又另当别论。或许穆萨先生对中国共产党和中国革命怀有敌意和偏见，但正是由于他严格遵循客观报道的原则，故而使这篇报道在某种程度上揭示和把握了某种本质的东西以及发展趋势，即我国政治生活和社会生活中，‘左’的思想已初露端倪！发展下去，便是几年以后的‘大跃进’和人民公社，而其极致就是史无前例的‘无产阶级文化大革命’。”我们大可以对该报道中记者表现出来的立场表示不满，因为其确有敌视和抹黑中国的倾向，但作者完全采用了客观报道的手法，我们不能斥责其有半点造谣诽谤，只要事件是真实发生的，那么记者白描式的记录便符合客观性的要求和规范，用事实说话就是作者的高明之处。

用事实说话，利用事实本身的逻辑来影响和说服受众，往往能获得比直接说

① 转引自程天敏．也谈“客观报道”——就“羊城疑案”说些题外话．新闻记者，1999（2）．

教更好的效果。1946 年，胡乔木在《人人要学会写新闻》中提出“记者要学会用叙述事实来发表意见，要客观地、忠实地、朴素地叙述他所见所闻的事实”[①]，“新闻报道不是不发表意见，而是意见应该隐藏在报道当中，通过对事实的客观陈述得以表达，从另一个侧面指出客观报道的重要性”[②]。

有时一些媒体对某一事件中对立的双方采取平衡报道方式，既不袒护这一方，也不偏向那一方，表面上看似客观公正，不偏不倚，似乎没有任何倾向，其实这种报道本身就体现了立场。在关于伊拉克战争的报道中，我国媒体采取了平衡报道的方式，看起来似乎不存在偏袒和支持哪一方的问题。但采用这种平衡报道正说明了我们的一种立场：我们既不赞成萨达姆领导下的伊拉克政府不认真履行联合国决议的做法，也反对美国和英国未经联合国授权，用武力攻打作为主权国家的伊拉克的做法。

二、客观主义与主观主义

需要特别明确的是，客观性原则和客观主义是完全不同的两个概念，不能混为一谈。客观主义是一种不分主次、不分现象和本质的机械地将一大堆看似相关却毫无联系的事实、现象简单罗列的新闻主张。而这些所谓的事实既不能在逻辑上证明其因果关系，更不能以局部事实代替整体情况。有时候一些媒体抓住一些表面现象和片言只语大做文章，从局部看、从表面看，的确是真实的，但是从整体看、从深层看，却不符合真实情况，这样的报道很难说是客观的。

另外，持主观主义倾向的人往往不是从客观实际出发，而是从主观愿望乃至臆想出发来对待新闻报道。他们习惯于用实用主义的态度选择、拼凑甚至是凭空捏造材料来说明自己先验的观点。《新闻联播》可以说是国内政治生活的风向标，带有浓重的意识形态痕迹和政治倾向，从某种程度上讲存在主观主义倾向。节目中的国际新闻部分，比重本来就很小，大约只占了整个节目五分之一的时间，然而报道的主观色彩却很浓重：在报道国家组织的会议时，习惯性地突出国际霸权主义和它对第三世界国家的不公正做法；在涉及具体国家时，大多是战

---

①② 中国共产党新闻工作文件汇编（下）．北京：新华出版社，1980．226．

乱、政变、恐怖活动等。然而，世界真的像节目中所展示的那样吗？这种报道往往容易给人一种强加于人的感觉，非但得不到预期的传播效果，有时还会造成观众的反感情绪和逆反心理。令人欣喜的是，十八大后，央视对《新闻联播》进行了改版，《新闻联播》开始贴近民生，着重表达百姓诉求，回归平民视角，赢得了更多观众的喜爱。根据央视最新提供的收视率数据，《新闻联播》自改版以来，平均收视率较2012年上涨逾两成，得到大批观众的肯定。

客观主义的倾向和主观主义的倾向都可能导致真相被掩盖，两者对于新闻业和社会的发展都是十分有害的，在新闻实践中需要格外警惕。

刘少奇在1956年5月同新华社负责人的讲话中曾指出："新闻报道必须是客观的、真实的、公正的、全面的、同时必须是有立场的。外国记者强调他们的新闻报道是客观的、真实的、公正的报道；我们如果不敢强调客观真实的报道，只强调立场，那么，我们的报道就有主观主义，有片面性。如果这样做，就是下决心要片面性。新华社的报道，如果有了片面性，就会丧失一切，对自己不利，对人民不利，就不能成为世界性的通讯社。"① 但是，仅仅客观地不带任何立场地报道就一定是好的？刘少奇作了明确的回答："我们的报道不能超阶级，不能有客观主义；要有坚定的人民立场、阶级立场，要有马克思列宁主义观点和方法。新闻报道要客观、真实、公正，同时要考虑利害关系，看看对人民和无产阶级是否有利。"② 可见，客观性与立场在新闻报道中其实并不矛盾，每一个新闻工作者都应当自觉地站在国家和人民的立场，力求把新闻报道写得更客观些、更真实些、更公正些、更全面些。

【问题总结】 新闻纯客观的思想强调报道不应有个人观点，只是照搬照抄和复制新闻事实，但这样势必否认了人的主观能动性。新闻报道作为人的活动，记者在选材和对客观事实的选择过程中总会有自己的价值取向，在写稿过程中，记者对事物的立场也会渗透于报道之中。除了记者的主观能动性以外，还要服务于政党，为其政治目的服务，这就决定了新闻事业自觉或不自觉地反映本阶级的愿

---

① 中国共产党新闻工作文件汇编（下）. 北京：新华出版社，1980. 359.
② 中国共产党新闻工作文件汇编（下）. 北京：新华出版社，1980. 361.

望和要求，传播本阶级的思想和意志。但即使这样，新闻工作者必须充分尊重客观事实，并通过文字或者图片等努力还原客观事实，不能为了某种需要而给客观事物附加一些东西或者歪曲事实、改造事实，这是对事实的尊重，也是对读者的尊重。

第五节　坚守客观性原则

【问题提出】为什么客观性原则在遭受质疑和诟病时，新闻业依然没有抛弃客观性原则？当客观性原则遇到瓶颈时我们又该以怎样的态度对待和期许？

一、绝对客观难以实现

《纽约时报》的马克尔曾质疑道："一个记者，最客观的记者，他收集到的50个事实材料。他从中挑出12个放进他的报道中。这样，他就放弃了其他38个材料。这是第一个判断。记者或编辑决定其中一个事实材料应放在第一段。这样就把这一个材料突出加以强调，它高于其他11个。这是第二个判断。然后编辑决定这个报道应放在第一版，还是第12版；如果放在第一版，它就会获得比第12版更多的关注。这就是第三个判断。这样一来，所谓的事实呈现就受制于三个判断，而这是人为的。"①

事实上，自从客观性原则成为新闻界公认并奉行的新闻理念以来，便一直非议不断。如上文所述，客观性原则的内涵是非常理想化的，很难在实际操作中完全地实现。任何一条看似客观的新闻，如果认真检查其事实的选择和写作的理念，以及具体文章框架的设计，总能够发现若干与客观性原则相违背的地方。客观性原则指导下的新闻并不能保证它的完全客观，原因在于我们每个人不可能完全跳出自己的历史文化背景以及现实的环境，不可能完全摆脱既定思想的影响。即便真诚地信守客观性原则，也可能会无形中受到历史与现实中各种因素的影

---

① William C. Rivers, Cleve Mathews. *Ethics for the Media*. Prentics – Hall Inc., 1988. p. 65.

响。即便在客观性理念的指导下，严格按照客观性原则的专业规范对事实进行报道，仍然很难做到完全客观。当我们观察事物时，我们的感觉和知觉就有主体性的差异，不可能像显微镜那样忠于事实，何况新闻报道的大部分对象存在于人类社会，而人类社会和自然界有着本质区别，它们浸染着人的观念、思想、感情等因素，因此人类社会实际上并不存在真正意义上的客观事实。特别是当我们用语言对观察到的事物进行描述时，尽管从表面上看好像是在做客观的叙述，但是语言本身的文化、传统方面的先验结构还是对事实做了不易被察觉的诠释。

二、不完美但必须坚守

尽管质疑和诟病不断，但新闻业无疑是离不开客观性原则的。原因主要有以下几点：①缺乏人力、财力和时间。这很大程度上决定了新闻传播媒介只能快速地传播新闻，失之偏颇、粗浅等情况在所难免。②避免因意识形态上的偏向而触犯受众中的某一部分人，导致矛盾产生甚至造成社会不稳定。③挑选证据和判断真实情况困难。④记者在许多领域缺乏专门知识，只能全心全意客观报道，忠实记录他人的看法和判断。⑤记者不会将他们自己的经验上升到理论框架里去。因此，他们只能对报道中事实的客观性负责。①

媒介对客观性原则的追求，有效减少了耸人听闻、胡编乱造等恶劣手法。客观性使新闻中的确凿事实增加了，也强化了媒介从业人员的纪律和伦理观念。新闻客观性出现的一个重要原因，是为了避免媒体成为某一利益集团的喉舌，尽量避免受众被误导和欺骗。所以只要新闻媒体不被政治或经济力量操控，可以自由地了解事实，自由地思考并表达意见，只要记者在尽可能全面了解事实的情况下，不事先倾向于任何群体，本着对社会和公众负责的原则，做出他认为最公正准确的判断，这就是客观性的体现。有人说，新闻客观性原则只是一个仪式，不必过多拘泥于形式，而应坚固其内核，客观性更应该是一种理念、态度和责任。坚持新闻的客观性原则，并不是要求恪守纯粹客观和泛自然主义，而是基于人的主观性而又超越主观性去达到与客观相一致的这样一种理性原则。所谓客观报道

① 李良荣．西方新闻事业概论．上海：复旦大学出版社，1997．60．

要求的“不偏不倚、无私无畏”和“一般公正”，看起来如同白日做梦不可能达到，但正是因为人存在这样的精神追求，才能限制煽情主义的泛滥，为人与人之间平等的精神交往寻求可拓展的空间。因此，通过以上论述，我们认为新闻的客观性应该重内容更甚于重形式。客观报道，既是新闻传播操作时的一个基本手法、原则，更是一种报道理念，是对于人文精神的追求。

而围绕客观性原则的质疑和抨击，实则也并非要否定讲述事实的新闻报道传统，而是通过质疑和反思来更加清醒、深刻地看待新闻报道的客观性。诚如《时代》周刊创始人亨利·卢斯所言：“不偏不倚与公正的区别是什么？一个有责任感的新闻工作者在对事实进行分析报道时是有偏向的，他只要不是为了说明自己的观点而故意歪曲事实，只要不隐瞒说明一个不同观点的事实真相，他就是公正的。”①

用郭镇之的话来说，客观性或许并不完美，却是一个可行的“规定原则”，而且已经成为一种公认的新闻语汇和普遍模式。② 而新闻从业者将客观性作为一种职业理想来追求，不断克服主观、逼近客观，对于新闻业的发展来说无疑是有益的，我们应当将客观性当成一种有益的新闻职业理想而非毫无根据、虚幻迷茫的白日梦。

按照一些学者的说法，客观性原则是一个知之不难，但行之惟艰的理论。客观性原则在新闻业中有着非常重要的地位，尽管针对理论本身的瑕疵和漏洞的抨击不断，但其仍然深受业界推崇，至今没有任何一家新闻媒体公开宣称自己的报道完全放弃了这一原则。客观性原则发展至今，面对一路而来的种种拷问和诘难仍然宣示着自己的生命力，因此哈克特和赵月枝在书中将其称为“不死之神”。我们当然有必要对其保持质疑，毕竟在理论和实践中客观性原则仍有许多不足。但同时，我们也万万不能丢掉对于客观性原则该有的尊重，毕竟它是一代又一代新闻人共同的智慧结晶。至于往后的岁月，客观性原则是按照从前的逻辑继续顽强地存在下去还是被更好更完善的理念所取代？我们无法预言。只是从目前来看，客观性原则的地位暂时还没有受到更大的挑战。

---

① ［美］迈克尔·埃默里，埃德温·埃默里，南希·L. 罗伯茨. 美国新闻史——大众传播媒介解释史. 展江译. 北京：中国人民大学出版社，2004. 421.

② 郭镇之. 客观新闻学. 新闻与传播研究，1998（4）.

【问题总结】坚守客观性原则始终应该成为媒介孜孜不倦的追求，这就要求新闻工作者能够求真务实，报实情讲真话。新闻媒体树立主流意识，拥有大局观，使新闻的一些倾向性因素不至于放任自流，两者达到最大的协调，从而使新闻的客观性得以最大化呈现。

第四章　新闻报道与叙事

第一节　新闻报道是一种叙事

【问题提出】20世纪80年代中期叙事学理论开始被引入中国，叙事学在国内发展的过程中，其诸多理论被新闻学借鉴，并逐渐衍生出了新闻叙事学。在这种背景下，怎样去认识“叙事”？为什么说新闻报道学是叙事学？

一、叙事

1．叙事行为无处不在

对于“叙事学”（Narratology），我们可能会觉得比较陌生，但叙事行为，在生活中却无处不在。从小时候听爸爸妈妈讲的白雪公主等童话故事，到女娲补天的神话传说，再到上学后学习到的各种各样的文学故事、神话、传说、寓言、小说甚至历史、数学知识等都是叙事。可以说，我们每个人都是在叙事中长大的，在叙事中汲取基本的生存本能和生活信息。而环顾日常的生活，我们每天要进行的交谈与电影、广告、绘画、日记等，这些也都是叙事。甚至当我们进入梦乡，叙事也以梦的形式伴随着我们。从历史上讲，叙事的出现要早于文字，在文字产生之前，原始人就用各种可能的形式，包括符号、图画、树枝、石子、结绳等来传递信息，表述事情。可以说，叙事是信息交流和人际交往的一种最重要的方式。

著名德国戏剧家贝尔托·布莱希特曾说过：“人们对于司空见惯之物往往视而不见。”正是由于叙事在生活中司空见惯，而使我们常常忽略它的存在，更意识不到它可以成为一门学科，并且有其内部特有的规律。叙事以各种各样的方式“散居”在人们的生活里，既可以是神话故事、民间传说、小说、戏剧、电影等广为人知的形式，也可以是绘画、连环画、人们日常的对话、社会新闻、诗歌，甚至是人们的梦境。叙事以它千姿百态的形式向人们传递着信息，影响着人们的生活。不同的民族有自己独特的叙事方式，用以传承和延续自己民族的文明。

在不同文化、不同社会、不同国家和人类历史的不同时期，都存在着各种形态的叙事作品。罗兰·巴尔特说过：“叙事是与人类历史本身共同产生的；任何地方都不存在、也从来不曾存在过没有叙事的民族；所有阶级、所有人类集团，都有自己的叙事作品，而且这些叙事作品经常为具有不同的、乃至对立的文化素养的人所共同享受。所以，叙事作品不分高尚和低劣文学，它超越国度、超越历史、超越文化，犹如生命那样永存着。”

2. 什么是叙事

叙事主要关注两个层面：一是叙述的内容，即故事；二是叙述的方式，即故事被讲述的方式。叙事是讲述按一定的时间顺序进行的，已经发生、正在发生或将来可能发生的事件。这里的“事件”是指一定的行动序列，而事件用语言和文字表达出来就形成“故事”。叙述的事件可以是虚构的，也可以是真实的；可以是对过去发生事件的叙述，也可以是对正在发生的事件的叙述。有的学者认为还可以是对未来事件的叙述，即预测性叙述，比如科幻小说。

专门研究叙事学的荷兰著名学者米克·巴尔把故事（story）界定为“以特定方式表现出来的素材”①。它包括一系列按时间顺序发生的事件。而国内学者罗刚则认为，叙事就是对一个或一个以上真实或虚构事件的叙述，通过话语表现了一个事件，一个以上的事件通过某种关系连接起来，就构成了故事。② 两者都认为故事是通过一定关系进行连接的事件，而叙事就是对这样的事件的叙述。美国著名叙事学家伯格的观点是，“叙事即故事，而故事讲述的是人、动物、宇宙空间的异类生命、昆虫等身上曾经发生或正在发生的事情”③。这样就把叙事的对象进一步具体化，它可以是人，也可以是人之外的其他的有生命的事物：叙事对

① ［荷］米克·巴尔．叙述学：叙事理论导论．谭君强译．北京：中国社会科学出版社，2003．3．
② 罗刚．叙事学导论．昆明：云南人民出版社，1994．
③ ［美］伯格．通俗文化、媒介和日常生活中的叙事．姚媛译．南京：南京大学出版社，2002．4．

象所引发的事件的性质也更加具体化，既可以为曾经发生，亦可为正在发生。

如果只将叙事理解为讲故事，那就很容易被限定在文学范围之内。事实上，叙事行为的无处不在，就说明了不应把对叙事的研究局限在文学范围之内。

“叙事”一词在我国使用时有着多重的含义。总的来说具有三种意义：第一是指与“记叙”、“叙述”同义，侧重研究沟通和写作中的各种表现方式，如人物描写、细节刻画、概括交代和说明等，涉及语言学、语体学、文体学和修辞学等；第二专指西方叙事学（Narratology），侧重对叙事文学的故事叙述方式、叙述者的声音特点、叙述者与接受者之间的关系等进行研究；第三是指“话语”，来自西方的话语分析理论。台湾一些学者就把“discourse”直接翻译为“论述”或“言说”，大陆则翻译为“话语”。

话语分析（Discourse Analysis）理论认为：①话语是人与人之间通过语言而从事沟通的具体行为或活动，即一定的叙述者和接受者在特定语境中（context）通过文本（text）而展开的沟通活动。②话语活动可说是建立起一种意义场，同样一种事物可以开展出不同的叙述，亦即事物是同时体现着多重意义的。③话语从事意识形态的工作，话语结构展现、加强、再生社会中的权力和支配关系，并使其合理化或对其置疑。④话语分析是一种超句子的语言研究。话语分析的代表人物梵·迪克（Van Dijk）认为：“话语分析不仅要了解话语的表达层，还要深入意义和动作层，考察话语的功能以及语言使用者的编码和解码过程，注意社会文化语境的认知的作用。”

具体分析“叙事”一词的三种含义，可以看到，第一种意义是传统语言学知识视野下的“叙述”，第二种和第三种则是现代符号学知识视野下的“叙事”，其中第二种意义指的是“叙事话语”（文学话语之一种），第三种意义指的是“话语叙事”（话语制造或生产的行为）。第三种意义实际上是对第一种意义、第二种意义的超越、覆盖和替代。①

---

① 齐爱军. 论新闻作为一种叙事性存在. 现代传播，2004（6）.

二、新闻报道是一种叙事存在

关于叙事与新闻的关系，特别是对新闻叙事性的争论，很长一段时间以来，学界一直很难达成共识。一方面是相对保守的看法，在这些人的观念中，故事自然而然是与“虚构”相联系的，而“拒绝虚构，确保真实性”则是新闻的生命所在。甚至有国外学者认为新闻基本上是“反叙事”（natinarrative）的。但另一方面也存在着其他看法，他们对新闻的叙事大力推崇，美国前国家广播公司新闻部总裁 Reuven Frank 就曾称：“每则新闻故事‘均’应该展示小说、戏剧的特质。”并认为应该且完全可以通过叙事方法来提升新闻报道的品质。

1. 叙事化不等于虚构化

实际上，新闻叙事性存在争议的很大一部分原因是人们对“叙事化等于虚构化”的不正确认识，而之所以出现这种错误的认识，主要可以归结于两个方面的错觉：

（1）武断地认为叙事学就是小说叙事、文学叙事。因为相当长的一段时间内，叙事学的研究从未跨出文学领域，叙事学的大多数理论成果也确实为文学叙事学。但法国结构主义叙事学代表人物热奈特在其《虚构叙事与纪实叙事》中，明确地把叙事分为两类，一类是纪实叙事，一类是虚构叙事，新闻报道被列入纪实叙事中。

（2）“故事”是叙事学研究的一个重要范畴，而“故事”常常使人们联想起“虚构”、“戏剧化”等。新闻报道追求的是事实，要求真实客观，因此，当新闻讲起故事时，给人的第一感觉是违背了新闻真实性原则，从而避之不谈。但在真正的叙事学研究中，故事是指叙事的所指或内容，哪怕这个内容可能会具有很低的戏剧性或很少的情节。① 故事不同于虚构，人们习以为常的“标签”造成了对“故事”的错误理解。

在叙事学研究中，往往在意的是对虚构叙事学方面的研究，忽略了对非虚构叙事学方面的研究，以致产生一种错觉，进而在此错觉上产生争议，而一旦拆除

---

① 黎明洁. 新闻写作与新闻叙述：视角·主体·结构. 上海：复旦大学出版社，2007. 41.

了“叙事化等于虚构化”这堵人为的墙，就会发现，叙事学和新闻报道的关系原来如此密切。虚构和非虚构都是叙事学的研究对象，新闻叙事只是叙事学研究中极小的部分，因此从这方面讲，新闻报道本质上也是一种叙事存在。

2. 新闻报道是世界上最普遍的一种叙事方式

新闻报道是对新近发生的事实的描述，只要我们承认事实的存在，而这个事实是被新闻语言所描述的，那么我们就承认了新闻报道文本的叙事性。美国当代叙事学家华莱士·马丁则更直接指出，新闻不仅是叙事，而且是世界上最普遍，人们接触最多的一种叙事方式。① 综合新闻的特点和叙事的定义，不难发现两者的相通之处：

（1）新闻与叙事的核心都是事件。叙事就是讲述按一定的时间顺序进行，已经发生、正在发生或将来可能发生的事件。而新闻无论是“事实说”还是“报道说”，又或者是“信息说”，都离不开一个关键词，那就是“事件”。事件构成新闻报道的核心。并且新闻与叙事一样，都是强调事件从一种状况到另一种状况的转变。因此，它们的叙述往往都涉及平衡的破坏与重建，有的只有破坏，有的只有重建，而有的则既有破坏又有重建。

（2）新闻与叙事所讲述的事件都与人类的认知或行为有关。由于受众的认知往往带有一定的预设性，因此要求新闻和叙事所讲述的事件能与预设有所不同，从而能够引起受众的兴趣。故事往往通过情节的离奇曲折来吸引读者，而体现在新闻中就主要是指新闻事件的趣味性或奇异性。正如新闻界的一句老话：“狗咬人不是新闻，人咬狗才是新闻。”如此一来，更是将奇异性对于新闻的重要性放到一个相当重要的位置。

（3）新闻与叙事在长期的发展中都形成了自己相对固定的叙事类型。叙事的固定模式有童话、神话、小说、戏剧、电影等，而新闻中则有倒金字塔式消息、通讯、特写、深度报道等。并且，它们还在不断地形成和丰富着新的叙事类型。

（4）新闻与叙事都需要一定的媒介进行传播。新闻作为一种大众传播产品，必须经由大众传播媒介传播，新闻文本才能被读者阅读、接受，其审美及宣传等

---

① ［美］华莱士·马丁. 当代叙事学. 伍晓明译. 北京：北京大学出版社，1990. 1~2.

各方面的价值才能得以实现。叙事同样如此，每一种叙事文体，或者经由组织传播，如会话、交谈等，或者经由大众传播，如小说、戏剧等；即便是日记也需通过一种内在的交流沟通，其价值才能得以体现。总之，它们价值的实现离不开媒介的传播。

【问题总结】叙事行为存在于我们的日常生活中，它主要由叙述内容和叙事方式两个层面构成，而其含义则是多重的。新闻叙事性的争论虽然很难争出高低，但如果排除了人们把叙事学等同于小说叙事和文学叙事，把叙事学中的“故事”与“虚构”和“戏剧化”绑定的狭隘观念，那么，作为对新近发生的事实进行描述的新闻报道，由于新闻与叙事在各自的特征、相关度以及渠道和方式上都存在相同之处，说新闻报道学属于叙事学则是正确而又无可非议的。

第二节　新闻报道叙事行为的变化

【问题提出】为什么在一定的时期内，我们总会看到存在于各种各样的工作中、奉献中的先进人物，而看不到生活中的平凡人，有七情六欲的普通人？为什么有时候我们看到的会议新闻往往是主席台上的报告，而看不到主席台下、会议外的反应？为什么我们看到的灾难新闻只是“红红火火”的抗灾救灾，而没有灾难现场的真实状况？这种情形在过去的新闻报道中经常存在，但这是在消耗受众对媒体新闻报道的信赖度，新闻媒体在慢慢失去客观真实的权威性。因此，新闻报道叙事行为求“变”就显得迫在眉睫，那么，求“变”具体需要在哪些方面有效开展呢？

随着市场化的发展，新闻传播渠道越来越便捷，受众接收信息和传递信息的途径也逐渐多元化，大众读者被推上了一个公开的重要位置，读者对信息的选择成为媒体得以存在的关键——得到读者信赖、易于接受的新闻报道，才能使媒体真正生存下去。这种以“市场（读者）”为导向的现状，促使着媒体去寻找自我生存的新方式，而这其中的关键就体现在新闻报道的叙事方式的改变上。

一、"宣传性"向"新闻性"的转变

叙事、叙事结构是学者研究的重点，结构的安排、结构的选择直接表明了"我想说什么"、"它应该在什么位置"，因而结构是叙述模式的主体。为此，在谈新闻叙事时，也有学者从结构上进行分析，将新闻叙事分为宣传模式、新闻模式和故事模式，这有一定的道理，有助于我们对作品进行整体上的分类，研究不同时期新闻叙事的整体特征。

但在具体的新闻报道上，一篇作品并不只含有一种因子，它可以有两个因子，甚至同时具有宣传、新闻、故事三个因子，就像主要矛盾和次要矛盾一样，作品呈现出来的整体特性，是由占主体地位的因子决定的。

另外，影响新闻叙事的因素，不只是简单的结构因素，还有叙事立场、叙事语言风格、叙事视角等方面的因素。新闻报道追求的是客观真实、以事实为依据。但新闻报道的产生，总会潜移默化地带有主观的意图，从而呈现出一定的主观倾向性。这种主观性与新闻叙事者想要表达的新闻意图和传递的新闻意义有关，因此，从主观性和传播效果这两方面讲，新闻报道的叙事可以分为"宣传性"和"新闻性"两个方面。

宣传性强调一种观念在先，这种观念不仅占据着新闻报道的核心，而且支配着人物、事件等因素的"生存空间"。打一个比方，在这样的新闻报道中，观念是太阳，人物、事件只是围绕着太阳转动的行星。人物和事件往往是对这种观念的丰富、补充、印证。正如陈力丹先生所言，很多新闻把背景材料放在事件之前，是因为记者有太强的宣传意识，太过于想让读者知道事件的意义，而往往忽略了事件本身。这样就会出现很多"主题先行"和"拔高主题"的文章，很难算是真正的新闻。

新闻性强调的是对事实的叙述，事实是新闻报道的核心，其他的元素以事实为结构基础和主要衡量标准。新闻性是为了让人们了解事实及其意义。如果说宣传是想告诉人们"应该干什么"，那么新闻就是想告诉人们"发生了什么"以及"意味着什么"。

现今新闻报道的叙事，已经打破了为政治服务的一元格局，逐步走向有着不同结构、立场、风格、视角等的多元化发展趋势。“宣传性”的痕迹正慢慢被淡化，“新闻性”逐渐成为叙事时追求的主体，主要体现在两个方面：一方面是放弃“虚构的权威”，逼近事实的真相；另一方面是放弃刻意的“典型”，追寻平凡中的“人性。”

1. 放弃“虚构的权威”，逼近事实的真相

新闻报道中，由于叙事模式及叙事重心的不同，那么其呈现的立场、观点、态度、目的也是不同的。大量现实和学者研究都证明，在所有的新闻体系中，新闻媒介运作总会受到政治、经济、文化等因素的影响，在不同时期、不同的意识形态下，新闻媒介受各种因素的影响程度也是不同的。以下面两则消息为例：

河北省唐山、丰南一带发生强烈地震
灾区人民在毛主席革命路线指引下
发扬人定胜天的革命精神抗震救灾

[新华社一九七六年七月二十八日讯] 我国河北省冀东地区的唐山丰南一带，七月二十八日三时四十二分发生强烈地震。天津、北京市也有较强震感。据我国地震台网测定，这次地震为七点五级，震中在北纬三十九点四度，东经一百一十八点一度。震中地区遭到不同程度的损失。

伟大领袖毛主席和党中央、国务院对地震灾区人民群众十分关怀。地震发生后，中共河北省委，天津、北京市委和震区各级党组织，已经采取紧急措施，领导群众迅即投入防震抗灾斗争。中共河北省委领导同志已带领有关部门负责人，赶到灾区指挥防震救灾工作。中国人民解放军和有关省、市卫生系统，已组织大批医疗队赶赴现场。大量医药、食品、衣物、建筑材料等救灾物资正源源运往灾区。国家地震局和河北省地震局已组织专业人员赶赴现场，监视震情。受灾地区人民群众已在当地党组织领导下，迅速组织起来，团结一致，展开抗灾斗争。他们决心在毛主席的革命路线指引下，发扬人定胜天的大无畏革命精神，团结起来，奋发图强，夺取这场抗灾斗争的胜利。

1976 年 7 月 28 日《人民日报》

山西火锅店爆炸致14死47人伤

据新华社太原11月24日电 记者24日5时许从山西省晋中市寿阳县火锅店爆炸燃烧事故调查组了解到，山西省寿阳县喜羊羊火锅店爆炸燃烧事故死亡人数从8人升至14人，受伤人数从37人升至47人，其中重伤17人、轻伤30人，受伤人员全部送往医院救治，部分伤员转到太原救治。

火锅店位于寿阳县博大西街，总共3层，地下一层，地上两层。记者在现场看到，喜羊羊火锅店内一片狼藉，内部设施基本上全部被烧毁，左右两边部分店铺玻璃被震碎，地上布满了玻璃碎片和各种残片。

袁和平和妻子杜增秀在这次事故中都被轻微烫伤。他说，事故发生前没有任何征兆，自己当时和朋友在二楼吃饭，坐下刚喝了一口酒，就听见一声巨大的爆炸声，一阵热浪扑面而来，屋里瞬间布满了黑烟，他迅速脱下羊毛衫捂住嘴，从窗户跳了下去。

目前，善后工作全面展开，火锅店的大火已经被扑灭，救援人员正在加紧清理事故现场。根据调查组通报，事故的原因初步判定为液化气泄漏引起爆炸燃烧，详细原因正在进一步调查中。

2012年11月25日《南方日报》

读完这两则短消息，我们知道第一条是关于重大灾害“唐山大地震”的报道，第二条是对一起寻常事故“火锅店爆炸”的报道，这两个案例具有鲜明的对比性：重大与寻常，灾害与事故，但报道效果却大相径庭。

第一条消息的重大性和灾难性，在读完整篇消息后我们很难体会到，只能从中得到地震发生的地点、时间，而对于灾难现场、受灾人数等真实现状的信息则完全不知，只是以一句“震中地区遭到不同程度的损失”带过。第二段就是一些救灾安排的介绍，以及一些政治意味很浓的表述如“受灾地区人民群众已在当地党组织领导下，迅速组织起来，团结一致，展开抗灾斗争。他们决心在毛主席的革命路线指引下，发扬人定胜天的大无畏革命精神，团结起来，奋发图强，夺取这场抗灾斗争的胜利”。整篇消息是在用“政治性的权威”来冲淡真实灾难的悲剧，缺乏对现场真实情况的描述，是一种典型的政治式写作。从结构内容看，第一段是“新闻因子”，第二段是“宣传因子”，后者明显多于前者，因此整篇报道是一篇“宣传性”的文章，在宣传思想的主导下，一场重大的灾难被表述成一场很平常的灾难。

而第二条消息则完全不同，虽然是寻常事故，却可以让读者清晰地了解到事故的伤亡人数，以及事故处理进度，既有具体的数字表述，如“重伤 17 人、轻伤 30 人”，也有现场受害者的描述，如“一阵热浪扑面而来，屋里瞬间布满了黑烟，他迅速脱下羊毛衫捂住嘴，从窗户跳了下去”，并且用细节性描写来增加真实性，如“左右两边部分店铺玻璃被震碎，地上布满了玻璃碎片和各种残片”。从结构内容上讲，第一、二、三段均属“新闻因子”，最后一段也仅前半句带了些“宣传因子”，在“新闻性”的主导下，作品放弃了“虚构的政治权威”，注重对“新闻事实本身”的追求，以事故为核心，详尽介绍事故的地点、时间、伤亡、现状等新闻因素，向读者传递的是事实，放下了“虚构的政治权威”，追求事实本身的真相。

除了事实真相外，还有一个以人为本的问题。1976 年唐山大地震的死亡人数达 24.2 万多人，16.4 万多人重伤；7 200 多个家庭全家震亡，上万家庭解体，4 204 个小孩成为孤儿；97% 的地面建筑、55% 的生产设备毁坏；交通、供水、供电、通信全部中断；一座拥有百万人口的工业城市被夷为平地。面对此情此景，即使是宣传，也要顾及“人”的因素，关心一下有多少人遇难，多少人受伤，多少人无家可归。但报道对这些人性化的内容较少涉及。

从上面的分析中，我们可以清楚地看到两则消息所体现的直接变化就是由“宣传性”为主向以“新闻性”为主的变化。这与时代背景有直接的关系。在我国，新闻报道的“宣传性”一直是强调的重点，特别是在改革开放之前，“政治宣传性”是衡量新闻报道的唯一标准，具体体现在“看上不看下”、“报喜不报忧”，即使有“忧”也尽量淡化，塑造一种“虚构的权威”，高高在上，不接地气，说教、隐瞒、淡化是常用的手段，甚至脱离事实，出现“假大空”。

而到了信息化的今天，由于读者地位的凸显、市场化的发展，读者需求成为媒体报道方式的决定因素，宣传说教式的叙事方式被淘汰，以事实为核心的新闻性报道，打破了单一的思维方式，在注重读者阅读体验的大前提下，叙事方式等具体环节都有自己的特点和要求，以更平实的叙事手法，与读者达成情感互动。它让新闻回归到更为真实的生活，也赋予新闻应有的阅读功能和文化品位，有利于培养受众对媒体的情感忠诚度，从而增加媒体的竞争力。

2. 放弃刻意的“完美”，追寻平凡中的“人性”

“典型报道”曾经在一段时期内，是我们经常“信以为是”和“津津乐道”的叙事方式，我们通过树立典型，将一些特定信息由上而下传播给普通人。于是，出现了在本节开头提出的几个状况：我们总会看到各种各样的工作中、奉献中的先进人物，而看不到生活中的平凡人、有七情六欲的普通人。典型报道所关注的与其说是这个“人”，不如说是在讲他们所代表的某种精神或观念。从这一角度出发，我们就不难理解20世纪五六十年代的新闻人物雷锋、焦裕禄、时传祥等为什么再度成为八九十年代的英雄。纵观典型报道，某种“观念”或“时代精神”始终是它们的“魂”，从张海迪到李素丽、徐虎、孔繁森等，莫不如此。比如人物报道《领导干部的楷模——孔繁森》（1995）的开头是这样写的：

也许，岁月能改变山河，但历史将不断证明，有一种精神永远不会失落。崇高、忠诚和无私，将超越时空，成为人类永恒的追求。

也许，时间会冲淡记忆，但人们绝不会忘记，20世纪90年代，有这样一位共产党员，他的理想，他的信念，他的人格，他的情操，使千万人的心灵为之震撼。

他，就是原中共阿里地委书记孔繁森。他把自己的一腔热血洒在西藏高原。

其下关于孔繁森事迹的一万多字的记述都概括在这三段开场白中，这是全文的基调，记者实际上并不旨在告诉读者孔繁森是怎样的一个人，而是想通过这个人传递一种精神。因此，记者在叙事时，把大量笔墨放在了对人物符合“精神”的典型事件的概述上，缺乏具体细节的支撑，并且全文用散文般的写作方式，文字侧重于对精神的歌颂和抒情。这个报道有意忽略或模糊了四个方面：时间、场景、人物性格及事件完整的发展过程。于是我们看到了一个时代“完美”的典型，这确实能引起我们精神上的兴奋，却感觉不到一个真实存在、令人信服的活生生的人。这篇报道获得通讯类一等奖主要不是因为写了一个栩栩如生、具有独特性格特征的人，而是正如通讯中所说的“他高扬了一面旗子”、“他熔铸了一面镜子”、“他走向了一支曲子”、“他昭示了一条路子”。与这篇报道不同的是，

《南方周末》关于任长霞的报道《任长霞传奇》，即使同样带有宣传意味，却开辟了另一条路子。

“绣花姑娘打老虎”

当地一个黑老大狂言：登封市没一个公安局长能当得长。

早先一个公安局长的窗台边被人摆了一个炸药包，当时吓得邻居四处躲藏。

她一个弱女子，能应付得来吗？

新任公安局长任长霞的出场，颇有戏剧性。

2001 年 4 月 11 日，早上 10 点。河南登封市公安局大楼，干警们把脸贴在玻璃上，往后楼张望——新局长要出现了。

出场的人物让大家很失望——37 岁的任长霞拎着一个小巧的挎包，面目清秀，走路不紧不慢。与大家原本想象的威武刚猛、气度不凡的形象差距甚大。

“她能管得了登封的治安？”当场有人私下议论。

“这可是绣花姑娘打老虎，谁吃谁不是明摆着？”还有人幸灾乐祸地揶揄。

任长霞清楚她面临的是什么。

任长霞出场的这种叙事，给全文定了一个基调，英雄是“人”，而不是神。正因为英雄是人，才能让人们感受到她的精神。显然作者努力摆脱典型宣传人物通讯的写法，以写故事的叙事方法记述任长霞的事迹。

“出场的人物让大家很失望——37 岁的任长霞拎着一个小巧的挎包，面目清秀，走路不紧不慢。与大家原本想象的威武刚猛、气度不凡的形象差距甚大。”

以上两句话，在以往甚至现在某些典型人物报道中绝对不会出现，因为写得太真实了。正如作者在题记里写的，“英雄之所以为英雄，是因为他们在恪尽职守外，多了一份对人世苦痛的深刻理解”。

文中写她铁腕整治警纪、抓案犯、打掉黑社会组织等，都从她的恪尽职守落笔。而写她的同情心，则通过去世后百姓对她的怀念写起，让人们对任长霞这位英雄肃然起敬。结尾一个细节写出了任长霞在群众中的形象：

远在君召乡郭岭村的屋子里，韩素珍在桌上摆了两杯酒，一杯是给死了 14

年的女儿李艳芳，另一杯是给公安局长任长霞的。

“妮，俺母女谢谢你，俺一辈子都会记得你。”

63岁的韩素珍的女儿被奸杀，嫌疑人被释放，韩素珍开始了长达数年的告状。沉冤十余年的案子最终在任长霞的督办下得以昭雪。

关于先进人物的事迹报道，直接体现着政治性，他们的行为是一种形象的代表，通过报道他们可以提供参考学习的榜样，可是他们太高大、太遥远，用怎样的手段来弥补政治性过多、人民性不足的典型？这篇报道能够找到政治性和人民性的切合点，通过深入浅出的寓政治性于人民性之中的报道方式影响社会，创造了与大众平等的话语空间，即所谓“政治软着陆”，用“亲情”包装政治性，实现了人物与受众之间平等基础上的沟通，拉近先进人物与普通群众之间的距离。《任长霞传奇》一文，没有刻意去塑造任长霞的“完美性”形象，而是追寻任长霞在普通生活中的真情“人性”。“绣花姑娘打老虎”写出了任长霞工作的魄力和能力，“曾经鲜活的爱”写到家庭之爱、工作之爱，“在他们眼中，心中”是从她在同事领导、家人朋友、群众心中的形象三个不同的角度来写任长霞。本篇报道借鉴戏剧结构组合的手法，在一个特定的时段里用一个个小故事呈现完整的生活原貌。这一做法把同一时间段内，人物除职业角色外其他不同的社会角色的品格特征一一还原，用具备人民性的逐个事迹来展现政治人物，拉近了先进人物和普通百姓之间的距离，实现政治性和人民性的统一，易被广大群众接受，收到了良好的社会效果。

二、“故事化”叙事的广泛采纳

进入新世纪以来，特别是网络的发展，媒体的竞争空前激烈，为了吸引受众，故事化新闻繁荣起来。尤其是都市报的出现，成为故事化新闻的主要领地。故事化新闻的显著特点是：醒目的标题、曲折的情节、鲜明的人物和丰富的情感。即使是权威的媒体，也开始大量采用故事化的新闻报道方式，“故事化”叙事已经被新闻界广泛采纳和运用。

1. 醒目、故事化的标题

有人将新闻标题比作新闻的眼睛，在信息泛滥的时代，受众读不读这条新闻，在很大程度上就取决于新闻标题是否有吸引力。请看下面一组标题：

1. 损坏切糕赔16万？警方：含多项损失
2. 山西调查“区人大代表有4‘妻’10子”
3. 留守的“洋娃娃”
4. 猴屿村“打洋工”记
5. 局长“包养”双胞胎？查！
6. 文章马伊琍首开“夫妻店”
7. 从《少年派》到《1942》苦难靠什么救赎
8. 本山徒弟撞车打人？

以上标题均摘自《新京报》，2012年12月6日

这8个标题出自同一期的同一份报纸，每一个标题都有很强的“故事因子”。标题是一个很短的导引，有没有悬念是能否吸引读者读下去的关键，这8个标题中具有一些明显的醒目的技巧运用。首先是对“！”“？”等标点符号的使用，透过标点符号传递情感，“！”承载的是惊讶情感，“？”承载的是疑惑，当读者看到这些符号时，会不自觉受到感情的指引而读下去；其次是对隐喻的运用，这些词一般用双引号醒目标出，如“4‘妻’”“洋娃娃”“打洋工”“包养”“夫妻店”等，这些词语会使读者很自然联想到其深层次的含义，并希望能读下去获得更详细的了解；再次，用数字来增显吸引力，标题很短，因此当中的数字就显得非常醒目，而这些数字也蕴含着“不寻常”这一信息，吸引读者去读这个“不寻常”的真实情况。“16万”“4‘妻’10子”，甚至“1942”这些数字都能吸引读者去读。

2. 消息中的故事化细节

提到故事化新闻，很多人首先想到的就是通讯、深度报道等长篇幅的“大作品”。但在信息过剩的时代，我们更希望读到的是快速而简洁的新闻。因此短消息有时会成为满足人们信息需求的主供应力。但简单的告知性新闻接触过多，又会给人以枯燥、单调的感觉。于是在众多的信息海洋中，为了增加生动性和可读

性，以前在“长篇”中才能见到的故事化手法，如今在短消息中也得以运用和普及，用一些“故事性”的细节改变短消息的枯燥和单调。

抱着半岁娃两人坠楼亡

事发三元里大道棠鑫商业中心，女方家属未出现

南都讯　“砰”的一声，女子和婴儿倒在血泊中。随后，警方赶至事发地白云区三元里大道棠鑫商业中心调查，经警方及白云区第一人民医院医生证实，两人均已死亡。

在棠鑫商业中心搞装修的一名工友告诉南都记者，昨日下午约3时40分许，听到剧烈的碰撞声后，他从厕所内走出来，发现一名约30岁的女子和一个一岁左右的婴儿倒在地上，满地鲜血。

由于女子坠楼地点位于商业中心和市商业储运公司北站分公司间的墙壁下，鲜有目击者。

商业中心二楼的工人告诉记者，事发前，曾见该女子穿着拖鞋怀抱婴儿向楼上走去。“不清楚事发在几楼，听说是在三楼。”一名商业中心的负责人在接受采访时表示，坠楼女子不属于工地上的工人，也不清楚是从哪里来的。

事发约10分钟后，救护车赶至现场，婴儿被送往附近的白云区第一人民医院抢救，医生在现场对坠楼女子展开抢救，但女子当场身亡。

昨日下午4时30分许，坠楼的女子全身赤裸躺在地板上，在其额头处可见清晰的疤痕。据知情人称，女子跳楼时并非赤裸，因现场工作人员需要验伤，遂将女子衣服脱去。

白云区第一人民医院的医生证实，坠楼婴儿（女）约半岁，送院后抢救无效死亡，截至昨日下午6时许，仍未有家属出现。

目前，事发原因仍有待警方进一步调查。

《南方都市报》，2012年11月28日

此篇500多字的消息中，含有不少的故事化细节，如“‘砰’的一声，女子和婴儿倒在血泊中”。采用戏剧化、情节化开头，来抓住读者的视觉、听觉，由结果展开对现场抢救情况和核心人物的介绍。倒数第三段采用了模拟再现的手法，“昨日下午4时30分许，坠楼的女子全身赤裸躺在地板上，在其额头处可见清晰的疤痕”。记者并未到达第一现场，而是通过采访对现场大概了解后，再现给读者，给人以亲临现场的感觉。

在这个大众传媒迅速发展，新闻信息濒临泛滥的时代，媒体的报道如何从成千上万的新闻报道中脱颖而出，如何在供过于求的信息市场中抢夺受众，这是需要所有新闻工作者共同思考的问题。在传统的“倒金字塔”叙事模式已经不能吸引受众时，故事化新闻叙事为新闻报道带来了新思路。在日常的新闻报道中，这已成为一种普遍的现象，记者经常会采用一些故事化的细节，增添“作料”，让其融入新闻报道中，提高消息的吸引力和可读性。

3. 深度报道中大量的故事化呈现

尽管新闻报道的主要任务是向受众交代事实，传递新闻信息，讲故事并不是新闻报道的必要职责，但是出色的新闻报道往往离不开精彩的故事，因为讲故事是各种文化所共有的最普遍、最通俗的信息传播方式之一。正如英国作家毛姆所言：“听故事的欲望在人类身上就像对财富的欲望一样根深蒂固。”故事的魅力能让新闻报道更具吸引力、感染力和影响力。

与传统的新闻报道相比，故事化新闻叙事不论是在内容的选择，还是在叙事手段和方式的选择上，都有自己的独到之处。简单而言，一则精彩的故事化新闻报道应该包括生动的人物角色，强烈的戏剧冲突感，一个能够抓住眼球的开头，一个不断吸引读者的中段和一个强有力的结尾。

深度报道善于讲故事已经成为一种潮流，甚至讲故事的视角也被“冠名”，以小人物的悲欢反映社会变化的写作手法，被称作“华尔街日报体”。用故事化新闻叙事模式进行新闻报道，就是把强硬的新闻报道模式软化，采用具体、生动、活泼的事实来实现更佳的传播目的，通过突出新闻的故事性、趣味性，使新闻报道更具有人情味，淡化宣传的色彩，让受众更加容易接受，更加喜欢看。

“我到底多大?”

证明自己多大，成了赵贡献的一个难题，而这又至关重要。户口本上他是1991年生，那么2006年参与盗窃时，不满十六岁，按理不会判刑。不过他被判了6年。原因是，公安系统记录显示他是1984年的。“1984年”后来证实是录入错误。不过赵贡献曾称是1990年，又意味着当年满了16岁。一年之差，关系到是否是错案。调查了一年多，警方认为无法证明赵贡献到底生于何时。为何不按户口本认定？警方称关系到一系列法律后果，“不敢负这个责任”。赵贡献还在为年龄讨说法。

2011年6月11日。赵贡献坐牢5年后出狱了。

他穿着婶子白雪平带来的衣服，随手把释放证明书递给了白雪平。

白雪平一边走，一边看。

“贡献，你咋是1984年生的呢？”白雪平着急了。

回到家，白雪平翻出户口本，赵贡献，出生日期1991年11月12日。

2006年，赵贡献因盗窃和破坏公共电信设施被抓。如果1991年出生，当时未满16周岁。

按《刑法》第十七条规定，已满十六周岁的人犯罪，应当负刑事责任。

已满十四周岁不满十六周岁的人，犯故意杀人、故意伤害致人重伤或者死亡、强奸、抢劫、贩卖毒品、放火、爆炸、投毒罪的，应当负刑事责任。

而赵贡献的盗窃不属于上述8项罪，他本可以不被判刑，不用坐牢。

事情没那么简单。

1984年后来被证明是个错误，但又浮出了赵贡献曾供称生于1990年4月14日。

1990年还是1991年，河南周口市公安局进行了一年多的调查。

“我们不敢下结论。”周口市公安局纪委书记杨杰说，这背后牵扯着一系列的责任。

赵贡献陷入了年龄谜局。“怎样才能证明我多大？”

判刑

赵贡献是个流浪儿。

父亲赵百灵34岁娶了贵州来的刘桂英。赵贡献出生9个月，赵百灵脑瘫，刘桂英离家出走。

第一次离家，她背上了赵贡献，最终还是折回头，把他交给了奶奶。

1999年奶奶离世。赵贡献跟父亲出门要饭，赵百灵扶着小板凳在地上走，赵贡献背着袋子，要点碎干粮和零钱。

赵贡献上了四年小学后辍学。2003年，邻居怀疑他偷钱，打得他受伤住院。被打没多久，赵贡献离开了家。

在周口的饭店里给人打过工，跟着别人在平顶山的铁道上拾过煤球。饥一顿，饱一顿。“我什么都不会。”

遇上了几个年轻人，教会他上网。大家没事混在一起，“没钱了就犯法”，偷厂房里的铜铝和空调铜管。

2006年6月13日，他们被周口市公安分局拘留。次年，赵贡献被判6年。

判决书上写着赵贡献生于1984年10月10日，还写着他曾辩称生于1990年4月14日，“没有证据不予采纳”。

一起盗窃的，有个生于1990年3月的，判了4年。

赵贡献后来说，自己只知道属羊，倒推错了，算成了1990年，至于月日，他认为记录者听错了。

赵贡献离开家之后，家人并不知道他去了哪里，直到接到一份入狱通知书。

五年里，就白雪平去看过赵贡献一次。

错误

赵贡献坐牢也没觉得特别冤，“自己是真偷东西了”。对于年龄，他说想过申诉，但申诉就不能减刑，放弃了。

后来的调查显示，电脑户籍上显示的1984年，是纸质户籍录入电脑时录错了。

盖有派出所公章的户口本上，1991年11月12日，是村干部填的。这个村干部，西华县公安局后来找到了，他说日期是赵贡献父亲提供的。

西华县治安大队大队长王培果说，当初将户籍信息录入电脑的，是东夏镇计生办人员。当时会电脑的人少，从计生办抽调人帮忙。

这名计生人员没找到。

白雪平曾经要求查公安局原始纸质档案，发现赵贡献那一页出生日期空白。

空白怎么会变成1984年？

王培果说，当时录入户口经历了两任派出所所长，很难查出原因。

当年审理赵贡献案件的法官刘红兵对案子已记不太清。他说，按1984年判肯定有确实证据的。依据的就是公安局网络系统的户籍证明。

赵贡献被判刑的时候，父亲还活着。赵家没电话。村支书赵勇敢说，村里没接到过核实年龄的电话。

减刑一年，2011年6月赵贡献出狱。

证言

户口本，接生婆的证言，父母结婚的证明，其他证据。带着这些，赵贡献去改年龄了。

周口市公安局纪委书记杨杰说，按一般程序，有这些足够了。

但是，赵贡献的事情不一般。到底改成哪一年呢？1991年11月，那5年牢怎么办？1990年4月，这些证据怎么办？

在赵贡献2006年被抓后的笔录上，出现了两个年龄。第一次，赵贡献说1991年11月12日，第二次，说是1990年4月14日。笔录中，问他为什么说得不一样，赵贡献回答，说小一点，能够少判。

这是周口市公安局的最大疑虑。

万一他就是1990年的呢？

从东夏派出所到西华县公安局再到周口市公安局，一年多来在村里反复询问。

现在到村里，一提赵贡献，村民都恍然大悟状，“又来问多大了”。

白雪平觉得很可笑。侄子多大自己清楚，她有个儿子生于1991年正月初六，比赵贡献大十一个月。

但是，“万一他孩子是比赵贡献小几个月呢”，王培果说。

邻居证言，赵贡献的奶奶当年做了两个小帽，“一年得了两个孙”。杨杰觉得更合理的是，两个孙子都生下来才做小帽。如果一个孙子正月初六，那另一个还没怀上，怎么就知道是男孩？

另一个证人是附近村的接生婆赵翠花。她写了份证言，赵贡献生于1991年11月。

赵翠花说，当时天已经很冷，她带着自己的小儿子给刘桂英接生。她的小儿子生于1991年正月。

之所以印象深刻，赵翠花说是因听不懂刘桂英说话，“她说话蛮”。

这个证言被质疑。王培果说，接生婆的证言可信度低。她接生了几百个孩子，怎么能清楚记得赵贡献?

公安局找了她几次。有次想拉她回局里做笔录，她死活不上车。

赵翠花说，“我又没犯法，村里人怎么看我?”

问她为什么记得那么清楚。有次她提到是因当时本家族有个白事，再追问什么白事，又说记不清了。

杨杰说，你看，白事她不记得，赵贡献出生日期咋就记得那么清。

反复询问，证人证言已经很不可信了。村支书赵勇敢说，村里的孩子不像城里人那么金贵，自己家孩子还记不清呢，谁记别人家孩子?

僵局

赵贡献出狱的时候，父亲赵百灵已处于弥留之际。想让他写个证明，纸都划烂了，什么也写不出。一个月后，去世了。

白雪平和西华县公安局都想找到赵贡献的妈妈，都没有结果。

杨杰说，找到妈妈其实也不行。她说的就一定是真的?

可以测骨龄。赵贡献要求到公安部测。西华县公安局问了公安部，公安部只测在侦的刑事案件。

去郑州测，赵贡献不乐意，“我怕他们找人”。

2011 年 11 月，赵贡献因偷窃空调铜管，被劳教一年。他说自己在劳教时，西华县公安局偷拍他的骨骼资料。所以他不信任。

骨龄测试也陷入僵局。而且测试会有误差。杨杰说，即使测了骨龄，“那就一定能证明他生于哪年吗?”

对赵贡献年龄调查的报告，厚厚一叠，分别有，赵贡献生于 1991 年的证言，赵贡献生于 1990 年的证言，记不清楚的证言。

王培果说，这个调查，比他们做的很多刑事案件费得时间还长，还要复杂。

白雪平不认可这种说法。户口本是你们发的，凭什么不承认?

常理是该按户口本算，杨杰说，但后面有一系列法律后果，必须谨慎。

白雪平手里还有个书证。是 2003 年赵贡献被打住院的病例，和寻求司法帮助的委托书。上面写着赵贡献 12 岁。“难道我们当年就知道他要犯罪而造假?”

再审

杨杰说，这件事情难就难在没人敢拍板。

赵贡献因年龄的事情多次上访。周口市纪委书记曾经专门下了批示，说不能耽误别人一生。

“我们真的很重视。”但是，杨杰说，“我们不敢负这个责任”。

1990 年和 1991 年，意味着罪与非罪，“这是根红线”。

杨杰说，调查有矛盾，“我们拿不出建议”。日后别人问起，你凭什么证明他 1991 年出生，“我们自己也没有信心”。

杨杰说市纪委多次督促，他拿上所有材料去汇报，市纪委也不知道如何下结论。

都在等公安的建议，杨杰说，我们的建议就是，“这个事情要慎重决定”。

慎重了一年多，赵贡献还没有身份证，没办法出门打工。

他有时窝在家里，有时松松垮垮跟在婶子后面，到县城上访。

杨杰觉得，调查的所有东西都摆在这里了。公安没办法写结论，赵贡献应该去法院申请刑事案件再审。

经过这段时间的奔走，白雪平了解了一些法律知识。她说，法院再审，还不是要退回公安机关吗?

杨杰说，公安机关会将这些东西提交法院，由法院决定赵贡献的出生日期。“如果他们不能判定，那应该疑罪从无的原则，撤销原判”。

杨杰认为这是一条最好的道路。

赵贡献之前去周口市川汇区法院交过刑事再审申请书。法院建议先走公安行政确认程序。所以他又找了公安纪检部门。

2012 年 11 月 30 日，赵贡献和婶子又到法院申请。法院目前已启动了刑事再审的审查程序。按照最高院的规定，法院应在 3 个月内答复是否再审。

白雪平说，希望不会又是一年多的等待。

《新京报》，2012 年 12 月 7 日

以上这则新闻故事化报道，记者在开始便设置悬念“证明自己多大，成了赵贡献的一个难题”，一个很普通平常的事情为什么对于他来说那么难呢？读者的疑问正是记者想要达到的效果，接着戏剧化展示人物因年龄问题而发生的故事。

人物充当主角：文章在每一个部分都是通过描写人物来说明现场的情况的。

婶子白雪平的质疑—赵贡献如何被判刑—判刑公安局对年龄问题的处理—证明年龄问题相关人员状况—申诉现状及解决办法。事件由人物推动，借人物之口交代赵贡献年龄问题的始末。

故事情节起伏：文章整体悬念迭起，节奏紧凑，既轻松也紧张。“赵贡献的年龄是多少”是核心事件，对年龄发起的疑问，由其婶子的“贡献，你咋是1984年生的呢”一句话引出；而后“年龄”关乎他入狱前“判刑多少”，出狱后“判刑的对错”；如何证明自己的“年龄”，又引出没法证明的原因，其父亲已亡，母亲联系不上，鉴定又无法实施等；然后又回到现实，如“年龄”问题的进展现状，申诉情况等。故事性很强，有对核心事件的疑惑，也有对周围事件的释惑，将事情慢慢展开，从而让读者明白“年龄问题”的来龙去脉。

视角交错转化：文章主体使用的是第三人称，但视角不是固定不变的，而是描述对象和记者相互交错，题目“我到底多大”即以主人翁的视角命名。文章中间的叙述视角根据事件进展的需要而不断转换，除了主人公外，有关的视角还有“婶子”、“公安局工作人员”、“接生婆”、“村人”等，从不同角度对因“年龄”而产生的事情进行全面的阐释。

三、网络媒介促生的叙事新形式

当下，越来越多的公众是通过互联网了解新闻、触摸世界的，网络媒体也开始跻身主流媒体行列，而且给新闻规律及新闻价值的实现带来了不小的冲击。网络新闻虽然不太注重原创性，但给叙事表达形式和叙事结构带来了新的变化。

1. 层次化、立体感的叙事文本

传统的新闻写作是把所有的新闻都罗列在一个平面上进行报道，所有的有关于事件的信息都体现在一个版面上，受众能够在一个平面上看到全部的信息。而在网络新闻上，信息是以层次化的状态出现的，网络新闻采取的是层次化报道，通过超链接把相关新闻都连接在一起，这样所有的信息就会通过链接的形式表现出来。这种层次化的写作就要求记者在进行网络新闻报道时，需要有一种层次化的线性思维，把受众关注度高的新闻放在前面，尽可能把所需材料分层罗列，这样才能保证新闻价值的实现。

（1）网络新闻报道应该把最重要的文字、最重要的信息体现出来，要把受众感兴趣的信息放在首要位置，并提供一个新闻主旨，这样受众才能根据这个有选择地进行阅读。

（2）要把标题的内容展开，详细地报道新闻的前因后果，尽可能把事件的原因、所产生的结果阐述明白，对一些受众感兴趣的细节要更加详细地进行描述。

（3）要对事件发生的背景进行全方位的说明，要让受众了解事件中涉及的人物及其事件的背景，如果没有这些背景人物、事件的报道，受众就不会对事件中的主人公产生兴趣，受众就不会深入阅读这则新闻。

以凤凰网的一篇转载新闻为例：

爆料人称将就兰州市长疑戴名表事件上书中纪委

2012 年 12 月 09 日　02:45　**来源：京华时报**

本报讯（记者刘佳）昨天，甘肃省纪委就网传“兰州市长袁占亭疑戴名表”事件作出回应，称袁占亭所戴的 3 块表中，价格最高的只有 25 100 元。

“袁占亭同志佩戴过黑色雷达机械陶瓷表、欧米茄仿表、西铁城光动能表，均为本人购买。其中价格最高的是黑色雷达机械陶瓷表，目前市场价格人民币 25 100 元。”昨天上午，甘肃省纪委就网传“兰州市长袁占亭疑戴名表”问题回应称，纪委调查核实后认定，网络所传缺乏有效证据。不过，有网友说：“曝光所涉名表至少 5 块，回应仅体现 3 块。”

爆料人“周禄宝”则表示：“网络陆续提供了兰州官员袁占亭在当地快速公交 BRT 工程建设中涉嫌不作为、老婆参与等直接有据可查的问题。”“周禄宝”透露称，他本人将就此事上书中纪委。

相关新闻：

· 甘肃省纪委：兰州市长手表均为其本人购买　最贵 2.5 万

· 甘肃纪委表示“兰州市长疑戴名表”缺乏证据

· 甘肃称兰州市长自购 2.5 万元手表　网友质疑：有发票吗

早前报道：

· 兰州市长被曝“戴 20 万元名表”自称甘肃省正处理（图）

·兰州市长被曝戴多块名表续：两大学生申请公开其工资

·兰州市长戴名表爆料人自称接到多方说情电话

·兰州市长戴名表爆料人：爆料因对赵梅福事件气愤

陕西安监局长杨达才陷入名表门：

·消息称杨达才被查出至少有83块名表　存款现金超千万

·媒体称“微笑局长”杨达才被双规

·曝延安车祸事故现场傻笑官员戴名表　价值数十万

延伸阅读：

·福建省交通厅尚未就厅长“名表门”作出回应

·湖北麻城书记称网友所质疑名表为6年前购买

相关评论：

·人民日报微评论：“名表门”彰显网民力量

新闻网站一般采取超文本链接和文本互文的报道方式。对于这条新闻，网页上端是新闻正文，下端又放置了“相关新闻”、“早前报道”、“延伸阅读”及“相关评论”超文本链接等，为读者提供了多种角度。读者即使之前没有看到此条新闻，也可以通过这些链接对该新闻事件深入阅读，读者点击这些链接标题，很容易进入深层次阅读层面。

因此，网络新闻写作不一定必须原创，但必须适合受众搜寻信息和深入阅读这两种阅读方式的需要。利用互联网独具的非线性超文本链接功能进行网络新闻分层写作，就能很好地满足受众浏览信息与深入阅读的需要。网络信息的容量之大使得网络新闻的阅读方式得到了根本性的转变，人们改变了那种单一的阅读方式，取而代之的是扫描式的阅读。受众的这种深层次阅读能够对新闻事件的主题进行深入的挖掘，得出相关新闻事件的主旨。

2. 符号化、网状交叉的叙事表达

与传统传播方式不同的是，网络传播的方式采用的是符号化的形式，传统媒介以文字为主要传播方式，而网络传播则是以视频、音频为主，以文字为辅的传播方式向受众传递信息，网络传播形式的多样化使得网络传播的空间不断扩大。

网络媒体拥有所有纸质媒介的优势，并且利用网络技术，可以充分运用多媒体优势，将文字、图像、音频、视频等完美结合起来，这样能够更好地吸引受众的眼球。在网络新闻写作中，多媒体技术的运用使得网络新闻的标题和正文相互分开，受众只有通过点击新闻标题才能看到新闻的正文，这是对传统新闻写作的一种颠覆，是一种立体的、交叉式的叙事方式。

互联网技术通过超文本链接，结合视频、音频等相关技术，全方位、立体化、多角度地报道整个新闻事件，运用文字、声音等手段给读者再现事件发生时的景象，这就打破了传统新闻写作的局限，实现了声图并茂地全方位、立体化地报道突发事件，对新闻事件的全景作详细的描述。用超链接可以对相关的人物、事件、时间、深层次背景或者相关信息进行关联，使得受众能够深层次地了解到新闻事件的相关背景资料，传统的新闻传播模式被打破，取而代之的是网状结构叙事。

【问题总结】在新闻叙事时，单一的立场和固定的结构会给我们造成信息需求的障碍，在以“市场（读者）”为导向的媒介竞争中，新闻报道叙事行为求“变”可以说是一个有效的突围。这个“变”字包括从“宣传性”向“新闻性”的转变，从报道人物的“高大全”向追寻平凡中“人性”的转变，并且“故事化”的写作风格兴起，在报道中注重交代细节等都是有益的转变。随着网络媒体的兴起，新闻媒介也积极在新闻文本改革上进行探索，使得新闻报道更能够满足当代人的视听需求。

第三节　如何叙出风格不同的新闻报道

【问题提出】信息时代的一个重要特点就是媒介激烈竞争引起的媒介资源相对过剩，过剩的根本原因在于媒体内容的日益趋同。新闻报道要想脱颖而出，只有在报道方式上追求个性以寻找出路。那么，如何在保证真实性的前提下进行个性化和差异化表达，体现出不同的报道风格呢？

在一般叙事学里，“叙事是人们将各种经验组织成为有现实意义的事件的基本方式……叙事既是一种推理模式，也是一种表达模式。人们可以通过叙事‘理解’世界，也可以通过叙事‘讲述’世界”①。叙事行为包含“理解”和“讲述”两个层面。前者是叙事文本的内容、意义层面，后者则是叙事文本的个性、风格层面。从这个意义上讲，我们将叙事策略分为两种，一种是一般策略，主要是文本内容、意义层面的如何“理解”；另一种是“风格化”策略，是文本的个性、风格层面的如何“讲述”。

一、新闻叙事的一般策略

新闻叙事不同于文学叙事及其他叙事，新闻是对新近发生的事实的报道，是一种依据客观事实来传递信息的行为，新闻叙事作为当今信息社会一种最典型、最普遍、最有影响力的叙事行为，它承担着传播信息、整合社会、提供娱乐等多重功能。新闻文本要处理的核心因素是信息性、真实性和可读性。因此，真实客观的事实表述是新闻叙事追求的本质。新闻叙事的一般策略，就是指为了把原始事件真实客观地呈现出来而采取的常规性策略。

1. 五W策略

即什么事（What，何事），谁被牵连到这个事件之中（Who，何人），这个事件是什么时候发生的（When，何时），是在什么地方发生的（Where，何地），为什么发生这个事件（Why，何故）。这主要是对构成事实的五个要素齐全的强调，也是表现和验证新闻真实性最根本的东西。只要是新闻报道，在叙事时，五个要素必须予以呈现。

2. 平衡性策略

这是保证新闻报道客观性的基本要素之一，主要是指对事件涉及的各方当事人作均衡报道的要求。平衡性关系到事实选择的对称性和价值判断的准确性两个基本方面。把握新闻报道的平衡性，既是坚持新闻真实性的需要，也是媒体正确应对新闻事件的有效报道策略。

（1）以内容真实求平衡。真实是新闻的生命，因此它也是实现报道平衡的最根本、最“底线”的、最起码的要求和前提。一个报道如果内容不真实，平

① ［美］伯格．通俗文化、媒介和日常生活中的叙事．姚媛译．南京：南京大学出版社，2000．11．

衡传播也就无从谈起。但在具体报道中“真实度”又是十分复杂的，有“零真实”，即虚假新闻；有“部分真实”，即事件横向上片面性的失实新闻；有“具体真实”，即事件纵向上阶段性的新闻失实。新闻报道追求平衡就是要避免上述三个方面的偏差与失衡。

（2）以“保持距离”求平衡，把握好媒体与报道对象的距离。“美的前提是真”、“距离产生美”的意思是：美是距离的产物和结晶，距离先产生真，然后真转化为美。客观性原则要求媒体的表达立场要不偏不倚，与报道的双方要保持“等距离”。强烈的主观色彩、冲动的感情倾斜是新闻传播的大忌，要达到平衡、真实、完美的目标，首先应把握好传媒与各种报道对象的距离，只有距离恰当才能避免观点的偏向和情感的倾斜。

3. 结构选择策略

叙事结构是叙事展开的框架，新闻叙事选择什么样的结构，决定新闻报道最终呈现的面貌。

（1）根据新闻事件的重要程度选择合适的叙事模式。事件的重要程度是新闻叙事谋多大篇、布多大局的根本依据。从体裁上讲，有消息、通讯、深度报道等；从模式上讲，有宏大叙事/私人叙事、精英叙事/平民叙事、主流叙事/边缘叙事等。在新闻写作时，要根据具体情况，判断并选择合适的模式，达到“自然化”的效果。

（2）根据内、外结构之特性选择最佳的表达形式。叙事结构有内、外之分，“外结构是指从情节和场面之中叙事形式本身可以看到的东西，而那些需要通过语句推理而得到的这样的一些被叙述的内容，并且由被叙述的内容为中心为线索来安排外结构的这种方式，称之为内结构”①。通俗地讲，内结构是指新闻事实的建构方式，即新闻事实内部事件与事件的组接形式，这是新闻叙事的内核，而外结构则是指新闻文本所呈现的言语表达的常规范畴和常规程式，具体表现为文本的构成、段落的衔接和语句的衔接等。② 具体叙事时，需根据实况，结合内外结构的特点，寻求最佳的表达形式。

---

① 董小英．叙述学．北京：中国社会科学出版社，2001．275．

② 何纯．新闻叙事学．长沙：岳麓书社，2006．176．

4. 倾向性策略

新闻报道追求的是客观真实，但一篇报道的完成过程是主观的，所以，新闻报道中总会带有一定的主观倾向性。但太过直接、直白的主观倾向很难让受众接受，因此，需要掌握一些策略和技巧。

（1）通过词语、句式选择，达到“用事实说话”的效果。文字是叙事的基本单位，在新闻报道时，要有倾向性地选择那些客观、冷静的词语或句式去直接描述事件，避免运用煽情化的、充满感情的词语和句式。

（2）“借别人之口”，表达意见。新闻传播者在叙事中要避免公开直接地表达自己的意见、观点和情感，而把这种倾向隐含在事实之中，通过选择一定的事实和对新闻事实选择不同的报道角度来表达自己“无形的意见”。用他人观点，如通过引述专家、权威人士或现场当事人的观点来表达自己的倾向，借别人的口说自己的话。隐蔽地、间接地表达自己倾向的好处是受众在接受事实信息的同时不知不觉地接受了传播者所欲表达的观点倾向和情感倾向。因为接受者对评价性语言的劝说、诱导往往存有戒备心理，而对事实描述则会放松警惕，以为陈述者是价值中立的，因此就更容易受这种处理过的意见的影响。

（3）混合式、多样化灵活表达倾向。根据新闻事实的特征，既可以通过所选择的事实来表达自己的立场，又可以通过画龙点睛的评论来揭示新闻事实对受众所具有的意义，还可以通过遣词造句、画面剪辑等来表达传播者的情感态度。具有不同文化层次、价值观念和兴趣爱好的受众可以根据自身特点各取所好，接受传播者的某种影响。

二、新闻叙事的“风格化”策略

追求“风格”重点是为了更好地讲述，如何有特色地讲述，就是风格的体现。“风格化”要达到的叙事效果，从微观层面上看，是要通过加大文学性来增强新闻的渗透力，在客观公正的基础上达到生动易读的目的；但从更深的层面上来看，则是出于内容、受众以及权力、利益的关系考虑所做出的个性化的、差异化的叙述方式的选择。本部分将以下面的一篇报道为例，来分析新闻叙事的“风格化”策略。

原文	评析
急救车遇堵 北京一伤者死在路上 医生称“不到3公里足足走了40分钟”，目睹生命逝去 南都讯 据《北京晚报》报道“从现场到医院不到3公里的路，足足走了40分钟！”这是120急救中心王医生昨天发的微博。王医生说，7日晚6时许，田村北路一名年过五旬的骑车人不幸被轧成重伤。王医生随车抢救伤者的过程中，目睹一路上鲜有车避让，眼睁睁地看着一个生命在她面前逝去。（第1段）	第1、2段是公众代言人的叙事视角。记者以一个旁观者的身份，客观地记录下周围发生的一切，隐藏自己的情感。
这起车祸发生在田村北路东口。当晚5时58分，王医生第一时间赶到了现场。她看到，路上停着一辆罐车，罐车后方不到十米远的地上，侧卧着一名50多岁的伤者。伤者是在骑车时，不幸被罐车碾轧，造成开放性骨折，血肉模糊。（第2段）	第2段是采用“场景”策略，还原车祸现场。
“快，赶紧抢救！”于是，王医生和同事立刻拿着抢救设备，扑上前去，对伤者展开了心肺复苏抢救。随即，她们将伤者抬上了救护车，决定赶往最近的武警总医院。（第3段）	第3—7段，第三者的叙事角度，即通过王医生角度描写抢救过程中所见所闻。是“视角策略”和“场景策略”的综合运用。
从现场到武警总医院最近的路线是从西向东走金沟河路，然后再由北向南走永定路，全程不过3公里。王医生在救护车的后车厢里，一边和同事抢救伤者，一边不停地催促司机：“快，再快一点。”（第4段）	
当时正值周五晚高峰，整条马路都被堵得水泄不通。虽然急救车一直响着警报，可是哪里走得动？（第5段）	第5段和王医生的话“快，赶紧抢救！”“咱走自行车道吧！”“要不，咱逆行？”是出色的“细节策略”的运用，吸引读者跟着事件进展的线索走。
“咱走自行车道吧！”王医生看到前方的车辆对警笛无动于衷，于是建议救护车司机。就这样，救护车猛地一打轮，驶上了自行车道。可是，刚走了不过5米远，就遇到了违章停在自行车道上的机动车。就这样，救护车又得重新拐回机动车道。但是，后方的社会车辆却不让救护车拐回去！（第6段）	
“要不，咱逆行？”眼看着伤者的脉搏都快停了，每分钟呼吸只有两三次，王医生又冲司机嚷了一句。于是，救护车又试图越过马路中间的隔离带。可是，对面也全是车，简直“插翅难飞”！半小时后，王医生看到武警总医院就在前方不到300米处了，可这时救护车仍被	

（续上表）

原文	评析
堵在路上，纹丝不动！接下来发生的一幕，让王医生印象深刻。因为这是一路上，她一直期待的，却来得那么迟——有一辆轿车在尝试开到马路隔离带上失败后，猛地一打轮冲到了路西的便道上，让出了一条“生命通道”，让救护车先行通过。（第7段）	
当晚6时40分，救护车终于停在了武警总医院的门口。让王医生和同事遗憾的是，此时病人已经死亡。王医生顿时觉得心里很难过。她说，这是她从业以来“最惨烈的一次抢救”。因为平时只要十分钟的路程，最终花了四五倍的时间，而一路上及时避让的车不超过4辆！（第8段） 《南方都市报》，2012年12月10日	第8段，又回到公众代言人的叙事视角，总述事件。

（1）视角策略。叙事视角是叙事者与读者的心灵结合点，是叙事者把自己体验到的事件转化为语言的形式表达出来，叙事视角为读者提供了观察问题的角度，而且蕴含着一定的叙事判断、明显或隐藏的情感倾向。即使是同一事件，不同叙事者选择不同的角度，呈现出来的面貌和形式也是不一样的。

在平常的新闻叙事应用中，大致主要存在三种视角：①第一人称的叙事角度。记者作为新闻事件的参与者、亲历者，把对现场身临其境、耳闻目睹的观察感受写出来。这种视角可以增强故事的真实性和可信性，使读者产生亲近感、认同感。②公众代言人的叙事视角。记者可以以一个旁观者的身份，客观地记录下周围发生的一切，而自己的个性深藏不露。这种角度会让受众对事件有深刻的认识和理性的思考。③第三者的叙事角度。借第三者的叙述将时间聚焦在某一时刻，通过第三人的视角复原现场，从而激发受众的阅读兴趣，获得具体印象。

在上述案例中，我们可以很自然地发现记者视角的变换，第1、2、8段是公众代言人的叙事视角，记者以一个旁观者的身份，客观地记录下周围发生的一切，隐藏自己的情感。中间部分的3—7段是第三者的叙事角度，通过对王医生的描写，展现抢救过程中的所见所闻。

需要说明的是，这三种普遍使用的视角并不是截然分开的，在同一篇作品中，可以同时存在一种、两种，或者三种全部存在，这应根据写作需要而定。一般来讲，包含的角度越多，越能真实地反映事件本身的场景，越容易被读者接受。

（2）场景策略。用完全写实的手法，把自己的行为动作和视觉感受表达出来，构筑一个个的视觉场景，增强可感性。场景描写具有很强的视觉化效果，是吸引读者关键的一笔。场景的重现有两种途径，一种是记者现场的所见所闻，这是最直观的“观察和记录”、“体验和感受”，另一种是记者不在第一现场，借采访对象的描述而重现场景。

在《南方都市报》的这篇报道中，第2段和第5段是对场景的描写，第2段是车祸现场的重现，是一种隐藏作者踪迹的现场还原，来源于记者的采访材料。第5段以及前后的相关段落，都是以王医生的角度重现救人过程中“堵”的情况，给读者以身临其境的感觉。

（3）细节策略。细节是使事件报道人性化的主要策略。新闻的客观性要求记者抛弃心理描写和想象，而偏于细节——细节在表现人物内心世界时，不仅可以见其形，听其声，而且可以传其神。人物的个性和内心情感的变化通常在他们的一些细微动作和表情中得以充分体现。

《急救车遇堵 北京一伤者死在路上》这篇文章最成功出彩的地方就是对细节的描述，“快，赶紧抢救!”—“咱走自行车道吧!”—“要不，咱逆行?”王医生的这几句话除了充分表现出她内心的焦急，也紧紧地抓住了读者的心，让读者感觉亲临堵车现场，吸引读者跟着事件进展的线索走。

（4）其他策略。除了这三种常用的策略外，还有很多其他的策略，如悬念策略、节奏策略、引语策略等。如“华尔街日报体”，在讲故事开始时就常用戏剧化的“悬念”、“疑问”来吸引读者。一般说来，文学叙事的策略，除了想象虚构，在不伤害新闻真实性和客观性的前提下，都可以应用到新闻报道中来。

【问题总结】追求叙述风格的差异化要求在把某个原始事件呈现为新闻事件的过程中，不仅要研究传统的语言修辞学和文学风格学等技巧问题，也要关注话语安排与新闻真实性和客观性之间的张力关系以及这背后的动力机制。这些都需要讲究策略，如一般性策略的五W策略、平衡性策略、结构选择策略和倾向性策略，新闻叙事的“风格化”策略更是关注叙述角度和场景的选择。新闻报道在本质上属于叙事文本，因此新闻报道应该遵循叙事学的原理和技巧，展现新闻应有的魅力。

第五章　时政新闻报道

对于时政报道，为什么记者不想写、受众不想看、领导不满意？怎样让长期以来套话长篇累牍、不抓重点的时政报道讲真话、说“人话”？记者又该从哪些方面突围，走出时政新闻报道的困局呢？这些都是本章将要探讨的问题。

对新闻生产过程的各方面进行总结归纳，我们大致可以找到时政新闻报道的突围方向，归根到底就是两点：一是理念层面，即时刻用大时政观传达现代政治理念；二是操作层面，即时刻按新闻规律办事。而对于每一位时政报道记者而言，要有独立人格和政治情怀，独立人格是对新闻规律的遵照，政治情怀是对大局的掌控，两点缺一不可。完全实现这两点是一个艰难的过程，需要媒体冲破程式化写作、有限的报道空间和狭窄言论尺度的樊篱，从单纯对领导负责转变到对受众负责，摆脱旧有的报道惯性，寻找一种新的发展路径，而这条道路，是未来任何一家期望拥有并维持主流话语权的媒体都需要经历的。

政治只有通过传播才能达到政治文明。封闭的政治和蒙蔽的政治只会带来愚昧和灾难，中国目前处在改革发展转型期，各方面的巨变充斥着时代的每一个角落。党的十八大之后，人们欣喜地看到了新一届中央领导集体在转变会风、文风和进一步深化改革开放，特别是不失时机推进政治体制改革的决心和行动，媒体的时政报道可以大有作为。“五位一体”新布局下时政报道的根本目的不是简单地报道时政，而是要在社会发展过程中推动政治传播破旧立新，走向科学与成熟，推进现代政治理念的普及，让民主政治浸润到社会发展的各方面，这是中央的要求，也是人民的期待。一切由时政报道的突围开始。

第一节　时政新闻报道的困局

【问题提出】时政新闻的困局主要体现在三个方面：一是记者，记者夹在读者与领导之间，但要让两头满意是否真的左右为难？二是读者，读者的选择性阅读往往会对“官话”、“套话”熟视无睹，但时政新闻真的难接地气吗？三是官方，即政府部门，政策宣传像是喊口号、摆业绩，但如何体现服务性也是不小的困惑。同时，时政新闻又处在极为重要的位置，其对于高层决策、媒介发展和群众受益都是十分重要的。当“困局”与“重要性”狭路相逢时，如何走出这个困局呢？

一、时政新闻报道的三重困局

当我们每天翻开报纸、打开广播电视或者点开网页，稳稳占据报纸头版、广电头条和网页顶端重要位置的新闻往往都是时政新闻。但时政新闻被赋予的地位和它的受关注度往往不成正比。记者乐于跑时政但不愿写时政新闻，读者很想了解政治动态但不想读时政报道，领导乐见重大宣传阵势但对政策方针的传播落地效果不甚满意。时政新闻报道陷入了一个“记者不想写、读者不愿看、领导不满意”的困局。这意味着，从新闻专业主义角度和受众市场角度做评价，时政记者及其报道是不被认可的。一条很重要的时政新闻，如果其可读性弱，无人关注，就会影响重大政策的传播效果和贯彻落实，而且，受众一旦对新闻产生误解，就会产生不可预见的负面效果。一旦时政新闻可读性不强、传播效果差，领导就会对新闻工作不满意：没有读者，何谈舆论导向？丢了市场，哪来宣传阵地？

1. 记者之困：宣传与新闻的“左右互搏”

在旁人看来，时政记者是一份无限风光的职业，自由出入党政机关，跟随领导出席各类重要活动；实时了解高层动态，第一时间权威发布党政重大决策，被业内外人士形象地称为“官记”，他们时刻维系着百姓与官方的互动。实际上，时政记者往往无奈地受困于“人格分裂”——职业行为与个人理念的自我矛盾中。

一方面，在读者看来，时政新闻报道长篇累牍、套话连篇、话语隐晦，根本不能满足他们的关注欲望。例如，对于各种党政会议和活动，领导的行政级别成为衡量新闻价值和进行新闻编排的重要标准。由于受限于各种报道要求和宣传纪律，有些记者已经形成思维定势，会跑时政但不会写时政，不思考不探索，在追求“政治正确”的同时无视新闻规律，习惯性地将时政报道公文化、宣传化，不花心思在会议上寻找新闻点，不花时间在讲话稿中寻找新动向，不对亮点政策做解读，仅仅是为了完成宣传任务。久而久之，记者浸淫在党报给自己的权威和优势中，自己都不愿意看自己写的东西，那么在这种职业行为下“生产”出来的新闻在读者那里更是不会受欢迎的。

另一方面，有些记者自身非常清醒，力求在保证“不犯错误”的前提下进行探索。一方面需要拿捏读者的想法，同时又要照顾到领导的情绪，一旦把握不好平衡，往往顾此失彼，很快很多时政记者在改变无望、创新无路的“悲歌”中迷失了。从本质上看，记者的这种“人格分裂”状况是宣传和新闻“互搏”、僵持的产物，是在旧有的新闻操作理念和新闻操作方式影响下产生的职业困惑。

2. 读者之困：话语和视角的传受错位

记者采写、报纸刊发时政新闻的最终和唯一目的就是为了让老百姓关注和阅读，以了解国内外最新动态，让国家的大政方针和政策措施“落地”。然而现在的时政报道不太受读者欢迎，读者对时政新闻避而远之甚至嗤之以鼻是有其必然性的。

很多时政报道往往采用官方话语而不是民间话语。党政部门有其固定的公文性的话语体系，这种官方话语是供领导干部和国家工作人员学习领会的。而报纸是新闻纸，广播电视的语言要遵循视听传播的规律，网络文本更应该符合网民碎片化的话语体系。因此，在新闻中使用官话套话，对于以阅读新闻来获取信息为目的的读者来说，无疑是一种折磨。普通百姓阅读和观看新闻原本就是要快捷地从有限的文字或音像中获取尽可能多的信息，而不是硬着头皮一字一句地学习官方文件。

美国传播学者施拉姆在20世纪50年代针对影响受众选择大众传播节目的决定性因素提出了一个公式：选择的或然率 = 报偿的保证/费力程度。从公式来看，在其他条件相同的情况下，有着易读内容的媒体会吸引更多的读者去选择。那么可以预见，当长篇累牍的官方话语铺排在报纸上或充斥在电视中时，受众一定会避而远之。随着时间的推移，时政新闻的问题就会表现得相当突出，有价值的信息少，党建话语多，报道手法单一、刻板。读者长期接触此种报道，必然会留下不良印象，进而形成逆反心理，避而远之。①

还有很多时政报道往往从官方的角度出发，没有从读者的立场考虑。当角度和立场不同时，人们就会产生“事不关己，高高挂起”的想法。时政记者常常无意识地站在报道对象一边，采写的新闻也常是从部门立场出发，新闻不为受众的利益考虑，受众当然不会买账。宋代惠洪《冷斋夜话》卷一中记载“白乐天每作诗，问曰解否？妪曰解，遂录之；不解，则易之”，说的就是白居易每写一首诗都念给目不识丁的老年妇女听，以她们能否理解为标准，如果她们不懂就改，力求“老妪能解”。当然这不是要求每位时政记者都要把稿子念给老年妇女听后才拿去刊发，而是提醒记者要有受众意识，把说百姓能听懂、喜欢听的话语作为写稿的标准，这样才能真正提高时政报道的舆论引导能力。

3. 官方之困：政绩宣传和政策落地的纠结

在中国独特的传播体制下，执政党与政府在理念上将新闻传播视为维护社会稳定、强化执政地位的重要工具，因此国家权力对新闻生产的主导和干预力量往往强于市场、技术等社会因素。② 因此，我国媒体在具体的新闻活动中会不同程度地呈现出某种宣传和教化的色彩。面对时政报道的困局，一些领导干部也有苦衷，这很大程度上是被传统陈旧的新闻宣传工作观念所束缚。

一方面，各级部门的工作成果想要通过媒体进行宣传推广，这是政治需要，无可厚非，并且政绩报道一直都是时政新闻的重要组成部分，对此不应该完全排斥，这是时政报道从“围绕中心，服务大局”出发，履行宣传职能的一部分。特别是地方性时政报道，对党和政府大政方针的内容首先要准确无误地传达，这是毫无疑问的。另一方面，如果只顾及政绩报道，久而久之就会用宣传的手法处理新闻，违背新闻规律，一点都不考虑受众感受，百姓不会关注，政府的政策措

---

① 丁柏铨，李卫红．论时政新闻的改革创新．采写编，2006（4）．

② 常江．结构变迁与功能转化——解读《新闻联播》改版．现代传播，2012（6）．

施不能及时“落地”，前期宣传的效果就会大打折扣甚至产生负面影响，同时缩小了时政报道的发展空间。

当前有的时政新闻，官方始终强调导向性，往往忽视了服务性。一个新政策出台后，往往被媒体的报道捧上天，只把政策的基本内容报道出来，而没有把政策出台的背景、政策实施后将为普通老百姓带来的好处告之读者。政绩宣传过头，百姓就会对时政报道置之不理，影响政策的贯彻落实，领导就会对媒体的新闻工作不满意。有学者把时政新闻的这种现状概括为“冷热不均”：党、政府和媒体一头“热”（党和政府极为关注，媒体大篇幅、高频度报道），公众受众却一头“冷”（不少受众显得较冷漠，缺乏阅听热情）。[①] 因此，领导干部也要转变观念，这样不再纠结政绩宣传和政策落地的不协调、不均衡。

二、时政新闻报道处于媒体业务格局的突出位置

从历史上来看，时政新闻在中国新闻事业中扮演了极其重要的角色。唐玄宗开元年间的《开元杂报》是中国最早的报纸，也是世界最古老的报纸。《开元杂报》具有官报性质，其内容多为籍田、东封等朝廷政事，可以看做是我国时政新闻的始祖。唐朝的进奏院状也以皇帝起居活动、皇帝诏旨、官吏任免事项、官僚奏章以及军事政治为报道内容。宋代延续发展的邸报就具有了更多的报纸特征和封建官报色彩。从内容上看，这些古代报纸上刊载的要闻主要是宣传统治阶级的主流思想和官方动态，是时政新闻的雏形。这说明，中国的时政报道是有传统的，在媒体格局中占有重要地位，但当中一些陈旧的观念必须破除。

当代的新闻业与封建时代的新闻事业有着本质的区别。封建邸报时政报道的受众群主要集中在政府官员，在一定程度上起着官方工作通讯的作用。而当代官方活动以及政治动态对普通民众的吸引力有增无减，时政报道的受众更多是普通百姓。政治在社会生活中有巨大影响力，时政新闻始终是读者最为关注的焦点。在新时期，中国时政报道的口子越开越大，在媒体业务格局中的地位将更加突出。

---

① 丁柏铨，李卫红. 论时政新闻的改革创新. 采写编，2006（4）.

1. 时政新闻越来越成为未来新闻竞争的重点

美国学者富兰克·丹东和哈沃德·库茨在《报纸的再生》一书中，回顾美国和世界报业发展史，总结报纸成败的经验教训，提出一个基本观点："报纸的真正生命在于报道质量，核心是硬新闻。"在国外，《华盛顿邮报》、《纽约时报》以及BBC、CNN都以时政报道见长，倚仗其专业化水平，已经形成了自己的风格，同时打造了符合自身媒介特点的时政品牌专栏、节目，善于进行时政报道的记者往往也是资深的时政观察家。创建于1923年的美国《时代》周刊最让人称道的是其严肃的时政新闻，它对国内、国际的时事报道、分析评论，成为解读政治动向的一个重要参照。《时代》周刊以包容多元的价值取向和独立的表达，掌握了主流话语权，在世界传媒行业有很强的影响力和竞争力。

中国媒体要在世界传媒领域有所作为，提升竞争力和影响力，就需要以具有国际化视野的高品质时政新闻报道作招牌。以往我们的时政新闻报道仅仅停留在内宣的层面，"让中国老百姓知晓"是时政报道的唯一目的。但在全球化的影响下，中国越来越融入并影响世界，世界也在盯着中国政坛的一举一动。高水准的时政报道不再仅仅要求有内化的视野，更要符合国际化的需求，展示中国的政治走向与政治生态，这样才能让世界真正地了解中国，同时提高中国媒体的国际竞争力。

从某种意义上说，囿于版面形式、内容定位等各方面原因，党报和都市报"拼"社会新闻报道的优势并不是很大，但这不意味着党报不该"接地气"，而是要把自身优势充分利用起来。机关报有很强的权威性和公信力等优势，能够第一时间获得时政信息，党报和都市报竞争的重点就在于对新闻的权威解读。尤其是在政治报道领域，对政治生态进行深入解读，对纷繁复杂的政治信息进行及时有效的梳理，当好读者信息海洋的参谋，正是机关报的最佳发力点所在。①

2. 人民有强烈的政治兴趣和参政议政的能力

时政新闻其实是某种政治主张的表达。随着人民主人翁意识的增强，中国人"莫谈政治"的时代已经过去，政治已经不能再故作高深。为公众提供一个关注、讨论、参与政治的公共平台是媒介的重要功能之一。公众的政治参与程度是

① 段功伟．经略蓝海——一位时政记者的职业行思．广州：南方日报出版社，2010．66．

一个社会政治民主化的重要标志。

中国人是具有政治敏感性的，很多人对政治感兴趣，但是我们的党报党刊，都是高高在上地向人民传达消息，很少提供他们感兴趣的信息。时政报道就是要占有这块市场，让公众听到人的声音。[①] 处江湖之远的中国普通民众对人事变动、新政出台、政治人物解密报道有着经久不衰的好奇心。特别是在党代会、两会等重大会议的时候，往往意味着满目黑色西装、红色领带的场面和冗长的报告。但实际上，这些党政重要会议关乎民生，领导的报告、发言和选举都是极具意义的，决定了中国未来的走向，每一页白纸黑字都和人民的生活息息相关。而这些信息是否能有效、准确地传达，全倚仗媒体的力量，可见时政报道的重要。

长期以来，中国的官员在民众的心目中是一个非常复杂的群体，而当信息渠道不通畅，时政报道不痛不痒的时候，我们因为不了解就很容易一刀切地产生一致化的刻板印象，当我们通过高信息量的时政报道近距离“接触”官员群体的时候，才会发现他们的多样性。公众也通过了解时政报道进行政治参与、民主讨论，学习到如何发挥自己的政治作用，从而增强民众对政治的信任感和对政治体制的归属感。

3. 时政新闻影响高层决策和基层决定

新闻报道往往具有很强的力量，通过新闻，全世界人民都能知道新近发生的事实，反过来也正是这些新闻深深地影响着对我们的生活作出重要决策的政治精英们，这些决策进一步影响着我们对生活作出决定。时政报道重新影响社会的力量不容小视。

在中国的改革发展进程中，时政新闻报道每尝试撕开一个口子，甚至会有着决定国家未来命运的巨大作用，在一定程度上影响着高层的决策。1978 年 5 月 11 日，《光明日报》刊发的时政理论文章《实践是检验真理的唯一标准》，引发了解放思想的大讨论，拉开了改革开放的序幕。30 多年来，在国家面临抉择的关口，时政报道总能自觉担起排头兵的责任。比如，每一位从事新闻史论研究的学者都烂熟于心，同时也成为历史转折点的例子——《人民日报》1978 年 11 月

---

① 林楚方．平视权力：关于政治报道的探索，选自蔡军剑，张晋升．准记者培训教程——南方周末采编精英演讲录．广州：南方日报出版社，2007．50．

16 日 242 字的头条消息《天安门事件完全是革命行动》，从北京市委常委扩大会议的通稿中发现可能影响整个中国发展命运的信息并将之提到标题，可想而知编辑记者需要多么高的业务能力和多么大的政治勇气。

时政新闻报道蕴含着当前中国最优秀的精英团队对解决中国问题最务实的思考，在不同程度上影响着社会各阶层决策。读者喜欢的正是“有料”的时政新闻，他们需要更多来自高层的资讯助力自己的决策，以便在社会转型的浪潮中对工作和生活有更清晰的定位。“有料”的时政新闻往往为公众归纳、解释、概括，提供个性化、真实的、与新华社通稿不同的官员信息，同时通过为民众提供决策依据来创新和加强软性的社会管理。

【问题总结】随着社会的进步，人民参政议政的能力不断提高，强烈的政治兴趣使得时政新闻的地位不断提升。当政治成为媒介竞争的法宝和人民的内在需求时，时政报道在媒体业务格局中的价值越来越凸显，诸如工作通讯、文件摘登等公文式报道再也达不到时政报道该有的角色定位的高度。不尊重新闻传播规律和时政报道的特点，在固有的操作框架内敲敲打打、小修小补是完全没有出路的。因此，当时政新闻遭遇瓶颈，记者就需要在做好宣传的同时紧紧把握住新闻性，从读者的立场考虑，用更加鲜活的语言写出群众喜闻乐见的时政新闻，同时还需要注重时政新闻的服务性，把政策宣传与百姓利益结合起来，用平民视角进行解读，让百姓能够真真切切地感受到这些政策与自身息息相关，从而提高对时政新闻的关注度，并通过报道促进政策更加合理地落实。

第二节　新形势倒逼时政新闻报道求变

【问题提出】在新的媒介环境下，时政报道已经不再是记者报道官方时政消息这么简单，它随时随地都要面对来自市场化环境和新媒体语境下各方的冲击，同时，在新形势下党和政府对时政新闻报道又提出了新要求。那么，在这种新形势下，该如何重新定义时政新闻？我国现在正处于社会转型期，社会主义市场经济中各方面关系错综复杂，时政新闻在其中又该扮演什么样的角色？公民积极而有序地参与政治能够给时政新闻带来哪些机遇和挑战？特别是在新兴媒体冲击下，时政新闻维持的局面又将发生哪些重大变化呢？

在困局中挣扎的时政新闻要想稳固地守卫其在媒体格局中的重要地位，除了新闻工作者的理论自信和业务自觉之外，还需要社会各方的推动和努力。时政报道面临着四个方面的新形势、新任务。

一、“五位一体”对时政报道的重新界定

1. 部分学者对于时政报道概念的界定

目前在我国，时政报道在学界经常被提及，但没有一个权威的概念，部分学者也对与之相关联的“政治新闻”做了界定。

甘惜分先生主编的《新闻学大辞典》认为，“对国家、政党和公民的政治思想、政治会议、政治事件、政治外交及日常政治生活等方面的报道”就是政治报道。政治报道曾被称为是“报纸的心脏和灵魂”①。

《中国新闻实用大辞典》对“政治新闻”所下的定义是：“报道国家、政党、社会团体、知名人士在国内、国际方面的政治主张、言论、行为与活动，以及社会上的政治思潮、政治事件、政要人物更迭等方面的新闻。”②

有学者将“时政新闻”定义为“有关国家、政党的最新方针、政策、国内民主政治生活以及涉及国际政治、国际关系的报道。它包括国务活动报道、政党活动报道、外事报道、工青妇报道、宗教报道、统战报道、法制报道、军事报道”③。

段功伟认为不少媒体在实践中采用了“政治报道是时政报道的一个分支”这个理念。时政报道是一个中国特色的概念，如果与国际接轨，似乎更多是用政治报道这一概念。时政报道与政治报道大同小异。④

---

① 甘惜分．新闻学大辞典．郑州：河南人民出版社，1993．151．

② 冯健．中国新闻实用大辞典．北京：新华出版社，1996．77．

③ 张君昌．应用电视新闻学．北京：中国广播电视出版社，1997．94—95．

④ 段功伟．经略蓝海——一位时政记者的职业行思．广州：南方日报出版社，2010．3．

以上学者基本从时政新闻所涉及的报道内容层面做了界定，不失为一种方法。但这里我们不去穷究文字层面上的概念，而是要去探索时政新闻在实践求变的过程中被赋予的全新理念，只有观照变革过程中产生的新理念新思维，对时政新闻报道的掌控才能游刃有余。

2．“五位一体”新布局下的时政报道

过去，时政这个词常常与官场、暗斗等纠缠在一起。现在人们对时政的理解趋于理性和科学，“推进政治体制改革”、“民主政治”等成为十八大报告所体现的新气象的标志。党的十八大报告明确提出了实现社会主义现代化建设“五位一体”的布局，即政治建设、经济建设、精神建设、社会建设、生态文明建设协调发展，再加上党的建设，已基本涵盖我国现阶段发展的各方面。那么，从这“六个建设”的内容层面看，狭义的时政新闻报道包括与时政内容有关的政治建设以及党的建设，而在大时政观观照下的广义的时政新闻报道则涵盖了中国特色社会主义现代化建设“五位一体”布局的各方面和各领域。

在社会转型期，人们的生产、生活方式，思想观念和价值诉求都在发生深刻变化，这就意味着时政报道需要有全局观念。时政报道的落脚点就是要推动民主法治观念在中国的普及，就是要推动市场经济在中国的孕育和发展，就是要提升中国文化的民族认同感，就是要加强和创新社会管理，就是要让中华民族永续发展的观念深入人心。这不仅仅是对党的发展路线的阐释，更是对中国发展和进步的一种推动。可以预见，未来五年甚至十年，中国时政报道的主题框架就会嵌入这全方位布局中，时政报道的大时局理念也将从这一布局中衍生。

在新的媒介环境下和对时政新闻报道新的界定框架下，媒体逐渐开始尝试新的时政报道探索，诠释新的时政报道，更多地传递政治信息，揭示运作过程，解密权力逻辑，当然更向媒体本位回归。①

---

① 林楚方．平视权力：关于政治报道的探索，选自蔡军剑，张晋升．准记者培训教程——南方周末采编精英演讲录．广州：南方日报出版社，2007．55．

二、社会转型与政治生态转变

1. 时政报道在社会转型的冲突融合中意义凸显

改革开放以来，普通公民成为改革的直接受益者，文化水平和消费能力显著提高，代表着经济社会发展的新生力量。同时，我国的社会阶层迅速分化，这一切使得公民意识日益觉醒，越来越多的普通百姓开始更加关注自身权益，开始努力争取话语权。同时，在特殊的事件语境下，他们会通过媒体敦促官方尽快回应社会关注。因此在市场力量的驱动下，媒体需要通过话语方式的变迁迎合民众的话语权诉求。日常状态下就要靠时政新闻来联系民众与官方。

在当下的中国，在确保主流意识形态正统性的前提下，公众的思维方式与生活方式日趋多元，这意味着新闻内容生产者正在面对一个越来越异质的受众群体。① 在社会转型这一改革发展的必经时期，整个社会的各个领域都会受到转型带来的影响，都会发生深刻的变革。由于公众的思想发生变化，为了迎合受众需求，媒介的报道理念，新闻报道的内容、形式、手段以及新闻传播的机制、体制都要随之变化。总而言之，社会转型对人的冲击性影响直接作用于新闻媒体，让媒体不得不想方设法满足受众需要，否则就会丢掉市场。

社会转型倒逼时政新闻在社会剧烈的变革中适应各种利益关系的变动，同时坚持方向。各种社会利益结构不断发生变化和调整，人们的意识形态和思想观念也发生着变化，这也要求时政新闻在此期间要不断为维护社会和谐稳定作出贡献。

在社会转型期里，时政新闻亟需在社会主义市场经济中处理好各方面的关系，努力承担媒介责任。社会转型为媒介发展带来巨大的促进作用，推动着时政新闻的产业化发展和市场化运作，培育新的经济增长点，但同时时政新闻必须牢记自身使命，不能一味地被市场经济左右，正确并积极应对媒体间的激烈竞争。

2. 公民有序的政治参与拓宽时政报道的变革空间

党的十八大报告指出，“要加快推进社会主义民主政治制度化、规范化、程

① 常江．结构变迁与功能转化——解读《新闻联播》改版．现代传播，2012（6）．

序化，从各层次各领域扩大公民有序政治参与，实现国家各项工作法治化。”“更加注重健全民主制度、丰富民主形式，保证人民依法实行民主选举、民主决策、民主管理、民主监督。”“以扩大有序参与、推进信息公开、加强议事协商、强化权力监督为重点，拓宽范围和途径，丰富内容和形式，保障人民享有更多更切实的民主权利。”

十八大报告在“坚持走中国特色社会主义政治发展道路和推进政治体制改革”一章中从公民角度为建设社会主义政治文明指明了方向，这一系列关于公民有序政治参与的表述实质上在一定程度上给时政报道开了绿灯。

一方面，为媒体时政报道提供了丰富的素材和关注热点。这就意味着在中国，任何地区、任何公民的有序政治参与都不是时政报道的禁区，也不应成为媒体“自我屏蔽”的敏感词，这是党中央在报告中明确提出的决策部署，公民的民主选举、决策、监督都能够而且应该成为时政报道的关注热点。媒体的时政报道应该发挥作为公民政治参与平台的重要作用，有责任根据党中央的政策精神传播政治知识，激发公民进行有序的政治参与。

另一方面，高层提出的新的政治动向和形成的政治生态也在潜移默化地推动时政报道的变革。党的十八大之后，新一届中央领导集体无论是他们的语言还是工作方式中都释放着新信号。2012 年 11 月 15 日新一届中共中央政治局常委集体亮相记者见面会，新当选的中共中央总书记习近平以“让大家久等了”这句略带歉意的话开头，整场演讲给中国和世界留下了深刻的印象。此后几天，习近平发表的几次几乎不用政治术语的、富有人情味的讲话引起了舆论的关注。11 月 21 日，在全国综合配套改革试点工作座谈会上，李克强引领的一场会风改革引发热议，他打断部分省市负责人照本宣科念稿子，并即兴提问。中央高层透露出的会风、文风的转变其实为媒体的时政新闻报道提供了示范与极佳的素材，也促使媒体打破时政报道的框框，说真话、道实情，讲百姓所讲，言百姓所言。

总之，在社会转型期里，时政新闻亟需在受众参政议政意识增强的前提下树立自己的舆论核心地位，借助时政新闻报道使更多受众可以行使自己的知情权、监督权、表决权，促进受众更多地发挥民主参政功能，行使民主权利，参与到党和国家各项决策中来，在为受众传递可靠信息的同时，尽量为受众搭建参与国家和社会事务管理的平台。

三、新媒体方兴未艾，挤占媒介市场

随着互联网时代的到来，数字新媒体技术大量应用，在新兴媒体的冲击下，媒体的生态环境和基本格局发生了重大变化。新媒体对传统媒体的冲击是世界性的，它打破了时间和空间的限制，全天候随时随地进行几何式传播，与传统媒体相比，新媒体在时效性和信息量方面优势特别突出，网络新闻抢占了传统媒体不少受众市场，其快速、海量、互动的特点深受读者欢迎。

1. 从“巨内容”到“微内容”

网络传播产生的碎片化语境裹挟着不同受众的个性化需求，已经成为一股强大的力量渗透和侵入传统媒体的报道领域，促使传统媒体进行变革。碎片化是受众释放个性需求和追求自我表达的必然结果，受众变化的新信号是传播者改变传播策略的重要依据。以完成宣传任务、打赢宣传战役为唯一目标进行宏大叙事、提供“巨内容”的时政报道在微内容盛行的新媒体环境中已经不合时宜。传统媒体不能再抱残守缺、沿用老理念老方法，而是要根据媒介环境的新形势新变化与时俱进，改革创新。当社会迈入市场化语境后，传媒也在同步加速市场化，组织机制和经营模式的市场化客观上在倒逼新闻产品内容与时俱进。

重庆市北碚区区委书记雷政富从“不雅视频”在互联网上曝光到被免职，只经过了三天时间。网友戏称“63 小时，一个正厅级干部被微博秒杀”。以微博为代表的新媒体的反腐成效和利弊问题在此不做讨论，但“网络问政”以一种与传统媒体截然不同的形式，让时政报道走出报纸、电视和广播，用一种更加新颖快捷的方式呈现，且就目前来看，成效显著，网民的关注度极高。

时政新闻只有找到新媒体传播的短板并加以完善，真正走上提供信息的道路才能应对新媒体带来的压力。因此，以往时政报道单一的叙事视角和固化的语态表达已经让传统媒体流失了大量受众，受众需求的多元化呼唤新闻产品叙事视角和语态表达的多元化。时政新闻报道不能再走“同质化信息转载，通稿照登”的老路。

2. 从“靠行政”到“走市场”

在市场社会的转型新时期，旧有价值观念解体的同时，新的价值体系还没有完全确立，解构了崇高和伟大，人们享受着话语狂欢和精神自由的“理想”，同时伴随而至的却是整个社会的信仰危机。① 消费主义崛起，娱乐时代来临，整个社会变得脆弱，每个人变得更焦躁，实用主义盛行，媒体市场逐渐演化。在这种社会生态下，时政新闻报道不能再仅仅依靠红头文件和行政命令被动行事，应该主动为党报闯市场提供正能量，而非负能量。平民话语促使精英话语下沉，倒逼已形成定势与惰性的时政报道进行改革。

改革开放前，我国时政新闻报道完全受控于革命思维和政治思维，新闻话语的生产完全服从政治原则。十一届三中全会之后，尤其是提出建立社会主义市场经济体制以后，我们对时政报道功能的认识经历了观念上的革新与转变。在坚持媒体的政治与意识形态性质的同时，开始意识到时政报道要想达到更大的传播效果，不能只依靠行政命令让政府部门的内部人员阅读收看，更要在市场化竞争中辐射到更多的受众。时政报道丢了市场，等于士兵丢了阵地。

进入21世纪之后，报业竞争日益激烈，市场类都市报、都市娱乐台等媒体以“大众化、服务性、娱乐性”为优势，通过民生报道、大众娱乐类报道等赢得了巨大的市场份额和受众群体。机关报（台）由于长期在政府部门的庇护下生存，面对纷繁的市场，顿时不知所措，新形势把时政报道推向市场的风口浪尖。

四、改进时政报道是中央的一贯要求

从高层来看，中央对创新改进时政新闻报道，特别是对改进领导同志活动会议报道的态度是一致的，中央对时政报道的高要求也促使报道形式和内容的不断改革。

党的十六大以来，以胡锦涛同志为总书记的党中央在新闻报道工作方面不断地进行探索，提出了不少新举措、新理念和新思维。2003年3月28日，中共中央政治局会议通过了《关于进一步改进会议和领导同志活动新闻报道的意见》，

---

① 雷启立，孙蔷. 在呈现中构建——传媒文化与当代中国人精神生活研究. 上海：上海文化出版社，2007. 22.

意见指出：

> 中央领导同志题词、作序、写贺信、发贺电，参观展览、观看演出和出席其他文艺活动，给部门、地方的指示、批示等活动，一般不作公开报道。
>
> 除党和国家举行的或经中央批准召开的具有全局性重大意义的会议外，会议报道不应把中央领导同志是否出席作为报道与否和报道规格的唯一标准，不应完全依照职务排序安排报纸版面和电视时段。
>
> 报道中央领导同志的活动，要努力提高质量，注重新闻价值，力求准确、鲜明、生动，多报道对工作有指导意义、到基层为群众解决生产生活困难和群众关心的实质性内容，减少单纯行踪性的报道，力戒空泛和一般化。
>
> 中央领导同志担负着国务活动任务，各地不应在报道规格上简单比照。

2008年6月20日，胡锦涛在视察人民日报社时指出，要“按照新闻传播规律办事”。在2009年10月9日的世界媒体峰会致辞中，他又进一步深化了新闻传播规律的要求，提出要“遵循新闻从业的基本准则”。此后，胡锦涛在不同场合出席与新闻工作相关的会议活动时，亦多次强调这一理念。

这是十六大以来党中央针对新闻工作特别是时政新闻报道的有益探索，说明中央在理念层面对新闻传播工作的认识是完全正确和先进的。但我们的媒体在真正进行时政报道的时候，受到上文提到的种种历史和现实因素的影响，在内容呈现和形式编排上常常表现出惰性思维和固化理念，没有完全把中央对于新闻工作的要求在新闻实践中落实。

在中共十八届一中全会结束后的记者见面会上，新当选的中共中央总书记习近平也对记者提出期待：“记者朋友们，中国需要更多地了解世界，世界也需要更多地了解中国。希望你们今后要继续为增进中国与世界各国的相互了解做出努力和贡献。”从中国媒体的角度来看，这是习近平当选总书记之后，首次对我国新闻工作提出的初步要求。仅仅几句话就能从中感觉出一些新信号，习近平对新闻工作要求的表述不再是革命话语或政治话语，而是尊重新闻规律的职业话语，新闻报道是为了传递信息，“彼此了解”，而不仅仅是为了宣传，这充分说明中央对改进新闻报道的态度是明确的。

很快，中共中央政治局于2012年12月4日召开会议，审议通过中央政治局关于改进工作作风、密切联系群众的八项规定，其中在谈到新闻报道工作时指出：

要改进新闻报道，中央政治局同志出席会议和活动应根据工作需要、新闻价值、社会效果决定是否报道，进一步压缩报道的数量、字数、时长。

规定一经公布，便在互联网上引起热议，新一届中央政治局又一次把改进新闻报道的要求进行了强调与细化部署。从以习近平为总书记的新一届中央领导集体在当选后的历次讲话和会议中，公众能感受到会风、文风的改革正在进行。中央最高领导层的会风、文风转变势必力促媒体时政报道乃至我国新闻工作的转变。

【问题总结】时政新闻的困局及其所处的重要地位决定了它在新形势下必须求变。这个“变”字有其概念界定的变化：现在的时政新闻强调的更是一种媒体本位的回归。在社会转型期的中国，时政新闻的职责是更加努力地承担社会责任，不断为维护社会和谐稳定作出贡献。新兴媒体冲击下的媒体生态环境和基本格局发生的重大变化，使得当前的时政新闻发生了很多积极的变化，最瞩目的当属叙事视角和语态表达的多元化，这些变化都体现了时政新闻的与时俱进，也必将促进其发生根本性的转变。

第三节　时政新闻报道的突围

【问题提出】在媒体业务格局中占据重要地位的时政新闻报道面临三重困局，内外环境的新形势又催促着时政报道尽快破除陈旧的思维理念，突破内容形式的固有框架，改变不招人喜欢的“卖相”，进行突围，完成华丽转身。那么，如何让时政记者愿意写，让读者乐于读，同时让党和政府的政策措施不折不扣地贯彻到位？

通过上文的分析，我们发现，实现时政报道从困局中突围，不能仅仅在新闻操作技能上寻找突破口，新闻记者不是新闻技工，日常发生的时政事件纷繁复杂，水平再高的研究者或记者也提供不出一本万能的操作手册。我们认为优秀的时政报道需要具备以下特点：绷紧“现代政治理念”这根弦、实现形式多样化、进行多维度呈现、促进文本内容的核心变革与边缘突破、带着党报同新媒体一起走市场。因此时政报道需要从以下几个方面进行突围：

一、理念突围：把“大时政”观贯穿时政新闻生产全过程

在很多情况下，不能总抱怨新闻环境，该被责问和自省的是，记者该如何理解时政报道与政治文明的关系。记者自己是否陷入了惰性思维和报道定式的误区？南方日报社社长杨兴锋认为：“报纸的改革主要不是版面的改革，而是观念的转变，原来的思维定势、采访模式，我们要扭转过来，在主流新闻里为读者提供更多的信息。”① 这说明业界一些人士已经充分意识到新闻报道改革的关键在于观念革新，也就是我们常说的“解放思想”。时政报道实现突围的第一步，就是要让记者编辑在新闻生产过程中、让政治家在指导评价新闻工作的过程中破除一切有悖于现代政治理念的陈旧新闻观和媒体运作的弊端，在具备“大时政”观的现代政治理念的浸润下进行新闻的采写编播，努力向尊重新闻传播规律回归。

1. “大时政”观：传递现代政治理念

（1）时政报道要实现理念回归。

就当代中国而言，依据十八大报告中的阐述，现代政治理念就是包括人民代表大会制度、政治协商制度、基层民主制度、依法治国、行政体制改革、权力运行制约和监督体系、爱国统一战线等在内的关于中国特色社会主义民主政治发展道路的全内容。上文我们提到中国时政报道的主题框架都应源于社会主义现代化建设“五位一体”的布局，在时政新闻报道中需要具备的“大时政”观包含以

---

① 杨兴峰. 高度决定影响力. 广州：南方日报出版社，2004. 137.

“五位一体”为报道内容的主题框架和以社会主义民主政治为报道思想的现代政治理念。

在很长一段时期内，记者编辑面对时政报道通常会害怕“敏感”，害怕触碰高压线进入“报道禁区”，产生这种顾虑的主要原因是记者编辑没有站在“大时政”观的高度把握我国现阶段发展的方针政策，如果记者的时政报道能够以现行法律、党中央国务院公开发表的报告文件等权威文献为理论支点，在很多情况下就会自然“脱敏”，一来发掘了报道的深度，二来避免误入“禁区”，传递错误的政治观念。

时政活动的每一次出访、每一次会谈、每一次握手都不会是一个简单的行为，它必定是一项甚至是一系列重大政策的一个环节和一次体现，因此记者要能从每一次看似孤立的动态性、事件性时政活动中看到“大时政”。体现在文本上，就是努力改变传统时政报道的枯燥僵化面貌，摆脱工作模式和宣传模式，用现代政治理念指导题材选择，用现代传播理念改进新闻表达，善讲故事、讲好故事、讲出故事背后的东西，做高端、大气、上档次的时政报道。

现代政治理念的回归在现阶段还突出表现在人本化趋势。以前我们常说，党和政府的某某决策、某某会议是中国人政治生活的一件大事。“政治生活”就决定了媒体的聚焦点和时政报道的主要对象是会议或文件的本身。无论是党的十六大以来的以人为本理念，还是党的十八大闭幕后，新一届党中央领导集体的一系列举动，都让人们逐渐明朗并深切地感受到人民的生活才是最大的政治，这就是“生活政治”。从“政治生活”到“生活政治”的悄然转变，不仅仅是词序的对调，更是政治理念的进步。政治不能孤立于每一位公民而存在，它必须是实实在在的以“五位一体”布局为基础的国计民生。伴随着民主法治的进步和改革开放的发展，政治越来越成为民众生活的一种需要。

（2）政治家办报、办台、办网的当代新义。

通过前文述及的“大时政”的内涵我们可以看出，记者在进行时政报道时，需要充分把握我国现阶段的大政方针，并内化为从事新闻生产时需要遵循的理念，否则就有可能出现导向性偏差。但是有很多记者编辑包括普通民众都有一种看法：领导的报告、文件、讲话冗长难懂，学习这些有何用？首先，文件讲话的冗长不能成为不知晓国计民生的借口，充分发挥阅读能力去领会文件讲话的精髓是一名优秀的时政记者必备的素质。其次，党的十八大后产生的新一届中央领导集体已经开始着手改善文风、会风，领导的发言明显呈现出口语化特点，我们要鼓励这样的新气象。

时政记者要具备“大时政”观念是中共新闻工作的一个传统，突出表现在“政治家办报”。1959 年 6 月，在与《人民日报》新领导人吴冷西的谈话中，毛泽东说：“新闻工作，要看政治家办报，还是书生办报。有些人是书生，最大的缺点是多谋寡断。……要反对多端寡要，没有要点，言不及义，要一下子看到问题所在。……搞新闻工作，要政治家办报。”①

在社会主义革命建设时期，党的新闻工作是宣传本位，毛泽东“政治家办报”的思想就是用党的机关报来指导全国工作，这一理论的提出在革命建设的特殊时期有其必然性。但在新时期，我们所说的政治家办报、办台、办网要摒除宣传本位指导下的陈旧思想，不能再简单停留在“完成宣传任务”的层面，这里着重强调媒体从业人员特别是时政报道记者要有上文提及的“大时政”观念。我们要求记者、编辑是政治家，也不是实际真的统领事务，而是在观念上、知识上要站在政治家的高度看问题。② 这就意味着时政记者要有在文件、报告、讲话中发现蛛丝马迹的能力，既需要有对现行政策的解读能力，又需要对国情国策长期系统的关注。

中央电视台新闻频道《新闻 1 + 1》十八大观察系列节目就充分践行了“政治家做节目”的内涵。十八大开幕的第二天，各大媒体都在竞相挖掘报道十八大报告中的亮点新意，哪家媒体找得对、读得准、报得快，就会成为时政报道的独家。不少媒体抓住了报告中“实现国内生产总值和城乡居民人均收入比 2010 年翻一番”的表述，并把关注点聚焦在“翻一番”上，告诉民众中央的政策规定要让百姓的收入倍增，并提炼出“收入倍增计划”的新概念。但媒体跟风解读得多了，也就没了新意。2012 年 11 月 9 日当晚《新闻 1 + 1》“十八大观察（二）”同样关注这句表述，但是把目光转向了“实现国内生产总值和城乡居民人均收入”中的“和”字。主持人白岩松在节目中做了下面的解读：

---

① 陈力丹．马克思主义新闻观教程．北京：中国人民大学出版社，2011．109．

② 陈力丹．新形势下的“政治家办报”．新闻战线．2010（10）．

在这次十八大报告当中，提出“收入倍增计划”的时候，它是有一个“捆绑”。从2010年到2020年，我们的国内生产总值和（“和”字主持人用重音着重强调——笔者注）国民人均收入的平均数都增长一倍，也就是说保持同步，我觉得这一点是特别要关注的，当成一个喜讯一样去关注。为什么呢？大家想想看，在过去三十多年的改革当中，我们的GDP是以每年接近10%的速度增长了30多年，那我们的收入呢？只是平均每年增长了7%多，也就是我们的收入没有我们的GDP跑得快，但是这一次十八大明确规定了，从2010年到2020年这十年的时间，我们的收入跟GDP要跑得一样快，就是左一个刘翔，右也得是一个刘翔。而且非常重要的一点是，我们要考虑到国和家，国家这是一个很大的词，但是我们也可以把它拆开呀。如果要是光强调GDP的快速增长的话，好像是国力日益增长，但是现在强调要让老百姓分享改革的成果，国变得更加强大了，家也要变得更加强大，国增长多少，家也要增长多少，我想这可能是这个“收入倍增计划”当中非常让人开心的一面吧！①

同样是对政策的解读，但这样的时政报道在千篇一律的同质化新闻中脱颖而出，让人耳目一新。究其原因，在采写编的业务能力方面与众媒体不相上下，《新闻1+1》其实就是从大家都在看的十八大报告中发现了细微的变化，而这细微的文字变化就能对中国未来的发展产生决定性的影响。因此它的优势就在于有“大时政”观念和敏锐的政治眼光，能够把政治写出味道，抓住具体细节，深刻地展现十八大反映出的政治走向与政治生态，为读者提供有价值的解读。

2. 大时局意识：对时政的前瞻、分析、监督能力

我们常说的大局意识就是要从政治责任感的高度出发去发现、运作时政新闻。面对关乎国计民生的重大政策出台，时政报道的解读，既要站在全局高度，充分利用科学理论揭示时代发展现状、前瞻发展趋势，又要俯下身子，倾注心血在基层，着重关注政策落地的情况。大局意识不意味着只看“大局”，落脚点还是要切中个体的发展与生存。时政报道应“不满足于对社会生活表面形态的扫

---

① 根据2012年11月9日中央电视台新闻频道《新闻1+1》“十八大观察（二）”节目整理的台本。

描，而有志于‘守望’社会发展深层的流向”[①]。

在很长一段时间内，不少媒体以“愤青”的姿态争取认同，这固然迎合了部分人对现状的不满情绪，然而从媒体的功能与角色来看，媒体不是警察也不是法官，不能越权执政和进行道德审判。一家成熟稳重的媒体要从长远和大局出发，不能把“破坏”和“消灭”当作至高荣耀，这是政治幼稚的表现。前《南方周末》时局版责任编辑林楚方也曾对时政报道定位进行过深刻的思考：“媒体究竟应向受众传递什么样的情绪，才算是负责任？是不是一定要传递社会的不公平、不公正？有没有想到片面的信息，会带来仇恨的因子？我们是要播下革命的火种，还是要埋下理性健康的力量？我们是希望这个社会出现颠覆现有体制的趋势，还是希望这个体制慢慢改良？我宁愿选择后者。因为我们每一个人都无法承担社会出现动乱、衰败的后果。它将摧毁我们所有的努力，我们所有的光荣与梦想都将会化为乌有，我觉得不应该是这样的。”[②]

对大局意识内涵的思考，学界和业界在实践中从未停止。需要强调的是，一些媒体从业者和受众会对树立现代政治理念和大局意识产生一个错误认识，就是“为了大局，时政报道报喜不报忧，不再进行监督性报道，对丑恶现象噤声不理”。其实完全不是如此，媒体以事实为依据、以法律为准绳进行监督性、批评性的时政报道恰恰是具备现代政治理念的一个表现，从长远角度来说恰恰是顾大局的表现。所以我们说，大局意识不仅仅体现在对形势的前瞻与分析、以监测环境为主要功能的监督能力上，时政报道同样不能缺席。

二、形式突围：多样表达与多维呈现

有了“大时政”观的指导，下一步就是如何将其贯穿到时政新闻生产的全过程和各领域。这首先就要迫切解决“说什么”和“怎么说”的问题，“怎么说”其实就是报道内容该如何表达与呈现，一种好的表达和呈现形式直接决定了能否抓住受众的眼球。长期以来，我们的时政报道是“你说我听”的陈旧传播

---

① 罗建华.“后都市报时代”与主流媒体对位.新闻战线，2004（8）.

② 林楚方.平视权力：关于政治报道的探索.蔡军剑，张晋升.准记者培训教程——南方周末采编精英演讲录.广州：南方日报出版社，2007.55.

方式，现在要逐渐改变时政新闻报道的方式，通过对报道角度、表达方式和呈现形式的改进和创新，破除新闻八股，需要从下面几方面着手改变。

1. 娱乐因子：给时政报道加“料”

新闻界一直在批判新闻娱乐化倾向，我们同样不主张时政报道朝娱乐化方向发展。但时政报道长期以来总是呈现出一副愁眉苦脸、过于严肃的“苦瓜脸”面孔，对于不同题材的时政新闻，要用不同的情感区别对待，比如对于讣告类时政新闻，毋庸置疑，绝不能掺有丝毫娱乐因素。我们在这里所说的在时政报道中添入“娱乐因子”，是强调通过生动的呈现方式，增加报道的趣味性、故事性和生动性，让受众在愉悦的氛围而不是沉郁的气氛中阅读、收看、收听时政报道。

提倡在主题适宜的时政报道中加入娱乐因子其实是强调文风的改变和报道方式的创新，是把硬新闻做“软”从而增强可读性、可视性的一种有效方式，而不是不加限制地“娱乐时政”。

中国第一代航母舰载战斗机成功起降后，2012 年 11 月 25 日，歼-15 舰载机研制现场总指挥罗阳病逝。11 月 26 日的《新闻联播》头条播发罗阳突发疾病逝世的消息，两条新闻几乎出乎所有国人意料地以“‘航母 Style’走红　祖国强大振奋人心”为题，报道了歼-15 舰载机起降现场的情况，同时飞行助理指示战机起飞的动作被网友们纷纷模仿，这个叫做“走你”的姿势被冠以“航母 Style”在网络上迅速蹿红。（见下图）而当天节目中“中共中央办公厅、中共中央对外联络部今天发表公告”以及卸去十七届政治局常委职务的全国人大常委会委员长吴邦国会见贝宁国民议会议长的消息分别被置于第三、第四的位置。以下是当天该条新闻的台本节选：

罗阳走了，谢幕在海天之间，把生命献给了军工事业，而我国国防军工事业的每一次尝试、每一次成功都牵动着亿万国人的心，即便是舰载机起降现场飞行助理一个指示战机起飞的动作，也被网友们纷纷模仿，他们将这个叫做“走你”的姿势冠以“航母 Style”，并在网络上迅速蹿红。

……（配图播发网友对“航母 Style”动作的模仿和评价——笔者注）

当人们自豪地做出“走你”姿势的时候，并没有意识到罗阳的离去，但现在看来，无数国人做出的“航母 Style”恰恰成为告别之礼。

罗阳最后一刻仍坚守在工作岗位的身影，其实，也是一种“航母 Style”，书写着航空人勤勉踏实、呕心沥血的精神，书写着中国人的梦想。罗阳离开这个世界之前放飞了中国人最重要的梦想之一，辽宁舰只是中国航空母舰发展史上的一个起点。每一位为这份事业殉职、流血、流汗者，都值得敬仰。①

2012 年 11 月 26 日《新闻联播》《“航母 Style”走红　祖国强大振奋人心》新闻画面截图

《新闻联播》破天荒地把“航母 Style”放在领导活动前播出，网上好评如潮。其实就这条新闻的内容选材和编辑处理来说，并无特殊性可言，报道视频中选取的图片均来自网络，播音内容基本都是微博上网友对“航母 Style”的评价。这在以往是难以想象的，甚至会被认为是“离经叛道”，但事实上这则带有娱乐因子的时政报道所有传播的正能量要远远超过采访几个观众，问其对国家强大的看法。虽然称之为一次突围，但无论怎么变，报道的落脚点就是标题中说的“祖国强大振奋人心”，这是个再主流不过的主题，既有大局意识，又兼具人情味，让领导满意，让受众愿看。

因此，记者在进行时政报道的过程中，如果内容的“脚镣”太沉，那么就请变换舞步的形式，让脚镣成为舞蹈伴奏的鼓点。

① 根据 2012 年 11 月 26 日中央电视台新闻频道《新闻联播》节目整理的台本。

2. 受众角度：在转变视角中形成认同

从媒体到受众，改进时政报道呼吁了很多年，但一直都没有彻底性的改变。这在很大程度上是由于媒体在进行时政报道时，手段出现偏差，存在重人不重事、重领导不重受众的陈旧观念，不能满足受众多样的阅读、收看需求。媒介各种不同的表达视角与不同的关注程度以及不同的社会和文化环境相互作用，决定着读者对媒介文本的理解乃至对媒介本身的选择。

视角，就是“一部作品，或一个文本，看世界的特殊眼光和角度”①。一篇时政报道能否成功地传送它所表达的主题，取决于它所送达的受众所具有的认知视角和观念是否与报道中的相一致。这就要求时政新闻报道向人本化回归，将看问题和采写报道的角度与普通受众契合。如今我们生活在一个公民崛起的时代，公民化的生活方式已经渗透到了社会各个领域，人们不再对英雄顶礼膜拜，而是更多地关注生活里的柴米油盐、家长里短。时政报道就是要放下身架，用平民的视角去观察社会、思考问题，为普通民众提供决策思考，这是时代的必然要求和选择。

即便有些时政报道有对受众生活很重要的内容，由于呈现角度错位，受众久而久之就会对其形成习惯性的排斥，再加上媒介选择越来越多样化，大多数人根本没有时间和必要去关注，就更无法形成认同感。所谓认同，不仅意味着收看者和他喜欢的某个角色之间一一对应的关系，还意味着总体上的认同——在不同层面上的，展现在荧屏上的与观众生活、理解和情感之间的认同。② 时政新闻要产生最佳传播效果，就需构建一个国家与个体共同参与的情感共同体，形成一种公众参与的交谈模式，而不是割裂，一方喧闹一方静默。单向传播和高高在上的时政新闻报道已不能充分满足受众的需求，受众需要的是能够发掘事物本质的有关国家大政方针的深度报道。他们的视角更多地转向了对事件深层次的探究：事件发生的原因是什么？背景是什么？事情又会有怎样的走向？事情跟“我”的切身利益有什么关系？现在，很多时政报道为群众所诟病的根本原因就是它们中的大多数脱离了群众的工作生活。因此，我们要从群众的角度剖析时政活动，从群

① 杨义. 中国叙事学. 北京：人民出版社，1997. 191.

② ［英］戴维·莫利. 电视、受众与文化研究. 史安斌主译. 北京：新华出版社，2005. 242.

众的视角写时政报道，把他们的眼球吸引过来。只有报道内容与不同受众群体的关注点发生互动时，报道才会被关注，才能凸显价值。

事实上，以受众视角进行时政新闻报道就是要平视官、民之间的权力关系——权为民所赋，因此时政新闻的报道操作就应该从宏观上高屋建瓴地确定基调的同时，再从微观细致入微地解读与论证。但需要强调的是，报道视角没有优劣之分，只有适合与否，这并不意味着对官方视角的摒弃，而应扬弃，记者的观察方式和言说事实的方式需要根据报道内容随时作出调整，而这种视角的转变正是时政报道方式的一种丰富和发展。

3. 多维编排：增强呈现方式的纵深感

如果说上文中加入娱乐因子和转换报道视角是对时政新闻表达方式的一种突围的话，那么对报道内容的多维度编排就是对文本呈现方式的一种创新。

通过对一些影响力比较大、新闻实践比较成功的时政报道版面进行分析，我们发现，分散的、一事一报的时政新闻在呈现方式上不能形成集群效应，而通过集合规整，形成开放式观点争鸣，强化运用背景资料，乃至形成固定的时政类专版，都能够达到多维立体的呈现，很好地增强报道的纵深感。

2005年初，《人民日报》除原有的一至四版日常的动态时政要闻版之外，围绕政治文明的大概念，将政治、法律、社会、民生立体囊括，创立了《人民日报》政治新闻版，创办8年来，政治新闻版成为见证当代中国民主政治发展的一个标杆。由于政治和媒介定位等各种原因，《人民日报》一至四版的要闻版面无法在大的方面寻求突破，那么把改革的战场转到政治新闻版，从而形成报道的专题化、集群化，这成为《人民日报》寻求时政报道突围的一种方式。

利用中央党报的各种资源，《人民日报》解读各种“白皮书”的报道成为政治新闻版的独家。除此之外，根据新闻主题和报道方式，通过对零散报道的集群化编排，形成了《声音》、《碰撞》、《体验》、《基层传真》、《部委连线》等多种栏目，多元化的呈现方式带来的是内容分量的提升。

《人民日报》政治新闻版主编胡果认为，要“树立历史思维，把政策文件放到大背景下来观察，知动向更知趋向……把文件政策放到效果中来考量，重初衷更重实效，加大稿件的关联度”[①]。这其实是互文性在时政报道中的运用，“互文性即将历史（社会）插入到文本中，以及将文本插入到历史中”[②]。这意味着把一个原本独立的文本嵌入所要建构的话语秩序中，成为话语所要达到效果的一种佐证。具体体现在时政报道中，就是要强化对新闻背景的运用，从而提升读者对报道本身的理解和解读能力。我们知道，任何一个孤立的时政事件的意义并不是被孤立地制作出来的，而是和一整套其他文本相连而成的。将报道文本与其他相似的或不同的背景文本关联，通过这种方式为观众制造意义，加深他们对其他类似产品的认识和理解。

与以往《人民日报》单一化宣教不同的是，政治新闻版设置的《碰撞》栏目提供了一个观点自由市场。针对群众关心的热点时政问题，政治新闻版没有立即给出结论去达到“舆论一律”，而是提供一个公共讨论的平台，让群众参与其中，把各方观点予以呈现。在观点的自由市场中，各种意见能够通过媒体平台的讨论达到平衡，有利于政府部门作出决策，同时给民意一个疏通的渠道，双方利好。这看似是一种开放式的操作方式，实际是《人民日报》政治新闻版采编理念的一种外化变现。当代中国趋于利益多元化和观念多样化，如何求解社会共识的最大公约数，从中汲取正能量，需要媒体提供争鸣的平台，平台的提供其实就是对观点表达文本的一种多维度呈现和编排。

最后需要强调的是，时政新闻报道方式和呈现方式的更新，不能像技术工人那样仅仅简单地提升新闻操作技能。报道手法技术的转变，归根结底体现的还是大局意识、平等意识、融合意识等时政新闻报道理念的进步与科学化水平的提高。

三、内容突围：核心击破与边缘突破

时政新闻报道归根到底还是要落实到“说什么”，即内容的写作上。内容突围需要完成核心与边缘突破双重任务。所谓核心，是指传统常规的时政报道，包

① 胡果．打造党报政治报道的亮点、看点和卖点——从《人民日报》政治新闻版的实践谈起．青年记者，2008（3）．

② ［英］诺曼·费尔克拉夫．话语与社会变迁．殷晓蓉译．北京：华夏出版社，2003．94．

括会议报道、政策发布、人事变动等指令性和宣传意味浓厚的内容。所谓边缘是指除指令性报道之外的由媒体自身挖掘的时政报道，比如政治人物、政治揭秘等内容。对于“核心”，媒体可以自我发挥的空间很少，但不能破罐子破摔直接扔掉这一块核心资源，需要针对每类报道的特点对其各个击破，在有限的空间中“做出尽可能舒展的动作”。而对于“边缘”，媒体亦不能认为其就是不入流的小打小闹，边缘是相对于宣传性报道而言的，它们所发挥的作用、产生的效果以及对受众的吸引力丝毫不边缘。

1. 核心突破：宣传规律与新闻规律双重遵循

传统时政报道存在的根源问题就是过分强调宣传性而忽视了新闻性，即在处理宣传价值和新闻价值上出现了严重不平衡，本身具有新闻价值的内容用宣传的手段呈现，完全单向灌输的时政报道不可能有多少人会去关注。因此，对待不同类型的指令性报道，记者编辑需要去寻找其中的平衡，在不违背宣传规律的前提下，尽可能多地按新闻传播规律办事，用符合新闻规律的手段做宣传，寻求核心突破。

（1）会议报道：拎出领导发言的精彩表述。

毋庸多言，会议报道已经在新闻界到了几乎“老鼠过街人人喊打”的地步，对于大多数新闻工作者来说，报道政治就意味着照登文件。其实会议中的很多亮点和新颖的提法是很能吸引受众的，报道出来既不会对党和国家的事业造成任何损失，从导向和大局的角度看也不存在任何问题，记者为什么不能把这些有意思的对各级部门工作有指导意义的新提法、新表述加以报道而非要守着套话不放呢？我们认为可能有两点因素制约：一是上级宣传部门不允许，二是记者偷懒直接按通稿照发。我们来看下面两个同题报道的例子，都是关于中央纪委书记王岐山召开专家座谈会的报道，第一篇是新华社 2012 年 11 月 30 日的通稿节选：

王岐山在部分专家学者座谈会上强调　以党的十八大精神为指导做好党风廉政建设和反腐败工作

中共中央政治局常委、中央纪委书记王岐山 11 月 30 日在京主持召开座谈会，听取专家学者对党风廉政建设和反腐败工作的意见和建议。他强调，各级纪检监察机关要以党的十八大精神为指导，全面履行党章赋予的职责，深入推进党风廉政建设和反腐败工作，切实做到干部清正、政府清廉、政治清明。

……

座谈会上，来自研究机构和高校的专家学者马怀德、任建明、何增科、辛鸣、周淑真、姜明安、黄苇町、程文浩分别发言。在认真听取他们的发言后，王岐山说，做好新形势下党风廉政建设和反腐败工作，需要加强调查研究，集思广益，广泛听取各方面特别是专家学者的意见。

王岐山说……王岐山说……王岐山强调……

《新京报》在12月1日按惯例要求照登了新华社通稿后，12月2日关于同一件事又做了报道，节选如下：

王岐山开座谈会　8专家会上“争鸣”

11月30日，中共中央政治局常委、中央纪委书记王岐山在京主持召开座谈会，听取专家学者对党风廉政建设和反腐败工作的意见和建议。2000年以来，中纪委几乎每年都会邀请数十名专家参加座谈会，这也是每次党代会后中纪委的重要节点式会议……

不准念发言稿

座谈会从11月30日上午9点开始，到11点40分结束，中国人民大学国际关系学院教授周淑真说。王岐山提前10分钟到会场，穿一件灰色西装，里面着浅蓝色衬衫，没有打领带。

座谈会上，8位专家每位有10分钟的发言时间。第一位发言的专家开头提到“尊敬的王书记”，话没说完，就被王岐山打断，他请在场专家少说客套话，言简意赅。

周淑真说，王岐山要求专家们，尽量少用讲话稿，要多提观点，因为专家们提交的资料他都看过。王岐山要求，能不读稿就不读稿，大家根据自己所写的材料，把提纲归纳一下，空出更多时间用来互动，要言简意赅，把重点说出来。

周淑真介绍，为了提高座谈会的效率，王岐山说“说长话容易，说短话不容易”。他还拿丘吉尔一段话说，“如果给我5分钟，我提前一周准备；如果是20分钟，我提前两天；如果是1小时，我随时可以讲。这个演讲就是属于随时可信口聊的水平”。王岐山举例说，习总书记在国家博物馆“复兴之路”的讲话，就很平实。

王岐山说：“参加王某人的会，不准念发言稿，要学会深刻思考。”

……

官员财产公开成焦点

会上，多位专家谈到尽快实行官员财产收入申报公开问题……

与会专家说，王岐山常在代表发言后，再提出一些看法，与专家们交流。

座谈会结束时，王岐山说：“我们会经常联系你们，座谈会能发表自己的意见，有思想，有讨论的观点，大家还能相互启发。我以后可能会就某个问题来找您谈。”

《新京报》记者用遵循新闻规律的方式对这次中纪委会议做了很好的“宣传”，既识大局，又关注细节，突破了传统时政新闻的报道套路。通过对开会专家进行采访再现会场细节，把王岐山的精彩话语加以呈现，而《新京报》关于“开会不准念稿”和“官员财产公开”的内容在新华社的通稿中根本没有。

或许，新华社通稿要一下子改变其长期以来形成的固化报道模式很难，但各省市级媒体有能力而且应该尝试对会议新闻进行突破，选取领导干部在会议中的精彩讲话片段，摒弃空话套话，传递真话真情，兼顾权威与亲和力。《人民日报》政治新闻版的《声音》栏目和《南方周末》时局版的《不是官话》栏目，这些选取的都是领导干部在公开场合脱稿发挥的精彩表述，短小精悍却微言大义。

事实上，领导活动和会议新闻能否出彩，在很大程度上也要由会议本身决定，如果领导开会本来就是摆形式、走过场，没有任何实质内容，那么再出色的记者也不可能凭空造出亮点。令公众欣喜的是，十八大之后，新一届中共中央政治局2012年12月4日召开会议，审议通过中央政治局关于改进工作作风、密切联系群众的八项规定，其中要求“要精简会议活动，切实改进会风，严格控制以中央名义召开的各类全国性会议和举行的重大活动，不开泛泛部署工作和提要求的会”。这是对领导干部会风改革提出的具体要求，会风的改变将会为会议新闻报道改头换面提供最大可能。

（2）政策发布：让政策接收者成为主体。

一般党和政府的政策、工作部署要通过媒体面向社会公开发布，会采取给记者提供通稿和召开新闻发布会等两种形式。政策发布毕竟是要最终落实到普通民众身上的，不是上级政府对下级政府传达文件，不能大段照搬原件，不能流于罗列数字。

党和政府的新政策、新举措往往有着对中国未来形势发展的重要判断，这些资源经过转化和报道，往往能够成为引人注目的新闻。在以往的政治报道中，政策发布往往淹没于大量的会议、活动报道中，这需要记者有敏锐的政治洞察力，并且要以政策的接收者为主体。记者通过二次加工，对政策措施、法律法规等及时做出准确、全面、深层的解读，鲜明地报道政策所要解决的主要问题，从而使人们更方便地理解、把握新闻的核心内容，起到释疑解惑的作用。

但是，要想让百姓对党和政府的好政策拍手称快，必须从改变报道的文风开始，很难想象一篇毫无重点的政策文件能博得多少群众的关注，更别说是拥护。任何一个重大政治题材，优秀的时政新闻报道作品有一点是共同的：始终让政策接收者成为主体。

媒体要有分类和整合的能力，帮受众分解、阅读，归纳出对公众有用的信息，不仅要对政策的重点、难点进行解读，妇孺皆知，更要对政策从发布之日起到执行过程再到实践效果进行追踪，不能仅仅在发布当天一报了之。

（3）人事变动：名单背后洞察时局。

我们经常会看到新华社关于人事变动的报道，例如，省部级党委领导任免报道的一般模式为："日前，中共中央决定，张三同志任某某职位，不再担任某某职位。免去李四同志某某职位。另有任用。"人事变动报道的最大问题是只说结果，不讲原因。普通百姓就会有种种猜测：这是谁啊？他为什么能上任？他以前是干嘛的？他能干好这个工作么？包括涉及人事变动的地方媒体，其报道也往往是"此次职务调整是中央从大局出发，根据工作需要和领导班子建设实际，经过通盘考虑、反复酝酿、慎重研究决定的"。与其语焉不详地让老百姓去乱猜传谣，倒不如最大限度地把能公开的信息及时公开，对人事变动给些必要的解释（有特殊情况的除外），对新任官员有个个非套话的必要介绍，对于官员是一种鼓励，对民众也是一种负责，少一些猜测，多一些了解。多了了解，就多了些亲近，多了些信任。

例如，2009年10月31日新华社的报道：

新华社北京10月31日电　第十一届全国人民代表大会常务委员会第十一次会议10月31日经表决决定，免去周济的教育部部长职务，任命袁贵仁为教育部部长。国家主席胡锦涛签署主席令，公布了这一决定。周济另有任用。

《南方日报》在11月3日刊发报道《教育部长换人引发网络关注》，通过对教育部一把手易人的观察，在文中加上适度巧妙的分析，赋予了人事任免报道新的信息增长点。报道中提到“这是本届国务院去年3月组成以来更换的第一位部长”，“值得注意的是，周济今年63岁，距离正部长通常的退休年龄65岁还有两年时间，他的去向备受瞩目”等细节，并且详细介绍了新老部长的从政履历，有根有据，不八卦不花边。这同样考验着编辑记者的政治智慧和大局意识，既要满足受众的信息需求，又不能毫无事实根据地、想当然地做报道。

2. 边缘突破：有限尺度与狭小空间中突出重围

边缘不等于不重要，也不意味着地位比“核心”低下，而是在常规传统意义上的报道内容之外的一种深层次挖掘。尤其是对于省市地方媒体而言，具备突破边缘的“大时政”观更加重要，与中央媒体拼资源、拼报道辐射面，地方媒体必死无疑，这是受地域影响的客观障碍，无法去改变。那么在报道资源受限、报道地域受束的前提下突围，就需要在“靶心”外围——边缘内容上寻求突破。我们以下面三类报道为例来探索时政报道实现边缘突破的理念革新与方式方法。

（1）政治人物：领导人也是人。

长期以来，中国的政治人物充满着神秘感，人们在媒体上看到的只是一些一本正经、不苟言笑、说话得体的“扑克牌”形象。很少有人将政治人物的这种立体形象搬到媒体上来呈献给观众。[①] 人们看厌了冰冷的文字，自然会对时政报道产生抵触情绪，因此媒体要适当地在边缘激起点波澜。

2003年5月，胡锦涛担任国家主席后首次出访俄罗斯，总统普京在私人别墅

---

① 段功伟. 经略蓝海——一位时政记者的职业行思. 广州：南方日报出版社，2010. 90.

举行家宴欢迎胡锦涛。传统的报道方式不言自明，而中央人民广播电台记者郭亮却从别样的角度做了报道：

晚宴就像朋友间的私人聚会，两对夫妇各自带着一个翻译，没有任何随行和外交官员参加。这在国际交往中是一种非常高的规格，它既表示了中俄关系的特殊性和亲密性，也表明了包括俄罗斯在内的国际社会对中国新一代领导人、对中国政策未来走向的一种关注。当天下午，胡锦涛和普京都穿着衬衣，外套西装，而衬衣最上面的扣子都没有系，显示出一种很随意的样子。普京手里还拿了一束鲜花，面带微笑地站在那里，像一个等待约会的年轻人。当胡锦涛夫妇到来时，普京把花束献给了刘永清。①

报道一出，有人惊呼："啊？国家领导人也能这样？"别忘了，领导人也是人，也要一日三餐，也有喜怒哀乐，但是由于长期以来生硬的、脸谱化的报道让领导人在群众心目中成了机器人。记者对细节观察细致，连衬衣的扣子也不放过，报道中"即表示……也表明……"是记者从细节中对中俄关系做出的判断与解读，有理有据，发掘那些隐藏在官方举动下的真信息、真意图，让它们不再令人费解。既从大局出发，又不失报道趣味，这是"大时政"观在报道中的最好实践。

对高层政治人物进行个人化特写式报道，一直是港台媒体和海外媒体日常报道的重点。近年来这类报道在大陆的政经杂志、省级报刊以及主流网站上逐渐多了起来，成为时政报道寻求边缘突破的着力点，这其实是另一种人本化回归——让领导人重归普通人的行列。媒体也会巧妙地规避可能出现的"麻烦"，在涉及个人方面，更多地选择离任的高层领导人进行报道。《南方日报》在2008年"两会"选举出新一届中央政府领导集体后，对刚刚退休的国务院原副总理吴仪进行了大半个版的个人化报道——《"铁娘子"吴仪今日隐退 仕途五章：重温那些经典的感人瞬间》。报道选取中美谈判、迎战非典、基层考察、落泪成金、潇洒谢幕五个瞬间，注重细节重现，以讲述邻家大娘家常事儿的方式娓娓道来，代

① 郭亮. 时政新闻的"翻译"与解读. 中国记者，2004（9）.

替了板着面孔的官样文章以及陈词滥调的八股文体，不得不承认这是对政治人物报道的一次成功突围。

（2）时政深读：让政治回归常识。

其实，越是日常的动态化时政消息报道，由于受篇幅内容等限制，记者越不容易"下手"，因此深度时政报道可以为记者提供突围的阵地。2007 年 11 月 15 日，《南方周末》开始推出"时局"版块。以"洞察权力运行，分享政治智慧"为宗旨，讲政治，看时局。时局版每一期有四个版（有时与"唯物版"间隔出版），从 B9 版到 B12 版具体的栏目设置为：

B09 版，时局·头版：时局头条，时局地图，北京观察

B10 版，时局·动向：时局动态，府院新闻，地方政情，军情观察，不是官话，官员有话说

B11 版，时局·天下：天下头条，洋悟运动，天下围攻

B12 版，时局·重点：核心报道，月度民调

由于版面有限以及每周报道侧重点不同，并不是所有的栏目都会在一期报纸上同时出现，而是根据具体内容进行微调。但无论栏目如何变化，时政深度报道让记者编辑从单纯的一事一报的思维中解放出来，用大时政观指导题材的选择与整合，去表达政治话语背后的新闻话语，从而让政治回归常识，让"生活政治"成为常态，这是时政深度报道实现边缘突围的另一种方式。

中共十八大开幕前夕，《南方周末》2012 年 11 月 1 日在时局版以"党代会怎么开"为题，通过梳理近几届党代会的相关报道和采访十七大代表，报道了党代表们会前要进行哪些准备、会议议程如何安排、选票长什么样、选举如何进行等普通群众特别关心的话题。这些内容对于各级领导干部和党代表来说，是再平常不过的事，而对于普通人来说，这些本应该成为公开常识的会务信息一直以来却被人们视为"机密"，这篇报道中提到：

每位代表都领取三张颜色的选票，分别写着中央委员、候补中央委员、中纪委委员候选人的名单。选票外还有个壳子，呈红色，十七大代表胡安梅将其带回

家里做纪念保留至今。“选票很大，比16K的纸还要大点。”胡安梅说，每张纸上都密密麻麻地写满了名单，因为之前已经熟悉过各候选人基本情况，选举时选票上就只有他们的名字。名字按照姓氏笔画排序，如果同意就不用做任何记号，如果不同意就画圈，弃权就打叉。选票边上还有“另选他人”一栏。选举时用的笔是十七大专用的中性笔。

我们知道，在党代会闭幕当天，党代表要投票选举新一届中央委员、候补中央委员和中纪委委员，由于投票、唱票的过程很长且代表们是要离席机动行走投票的，因此对于这样比较分散的投票画面，电视台是不进行现场直播的。那么这个真空怎么去弥补？怎么让群众去更多地了解选举过程和细节？这就需要靠时政深度报道事后去揭示与说明了。

从新闻专业主义角度考虑，过去媒体的一些时政报道更多的是过度阐释、过度解读，而没有尊重核心事实。时政的深度解读不能去歪曲理解政治，而必须时时刻刻以事实为依据，用现代政治理念洞悉社会，心怀尺度，深谙主流意识形态与公众舆论的均衡，不盲从，不敷衍，不情绪化。用理性、建设性和持久的信心，使深度的时政报道成为社会变化中称职的事实阐释者。

（3）解密政治：时政报道要脱敏。

解密政治就是在确保事实准确、严密的前提下，以独特的视角来报道政治背后的新闻和政治家的言行。这是我们所说的时政报道“边缘外的边缘”。在以往，媒体对这一方面是闭口不谈的，害怕把握不好“敏感问题”而出现报道越界。其实以百姓利益为中心的政治问题都不是敏感问题。时政报道要从媒体自身的思想观念上“脱敏”，加强时政报道尤其是“大时政”的分量，在保持高端报道的基础上更多地从事件背后所反映的趋势和动向着手，既注重权威性也要兼顾人文关怀和思想启蒙，从而实现分享政治智慧、推进民主政治进程的诉求。

2012年11月29日中央电视台《新闻1+1》栏目以“新常委们的十五天”为题，报道评论了十八大以后新一届领导集体第一次走出人民大会堂和中南海，去参观复兴之路展览的场景，这距离他们15日第一次集体见中外记者，整整15天。《新闻1+1》深入分析梳理了在这半个月时间里头，新一届领导集体从语言到工作方式中透露的信息，以及揣测未来发展的一种方向。大尺度的报道内容能够在中央媒体出现，绝对能称得上是一种突破。报道对比了十年前胡锦涛刚任总书记时带领书记处成员考察西柏坡和这次政治局常委、书记处等参观复兴之路展览的不同政治内涵。

十年前就有很多媒体去分析，为什么出京第一站选择的是西柏坡，其实很重要的一点是要知道我们从哪儿来的，这条路是怎样走过来的……其实胡锦涛带着其他中央书记处成员，在十年前出外的第一站去了西柏坡，也有点重温赶考，提醒自己。……十年后有一点是相似的，去国家博物馆虽然很近，但是看的是《复兴之路》，同样具有十年前要重温我们从哪儿来，这条路是怎么走过来的。但是有一点在今天的讲话中是不太一样的。今天在习近平不算太长的讲话当中，更多的篇幅给了不仅仅我们从哪儿来，而是我们要去哪儿，我们怎么去。我们要去哪儿呢，说浅显的话那就是一个中国梦……①

报道回顾了新一届政治局常委上任 15 天来的种种动向，并力图从中发掘出有可能决定中国未来命运的政治迹象。

其实我们不仅仅要在十八大的报告当中去捕捉到从严治党这样一个文字信息，更重要的是看近期来的很多动作，包括人员的这种布局，包括人们的一些语言和这种行为，比如说让王岐山来管这项工作，同时跟他搭帮的又是浙江的省委书记赵洪祝，这样的话会有一种强强的联合……

其实十五天，中国常说一句话叫好的开始是成功的一半，大家已经看到了一种在不断延续的更新的空气，希望这种新空气酝酿能变成全社会的空气。比如说李克强副总理已经针对讲话的人说了，你别念稿了，随时插话，要问一些具体数字，有的领导干部汗就下来了，接下来我们的中层干部和基层干部能不能适应这样一种工作作风，而不仅仅是让中央领导慢慢改变他们的作风。能不能变成全社会都用平实的声调和平实的语言、平实的工作去让老百姓有不平常的感受呢？我

① 根据 2012 年 11 月 29 日中央电视台新闻频道《新闻 1+1》“新常委们的十五天”节目整理的台本。

们期待。[①]

从分析中央政治局常委的人事布局到直面领导人改革文风、会风的要求，央视能够如此“脱敏”地甩开包袱对新任政治局常委评头论足、梳理“解密”，算是狠狠地撕开了政治报道的口子。我们可以看到，解密政治不是毫无根据地八卦政治、传播政治谣言，而是媒体以政治观察家的身份来观察党和国家面临的形势，向读者提供更多元的观点，提供一种理性、有趋势性的且相对准确的观察。那么稍稍熟悉中国政治的人就会产生共鸣，知道这篇报道提供了什么，想表达什么。

传统媒体常常会按照规定动作去报道，市场化媒体也大多不愿“趟浑水”，因为觉得政治是深不可测的事情。面对中共的改革动向和最高层权力的交接，媒体不能只站在远处倾听或者鼓掌，而应在纷繁复杂的信息甚至是传言中为读者提供更准确的概括。

解密性的报道貌似很“八卦”，但未必如此，一个即将领导中国五年乃至十年的新领导层产生了，他们将决定中国人的命运，但我们对领导层了解多少呢？他们的性格、为人、原则、理念是什么？作为有公信力和责任感的媒体，如果有足够的分寸感、勇气和建设性，应该推着社会往前走，按照新闻规律去报道、挖掘这些信息，当然不能像挖掘明星那样去挖常委的新闻。

四、融合突围：打通官媒、网媒两个舆论场

回想一下，近几年传统媒体和网络在面对舆论沸点的时候是如何反应的？互相融合、互相推动，最后实现了传播效果的最大化。当下，官方主流媒体舆论场和民间互联网舆论场的共存已经成为一个共识。很多时候，都是互联网首先报出一个焦点，随后在强大的舆论压力下由传统媒体跟进，进而形成一个新的舆论场，这对于时政新闻报道也不例外。

在人们的惯常思维中，网络媒体在时政报道领域是难登大雅之堂的，很重要

---

① 根据2012年11月29日中央电视台新闻频道《新闻1+1》“新常委们的十五天”节目整理的台本。

的原因是它通常会给人一种不权威、小打小闹的感觉。近年来，新媒体参与度的提高和网民数量的几何爆炸式增长使得网络媒体的力量不容小觑，这已经成为人们的共识。几乎所有的门户网站都把“时政”放在了报道分类标签的首位，在时政报道领域做得好的网络媒体很多都是传统媒体集团旗下的官方网站，比如新华网、人民网、凤凰网、南方网等。当然也有新浪、搜狐、网易这些不依托传统媒体的门户网站，可发挥的空间更大，言论尺度更加轻松。

人们总是担心，新媒体的发展会不会对传统媒体的时政报道带来威胁，传统媒体会不会在时政报道方面丧失生命力？仔细想想，我们不能仅仅站在传统媒体的立场上替报纸、广播电视打抱不平，难道网络媒体在时政报道方面的日趋成熟不值得我们欣喜么？时政报道需要进行的这种融合突围不仅要实现各种媒体形态的集合，更要从各类媒介的报道内容、报道语态乃至市场进行整合，最终是要实现两个舆论场的互通，通则达。

1. 从自说自话到立体融合

传统媒体不能对新媒体抱有敌对态度，而是要利用、接纳和融入，特别要关注和倾听“网络舆论场”的声音，并与之互动。以往的时政报道以“报道出来”为终点，呈现即意味着报道过程的结束，这是建立在单向传播的基础上的“自说自话”，这种模式在网络平台是完全行不通的，“自说自话”的结果就是被冷落抛弃。新媒体业态下的时政报道是没有固定截止点的，呈现出“媒体报道—受众反馈—媒体回应—受众再反馈……”的模式，必须充分展开与网络舆论场的对话与互动，直到把问题说清，互动才可能暂时结束。

新华社近年来开始了“三个拓展”的战略转型，即“由传统新闻产品生产为主向现代多媒体新闻信息业态拓展，由面向媒体为主向直接面向终端受众拓展，由立足国内为主向有重点地更大范围参与国际竞争拓展”①。现代多媒体业态的拓展就是在守卫传统媒体阵地的同时，努力融入不同的媒介形态及其新闻生产方式，在众声喧哗的网络时代传播主流声音。这种立体融合不仅仅是媒介形态的融合，而且是要以媒介形态融合为基础，建立起媒介语态、新闻生产方式、呈现形式等的多重深度融合。立体融合能将网络媒体的互动传播手段与传统媒体的

① 李从军．奋力开创新华社战略转型和事业发展新局面．中国记者，2009（10）．

内容融而为一，交叉整合使得媒体本身之间的界限逐渐模糊，通过这种大融合方式可使媒体终端的功能逐步变得强大。

人们经常说，在从事商业活动时，要根据不同的市场需要组织生产，把产品尽可能多地销售给不同层次的客户。网络媒体时政报道的专题化、市场化带给我们的启示是，除了媒介产品内在本身有较好的“使用价值”以外，它的品牌、包装甚至直接决定了消费者是否购买。以市场化的方式运作时政报道，听起来有些“大逆不道”，但直面上文中提到的种种生存压力，不能再故步自封地以纯行政思维去经营时政报道了。这里的“市场”主要是指受众市场，而不能单纯理解为资本市场。在报业、广播电视业转型和集团化发展中，能带领党报（台）摆脱尴尬地位的最佳搭档就是高品质的时政报道，除了报道本身形式与内容的改造创新，还要在市场化浪潮中有所作为。

从短期效应来看，时政报道需要包装。包装是记者编辑对时政新闻深化、理解、整合并升华到概念层次的效果。从长期效应来看，时政报道要拓展业务链，并逐渐形成品牌，在与同类传统媒体竞争和与新媒体融合中进行突破。

深度媒体融合将带来新闻源结构与新闻传播主题、新闻媒体组织结构与工作流程、新闻载体与新闻传播方式的巨大变化，将呈现为介于传统媒体与现有网络媒体之间的“第三种传播样式”①。受版面和时段的客观限制，报纸和广电对时政新闻的报道速度远远赶不上网络，在报道内容方面也不可能全方位铺开，而网络媒体的时政报道可以实现实时滚动更新，且其专题化趋势日渐突出，一旦有大事发生，门户网站就会在主页建立新闻链接，制作专题页面，融入视频、音频、文字、图片，把经过整合处理的新闻以全媒体形式推送给网络受众，这就极大地拓展了报纸媒体的影响力和受众覆盖面。借鉴这种全媒体形式，传统媒体见势而进，在相应版面和时段，开辟了网络专栏，把网民的生产内容作为时政报道的素材，实现了受众与媒体很好的互动。《人民日报》在十八大报道中首次开辟“微议录”板块，将网友的微博互动登上报纸，并称这是“微博时代的党代会”。2012年11月14日第8版《祝福与期待》栏目，“@孟恰恰：权力在阳光下行使，社会的方方面面都能接受到阳光的照耀，让消费者不再被坑、农民工不再陷

① 段功伟．经略蓝海——一位时政记者的职业行思．广州：南方日报出版社，2010．38．

于讨薪的无望、各种潜规则都在阳光下化为乌有”。现在草根声音登上高端党报时政新闻已经成为常态。这种网络语言变身为时政报道内容，既符合传统稿件要求，又兼顾了网络传播的特点。从长远来看，网络内容在传统媒体日益主流化的环境下不能仅仅依靠套用几个流行词汇来维持，它应深化成一种语态的转变。在新的传播生态下，传统报道与网络报道的融合互补是可能的，而时政报道则在这种融合中孕育着新的发展契机。

2. 网络问政让时政报道的触角延伸

我们所处的是一个“网络问政”时代。传统媒体应该通过不同的产品形态与业态，积极引导网民政治参与的热情。这些新的产品形态与业态，都可以纳入时政报道的范畴。[①] 要想打通两个舆论场，就必须探索全新的传播渠道。传统媒体要着手综合运用网络时代各种传播渠道，进入“网络舆论场”，才能使自己的影响力最大化，并最终形成品牌。网络问政说到底就是两个舆论场之间互通的渠道，媒体借助这一渠道，就可以充实时政报道的构成元素。时政报道业务链的拓展不能仅停留在传统的表现方式上，引入新媒体的优势就在于能够拓展报道的话语空间，不再循规蹈矩，让适合传统媒体发展的新媒体形式融入其中，使其优势资源能强强联合，使报道的话语空间得到更大程度的延展。

媒体在网络问政过程中是作为一个重要平台和渠道存在的。问政理念打开并拓宽了时政报道的视野，就媒体渠道而言，集中体现在论坛发帖和官方微博互动上。以人民网“强国论坛”、南方网“云问政”为代表的问政平台经过近几年的发展，运行机制日臻成熟，官民在这些平台上积极互动，互动的内容直接成为网络媒体时政报道的内容，同时也成为传统媒体时政报道的素材和亮点。在官方微博方面，政务微博从2011年就开始探索维系官民沟通的新形式，主流媒体的官方微博在2012年已经开始延伸其触角，就发展状况来看，目前还处于尝试阶段，对于时政报道方面的作用还需要进一步考察。

以人民日报官方微博为例，2012年7月22日凌晨4时58分，北京暴雨之夜，《人民日报》官方微博开通，首发微博总覆盖人数达约2 683万，首日微博总转发数超过2万，总评论数近5 000条。《人民日报》巧妙地实现了官民舆论

① 万小广．网络时代的时政报道转型——以新华社《中国网事》为例．青年记者，2012（6）．

场的互通，把触角伸向新媒体领域，不至于被边缘化，从百姓视角发声，这种潜在的问政理念足以成为其他党报官媒微博的标杆。媒体在官方微博上进行时政报道将成为一种趋势，在这个全方位开放的平台上，从发布时机、短短140字内容的斟酌到面对群体性炮轰时是否删除评论的纠结，能够反映出两个舆论场堵塞、挖掘、畅通的发展过程。

传统媒体在新媒体领域探索时政报道的发展空间是一个循序渐进的过程，从传统报道中借鉴运用新媒体的呈现形式，到直接把报道触角伸向新媒体领域，进而实现深度融合，这是媒介发展的结果，也是时政报道在新形势下实现融合突围的最佳选择。

【问题总结】时政新闻要找到新路，成功突围，首先就需要新闻从业人员打破陈旧的新闻观念，打破“你说我听”的陈旧传播方式，努力向尊重新闻传播规律回归。并且时政新闻要从细节去发现新闻，又要以细节的方式展现新闻，达到见微知著的效果，甚至借助网络的发展，给时政新闻注入“娱乐”的因素，使其变得更有人情味，而不再是一副严肃生硬的面孔。这些都要记者用“大时政”观指导采编工作，努力去表达政治话语背后的新闻话语，从而让政治回归常识，让“生活政治”成为常态。

参考文献

1. 段功伟. 经略蓝海——一位时政记者的职业行思. 广州：南方日报出版社，2010.

2. 蔡军剑，张晋升. 准记者培训教程——南方周末采编精英演讲录. 广州：南方日报出版社，2007.

3. 雷启立，孙蔷. 在呈现中构建——传媒文化与当代中国人精神生活研究. 上海：上海文化出版社，2007.

4. 杨兴峰. 高度决定影响力. 广州：南方日报出版社，2004.

5. 陈力丹. 马克思主义新闻观教程. 北京：中国人民大学出版社，2011.

6. ［英］戴维·莫利. 电视、受众与文化研究. 史安斌主译. 北京：新华出版社，2005.

第六章　财经新闻报道

改革开放以来，30 多年的经济快速发展，中国创造了举世瞩目的经济奇迹，GDP 规模跃居世界第二。但过去支持高速增长的一些有利条件，包括劳动力的无限供给、低成本的优势以及出口的快速增长，已经不再。2012 年中国经济增长率低于 8%，这是 10 多年来最疲弱的表现。在人均 GDP 超过 5 000 美元之后，“中等收入陷阱”也将成为中国经济必须直面的一个挑战。

中共十八大报告明确提出要“全面深化经济体制改革”，并指出经济改革的核心是“处理好政府和市场的关系”，这无疑为中国经济的转型与改革吹响了新的号角。

中国经济能否继续保持较快的增长速度并最终超越美国成为世界第一大经济体，在很大程度上将取决于现有发展方式能否成功转型。雨果有句名言：“地球上没有任何力量，可以阻止一个时机已经到来的想法。”这是一个历史性的时刻，在中国经济风云的不断变幻之中，财经记者将无可代替地成为新闻队伍里一股日益强大的力量。

时代的变迁既赋予财经记者们以机遇，也带来新的挑战。在本章中，笔者将有针对性地对当下如何做好财经报道的几个问题给予解答。为此，我们专访了《南方日报》经济新闻中心贾肖明副主任，他不仅是一位资深财经记者、作家，同时也是国际财务策划师、英国财务会计师。本章也吸纳了国内外众多著名财经记者对年轻记者们的忠告。

第一节　中国的财经媒体是如何诞生与发展的

【问题提出】 中国的财经媒体起步较晚，可以说是顺应市场需求而生。那么，国内的财经媒体具体是如何诞生的，有代表性的媒体有哪些？随着一些财经媒体的成功，政经报道何以能够成为媒体的主流？当下财经新闻可以怎样划分，它们各自的特征又是什么？

一、财经媒体诞生记

改革开放以来，中国媒体一直在进行一项艰难的探索，即中国报业在管制中努力走市场化道路。1979年10月1日，由《人民日报》副总编安岗一手创办的《市场报》一上市即被抢购一空。这是新中国第一份经济类报纸。“从1979年创刊到1989年，是《市场报》为中国经济体制由计划经济向市场经济过渡、确立而奔走呼号的十年。”① 在巨大的信息渴求之下，另一份由新华通讯社主办的综合经济报刊《经济参考报》应运而生，邓小平1984年为《经济参考报》亲笔题词“开发信息资源，服务四化建设”，1990年又为《经济参考报》题写报名，其中的政治色彩可见一斑。当时另一份影响力比较广泛的《经济日报》，于1983年1月1日在北京创刊，也承担了重要的舆论任务。

20世纪80年代中期，晚报由于更软、更注重受众新闻、更具有粘连性，迅速崛起并对党报产生了竞争威胁。80年代末期，党报为了求生存，纷纷创立周末版，《南方周末》便是当时《南方日报》的周末版。1983年10月，时任《南方日报》副总编辑的刘陶找到后来成为《南方周末》第一任总编的左方，通知他报社要办一张星期六周刊。左方在《〈南方周末〉是怎样炼成的》一文中回忆了当时主报和周刊的不同定位：《南方日报》是党和政府跟老百姓的联系桥梁，周刊是知识分子跟民众的桥梁，但这个桥梁是双向的，既要把知识分子的精英思想用普及的形式传到老百姓那里去，又要把老百姓的生存状态和他们的要求和思想情感传回到知识分子那里去。② 从此确定了把“为改革开放摇旗呐喊”作为《南方周末》的主要报道方向。

在晚报与周末版大力竞争之时，媒体发现社会、娱乐、体育题材可以吸引大

① 张垒．中国经济报纸：三十年脉络与流变．中国记者，2008（3）．

② 腾讯《大师》访谈录．老主编左方：《南方周末》是怎样炼成的．http：//news.qq.com/a/20120215/000992.htm．

《南方周末》的办报宗旨（图片来源：百度百科）

量受众，于是在 90 年代初，专业的娱乐、体育媒体纷纷诞生，晚报随之没落。

这时，一种新的产品——“财经报纸”登上了历史舞台。1987—1988 年，老报人丁望在北京数度奔走，他想办一份不同于党报、机关报，自主经营、自负盈亏的报纸。1989 年 10 月，《中国工商时报》创刊。到了 1994 年，该报的发行量已高达 20 万份，并从周报变成了日报。当时还有一张著名的经济报纸——《中国青年报》财经版，但是其核心骨干由于受不了管制数度出走。现在来看，这些经济报纸迸发出的活力与坚持走市场化经营路线不无关系。

《21 世纪经济报道》编委金城认为财经报道诞生的重要前提是整个国家经济发展的深度和力度。1991、1992 年两大证券股市高峰到来，正是由于这种金融证券化程度的加深，催生了国民对细分财经媒体的需求。清华大学全球财经新闻项目主任周乃菱总结这一时期的报业发展时认为：“《上海证券报》（1991 年 7 月创刊）、《中国证券报》（1993 年 1 月创刊）、《证券时报》（1993 年 11 月创刊）三大证券报先后创刊，成为中国证监会、银监会和保监会指定披露上市公司信息的报纸。凭借专业、权威的新闻报道，这三大财经报纸在中国资本市场树立了较大的影响力。"① 其中，《证券时报》更是抓住机遇推出《财经》周刊，通过策划使之成为中国主流新型市场化财经媒体。其"新型"体现在，过去的经济媒体更像是"产经媒体"，财经记者看不懂财务报表，只研究一些浅薄的产业问题、管理问题以及行业问题，而《财经》的记者则更接近西方的写作方式，更加接近问题的核心。周乃菱博士说："这一职业化的财经记者群体所生产的新闻报道向全球及时传播着中国市场经济所带来的种种最新变化，专业化的报道本身也在改变着中国社会。"

二、政经报道成为主流

就在《财经》考虑到底要不要做成泛财经时，《21 世纪经济报道》和《第一财经》面世并取得了巨大的成功。这几家媒体成功的背景是 2000 年证券市场形势大好以及大讨论引发的"扒粪"运动。2000 年，在大的央企还未整体上市前，中小型和地方企业上市暴露了大量问题，如坑害中小股民等。大讨论则为媒体提供了充足的材料和证据，媒体抓住这些问题，集中火力猛喷上市公司。从中不难看出国家证券市场主要是为国企改革服务，国家可以不顾市场随便调整政策。既然所有决定力量均来自国家政策，那么财经媒体就要分析政策，分析背后的政治权利博弈。政经报道在这段时间显示出了强大的生命力和重要作用。

2000 年 10 月，《财经》杂志发表了封面文章《基金黑幕》，引发了我国证券市场的"大地震"。该文矛头直指中国几乎所有的基金管理公司，揭露了许多行业腐败现象，如在桑拿浴间里接庄等。文章一经面世，立刻引起轰动。大成等十家基金公司在《中国证券报》等三大报上联合发表严正声明，认为《财经》杂志所刊登的《基金黑幕》对中国基金业两年来的试点成果给予了全盘否定，其中也有颇多不实之词和偏颇之论，会严重误导投资者。面对重重压力，《财经》又发表了《批评权、知情权和新基金使命》一文予以反驳，旗帜鲜明地指出：媒体的批评权、公众的知情权，远远大于利益集体自赋的或他赋的历史使命。继

---

① 赵智敏．今天，该如何做财经记者？——与清华大学全球财经新闻项目主任周乃菱博士一席谈．今传媒，2011（8）．

《基金黑幕》以后，《财经》还推出了《银广夏》、《庄家吕梁》等力作，揭露了中国股市的种种劣迹，斩断了多家上市公司圈钱的财路，胡舒立说："我们要保护的是更多人的财路。"由于《财经》确立了"独立、独家、独到"的办刊方针，发表的报道锋芒毕露，从而促使政府高层痛下决心整肃证券市场的违规行为。同时《财经》杂志也一夜成名，主编胡舒立更被称为"中国最危险的女人"。

政经新闻做什么？金城根据多年从业经验总结出16个字：市场经济、牵制政府、公民社会、多元文化。市场经济在中国尤为可贵，由于利益牵连深远，经济体制改革总是停滞不前甚至有倒退的倾向。值全球金融危机，政府权力扩散，政经新闻始终要坚持市场经济这个原则。此外，整个国家社会系统建构如果不能发展成为公民社会，就不能进行政治改革，而政治改革就是要削弱政府力量（power），彰显人民权利（rights）。

三、当下财经新闻格局

2006年之后的牛市吸引了大量中小投资者进入股市，股市出现了结构性调整。财经信息不再是高端读者的掌上之物，越来越多的寻常百姓对经济信息的需求量开始持续上升。不仅各大纸媒为财经新闻开辟专版专栏，广播电视等各种媒体业态更是一窝蜂地涌入财经新闻领域。随着互联网的普及，这些信息也以更加便捷和迅速的方式进入每个人的生活。2008年初，观望多年的《21世纪经济报道》终于实现其日报理想。"原来报纸只关注著名企业、央企、跨国公司和著名消费品牌等；扩容后的报纸更能适应中国经济形态，大幅增加了对中小企业的关注；最具活力、推动中国经济迅速向前的恰恰是中小企业。"① 主编刘洲伟认为这是一块有待开发的信息源和市场空白。这一改变意味着政经新闻一统天下的格局开始分化。

现在每张财经类报纸的发展趋势各异。比如《21世纪经济报道》的财经报道比较突出，早期由于新闻性和敏感性抓得很好，它做了很多硬新闻，吸引的是

① 万智炯．财经日报，做还是不做？．中国记者，2008（3）．

高端人群；《中国经营报》则擅长产业新闻，很多企业家都会看；而《南方日报》是省委机关报，报纸第一优选是政经报道，政经报道就会突出一些；《经济观察报》比较偏向宏观，但是更具人文关怀；其他像《新世纪周刊》、《第一财经日报》、《财经》等都是综合性较强的大型财经媒体。

另外，许多国外媒体也都入驻中国，为中国读者打开了另一扇窗口。外媒的视角和专业素养非常值得我们学习，许多优秀的记者起初都是通过模仿《纽约时报》的写作风格而慢慢成熟的。这些优秀的财经媒体还包括美国的《华尔街日报》、《彭博商业周刊》，英国的路透社以及《经济学人》、《金融时报》等。

当下的经济报道按传统可以大致分为政经报道、产经报道和财经报道。三大报道专注点各不相同。

1. 政经报道

政经报道主要关注于人事和政策的变化，包括区域经济出现的新趋势和特点。政经记者多与政府官员和专家打交道，发出的报道是从宏观的角度审视国家的经济走向，同时对于政治体制改革起着重要作用，可以说是最具高度和深度的经济报道形式之一。

《21世纪经济报道》旗下的“21世纪网”盘点了2012年十大政经新闻，摸清这十大政经新闻的脉络或许可以让我们对于政经新闻有更加清晰的了解和领悟，这十大政经新闻分别是：①十八大：开启中国新篇章；②薄王事件；③世界权力更替尘埃落定大国关系待考；④金正恩执政这一年　朝鲜新气象；⑤光荣与梦想：中国莫言捧起“诺奖”；⑥国务院力推改革　提“新两个凡是”；⑦养老金迷局：数万亿缺口如何填补？⑧异地高考：“占海特们”久等了；⑨营改增提速：从试点到全国再到行业扩围；⑩脆弱的城：暴雨倾城，地陷频发。

2. 产经报道

产经新闻主要把聚焦点放在行业变化上。产经记者多关注某一个行业或某一个企业。以商业模式为例，选题可以是淘宝网和苏宁不同商业模式的对比，可以是公司大的人事变动，也可以是一家公司的兴衰，还可以是比较有特色的商界人物，如苹果掌门人乔布斯。

从《中国经营网》的布局来看，产经新闻又可以细化为：大公司、创业汇、锐人物、政经要闻、工商咨询、商业报道、金融投资、区域新闻、内幕调查、理财智慧等。

以《中国经营网》12 月 29 日的网站内容就能够看出专业的产经媒体一般是如何选题的，当日只《焦点》一个栏目就涉及多个行业，如《“禁酒令”空袭白酒业打响价格保卫战》、《苏宁：隐形财富帝国》、《德豪润达闪婚雷士照明吴长江另类回归》、《并购重组清障　央企市场化改革提速》。人物报道也都是采访行业“大佬”，像曾经的“航油大王”陈九霖，集格力电器集董事长、总裁大权于一身的董明珠，银泰百货集团 CEO 陈晓东等。

3. 财经报道

财经报道如果从狭义来看，主要包括银行、保险、证券，还有新衍生的信托、PE 等，这个领域还包括一些行业政策的变化、证券市场的波动，同时也包括一些人事的变动，如证监会主席等。

胡舒立入主《新世纪周刊》后，该媒体一跃成为中国一流的财经杂志。之所以成绩斐然，与其专业化密切相关。翻开杂志，诸多财经领域的专家都是其专栏撰稿人，从而保证了文章的质量。用 2012 年第四期作为范本，可以看到《中国式次贷》、《美国总统大选与全球经济前景》、《又见“三角债”》、《非对称全球化下的权力制衡》、《ETF 死水一潭》等文章，仅从标题看，足以明了其力图追求的深度与高度。

但观察当下的新闻趋势，这三种经济报道也是有融合的。以酒鬼酒塑化剂风波为例，风波首先是反映出一个行业或产业的事件，读者首先想要了解的是塑化剂到底是什么东西，对白酒行业里的企业有什么影响。其次，酒鬼酒是一家上市公司，那么它的股价必然受到影响，整个行业也必然受到影响，投资这些企业的投资者各有什么反应，这就构成了一篇财经报道。这个话题又可以衍生到政经报道，因为白酒塑化剂风波刚好和压缩“三公”支出相关。酒鬼酒事件表明以前卖得很贵的年份酒很可能是勾兑酒，以前领导喜欢喝高档白酒，现在发现其实也没有那么好，那何必再喝高档白酒呢？那么，“三公”支出是不是就可以压下来呢？这些选题相对会有所偏重，但部分报道是可以涉及所有这些领域的，这就是一种融合。又如《造车运动，政府推动》（发表于《南方周末》）一文，既是汽车这个产业的产经新闻，同时，由于报道反映了汽车产业受政策的较大影响而发生了行业变化，所以也是政经新闻。

【问题总结】中国媒体在努力走市场化的道路过程中，财经媒体应运而生。财经媒体的诞生是媒体细化市场，满足受众需求，顺应经济发展的体现。一些财经报道在“揭黑”过程中体现出的社会责任感和获得的广泛认可，使人们看到财经新闻正成为中国经济市场的一名守望者，对促进政治、经济改革都有举足轻重的作用。当下的经济报道可以分为政经报道、产经报道和财经报道。它们各具特征且覆盖面有差别，能够保证经济报道面面俱到且独具特色。

第二节　如何让数据讲故事

【问题提出】数据对于财经报道的重要性是不可取代的，这些数据来源渠道广泛，那么，如何从这些数据挖掘新闻？互联网对财经新闻获取新闻线索又有哪些帮助呢？

一、上市公司报表能告诉你什么

近年来，媒体形成了一种新的IPO（全称 Initial Public Offering，首次公开发行股票）批判报道。IPO批判报道的兴起是因为创业板目前估值比较高，二级市场可以通过一级市场获得级差地租。通过这种证券市场估值差异带来暴富的机会，使得很多人愿意铤而走险，通过造假来获取超额收益。为什么企业想要上市？因为企业上市后知名度提高了，企业管理会更规范，而且财富变现的自由度也更高了。但是上市对于公司来说不一定都有益处，比如必须披露数据，这可能会成为被竞争对手超越的一个窗口。而且上市程序走完要“被扒三层皮”，失败率高达80%。即使上市成功后也可能出现股权稀释纠纷，比如国美的控股权之争；还有创维的黄鸿升，将自己公司的钱用掉了，没上市之前这不算什么，可作为上市公司，挪用公司的钱做房产，就变成了刑事案件，公众公司和非公众公司之间具有很大差别。

如果你想成为一名优秀的IPO调查记者，那么看懂招股书，发现其中的蛛丝马迹是必备的能力之一。的确，在一份上百页的招股书里发现问题需要一定的功力。当然，每个上市公司的报表都不尽相同，在这里，我们只能提供大致的调查方向，更多的实际经验，还要从每次不厌其烦的发掘中慢慢积累和领悟。

下面以福建三奥上市造假为例：

（1）上市公司专利调查。对于创业板来说，创业公司必须具备创新能力，所以专利是最核心的部分。但是招股书上宣称的专利有没有效，是不是真正垄断，则需要进一步调查。调查专利有几个突破口：

①工信部网站查询。三奥股份自称是“数字媒体技术综合解决方案专业提供商”，而《每日经济新闻》记者在工信部网站上就查询到了三奥股份和南邮三奥不拥有任何系统集成资质。

②了解竞争对手。《每日经济新闻》记者注意到，如佳创视讯、捷成股份、中科大洋、成都索贝、新奥特等三奥股份的竞争对手和供应商几乎都有系统集成资质。

③计算研发费用占比。由于2009—2011年三奥股份的收入均为5 000万~20 000万元，按照要求，2011年获得高新技术认定的三奥股份，其近三年的研发费用占比应该均高于4%。然而三奥股份招股书第142页显示，2009—2011年，三奥股份研发投入占营业收入的比重依次为2.03%、5.31%、4.15%。显然，至少在2009年，三奥股份的研发占比是不达标的。值得注意的是，三奥股份不仅有2009年研发费用占比不达标的问题，《每日经济新闻》记者发现，该公司的研发费用存在两组数据。在招股书第142~143页，三奥股份公布的研发费用明细构成显示，2009—2011年的研发投入分别为138.19万元、748.69万元、825万元。然而，在招股书第286页，三奥股份在公布管理费用主要项目时，其2009—2011年的研发费用依次为117.52万元、369.01万元、660.7万元。很明显，上述两个地方反映的研发数据存在出入。若按照管理费用中披露的数据计算，三奥股份近三年的研发费用占比依次为1.73%、2.62%、3.32%，即无一能够达标。

（2）销售造假。创业板都是高新技术企业，理论上收入都非常高。所以如果造假，一定会在销售业绩和收入上造假。

①虚增营收。《南方周末》记者发现，在福建三奥的招股书中，近三年中其做得最大的项目是为福建省广播影视集团提供的电视中心新闻制播综合业务网系

统等项目产品，2009 年和 2010 年分别实现收入 657.12 万元和 2 535.27 万元，占公司总收入的比重为 9.65% 和 17.97%。诸多消息人士指出，该项目实际中标人是北京新奥特，福建三奥仅是一个中间贸易商、代理商。为此，《南方周末》记者查阅了该项目的中标公告，项目招标金额总共 2 889 万。在向负责这个项目招标的福建省机电设备招标公司了解情况时，工作人员明确告知，这个项目的中标公司是北京新奥特。

②销售毛利率"打架"。在福建三奥招股书中，《南方周末》记者还注意到，供应商数据和客户销售数据也揭示了福建三奥的中间商角色：从北京新奥特采购合计为 3 021.60 万元的设备，然后转手卖给福建影视集团，获得 3 192.39 万元的收入，销售毛利仅为 171.79 万元（3 192.39 万元 - 3 021.60 万元）。也就是说，福建三奥向福建省广播影视集团提供的新闻制播综合业务网系统项目的销售毛利率仅为 5.38%。这是与福建三奥招股书公布的销售毛利数据相互"打架"的。按照其招股书，福建三奥在 2009 年和 2010 年的销售毛利率分别为 43.61% 和 33.91%。福建三奥所做的最大的销售项目——新闻制播综合业务网系统项目的实际销售毛利率仅为 5.38%，远远低于其招股书所宣称的 43.61% 和 33.91%。

（3）关联股东。为了获取漂亮的销售业绩，东西总要卖出去。卖给谁呢？一般会是上市公司大股东们开设的其他公司接货。记者可以通过招股书查到上市公司的大股东以及大客户，然后再通过工商资料查询大客户的股东。分别查到这两拨人后，可以看看他们当中是否有一些重合。如果是的话，就可以断定他们有关联。查询的时候一定要仔细，因为很多股东为了避免被查到都更换了姓名。身份证也有 15 位和 18 位之分，这些微小的差别都不能轻易放过。

二、工商资料如何查以及怎么看

工商资料最核心的部分是企业人事变动、企业股权变更和各个子公司之间的关系。工商资料本身并不是特别难看懂，难的是找到这些工商资料。现在基本的企业信息可以通过互联网查询，而复杂的企业变更过程则要到企业注册的工商局查询。查询难易程度每个地方不尽相同，有些地方只要携带身份证就可以随意查询和打印，有些地方则必须有法院出具的证明或律师才能够查询。这样造成的一个结果就是，那些不愿被人查询的企业纷纷逃离了那些可以公开查询的地方，迁到那些不能被随意查询的城市。比如美的集团更换接班人的时候，记者就发现原来在广州注册的美的集团的几个公司已经全部迁回了佛山，当记者千里迢迢赶往佛山后，则被告知禁止查询。

2012 年以来，这种封闭的趋势趋于严重，原来有些专门代查工商资料的企业也纷纷倒闭。在这一方面，记者可能要更多地借助律师的力量，或寻求其他新的途径。当然，我们希望这一封闭的趋势会尽快得到改变。

三、如何利用互联网找线索

对于财经记者来说，现在掌握动态信息网络和利用微博是必不可少的。那么，究竟哪些网站会泄露这些“秘密”呢？

（1）地方论坛。著名调查记者陈中小路关于河南宋庆龄基金会的一系列报道的线索，起初就都是从互联网发掘的。如其中一篇文章谈到河南宋庆龄青少年儿童活动中心缩水变豪宅的事情，最开始就是由网友在大河网等本地论坛发帖爆料出来的。

（2）各类数据库。在宋庆龄基金会报道中，最大的发现还是来自基金会中心网的数据库。因为这个数据库收集了全国几千家公益基金会的重要财务指标，让陈中小路清楚地看到了河南宋基会资产和巨大的捐款金额。

（3）微博。在郭美美“创造”的舆论氛围之下，陈中小路这组报道一经刊登就在社会引起巨大反响，微博也是热议的重要阵地之一。陈中小路通过关键词搜索，从茫茫评论中找到了 1% 的有效信息。找到这些信源后，陈中小路给这些透露有效信息的用户留言或发私信，其中 1/3 的用户提供了内情，成为后续追踪报道的重要线人。

（4）各类蛛丝马迹。《南方周末》经济部资深编辑顾策说：“做调查报道，互联网搜索没什么捷径，要从第一页看到最后一页。”在陈中小路的记者手记中也有这么一段话：“很多时候，因为采访时间紧迫等因素，我们经常会把查找资料这个环节的工作交给实习生完成，我也经常找实习生帮忙。但其实这是一个有相当技术和经验含量的活，做得好可以发现很多有价值的信息和线索，有的甚至是决定性的，但实习生往往只是很粗糙和机械地收集一些浅层信息，所以强烈建议尽可能自己动手，至少也是要和实习生一起来进行，绝不能完全依赖实习生整理的资料。”① 由此可见网络线索对于整篇报道的重要性。

【问题总结】从上市公司报表和工商资料等察觉出其中的蛛丝马迹，可以挖掘到最新的独家报道。要具备这种能力，不仅需要对这些文件资料的关键部分有很好的了解和把握，相关的专业知识储备和经验积累尤为重要。善于运用网络对获得新闻线索大有裨益，但同时也需要抱以谨慎的态度，要经过不断核实，逐步找到核心新闻源，才能获取有效的新闻线索。

第三节 财经新闻如何选题

【问题提出】要做好财经新闻选题，首先需要培养哪些方面的能力？人物报道、公司报道、其他商业信息的报道分别需要从哪些方面入手去确定选题？

如何选题？贾肖明给出的建议是超前感知行业趋势。作为一个财经记者，应该比专家更早而不是更晚发现问题，记者应该做到采访专家时，让他觉得这个问题好，他还没有想到。记者的触角应该是更快、更敏锐地摸到行业的变化。如果你是某个领域专家型的记者，首先你要了解这个领域 TOP5、TOP10 的专家是谁，还要了解他们的观点是什么，你应该和他一起成长，而不是局限于他提出了东西，你再问他，那样就失去了意义。如果你发现你想问的问题，专家都解答过的话，那采访就沦为了一种形式。

要做到超前需要培养几个方面的能力。第一是学习能力，通过互联网、报纸、杂志能够触摸到新的变化、新的视角，形成自己的思维；第二是要有自己的

① 南方报业传媒集团新闻研究所编．陈中小路：宋基会报道出炉记．南方传媒研究（第 32 辑）．广州：南方日报出版社，2011. 10.

人脉系统，因为新的变化可能来自和别人交流，闭门造车肯定不行；第三是总结分析的能力，新的变化只是一个迹象，那么你如何让它形成一个趋势呢？要有判断力；第四是要有呈现能力，形象地呈现，让别人一看就觉得，哇，这个视角怎么这么好！

以下我们将按财经报道的几个细分，详细谈谈究竟怎样的选题能够继续深入：

一、人物报道

选择财经人物作为报道选题看似不难，实际上困难重重。因为“财经人物与一般的新闻人物不同之处在于，他们真实的思维方式、行动逻辑以及政商关系等，都比较隐蔽”[①]。因此，财经人物报道关键是要写出他们在“盘算”什么。普通的新闻报道如果要有所突破，可能采访到的核心人物只有一两个，而人物报道的核心人物虽然是一个，但是为求客观，采访对象必须非常多，从某种程度上来说，人物报道需要大量的体力劳动。比如2012年，前世界银行行长林毅夫卸任回国的时候，《南方周末》操作了一篇关于他的人物报道。由于林毅夫本人较为低调，外界对他的了解也非常有限。但是记者想了解的问题非常多，从世界银行卸任归来，他究竟留下了什么？又会带回来什么？而且由于唯一的专访机会给了新华社，整篇报道就只能由除林毅夫以外的其他采访对象组成了。我们可以看到，这些人中包括世界著名经济学家以及林毅夫在世界银行的同事，也包括普通的学生和只有几面之缘的朋友。正是众人提供的不同细节和观点，还原了人物本身。而在这十几位采访对象背后是记者发向海外的成百上千的采访邀请，它们中的大多数由于种种原因石沉大海了。

财经人物可以是富有争议的焦点。国美电器前主席、中国前首富黄光裕究竟是怎样的一个人？众说纷纭。他的性格与他的财富历程有什么样的关系，以及最终入狱出于哪些原因，和他的性格是否具有必然联系？这些都可以成为写作的素材。财经人物的创富历程是非常吸引读者阅读的一个题材，尤其是那些从小人物

① 张华．在《南方周末》做财经人物报道——报道之八点体会．中国记者，2009（10）．

做起的企业家。如世界各国首富是如何“炼”成的？巴菲特的财富人生以及李嘉诚家族财产如何传承等。很多时候，财经人物是一个时代的缩影。像明星基金经理王亚伟，他的选择和转型是否恰恰印证了中国股市的变化？财经人物也可以是一群人物的写照，好比郭广昌、丁磊、刘永好等人集体养猪。这些事件当时甚至被当做娱乐新闻一传十，十传百。可如果你是个嗅觉敏锐的财经记者，你就会问为什么这么多名人选择这个时候投资养猪。或许你应从更宏大的经济背景下，咀嚼出中国农业产业的投资热潮来。

二、公司报道

财经记者的世界不总是新鲜有趣的。这是个需要十二分严谨的行业，因为一个小数点的失误就有可能毁掉一家公司。不管你是否承认，财经报道更加关乎企业的生死。许多财经记者都喜欢做公司报道，因为调查一家公司需要揪出那个最核心的秘密，这种难度无异于做一次思维缜密又充满想象力的侦探。

当然并不是说所有公司都在我们的选择范围之内，我们需要一些信号。

第一类最明显的如对上市公司的IPO调查，财经记者可以通过证监会发布的过会名单查到这些企业，再通过互联网搜索察觉到的一些异动，如某家公司有业绩造假的嫌疑，如果这些证据可以进一步积累扩大，那么记者就可以考虑实地调查取证了，或许一篇精彩的上市公司调查报道就此诞生。其他非上市公司的丑闻报道也可算在该类别里，因为操作方式大体相同。

第二类公司可以是行业内的佼佼者，比如苹果、三星、Facebook等明星公司，对于这些公司，记者要长期予以观察和积累。等到某个新闻点发生的时候，就可以抢先发稿，超越其他媒体的报道。记者可以将之前对整个公司的了解加以梳理后和盘托出，使读者对公司的成功或转折有种恍然大悟的感觉，这就是一篇成功的公司报道了。

第三类公司则是最近发生了影响较大的事件。奥康皮鞋就是一例，奥康皮鞋是中国鞋企抗辩欧盟反倾销案件中唯一的坚持者，并最后胜诉。也可以是电商“大佬们”出现的动向，比如腾讯电商收购几家公司后打算再度出击电商平台争霸战。

第四类则是那些可以反映整个行业或经济变迁的公司。曾经作为身份象征的英雄牌钢笔，在今日的市场中已难觅踪影，生产它的上海英雄金笔厂有限公司还以 250 万元的“白菜价”贱卖了一半股权。

第五类则可以关注那些名不见经传但是短时间内迅速积累财富的明日之星。大家很少听说过 YY，而其母公司欢聚时代 2012 年居然在美国纳斯达克上市了。而且你会发现在互联网音乐普遍亏钱的情况下，YY 此块的收入居然非常高。敏锐地发现这些公司，或许一篇新的财富传奇报道也将在你的手上诞生。

三、商业模式

对于商业模式的报道往往是要超前的，记者需要向读者呈现一种当下处于萌芽状态，但未来的模式。很多风险投资愿意和财经记者打交道，正是因为财经记者或许更加了解某个新项目的优点和缺点。

国内有些网站如 36 氪和雷锋网，它们都是专注于互联网创业的新资讯平台。财经记者可以利用这些网站提供的信息，发现趋势，做成某一种商业模式的报道。一般新的商业模式都是在国外兴起后，中国出现模仿者。以 2012 年最火的几个商业模式为例：一条国外的消息说，全世界最大的名品折扣网站 Vente-privee. com 推出了电子商务服务“电商工厂”（Digital Commerce Factory），与使用该服务的品牌分享其在数字摄影设计、物流、客户关系、营销、技术五个方面的丰富经验和资源。如果你是一个有经验的财经记者，你会联想到马云的“大淘宝”战略，也会留意到唯品会这个在国内正准备上市的相似网站。那么你是不是就应该策划一个关于“名品折扣”的商业模式选题呢？再如，美国互联网音乐 Spotify 欲融资 1 亿美元，使其估值逼近 30 亿美元。而反观国内的互联网音乐则一片凋零，那么导致这种衰败的根本原因是什么呢？通过对比，或许可以更好地探讨中国数字音乐的商业模式，到最后甚至可以发现移动等三大运营商的垄断是导致这种凋敝的更深层次原因。还有，美国正在兴起的按月订购模式，客户一次付清一年的钱，就会有网站每个月给你寄点红酒、牙膏、牙刷，甚至每个月帮你安排一次约会计划。这样的模式非常有趣，也很新鲜，那么你是不是该策划一个选题，看看这些模式具体是如何操作的以及他们现在的发展状态和未来计划？总之，只要善于积累，乐于挖掘，总会有大量精彩的商业故事等待你的发现。

四、行业变迁

以上我们从财经人物谈到商业模式，都是一些比较具体的选题，相对容易找到报道中心。但对于稍微宏大一些的行业变动，一开始的确会让人摸不着头脑，尤其是对于没有经济学专业背景的财经记者。当然，这也并非完全是坏事，因为你不明白的地方或许正是普通读者希望了解的内容。因此，对于那些一开始摸不着边际的选题，我们首先要提出几个切中要害的问题，然后通过采访尽量解答它们，这样就可以把一个庞大的问题缩小到几个核心的领域中。

我们还是通过一个具体的例子，来看看如何操作一个行业选题。2012 年是股市的大熊市，股指从 6 000 点一路下跌到2 000 点关口，这时你的编辑要你操作一个关于股市跌破 2 000 点的选题，或许你会有点蒙，因为关于 2 000 点是否见底，十个基金经理或许会有十种看法。这时最好的方法是打电话给你在股市中的朋友，他们最好来自不同的机构，包括券商、基金经理、私募、公募、信托、普通投资者等。咨询他们主要是为了弄清楚他们此刻最关心的问题是什么，汇总后你可以开列一个问题清单，比如哪些力量在砸盘以及为什么砸盘？跌到 2 000 点算不算便宜？年底的资金面情况？各个机构的资金安排？市场的本质是否发生了变化？监管层的思路变化？有了这些问题后，思路就比较清晰了，那么就可以开始大规模的采访了。通过不同机构在这个时刻进行的不同操作，可让读者明白此刻究竟发生了什么。

与此类似的选题还有楼市和车市等，比如 2012 年的房地产税改革、汽车行业洗牌严重，这些都可以通过探讨一些具体问题来呈现一幅相对客观的行业画卷。

五、政治经济

政治经济报道如前所说，是为了搞清楚政府对一个产业或行业的政策，以及这种政策出台的背景，这种政策是否合理等，总之是要理清政府和经济的关系。

这一选题的操作难度比较大，因为要经常和政府官员打交道，采访他们本身比较困难，和他们维系一定的关系也颇要动一番脑筋，最后即使采访到了，要报道出来还需要经过层层审批。很多时候，这类选题会通过其他的一些途径达到“曲线救国”的目的。

十八大报告中，明确要“全面深化经济体制改革”，并且提出经济体制改革的核心是“处理好政府和市场的关系”。如果政府转型与经济转型能相互激荡，将极大地激发市场活力。为表达这样的观点，《南方周末》经济部操作了一个关于广东经济转型的专题，这个专题由《要有耐得住寂寞的经济，耐得住寂寞的政府》、《“公共秘书”科技局》、《中国面板与时间赛跑》、《让桉树皮变绿电——世界最大生物质发电厂的生意经》四篇文章组成，从多个角度呈现了广东省政府在寻找广东经济新动力过程中究竟做了些什么。这就是一个非常典型的政经专题，如第一篇文章主要概述了广东省政府这几年的主要工作，像广东省第十一次党代会报告中，首次将广州南沙、深圳前海、珠海横琴以及中新广州知识城、佛山中德工业服务区、东莞松山湖台湾高科技园列为广东转型升级的六大平台。接下来三篇文章则分别从科技局职责转变，中国面板行业、生物质能产业如何得到政府扶持的角度具体对这一选题作出诠释。好的政经报道会对行业有诸多启示，因此政经报道的核心一定是理清政府政策背后的逻辑。

六、宏观经济

宏观经济报道很容易沦为观点的罗列，因为这类选题经常要采访经济学家，他们只能提供一些最新研究成果。但是这样的报道是无法引起读者兴趣的，与其看观点罗列还不如买本专家的书。那么，宏观报道是不是就不做呢？答案当然是否定的，因为敏感的读者可以从宏观经济报道里获取未来经济可能的发展动向，这将对每个人的生活产生巨大影响。与之前的行业报道一样，如果想让宏观经济报道有血有肉，记者首先要找到细化的出口。

前段时间，民间广泛流传着“地方四万亿”的说法，这被看做是中国新一轮经济刺激的信号。我们知道上一轮国家投资的四万亿，在为中国经济带来复苏的同时，也留下了诸多的后遗症，因此，在这个时候再次出现这种异动，势必是一个绝佳的选题。《经济观察报》就抓住了这个机会，刊登了一篇题为“山西找钱”的报道。从题目就可以看出，虽然是一个宏观的选题，但报道采用了以小见大的方式，选择了山西这个地方样本来呈现整个中国招商的狂热。

社会是一个联动的整体，上面这篇报道告诉我们要找到宏观经济的晴雨表。这样的例子还有很多，如广交会直接体现外贸交易情况，大学生找工作直接体现用人单位的需求，煤炭、基建直接体现国家建设力度等。找准突破口，你会发现，宏观经济是个非常有趣的选题。

【问题总结】要做好财经新闻选题，首先需要记者有敏锐的新闻洞察力，形成自己独立的思维和视角，并且拥有广泛的人脉。财经人物是一个时代的缩影，要写好人物报道需要做足功课；对于公司层面的报道，由于一些信息是极为敏感的，因此更需要记者有十二分的谨慎；发现趋势意味着要对商业模式报道有超前感知的资质，眼花缭乱的行业变迁需要记者深入探索，对一些经济政策运筹帷幄更能让财经报道写作胸有成竹而又游刃有余。

第四节　如何让财经新闻出彩

【问题提出】财经新闻乏味的原因有哪些？针对这些问题，又该怎样扬长避短，写好、写活财经新闻呢？

美联社多年来最优秀的特写作家佩尔·皮特这样写道：“我们再也不能把随手涂抹的东西塞给读者。我们再也不能花 20 分钟翻翻资料，打辆出租车，用 30 分钟采访，然后回到办公室，像厨师一样烹调新闻——先调出一条精巧但不知所云的导语，再拽出 15 或 20 个蔫香肠一样的段落，撒上四段引语，再佐以 14 个华而不实的形容词和所有的同义词，然后再欣赏一遍，就算完成了一幅栩栩如生的人物肖像。今天，读者需要更多的东西……他想要被实实在在的事件所吸引。他想要有血有肉、枝繁叶茂的文章。他想要看到有广度、有深度、视野过人的、完整的、有洞察力的——当然，还要诚实的文章。”①《经济观察报》高级编辑宋铁军从业多年最大的一个收获就是：财经新闻绝不限于公司盈亏、股市涨跌、GDP、失业率等数字的增长或下降，它应该是对丰富多彩的商业世界的反映。

贾肖明在与企业家们聊天时发现，认为高端读者都喜欢严肃的报道是一个误区，企业家们工作一天很累，也喜欢读一些轻松有趣的文字。文章的思想可以很深刻，但并不需要过于严肃的文字。其实很多报道都是相通的，财经新闻也可以是民生的、有趣的。

美国《财富》杂志为了差异化竞争，甚至雇佣了一群写小说的人，而且以前并不属于财经领域的选题会因为新的角度和风格而被吸纳。这一举动恰恰证明了财经报道除了要满足新闻的基本要素，还要讲好一个故事；除了清晰准确地理清冷冰冰的交易链条，还要反映商业领域中活生生的人。

现在我们来分析一下财经新闻乏味的原因。

第一，选题不当。接近性是新闻最基本的属性之一，作为财经记者，我们不能为自己圈定读者，要知道一个好的故事一定是相通的。例如，一篇关于券商创新的报道，如果文章全部的着眼点都是关于券商如何创新，那必然不会引起读者的兴趣，读者更关心的是券商创新的产品会为自己带来什么新的服务，以及未来可能有的理财方向。一个普通人如何通过券商创新获得财富的故事或许更有吸引力。

如《中国经营报》刊载的《券商资管扩容备战2013》一文节选：

在业界看来，投融资业务是一块巨大的蛋糕。“券商资管有望打通投融资市场，打造全产业链资产管理。”国信证券金融行业首席分析师邵子钦介绍，2012年1季度末信托资产中，融资类信托占比50%，投资类占比38%，事务管理类占比12%。根据证券行业创新发展思路，投资领域将由银行间和交易所产品扩张至所有投资品；融资类产品方面，随着赢利模式和风险控制手段的成熟，资管产品将扩展至中小企业私募债、股票约定式回购、融资融券等。

---

① [美] 莱特尔．全能记者必备．宋铁军译．北京：中国人民大学出版社，2010.4.

对于业界人士来说，这篇报道没有任何增量；对于受众来讲，也没有贴近性。所以此类文章常常沦为报社的填版之作。

第二，证据不足。尤其是调查报道，证据必须成为整篇报道的核心，记者应该努力还原一家上市公司或企业虚构的财富神话。如果没有充分的证据作为支撑，财经报道只能沦为一篇充满臆想的评论。

如网易财经刊载的《福建三奥涉嫌骗取高新资质　或将补缴税款》，文章只对福建三奥的高新资质表示怀疑，而事实上，福建三奥造假的程度令人瞠目，其中代签合同、虚增营收才是其造假的核心，但文章却毫无涉及。

第三，文字生硬。如果读者读完一篇财经报道，发现除了生硬和难以理解的专业词汇外，没有任何知识的增量，那么何必再读呢？这很大程度上与记者对于专业知识的领悟有关，如果自己都搞不明白，还指望读者能明白？记住，只有融会贯通和深入浅出的文字才能吸引读者。

如刊发在《每日经济新闻》上的《票据业务拖慢集合信托步伐　明年竞争或加大》一文，该文充满了信托、理财、票据、资金池等专业名词，但是看完后却未能对核心内容有清晰的概念。

第四，视野局限。一篇好的财经报道应该是对读者有启发的，例如描写一个政府部门随着时间的变化自身职能发生的变化。选题很好，因为可以以小见大，读者们期待看到变化背后更深层次的原因，包括国家经济政策的纵深。所以对于这类报道，大量的资料收集和背景还原工作是必不可少的，因为只有对比强烈才能增强报道的力度。

随着国家对各行业创新要求的提高与投入，科技局从原来一个不起眼的小单位变成了炙手可热的香饽饽。通过百度搜索发现，大多数关于科技局变迁的报道都只停留在事情的表面，讲述科技局做了什么云云。但一个成熟的政经记者，应该有过人的眼光，应敏锐地注意到这一变化的冲突性。

第五，文风死板。好的财经记者不应该给自己的写作固定模式，尽管记者的绝大部分工作都是按部就班、不设预想的，但好的新闻是跑出来的，每个故事应当有不同的展现方式。这是一个勤能补拙的行业，要相信，更多的采访对象、更多的故事一定会让文章更为精彩。

如《大公报》刊载的《近期接连爆发理财产品丑闻　央行首提防范金融风

险》一文：

此外，货币政策的表述与此前的例会并无太多不同，均表示要综合运用多种货币政策工具，引导货币信贷和社会融资规模平稳适度增长；优化金融资源配置，有效解决信贷资金供求结构性矛盾，防范金融风险，着力改进对实体经济的金融服务，继续发挥直接融资的作用，更好地满足多样化投融资需求，推动金融市场规范发展。此次例会继续指出，要稳步推进利率市场化和人民币汇率形成机制等改革，保持人民币汇率在合理均衡水平上的基本稳定。

该例会由央行行长兼货币政策委员会主席周小川主持，货币政策委员会委员李勇、胡晓炼、易纲、尚福林、郭树清、项俊波、姜建清、钱颖一、陈雨露、宋国青出席了会议。

文中除了一些大而空的“目标”，可以说几乎没有任何信息量。

以上我们已经了解了财经新闻的基本要求和容易乏味的原因，下面要讨论的是如何写出精彩的财经新闻。需要注意的是，一切成功都建立在行动之上。

一、写好财经新闻的步骤

1. 把握中心思想

许多记者在开始操作一个选题前是非常盲目的，认为可以在采访过程中慢慢确定中心思想，可结果往往是一盘散沙，缺乏一根主线把文章各个部分串联起来。为了避免这种盲目的作风，记者在确立一个选题之前必须阅读大量资料，然后总结其他报道的观点是什么，自己的观点和猜想又是什么，两者有什么不同。如果没有不同，又何必去做呢？比如前段时间，70 岁的美的集团创始人何享健没有将公司付于家族成员之手，而是交给了一群职业经理人来打理。在国内大多数媒体看来，这种在国外司空见惯，国内家族企业却鲜见的“传位”方式，是何享健开明的选择，展现了新一代民企掌门人的风范。而事实真的如此吗？是否这是一个无奈的选择？因为根据资料，记者看不到何享健子女有太多的建树。只有带着这个与众不同的猜想，记者才可以开始大规模采访。我们会发现，心中始终带着疑问，就一定会有所收获，即使采访结果和当初的设想有很大差距甚至背道而驰。

2. 扩展文章

有了中心思想之后，我们要尽力获取更多的信息。就是说开始要把网撒大，这样才能在收网的时候获得意想不到的惊喜。一般，扩展文章要建立在大量提问之上。在之前的资料整理阶段，我们已经提炼出了自己的问题以及一些需要证实的信息。接下来要做的是整理这些问题，把它们分类纳入不同的部分，然后继续补充。完成这些步骤后，我们会发现文章的思路已经比较清晰了。要知道，记者提问的过程是让采访对象认可你的过程，如果你什么都不知道，只是寄希望于别人告诉你，那这样的采访是失败的。随着经验的积累你会发现，和采访对象的互动其实是一个相互的过程——你知道得越多，他们告诉你的也就越多。

3. 导语

贾肖明在讲记者雕琢文字的时候说，“因为时间关系不可能将通篇文字都改得像散文一样，但是花些精力，把自己文章的标题和导语做一个打磨，通过引入一些比喻、对比就能够更吸引人，也可以达到事半功倍的效果”。贾肖明刚进报社的时候，曾写过一篇报道，得到了报社内外的表扬，也被新华社转载。那篇报道其实并不是很复杂，是说一家上市公司申请股权转让被国资委驳回，原因是没有履行这个国资委的挂牌转让程序。文章的导语就先引用了一个比喻：这个婚礼就快要洞房了，突然被丈母娘紧急叫停，因为丈母娘说新娘还没有抛过绣球，所以这个姑爷不算数。打过比方后，再说具体事情。其实加那一段话对整个文章的信息并没什么增量，但对读者的提高阅读兴趣却有一定的帮助。

4. 这篇文章为什么重要

告诉读者这件事为什么重要是财经记者的职责。对于华尔街上来去匆匆的金融家，你不必费太多口舌，但是你的读者或许对发生的事件一无所知，尽管这件事和我们每个人都息息相关。英国《金融时报》在《放大风险的“影子银行”》一文中开篇就告诉了读者为什么“影子银行”很重要：“近期华夏银行理财产品拒绝兑付事件，成为市场关注的焦点。监管层以及该银行将如何应对，可能成为中国银行业监管史上一个标志性的事件。对于眼下正在如火如荼发展的理财产品市场来说，这一事件的爆发是对中国理财产品市场以及背后的影子银行体系进行检讨的最佳时点。”瞧，别再说“影子银行”与自己无关，我们在银行购买那么多的理财产品，可又有多少投资者真正了解自己购买的产品的风险到底如何呢?

5. 提供背景资料

前期的资料整理在写作时依然举足轻重。财经记者应该像一个技艺高超的大厨，把那些有用的食材重新搭配，变成一道好的菜肴。而背景资料就像这道菜肴里的调料，一定是必不可少的，但是每个大厨选择哪些材料和使用多少都是不相同的，因此每道菜的口味也不同。漂亮的财经报道应该是草蛇灰线、伏脉千里，背景资料不是孤孤单单地被列出来，而是要在文章需要的时候及时出现说明问题。运用好背景资料将会使整个文章纵深感增强，故事也会充满张力。如《沈阳万通原始股连环骗局》（发表于《南方周末》）一文在还原于洪刚诈骗案时就穿插描写了诈骗犯于洪刚早期的发迹史：“在东宇集团，于洪刚成为庄宇洋进行资本运营的资金调度心腹大将。庄宇洋当时就已将主要心思都用在资本运营上，于洪刚也从中得到不少锻炼。”这样的背景资料使得于洪刚这个形象更加丰满，也让读者清晰地看到一个诈骗犯是如何一步步走上一条不归路的。

6. 提供事件发生的环境

财经记者同时也是善于察言观色的观察家。我们要观察采访对象那些具有代表性的动作、眼神、语气、神态，也要尽力还原故事发生时的环境。这就是为什么问题要问得很细，要让采访对象回忆当时的情境。而且在回忆的时候，还夹杂了采访对象个人对事件的解读，这个时候，很多采访对象就会流露出感慨、后悔或者是庆幸。总之，这样的呈现方式会让文章的立体感增强。

7. 善于利用数字

财经报道要扎实准确就一定需要数字，而且要善于利用数字。但如果整篇文章都是由那些记者自以为重要的数据组成，那将会非常难读，因为普通读者需要你告诉他们这些数据代表的含义，他们只需要知道是大幅增长还是连续下跌。数字要为报道服务，而非报道成为数据的奴隶。尽管有些数据是记者费了九牛二虎之力才获得的，对于专业人士来说，这个数据也非常具有诱惑力，但也要适度使用。很多时候，我们可以把所有数据提炼出来做成表格，这样更加直观；也可以直接让数据讲故事，因为数据摆在一起，对比效果会更强烈。此外，切记核对，核对，再核对所有的数字。

《日本经济真的严重依赖中国吗?》（FT中文网）就是一篇成功运用数据讲故事的报道，来看看节选的两段：

一国经济对出口的依存度高还是低，都是相对而言的。世界银行的统计数据显示，韩国是典型的出口型国家，1967年的出口依存度只有11%，如今为50%左右；德国在1970年只有16.4%，如今维持在40%，甚至50%以上；中国经济的出口依存度在1993年达到19.6%，1994年达到21.3%后就一直高于20%，2006年升至最高的39.1%。

反观日本经济，从1960年至今，出口依存度最高的一年是2007年，达17.6%，大部分年份为10%左右，远低于世界平均水平。在世界银行统计的163个国家中，日本经济的出口依存程度排第158位。事实上，日本经济产业省在2010年也公开承认，“日本经济的出口依存度实际上较低”。

作者通过运用“出口依存度”这个数据和排名，综合对比了其他几个国家，清晰地说明了日本并非一个高出口依存度国家。

8. 运用采访对象的话给文章增添生命力

财经报道本身就容易比别的报道“硬”，因为采访对象总是习惯提供观点而非故事，如银行理财产品经理，他们习惯于向顾客兜售产品，解答顾客的疑虑。但是采访的财经记者却是想听理财产品经理自己的故事，比如说这段时间股市低迷，理财产品经理的日子过得怎样等。所以在面对这些采访对象的时候，要做好笔记，当然，在他们跟你讲述的一大堆对话里，或许只有那么一两句印象深刻的话需要被记录下来。引述的作用非常显著，可以让文章内容真实，并能放大文章的感染力；将引述置于文章开头或结尾，有时也会获得意想不到的效果。比如FT中文网在《中国房地产市场出现起色》一文的开头就引用了一个销售人员的话语：

负责现场接待的销售人员之一Ashley He表示：“刚才有人一口气买了五套公寓。”

房地产复苏的迹象立刻跃然纸上。

再如FT中文网《打死不去小微公司?》一文中所写的：

而相比之下，大城市或者省会城市户籍的年轻人则大多对工作有着更多的期待。用一位私人葡萄酒商的话来说："很多上海籍的年轻人名下已经与父母共同拥有一套或两套房子，他们希望这份工作能让自己再买一套房子。"而看上去活得相当艰难的微小企业显然满足不了这样的需求，当然不是他们的选择。

这样的引述充分表现了微小企业的无奈以及当下年轻人世俗的选择。这种对社会现状的如实反映可以告诉读者的东西远远超过文章的主题，而更像是透露了时代的本质，这也正是财经报道应该努力达到的目标。

9. 说明和解释

对于经济报道来说，首先，逻辑要非常清晰。经济报道不同于一般新闻事件，后者是一种时间体，需指出在哪里发生了什么。经济报道是一个经济现象，一个完整的事件，需分析其背后的原因是什么，要通过逻辑结构说清楚。专业财经媒体喜欢逻辑流程图，这也是一种好的辅助办法。其次，要在文字雕琢上下狠功夫。为什么往往学经济的人做新闻一开始比较容易，后来比较吃力，而学新闻的人刚开始做财经报道可能比较吃力，但是后劲充足。这就是语言驾驭能力的差异。优秀的记者除了专业能力，还要有好的文笔。好的语言短句更能够吸引人，像古代的文字，你不会记得长篇大论，但古诗词却会记得非常清楚，而且印象非常深刻，这就是语言本身的魅力所在。

二、写好财经新闻的策略以及例证

1. 真实情境

我们要为读者勾勒一幅图景，让他们有身临其境的感觉，这种效果远远超过一堆冗长文字堆砌起来的长篇大论，但这种效果最难达到。

例一：

8月23日，下午6点，太原进入了晚高峰时段，车流密集，交通拥堵。坐在一辆车上的张省会和林寿光，不时看着表，抱怨太原的交通状况。两人正急着去赴一个重要的宴席：山西省政府某位高层官员，要找他们谈话。

这是刊载在2012年8月24日《经济观察报》上一篇名为“山西找钱”的文章的开头。看到这样的开头，试问有谁不会好奇这两个赶着赴宴的人是谁？山西高层要找他们谈什么话？山西发生了什么重要的大事？正是这种对真实情境的再现，把读者一下带进了山西的故事里。

例二：

更让她着急的是，老伴由于是万通代理商，这次也被关进看守所了。她前不久去看守所探望，问老伴后不后悔，他回答说：“后悔有啥用。这就是游戏规则。”

这是刊载于2012年8月24日《南方周末》的报道《先敲骨，再吸髓——沈阳万通原始股连环骗局》的最后一段内容。对真实情境的再现，将被诈骗者的可怜与可恨都表现得淋漓尽致，“游戏规则”也成了整个诈骗案最好的注脚。

2. 假定情形

财经记者要充分大胆地想象。因为很多时候，经济危机还未发生。如果想要读者意识到可能发生的事情并意识到这种危机的重要性，最好的办法就是通过想象将可能发生的事情具象化。

例一：

李晓雷并非孤例。指数持续下跌，越来越多的A股股民“不怕烫”，A股正在成为全球最大的“僵尸市”。

中登公司统计数据显示，截至2012年11月23日A股账户数为16 762.49万户，持仓账户数为5 580.51万户，持仓占全部A股账户比例仅为33.29%；也就是说，100个A股账户之中，只有33个投资者持股；另外，100个A股账户之中，只有3个投资者还在交易，接近97%的账户变成“僵尸”。

这是刊载于2012年12月6日《南方周末》的名为“全球最大的‘僵尸市’迷失A股”的文章内容。股市跌至2 000点关口，几乎所有财经媒体都策划了股市选题。《南方周末》策划的这篇则较具创新性，提出了全球最大“僵尸市”这个概念，让人由衷地感觉到了股市的寒冷。这正是一个通过假设持仓人数，将危机形象化的例子。

例二：

想象一下，一个18平方米的房子，面积只比商场停车位稍大一点，你的床头可能顶着卫生间的玻璃，伸一下手臂，至多再迈上一大步，就几乎可以够得到屋里所有的物件——你当然也摆不下太多物件。

这样的房子盛不下什么人生计划——即便是些很寻常的计划，比如结婚，生子，或者让它看起来更像一个家。

在北京，有人为如此窘迫的生活付出的成本是70万元人民币。

这是荣丰2008小区里最小户型的新成交价，它的使用面积只有13平方米，却是这个小区里最抢手的户型。有人想过把它当成一个真正的家，继而发觉类似的想法很幼稚。

这是刊载于2012年12月11日《21世纪经济报道》的名为“万科，你真要建18平米住房?”的文章内容。正是对于这个18平米小户房的合理想象，凸显了梦想和现实的差距，揭示出其荒诞性——这样一个让人窘迫的住房竟会如此炙手可热。

3. 类比

当你想要向读者解释一种非常复杂的现象时，可以尝试类比这种方法，这种技巧的目的在于让读者从他们不了解的领域迅速进入他们熟知的话题，并通过后者获得对前者的理解。

例一：

为何对冲基金经理会对成人尿布感兴趣？答案是，成人尿布是判断日本国债泡沫是否行将破裂的线索——有越来越多的对冲基金正将这个泡沫的破裂视为下一桩大买卖。

今年，日本成人尿布的销量首次大幅超过婴儿尿布。这一明确的统计数字突显出日本面临的巨大人口挑战——看空日本国债的人士认为，几个月内日本定将爆发一场危机，而人口挑战就是这场危机的几大致因之一。

这是刊载于2012年12月3日FT中文网的名为“做空日本时机已到?”的文章内容。或许你此前对做空一无所知，因为中国股市一直以做多为主，但读完此段文章，你应该明白做空是怎么一回事了。作者成功地将做空和成人尿布结合到了一起，成人尿布超过婴儿尿布，意味着老龄化进一步加剧，那日本的经济还好得了吗？赶紧赌经济下行吧！

例二：

浑水公司（Muddy Waters）得名于中国的一句成语——浑水摸鱼。但比起一家在乌拉圭经营奶牛场、在加州做番茄加工、在加纳开面粉加工厂的企业，浑水公司并没有“浑浊”多少。考虑到这一点，我们同样很难对这家做空公司令人期待已久的有关新加坡大宗商品交易商奥兰（Olam）的报告做出评估。但这份现在已在网上公布的报告，确实提出了一些令奥兰无法回避的问题。

这是刊载于2012年11月28日FT中文网的名为“浑水、奥兰都该质疑”的文章内容。浑水公司具体是干什么的？如何做空其他企业？每次做空都成功吗？被它指控的公司都有造假吗？对于这一系列问题，如果用沉重的财务数据砸向读者，或许没人会再对这家公司有任何兴趣了。但这篇文章通过类比浑水公司和“浑水摸鱼”这个中国人熟知的成语，让读者形象地感知到了这是一家借“浑浊”其他公司而趁机赢利的做空机构。有了这个意识，继续读完整篇文章，之前的所有疑问也就迎刃而解了。

【问题总结】选题不当，论证牵强，表述生硬等都是造成财经新闻乏味的原因。针对这种情况，在确定好选题后，写作方法尤为重要。在报道中，读者需要明了文章的诉求点是什么，因此需要清晰地指出整篇文章的核心思想和重要之处；提供一些背景材料能够让受众更易信服；转换语言的模式，善于运用采访对象的话能给文章添彩。此外，一些文学写作的理念和方式也可以加以运用，增强文章的感染力。

第五节　采访需要技巧吗

【问题提出】我们希望采访到第一当事人，拿到他的联系方式绝对不是什么难事。但令人头疼的是他可能会拒绝你的采访，那些联系方式可能瞬间沦为冰冷的数字。怎么才能让采访对象开口？看似简单的采访暗藏了哪些玄机，又该如何一一破解？

一、采访对象拒绝采访时，该怎么办

让不愿说话的人开口，这是个极富技巧性的工作。《中国企业家》说，“优秀的新闻人才具有唤醒资源和开拓资源的能力”。

下面就来谈谈有什么办法可以让不愿说话的采访对象接受你的采访。

（1）找到对方不得不说的理由。这个理由可不会从天而降，要找到这个理由，激起采访对象的倾诉欲，就需要做大量的准备工作。

首先，要了解你的采访对象，比如他做过哪些事情，把这些事情串联起来，记者要提出一个猜想，就是说采访对象的“野心”究竟是什么？这个想法一定不能落入俗套，比如大家都管巴菲特叫股神，而实际上他是一个并购天才，他从来不买卖股票，而是做投资，往往只有切合其内心想法的猜想才会打动他。试问人生在世，谁不愿获得些许共鸣呢？退一步说，即使有些想法并不一定和采访对象相一致，但由于角度新颖，采访对象或许愿意给这个勤奋的记者一个机会。

其次，要了解采访对象的性格。知己知彼，百战不殆。如果对方是个清高的人，就要表现出十二分的尊敬和理解；如果对方是个谨小慎微的人，就要晓以利弊，告诉他如果不说的话可能对他的影响更大，因为他的竞争对手正在外面抹黑他，其实公开说明一下并不是什么坏事，而采取“鸵鸟”战术并不好。最后，在采访核心人物之前，最好先去搜集一些一手信息和资料，掌握了这些信息犹如掌握了武器，采访对象会明白你手上掌握的信息会对他造成一定程度的影响，不如主动向你提供信息。

（2）请熟人介绍。历史已经千万次证明，通过熟人介绍的采访，成功率会高很多，尤其是陌生的采访。在这里，就要强调一下人脉的重要性了。每个人的风格特长不一样，比如可以在轻松的聚会中结交朋友，扩展人脉。或者刚好与采访对象是同乡或同学，除了采访之外还有另外一层情义，可以把这个关系利用好。另外现在微博很发达，你可以多关注采访对象的动态，多关心他，有时候逢年过节发个贺卡，总之用心的话，每个人有每个人的办法。当然，这个社会的节奏越来越快，资源不是越多越好，要有一个不断优化的过程。

（3）在采访对象艰难的时候，也要以平等的姿态面对。年轻记者很容易走入的一个误区是，利用手中的权力，对采访对象进行审判。如果读过柴静的书，你就会发现，无论她面对的是药家鑫还是李永波，无论采访对象犯过怎样的错误，受到过怎样的争议，在她面前，大家都是平等的。刘晓枫在《沉重的肉身》中讲过“个人伦理”的问题，由于每个人经历的轨迹不同，因此永远不能以一个公共的标尺来审判他人。作为记者，更要明白，我们的职责是让采访对象开口。

当然，兵无常势，水无常形。记者应该如何让采访对象开口，实际上总结起来只有四个字：永不放弃。

二、为什么采访进行得很顺利，一定是中了圈套

我们之前也提到过，财经报道和其他新闻报道的不同之处在于表面正常的交易下往往存在复杂的利益关联和商政关系。这些采访牵一发而动全身，还会遭到来自各种力量施加的压力。在与多位记者接触的过程中，他们都谈到了此类采访

存在的危险性和各种陷阱。

比如一位记者在做上市公司报道时，曾经非常顺利地采访到了那家上市公司的上游供货商，该供货商是行业内数一数二的大企业，平时很难采访到。而那次，这家供货商的CEO竟主动接受了记者的采访。供货商的CEO承认自己为那家上市公司供货，也仔细讲述了两家合作的分工，整个采访非常顺利。但是很快记者就被上市公司找上了门，显然供货商是为了了解记者采访的目的才接受采访，在那之后就迅速向上市公司告知了记者的行踪。后果可想而知，上市公司先是以利相邀，见记者不从，就找到报社高层，利用行政能力干预。之后，记者找到了上市公司的业内同行，却发现他们不愿意接受采访，尽管平时被上市公司欺压已久，但让他们开口也很难。而在报道几经磨难见报后，许多同行才打来电话告知记者，原来上市公司有当地副省长做后盾，在不能充分信任记者的情况下，他们不敢讲。

三、为什么简单的选题，采访并不简单

简单的选题，一般是指非调查性报道，比如商业模式这类比较轻松的选题。但为什么这类采访其实不简单呢？因为通常情况下，采访对象正在起步阶段，会把记者当成免费的宣传渠道，也会利用这个采访的机会，向记者大量灌输这个模式如何如何好之类的信息。而当记者问到该模式可能潜在的问题时，他们就会避而不谈。同样，由于模式较为新颖，国内也很少有风投对此进行过研究，自然无法提出一些有建设性的看法。遇到这种情况，采访实际上要演化成市场调研，记者需要从其他渠道获取大量的数据，来证实或证伪采访对象提供的信息。要采访上下游的商家，了解新商业模式对他们真实获利情况的影响。除此之外，还要采访许多国外的同行，了解它们发展的轨迹，现在遇到的瓶颈，以及和中国的差异。只有以上这些工作全都做到了，才有可能客观地展现一个商业模式的全貌，使读者获得启发，对产品或服务作出判断和选择。要知道，媒体不是传声筒，很多时候，我们其实就是那个独具慧眼的“风投”，要通过各种办法判断眼前这个模式的市场前景。

四、那个以为最困难的采访，事实上并不真正困难

没有困难的采访，只有懒惰的记者。大多数时候，只要记者跑到现场，那些曾经觉得难以采访到的人，都会接受采访，面对面本身就能够建立一种信任的关系。笔者印象中，一次比较困难的采访是关于柬埔寨炒股。当时柬埔寨股市开张，许多中国人闻风而动，纷纷跑去当地炒股，这是一个相当有趣的话题。而当时距发稿只有一周时间，中国记者没有办法亲身去到柬埔寨，这让报道陷入了僵局。怎么采访那些去柬埔寨炒股的人呢？这位记者发动了当时所有可以动员的力量，最后通过电话找到了《柬华日报》的一位财经记者，而这位柬埔寨记者不仅专门跑这条线，而且还是中国记者所在媒体的粉丝。有了这层关系，这位柬埔寨记者为中国记者搜集了许多中国股民的联系方式，还为中国记者拍摄了柬埔寨股市的各种情境。中国记者受到鼓舞，又通过微博了解到中国证监会研究中心主任祁斌正在厦门做一个演讲，竟通过微博联系到一位现场观众向祁斌提了个问题，那位现场观众将他的回答录下来后传回了报社。采访困难吗？很困难。因为这些采访对象天南海北，有些受到规则的制约不轻易接受采访。但为什么又在一周时间内，采访到了这么多不可能采访到的人呢？我们应该相信：只要坚持不懈，就会有机缘巧合。

五、财经记者必须是金融领域的专家吗

贾肖明说每个人对自己职业定位不同，“有的记者只把新闻作为一份工作，对他来说你给我一个选题，我采访到合适的人，把它写出来就好了。但是现在新闻的竞争非常激烈，如果想成为一个专家型的记者必须要下更多的功夫，从目前形势来看，随着媒体竞争和报社对于稿件的取舍，专家型的记者是财经记者的一个方向”。

贾肖明进一步解释，“首先经济报道相对于时政报道来说变化性更强，因为中国经济变化非常快，包括企业，比如像苏宁这样的企业，前两三年是非常成功的一个家电连锁企业，但是近两年，随着京东商城这样的电商兴起，马上大家都

对它的经营和骨架持一个怀疑的态度。你必须要了解，为什么会有这样的变化，包括要了解国外亚马逊和百思买的变化。对于电商，大家以前认为小东西可以在网上买，大家电因为退换货麻烦而不愿意在网上买，那为什么消费习惯发生了变化?”这些都是日积月累才能获得答案的问题。

除了变化快之外，财经报道还有要素多的特点，财经记者要了解事情的复杂性，专业知识是必不可少的。但是没有财经背景的记者也不必沮丧，因为这些财经知识多半可以边做边学，即使是有财经背景的记者也要时学时新，因为这是个变化极快的世界。除了更新专业知识之外，财经记者要切记的是，千万不要让自己的报道变成专业报告，你的笔应该用来讲述一个绝佳的故事。

六、一个财经记者能否完成所有类型的题目

贾肖明的观点是记者可以既做专才，又做通才。“首先一个人不可能胜任全部的报道，否则一个人就可以办一份报纸了，记者肯定是只在某一个方面具有特色。当然随着社会变化，很多事情的逻辑关系相辅相成，如果想成为一个更好的专才，必须对其他领域有所涉猎，这样才能更好地报道好一个新闻事件。比如你报道一个公司，如果你是一个优秀的记者，你可以落在国家对于行业政策的支持上，为什么基建行业和家电行业形成了这种竞争优势?大背景是我们在整个WTO开放之后，整个中美的竞争优势发生了变化。如果你是一个产经记者，则应该能从整个产业链的层面看待整个问题。”

以贾肖明个人经历作为参考。贾肖明从业8年，前面4~5年主要就是关注证券市场，因为当时刚好碰到上一轮牛市和股权分置改革，也由于那个时候报社人手比较少，基本就他一个人跑这一领域，所以他全部的精力放在了证券市场的变化和制度性改革上。正是因为专注和投入，所以他成为股票和基金方面的专家型记者。2009年，他与李大霄合著了《超越人性：穿越牛熊的投资智慧》一书，书中涵盖了他多年钻研股市的经验。在后来这些年里，他慢慢意识到证券市场的变化脱胎于宏观经济和政策，因此，贾肖明也花了些精力去观察区域金融，如开始关注更广泛领域的财经报道。这些精力的“分散”反而使得他的证券、基金报道更加准确和精彩。

【问题总结】采访是报道的第一步，让采访对象开口，除了要有锲而不舍的精神，方法也很重要，了解对方是最起码的一步，通过熟人介绍可以迅速拉近距离，此外，采访过程中不卑不亢、关系平等才能让氛围更融洽。由于财经报道涉及复杂的利益关联，记者需要时时保持清醒，提防被对方欺骗和有意设陷。财经记者未必非要成为金融领域的专家，但一定的专业知识是必不可少的，并且，专注更易于做精、做深一个领域的报道，成为该领域的“行家”。

参考文献

1. ［美］莱特尔等著．全能记者必备．宋铁军译．北京：中国人民大学出版社，2010，4.

2. 南方报业传媒集团新闻研究所编．陈中小路：宋基会报道出炉记．南方传媒研究（第32辑）．广州：南方日报出版社，2011.10.

3. 腾讯《大师》访谈录．老主编左方：《南方周末》是怎样炼成的［EB/OL］．2012－12－10．http：//news.qq.com/a/20120215/000992.htm.

4. 万智炯．财经日报，做还是不做？．中国记者，2008（3）.

5. 张垒．中国经济报纸：三十年脉络与流变．中国记者，2008（3）.

6. 张华．在《南方周末》做财经人物报道——报道之八点体会．中国记者，2009（10）.

7. 赵智敏．今天，该如何做财经记者？——与清华大学全球财经新闻项目主任周乃菱博士一席谈．今传媒，2011（8）.

第七章　社会新闻报道

社会新闻是历史最为悠久的新闻类别，是新闻的“鼻祖”，自人类自觉的新闻活动诞生起，便有了社会新闻传播活动，并随着实践的发展成为现代新闻传播事业必不可少的一部分。正如马达 1981 年在《文汇通讯》中对社会新闻的阐述：“现在我们讲的社会新闻，是指广大读者普遍关心的社会生活的某一个侧面，有政治的、经济的、文化的……提倡写社会新闻，有利于多方面地联系广大读者，以便表扬新人新事，提供新道德新风尚，建设我们的新生活。这是其他新闻形式难以全部负担的。”

先来看一则社会新闻：2011 年 10 月，陕西西安未央区第一实验小学为部分学生发放绿领巾，要求这些学生进行佩戴。并解释称，学习、思想品德表现稍差的学生没有红领巾，发放了绿领巾以资激励。此事一出，记者连带调查出上海、北京、武汉一些地方也曾出现过“绿领巾”事件。这则社会新闻从百姓关心的教育大事入手，容易引起受众的兴趣和关注；此事引发网民热议，开展了对教育的大反思，无形中推动着教育的改革；它及时揭发了社会弊病，减少了给孩子心理带来的创伤；它在一定程度上平复了家长的怒气，起到了社会“减压阀”的功能。但不可否认，这则社会新闻报道还存在一些误区，如不做任何处理将佩戴绿领巾孩子的照片刊发在报纸上，这也是一种新闻伤害；新闻语言本身不够理性客观，存在很多道德审判的话语等，这些都是社会新闻工作者应当杜绝的不良倾向。

社会新闻如何促进社会机制的改良？社会新闻报道中存在哪些误区？在社会新闻报道中需要处理好哪些关系？社会新闻如何才能让受众喜闻乐见？鉴于社会新闻的重要性，本章将从以上几大问题着手，对社会新闻报道进行系统的探讨。

第一节　社会新闻如何催化社会机制改良

【问题提出】“社会新闻”是个老调重弹的话题，但也是常谈常新的话题。那么，社会新闻可以发挥哪些方面的具体作用？为什么说社会新闻对整个社会系统的良性运行都有着不可替代的作用呢？

2003 年，对“孙志刚事件”的报道最终导致了一部法律——《城市流浪乞讨人员收容遣送办法》的废止，推动了中国法制进程；2007 年，以“重庆钉子户”为代表的强拆事件揭示了现代化建设过程中产生的尖锐矛盾，矛头对准当地政府，引起当局的反思与改善；2010 年，“我爸是李刚”事件饱受网友揶揄调侃，媒体对“官二代”、“富二代”依仗父辈财权而仗势欺人的报道，将中国社会长期存在的“权力荫及裙带”现象再次和盘托出；2011 年，“小悦悦事件”拷问了整个社会的良心道德，让人在看到人性冷漠的同时反思媒介的道德审判错位……不同历史阶段的社会新闻，都是对当前社会生活、社会问题、伦理道德的反映。一篇篇具体的报道犹如历史长河的浪花，既是历史前行的记录者，更是社会前进的推动者。

在执行舆论引导和舆论监督功能过程中，社会新闻一直以“揭丑”为主，在某种程度上类似于西方媒体当年的“扒粪者”角色。社会新闻这只“牛虻”，时常搅动着社会的神经，通过让人痛定思痛的方式不断催化着社会机制的改良与健全。社会新闻具有覆盖范围广、报道形式生动活泼、服务性和趣味性强且与受众联系密切等特点而为受众喜闻乐见。社会新闻是上情下达、下情上传的有效渠道，也是梳理社会意见，达成合意的重要方式。尤其当前我国正处在社会转型期、矛盾多发期，在多元利益格局下，更需要社会新闻来倡导真善美、抨击假丑恶，通过匡扶正义进行舆论引导。社会新闻的社会机制改良作用具体体现在：引导社会舆论方向，发挥社会守望功能；弘扬社会正气，净化社会环境，发挥道德教化功能；维护社会公平，加快立法进程，发挥法律规范功能；化解社会矛盾，构建和谐社会，发挥社会关系调节功能。社会新闻对整个社会系统的良性运行有着不可替代的作用。

一、社会守望功能——引导舆论方向，监督社会发展

拉斯韦尔认为环境监视是大众传媒的第一功能："告知和提供新闻，向人们预示并发出诸如恶劣天气、紧张的军事局势之类的危险警告，同时还包括那些与经济、公众、社会、生活密切相关的重要新闻。"而"联系"是传媒的第二功能："选择和解释周围环境的信息，发挥联系功能的就是媒介中那些社论和宣传性的内容，这种联系功能是通过对偏差行为的曝光。"而作为新闻传媒大家庭的重要成员——社会新闻，通过润物细无声的方式对舆论进行"软引导"。"所谓'软引导'，是媒介在充分相信公众判断能力的前提下，通过提供多种客观、真实、准确的新闻事实和若干大众关注、充分说理、平易近人的意见，让受众自己去比较、鉴别、总结和选择。"①

单篇社会新闻未必能够体现出鲜明的教化作用，表面看只不过是给受众提供轻松娱乐的谈资，但任何一家新闻媒体在刊播新闻的过程中，都是按照一定的道德观念和价值标准进行信息筛选的。受众长期接触此类新闻，便会接受或认同其中的道德观念和价值标准。相对于"灌输式"引导，"软引导"具有潜移默化的引导效果，新闻报道中存在的思想、文化、价值及行为导向，直接或间接地影响着受众及整个社会的舆论走向。社会新闻虽然在内容题材上较少直接与国家大政方针及政治经济政策相关联，却有着广阔的覆盖面和强大的渗透力，通过对鲜活的社会问题、社会变化、社会现象等进行及时报道，极易在受众中产生舆论影响，循序渐进地促使某种社会舆论环境的形成或改变，从而影响受众的思想情绪、道德标准和价值取向。正确引导舆论，为构建和谐社会充当舆论主导者，是媒介在社会新闻报道中不可推卸的责任，也是传媒作为社会守望者的价值所在。

处在社会转型期的当代中国，利益格局日益多元化，各种社会矛盾层出不穷，需要充分发挥新闻媒介的舆论监督力量。社会新闻通过对损害群众利益的不良行为予以揭露，对社会管理中存在的不足和漏洞大胆揭露并督促纠正，对各种

---

① 刘行芳．论媒介对舆论的软引导．淮阴师范学院学报（哲学社会科学版），2003（6）．

不良作风和丑恶现象进行鞭挞，以塑造有利于维护真善美的舆论环境。除了积极的主动引导，社会新闻更多时候是从侧面或者反面对社会进行舆论监督，这是社会新闻传媒干预社会最直接的方式，也是社会新闻的社会影响力的主要立足点之一。社会新闻往往直面社会，对社会中不和谐或者影响和谐的因素进行揭露，通过新闻舆论的约束力，对社会问题、社会不公正现象进行监督和制约，促进问题的解决和社会的进步。

2008 年 9 月 8 日，甘肃《兰州晨报》率先报道“甘肃 14 名婴儿因食用同一品牌奶粉同患肾结石”，但只以“某奶粉品牌”称之，并未点明。11 日，《东方早报》刊登的《甘肃 14 名婴儿疑喝“三鹿”奶粉致肾病》报道，引发了全国乳品行业的质量安全问责风暴，在这篇报道中首度对导致甘肃 14 名婴儿患病的罪魁祸首“三鹿”奶粉进行了点名曝光。至此，“三聚氰胺毒奶粉”事件将奶粉行业的“潜规则”托出水面，整个社会“谈奶色变”。正是社会新闻充分发挥了其媒体舆论监督功能和“社会良心”的作用，才能及时曝光这一事件，降低了给社会带来的危害和损失。

继“三聚氰胺事件”之后，“瘦肉精事件”、“动车追尾事故”等一系列事关百姓生命安全的事件被曝光，引发舆论声讨，在公众的谴责声和媒体的质问声中，有关部门介入调查，督促事件尽快处理。无论是天灾还是人祸，无论是弘扬美德还是针砭时弊，社会新闻报道的目的都在于警世和醒世。这决定了社会新闻的守望者角色，在监测社会环境方面发挥着重要的作用：及时发现社会中潜藏的危机与病变，呼吁社会各方关注并及时予以“治疗”。

社会新闻分布在社会的“奇经八脉”，是社会的“耳目”和“喉舌”，是监测社会环境变动的“雷达”，通过媒体监测自然环境、社会环境中的不和谐因素，建立积极有效的社会预警机制，能够有效地促进社会对问题的及时解决，传达社会主流价值和意识形态。因此，社会新闻工作者要充分发挥媒介的守望功能，敏锐地观察社会生活的变化，洞悉新出现的社会现象，进而预测未来发展方向，满足受众了解外部世界最新变动的信息需求，减少决策失误的可能性和由此带来的损失。

二、道德教化功能——弘扬社会正义，净化道德风气

道德规范功能，是由社会新闻特有的题材内容、采访对象、报道角度等因素所决定的。社会新闻大量涉及社会道德、社会风尚方面存在的问题，褒扬好人好事以及优良的道德风尚，批评不良行径和歪风邪气，社会新闻所传递的正是道德教育信息，对受众起着潜移默化的引导作用，帮助人们明辨是非、树立正确的道德观，从而促进社会主义精神文明建设。穆青认为，社会新闻必须体现道德规范功能，这是社会新闻最重要的社会功能，要把道德规范功能摆在“以德治国”的高度来对待。道德规范属于自律范畴，在政治新闻、经济新闻甚至体育新闻中都不同程度地存在，但没有哪一种新闻能够像社会新闻这样对社会道德产生如此大的影响。同时，在表现形式上，社会新闻的道德规范作用比其他新闻类别更为直接和强烈，因此，正确地引导社会道德观价值观是媒体不可推卸的责任。媒体应当自觉承担起传播公共文化的使命，传播积极、健康、有益的公共文化内容，抵制消极、不健康和有害的文化垃圾，丰富大众的精神生活，培养健康的审美情趣。这种社会道德教化的责任要求社会新闻工作者借用新闻事实来宣扬社会正义，以达到激浊扬清，树立良好社会风气的目的。

2012 年 10 月，《楚天快报》刊发了《襄阳 90 后大学生休学侍母　背母上学四处打工》一文，讲的是襄阳市一个感人的孝道故事：90 后大学生程威，5 岁丧父，18 岁时母亲患上癌症，他坚强地背母亲来到学校，边上学、边打工，边照顾母亲。而今，母亲病重，他休学也要“陪母亲走完最后一程”。几天后，新华社发出长篇通讯关注此事，并在新华网“新华头条”刊发长篇通讯《寒门学子大孝行：湖北一 90 后大学生“休学侍母”》。文章分为“坚韧不拔，寒门学子背着母亲上学堂”、“乐观向上，自强男儿休学侍母暖人心”、“爱心传递，社会各界帮扶给力显真情”三个部分，叙述了程威打工救母、背母上学、休学侍母的感人事迹，称他的孝行感天动地。此外，中央电视台、《人民日报》也对此做了突出的报道，程威休学侍母的精神感动了全国网友，网友感言达万余条。

历数近年来寒门子弟感人孝行的社会新闻不在少数，像“19 岁少女 4 岁照顾瘫痪母亲　背母上学 11 年”、“酒泉最美女孩背母上学获‘全国十佳自强女

孩'”等，可以说此类题材已经没有多大新意，但为什么还能引起这么多媒体和受众的关注？这是因为道德的感化力能够引起受众的强烈共鸣。同样，社会新闻对生活中丑陋的现象进行揭露批评，也可起到警醒人心的作用，其力度有时甚至大于塑造典型形象的影响力。2012 年 7 月，《郑州日报》刊登的《男子搭救一家三口遇难　获救者竟称“关我屁事”》一文引起群众的极大愤慨。湖南省娄底市青年邓锦杰因搭救三名溺水者而不幸身亡，然而被救者竟然冷漠无比。对此，新华网刊发了《被救者冷漠遭谴责，救人者牺牲到底值不值》，在强烈谴责被救者道德卑劣的同时，也发出了舍身救“恶人”到底值不值的疑问。这则社会类新闻折射出了鲜明的对比：一边是奋不顾身地救人，一边是冷漠无情地离去，无须任何直白的话语，受众自然形成道德评判。

社会新闻报道中对于道德事件的态度通常是褒贬分明的，作者的情感隐藏在对事件的表述之中，或者说这些新闻信息本身是带有感情色彩的。社会新闻能够帮助受众树立正确的道德观念以及道德判断标准。新闻媒体所传播的态度、观点、情感等，尤其是新闻媒体在报道某一社会事件时所持的赞扬或批评的态度，会对受众的道德评判标准起到重要的影响作用。

转型期的中国社会，利益格局多元化导致价值观多元化，整个社会都面临着建设一个什么样的道德体系的困惑，这时作为“社会公器”的媒介就应当承担起弘扬社会正义，净化社会风气的重大责任。相对于时政新闻和经济新闻，社会新闻有着广阔的覆盖面和强大的渗透力，因而极易在受众中产生影响，对受众的思想情绪、道德标准、价值取向和行为方式具有重要的引导作用。社会新闻可以采用以小见大的报道视角，通过剖析某一具体的新闻事实，倡导某种社会风尚或抨击某些落后腐朽的旧观念。就单个社会新闻而言，其所起的舆论导向作用并不明显，但在长期的熏陶中，就会发挥强大的道德教育和审美教育功能。社会新闻选取生活中的真、善、美，用生动的事实、先进的典型来引导受众，使受众获得美的启迪和人格的震撼，起到凝聚人心的作用，在潜移默化中提升整个社会的道德观和价值观。

三、法律规范功能：维护社会公平，加快立法进程

社会新闻由于其报道内容、受众对象及传播方式的独特性，对社会主义法治社会的构建具有独特的规范和引导功能，社会新闻的法律规范功能主要体现在：通过对法律案情的报道增强受众的法制观念，并学会运用法律的手段来维护个人的正当权益。社会新闻从业人员是社会“杂家”，比较熟悉相关法律规定，通过对案件的报道和分析，让受众从鲜活的事例中认识到哪些是合法的，哪些是违法的，以及如何运用法律手段维护个人的合法权益。通过对民事、刑事等法律案件的报道来普及受众的法律常识，培养具有权利意识的社会公民，推动社会主义法治社会的建设。

社会新闻中对法律案件及其相关法律知识的报道是最生动的教材，让受众明白什么是合法的，什么是违法的。有的媒体还设有专栏或者专门的节目，如2012年12月《新快报》的《穗纪委今年查办61名处级以上干部过半养情妇》，2012年9月《羊城晚报》的《村官频发大案警示亟待构筑“防火墙”》等，向受众宣传了法律知识，一方面警示公民不要触犯法律，另一方面也提高了公民的权利意识，有助于法制社会的建立。除了直接的法制教化，社会新闻更多的是用间接的方式来影响法律，通过对某一社会事件的报道或反对公权力的某项举措，进而赢得公众的舆论支持，为法律的制定或完善提供良好的舆论环境。

例如，以《南方都市报》为代表的社会新闻报道推动了“孙志刚事件”的处理和问责，在深入调查后刊发了《被收容者孙志刚之死》，随后多家媒体对此事进行了详细的追踪和调查报道，引发了对收容遣送制度的反思和抨击，并发展为对“违宪审查机制”的讨论。此事也引起了国家领导人和相关部门的高度重视，并于2003年6月公布了《城市生活无着的流浪乞讨人员救助管理办法》，废止了《城市流浪乞讨人员收容遣送办法》，随后一系列的收容遣送相关条例和制度也陆续被废止，终结了在中国存在了20多年的收容遣送制度。此事件因此被称为2003年最具意义的新闻事件。此外，包括对湖北佘祥林“杀妻”冤案的报道，对“躲猫猫事件”的报道以及对赵作海冤案的报道都引发了公民权利意识觉醒的高潮，媒体的质疑和舆论的力量共同使得事实真相水落石出，督促公检法

部门反思现行的侦查程序，最终促使《关于办理死刑案件审查判断证据若干问题的规定》和《关于办理刑事案件排除非法证据若干问题的规定》于2010年5月出台。这些社会新闻有力地推动了中国的法制化进程。

由此来看，这些典型的社会新闻案例更像是一个起点，一位公民用理性和耐心推动社会进步的起点，一个政府开始由被动立法转向自觉完善的起点，最终督促这种临时性的“制度创新”演变成“常规路径”。2007年1月17日《中华人民共和国政府信息公开条例》的通过，2007年8月30日《中华人民共和国突发事件应对法》及相关法律的通过，都为保障公民和新闻媒体的知情权提供了法律依据。正如学者萧瀚所说，我们只能用法治的手段推动法治建设，用正义的方式推进正义事业。“孙志刚事件”时刻提醒我们，要珍视和争取身为公民所应有的权利，只有这样，才能推动中国的政治文明、法制建设和社会进步。社会新闻报道的民事、刑事案件，是对受众进行法制教育的活的教材，增强了受众的公民权利意识，激发了受众对信息的知情权、表达权和监督权的捍卫。社会新闻不仅通过新闻调查为司法调查提供了事实依据，更使民主法制的观念深入人心，为法律制度的创新提供了先行准备。

四、社会关系协调功能：化解社会矛盾，构建和谐环境

当代政治学家亨廷顿指出，一个高度传统化的社会和一个已经实现了现代化的社会，其社会运行是稳定而有序的，而一个处在急剧变动、社会体制转轨的现代化之中的社会（或曰过渡性的社会），往往充满着各种社会冲突和动荡①。当前中国社会正在从传统向现代转变，利益主体重新建构，这也必然会存在矛盾与冲突。处在转型期的社会，其系统内在结构会发生很大的变化，即人们的生活方式、生产方式、心理结构、价值观念等各方面均呈现出全面而深刻的变化，清华大学孙立平教授将此称为“断裂的社会”。

这种“断裂的社会”现状导致了社会矛盾呈现出一些新的特征：①矛盾主体多元化，并且越来越以利益群体的面目出现，具有利益群体冲突博弈的性质，

① 转引自塞缪尔·亨廷顿. 变化社会中的政治秩序. 王冠华等译，北京：三联书店，1989. 40~41.

近年来群体性事件越来越多，群众与政府的矛盾日益突出，尤其是地方政府或者权力机构与群众的矛盾逐渐成为社会关注的焦点，如2007年厦门PX事件、2011年广东汕尾乌坎事件以及矛盾日益激化的众多暴力拆迁事件；②矛盾表达及解决的渠道越来越多，且倾向于通过媒体来加快解决速度，网络及新媒体成为表达社会不满的最新也是最主要的渠道；③矛盾主体由于强弱对比悬殊而情绪对立，往往采取比较激化或尖锐的方式来解决冲突以引起社会各界关注，如宜黄拆迁自焚、殴打城管等。社会矛盾的激化无疑提高了社会系统良性运作的成本，而以报道社会行为及现象为主要内容的社会新闻在降低处理社会矛盾的成本方面将大有可为。

如何化解与消除社会冲突，最根本的方法是有效疏导。科塞认为任何社会系统在运行过程中都会产生敌对情绪，形成有可能破坏社会系统的压力，当这种敌对情绪超过系统的耐压能力时，就会导致系统的瓦解，因此就需要产生借助于可控制的、合法的和制度化的疏导机制，来释放社会紧张，消解社会冲突，将冲突控制在较小规模内。[①]而以传播信息、沟通情况为基本功能的媒体应在社会冲突中起到重要的疏导作用。新闻媒介应当构建畅通的民意诉求机制和有效的矛盾疏导机制，认真疏导和解决在改革发展中由于利益关系调整而出现的问题，从而化消极因素为积极因素，化不和谐因素为和谐因素。社会新闻传播对象广，其受众没有明显的行业、阶层区分，触角延伸到各个阶层，可以敏锐地感知社情民意。社会新闻传播活动不仅反映、而且影响并疏导着公众的情绪，对于构建和谐的社会环境发挥着至关重要的作用。构建和谐社会其实就是一个不断化解社会矛盾的过程，社会矛盾的化解是一个系统工程，需要多方协作，媒体在其中起着桥梁和纽带的作用，具体表现在推动深层理念的转变、督促社会职能的完善、塑造诚信的社会环境、加强各方信息的沟通等。

社会新闻在对冲突性事件进行报道时，要做“安全阀”而非“助燃剂”，媒体不可为吸引受众注意力而幸灾乐祸，其“安全阀”功能主要体现为“沟通两头”：一方面，减轻或缓解冲突双方的敌对情绪；另一方面，及时向统治阶级或社会管理者显示民情。“安全阀”为人们提供用来释放对社会不满情绪的合法冲

---

① 张卫. 当代西方社会冲突理论的形成及发展. 世界经济与政治论坛，2007.

突机制，它在一定程度上可以起到转移矛盾的焦点，避免矛盾的积累的作用。其实，回顾历次被媒体曝光的，如“孙志刚事件”、“医患纠纷”、“拆迁事件”等社会冲突事件，都起到了“社会安全阀”的作用。

【问题总结】社会新闻扎根于社会，是社会的“耳目”和“喉舌”，是监测社会环境变动的“雷达”；在转型期的中国，对化解社会矛盾，构建和谐社会有着无法替代的作用；并且对社会也起到教育和监督作用，对弘扬正义和维护公正都有着不可磨灭的贡献。

第二节　社会新闻报道存在哪些误区

【问题提出】应当承认多姿多彩的社会新闻，在丰富人民群众的精神文化生活，提高分辨是非善恶的能力，开阔视野，增加情趣，传授知识，以及进行舆论监督等方面起到了积极的作用。但随着传媒业逐渐走向市场，个别新闻媒体为了追求经济效益，也使得社会新闻开始变味。那么，目前社会新闻报道存在哪些误区呢？针对这些问题，解决之道又有哪些呢？

社会新闻以其报道范围广、题材内容丰富、与公众生活联系紧密等特点备受关注，许多媒体把加强社会新闻作为其贴近实际、贴近生活、贴近群众的有效手段；甚至设有《社会新闻》、《焦点》、《特别报道》等专栏或专版，成为报刊吸引受众的名牌栏目。但随之出现的问题是，媒体过度强调社会新闻的可读性、趣味性，却忽略了其舆论导向功能，突显了社会新闻繁荣背后存在的报道误区。

一、格调低下，流于庸俗

人们大都认为，大众传媒中的暴力、色情、盲目追求娱乐及整体的庸俗化、琐屑化等恶俗取向应对当前社会风气恶化、道德沦丧及整个社会日趋世俗化承担不可推卸的责任。大众传媒似乎理应促成健康向上的舆论风气，而事实却是，部分媒体所主导的舆论导向和价值导向在相当程度上是有悖于社会健康发展的。基于此，人们斥责大众传媒一味地迎合受众的庸俗需求，而没能以健康向上的内容引导社会风气。社会新闻是对世态人情的反映，具有趣味性浓厚的特征，更容易受到读者的青睐。然而，很多都市报却将社会新闻作为吸引读者眼球、为报社赢利创收的工具。在激烈的市场竞争中，社会新闻披上了媚俗的外衣，而真正的社会功能却被淡化、忽视。社会新闻报道范围广、接收人群多，其过度追求轻松、娱乐、煽情的倾向对受众的影响将更为广泛、深刻，因此必须遏止这一不良发展势头。

下面是某新闻网站的社会新闻版块，从该版块上血腥的图片、煽情的标题、色情的内容、猎奇的视角，其格调和品位可见一斑。

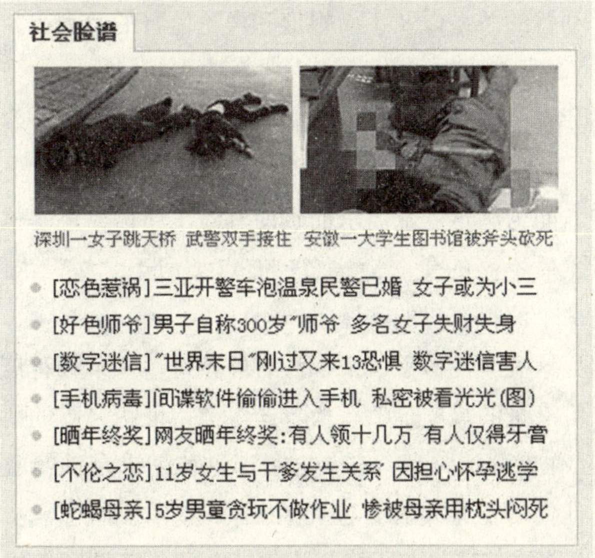

图7－1

格调是由定位决定的。与时政新闻强调大局意识和舆论引导相比，社会新闻由于采用平视的视角报道社会生活及其变化，一般不会刻意强调具体某一篇新闻报道的大局意识。但作为一种自我定位，社会新闻若流于琐碎，报道必将难以拥有较高的格调和品位。随着社会的发展和教育水平的提高，受众的文化知识水平也有了较大幅度的提升，其权利意识、民主意识、科学意识均大为增强。因此，一味强调趣味性和可读性的社会新闻已经满足不了受众的精神文化需求。社会新闻必须从纷繁芜杂的信息中筛选出有价值、有品位、有助于受众了解其生活环境变动的信息，题材要筛选，立意要高远，角度要独到，文字要鲜活，只有这样，社会新闻才能真正成为一道既营养又可口的“信息大餐”。

摆正社会新闻的位置，坚持正确的舆论导向，确保社会新闻客观公正，是每一位新闻工作者的神圣使命，也是对其素质的基本要求。在实际工作中，媒体应努力做到不唯上、不唯风、更不唯钱，只唯实，坚持实事求是的精神，忠实地向人们反映社会真实，同时确保社会新闻的舆论导向正确，发挥好“耳目”和“喉舌”作用，促进社会向前发展。站在时代的高度，就是不但要放眼中国，还要放眼世界；不但要放眼当前，还要放眼未来，拥有高屋建瓴的大局意识，正确处理全局和局部利益的关系以及正面报道和舆论监督的关系。

二、过度迎合，全民娱乐

到底是社会新闻为满足受众需求而致使其流于庸俗，还是格调低下的社会新闻培养出了一批素质不高的受众？这多少有点类似于“鸡”与“蛋”哪个先出现的问题，也是一个值得探讨的问题。

在中外新闻界这一争论似乎从来都没有停止过。从某种程度上说，煽情报纸唤醒和激发了人们潜藏的欲望，然后指着这些欲望证明自己的所作所为完全有道理。[①] 美国新闻工作者乔治·菲奇曾说过：“这种需求是被精心培养起来的，就像农民精耕细作他们的土地一样，还得在需求起来之前把需求的种子播下去。”但是《底特律新闻》的李·A. 怀特却认为：“当今报界最大的弱点不是向广告商屈服，而是向匿名的多少有些虚幻的公众屈服。而这个公众因为匿名，很像是诈骗信作者，有能力搞乱犹豫不决的主编的头脑和意志薄弱的发行人的敏感的钱包。主编和发行人不能以公众的不智作为他放弃理想的辩护词。”《报纸的良知》一书中这样说道：“贩卖任何可口毒药的贩子都可以找到想要这毒药的公众。”

---

① ［美］利昂·纳尔逊·弗林特. 报纸的良知. 萧严译. 北京：中国人民大学出版社，2005. 106.

除非人性标准化，否则总是存在一些少数人，他们的愿望会直冲道德底线。但少数人习惯于他们的愿望被否定——甚至大多数人也习惯于此——以换取他们认为有利于整个公众的共同利益。[①]

在社会主义市场经济中，新闻媒体实行“事业单位，企业化管理”的双轨制，“独立核算，自负盈亏，照章纳税”。在这种生存环境下，媒体往往逐受众兴趣而动，以赢得视听率与点击率。不可否认，新闻媒体的价值取向与社会意识形态和公众趣味密切相关，公众趣味会影响大众传媒的节目风格；但新闻媒体过度迎合社会公众庸俗、琐屑的需求心理与文化品位，就会造成大量暴力、色情、娱乐等低级趣味的内容充斥于版面。

社会新闻是“软新闻”，具有娱乐功能，然而部分社会新闻工作者为了谋取局部的经济利益而一味地迎合读者的猎奇心理，宣扬消费娱乐，导致“新闻娱乐化”。“娱乐化新闻是使受众在接受新闻信息的时候，追求感官刺激和欲望的满足。在内容上注重软新闻的报道，减少硬新闻的比例，或硬新闻软化，甚至在严肃的政治、经济新闻中挖掘其娱乐价值；在形式上强调故事情节性，由适度的人情味、贴近性，变为片面追求趣味性和娱乐性，强调事件煽情、刺激的一面。”[②]在消费主义至上的社会里，社会新闻被视作消费社会的一部分，用娱乐化的形式包装新闻，过分强调新闻的故事性、情节性，用惊心动魄的图片吸引读者的注意力，追求感官上的刺激。社会新闻还采用夸张的叙事方式大肆渲染，走向泛娱乐化。在受众本位观的影响和经济利益的驱动下，大众传媒同以消费性、享乐性为特征的大众文化相契合，社会新闻娱乐化愈演愈烈。各色各样荒诞不经的假新闻被编造，蓄意炮制，以为编造某些情节无伤大雅，或是采访不深入，道听途说；侧重报道奇闻轶事，特别是灾祸、事故、犯罪、丑闻等负面新闻，仅把社会新闻当做扩大销路的“卖点”，追求“轰动效应”。

由此看来，“满足公众需求”更多是对承担社会责任不作为的借口，社会新闻是为了最大限度地满足受众的信息、知识、娱乐等需求，但并不等于听从其支配，更不是引导出更多庸俗的需求来。美国著名传媒文化研究者尼尔·波兹曼在

---

① ［美］利昂·纳尔逊·弗林特．报纸的良知．萧严译．北京：中国人民大学出版社，2005. 107.

② 林晖．市场经济与新闻娱乐化．新闻与传播研究，2001.

《娱乐至死》中提到有两种方式可以让文化精神枯萎：一种是让文化成为一个监狱，另一种是把文化变成一场娱乐至死的舞台。如果全民娱乐成为社会新闻乃至大众传媒的常态，那么尼尔波兹曼的“其结果是我们成了一个娱乐至死的物种”的可怕预言或许终将成为现实。

三、炒作策划，新闻失实

在传媒市场经济条件下，以市场为取向的新闻价值观念中，为了吸引受众的目光，社会新闻不惜用各种手段进行新闻炒作。新闻炒作“是在新闻发生和传播过程中，新闻提供者或新闻传播者有意识地介入其中，引导、强化部分新闻要素，以达到吸引受众注意、获取直接或间接商业利益的一种新闻运作手段。它的基本特点是预谋性、轰动性和商业化”①。在炒作过程中，为突出某一有吸引力的新闻要素而无限放大，其结果可能导致虚假新闻的产生，对事实的夸大和煽情也直接影响了新闻的客观公正原则；新闻媒介的本职工作在于向公众提供关于事实变动的信息，而非干预事件的发生发展。新闻炒作是指媒介介入新闻事件，在新闻事件中扮演某种角色，这是媒介角色的错位。为了追求轰动效应，新闻媒介热衷于新闻炒作而疏于对舆论的引导，这将直接影响到媒介的影响力和公信力。

新闻炒作违背了新闻客观性原则，也极大地挑战了新闻的真实性，是一种明显违反新闻职业规范的做法。如2007年各大媒体关于“杨丽娟追星事件”的报道，北京一家电视台在看到此事的炒作价值后亲自去杨家，并三次对追星者杨丽娟许诺能帮其联系到刘德华并安排见面，然而最终没有兑现承诺。此事已经远远超出了报道客观事实这一新闻职业范畴，而是由传媒推动事实的发展，有意策划出一些“事实”来满足受众对故事情节发展的期待心理。这种炒作行为不仅给当事人带来了伤害，也是对受众知情权的亵渎。

总体而言，新闻失实可以分为蓄意失实和非故意失实。蓄意失实是新闻报道者主观上为了谋取私利或其他动机而故意违背新闻报道的真实、客观、公正原则，不以客观存在的事实为依据，采用夸大、歪曲、煽情鼓吹等表现方式来掩盖

① 魏剑美，唐朝华. 商业策划与新闻炒作. 北京：中国商务出版社，2005.

客观事实。非故意失实是报道者并非出于本意，而是受到主客观条件的制约，未能按事实本来面貌对其进行如实报道所导致的失实。而由新闻炒作策划导致的新闻失实属于典型的蓄意失实。例如，2007 年北京电视台生活频道《透明度》栏目播出的《纸做的包子》，2009 年《半岛都市报》刊登的《老板手头紧　让五情妇 PK》，2010 年《成都商报》刊登的《夜上黄山　谁让救援队变敢死队》，2011 年《重庆晚报》刊登的《母亲千里走单骑》等。在每年公布的年度假新闻中，社会新闻占了相当大的比例。

四、大局意识淡漠，负面报道过多

南京大学邓利平教授认为："负面新闻是现实中产生的一种状态及价值判断。从内涵来看它是悖于社会正向发展变动的事实，是人与社会、自然的关系发生冲突、失衡的变动。"不难看出，负面新闻主要指对现存社会中的灾难性事件和破坏社会秩序的事件所进行的报道，通俗地说，就是我们常说的天灾和人祸，像自然灾害、交通事故、重大流行病等，本书所指的"负面报道"是与"以正面宣传为主"相对而言的。翻开 2012 年 12 月 19 日的《信息时报》，其广州新闻版上刊登的新闻有：《黄埔一涉黑团伙 8 人昨过堂》、《靓女睡觉不关门惨被邻居强奸》、《民房着火一死一伤》、《男子悬红 10 万通缉杀妻凶手》、《"差佬"设美人计专骗"色"老头》等，就给人一种世间灰暗之感。

长期以来，我国的新闻事业作为党和人民的耳目喉舌，肩负着服务于社会主义现代化建设和社会主义民主与法制建设，维护国家统一，民族团结，实现政治稳定和社会进步的历史使命。[①] 从这个基点出发，新闻媒体传播的新闻信息大都以鼓舞、激励、表扬的正面信息为主，对负面新闻信息持有一种小心谨慎，甚至有意回避的态度。近年来，随着我国改革开放的深入，话语环境日益宽松，负面新闻信息传播取得长足发展。在信息化社会，互联网等新媒体由于把关人缺位而流通着大量的负面新闻信息，并与传统媒体形成互动，共同将负面新闻托出水面并进行追踪报道。"存在即合理"，负面新闻作为社会新闻的一部分，是对正面

---

① 李良荣．新闻学概论．上海：复旦大学出版社，2001．8．

新闻报道的有效补充，有存在的合理性和报道的必要。

然而，随着传媒市场化竞争日益加剧，社会新闻对大众求刺激心理过分迎合，出现了“追求眼球经济，淡化社会责任”的流弊。在社会新闻领域对车祸、打架斗殴、跳楼、杀人、火灾等新闻有着过多的报道，不仅数量多，而且相似或同类事件频繁出现，有的甚至对暴力事件的细节和血腥场面描述过多。在编排手法上也常常会采用耸人听闻的大字标题、极度煽情的语言、配上大幅照片吸引眼球等，如果不加区别、不关心大局、过多过滥地报道负面新闻，必然不利于社会的健康发展。

在社会新闻报道中要把握好“度”，不仅要控制数量，平衡正面新闻和负面报道的比例，还要把握报道时机。早在20世纪20年代，美国著名政论家李普曼就在其所著的《公众舆论》一书中论及拟态环境问题时，认为新闻机构是构建拟态环境的机构。在现代信息社会，绝大多数人只能通过“新闻供给机构”去了解外部世界，人的行为已经不再是对客观环境及其变化作出的反应，而是对新闻机构提示的某种“拟态环境”的反应。媒介传播的信息形成了人们头脑中“关于外部世界的图像”，进而影响到人们对周围环境的认知和判断以及基于此种判断的行为，并反作用于现实环境。新闻媒体对负面新闻信息的集纳编排和集中报道，会把灾难的图景放大，给公众一种夸张的误导，对社会的和谐与稳定造成威胁。

五、商业主义至上，广告侵蚀新闻

新闻媒体一边要像企业一样卖衣服卖鞋子，一边又要像教育家一样卖思想和观念，到底应该把什么摆在首要位置？这种定位在很大程度上决定了媒体对商业主义的态度。商业主义强调赢利，把向公众提供新闻当做追求赢利的一种手段，媒介在商业主义原则下凸显其经济属性和产业属性，强调其作为企业、产业组织的根本特性。在市场经济条件下，作为信息产业的组成部分，媒体强调商业主义是其生存的前提，但当商业主义凌驾于新闻专业主义之上时将导致何种后果？正如普利策所言：“商业主义在报业经营中具有合法地位，但它仅限于经理部。如果商业主义侵犯了编辑权，它便成为必然的堕落和危险，一旦发行人仅仅注意商业利益，那将是报纸道德力量的结束。”①

我国第一份完整包含新闻、评论、副刊和广告“四大件”的报纸是上海《申报》，诸多传播元素互相联系但又界限分明地履行着媒介的结构功能，使新闻媒介成为一个结构有机、功能复合的系统性新闻发布平台。在新闻媒体的结构单元中，新闻与广告是两种具有本质区别的传播元素，它们在新闻媒体系统内处于不同的结构地位，承担着不同的传播职能和社会作用，并以此相对固定地在受众心目中形成了轩轾分明的媒介角色认知和传播心理期待。② 自此，新闻和广告之间就产生了既相互排斥又密切联系的关系。

在市场经济条件下，新闻传媒作为一个经济体，需要自主经营、自负盈亏，这就倒逼新闻传媒必须解决生存问题。目前，大多数媒体仍然依赖广告收入维持运行，但新闻与广告有着本质的区别。新闻是对新近发生的事实的报道，其报道的根据和标准是新闻价值。而广告则是广告主以赢利为目的，借助一定的媒介，把有关商品服务的知识或情报有计划地传递给人们，影响受众，以期扩大销售。新闻传播强调的是事实的真实、新鲜，其目的是帮助受众认知世界，而广告则是以广告主为中心进行的自我宣传，目的是获得更多的经济利益。

不论是“广告新闻化”还是“新闻广告化”，只是形式上的不同，其实质都在于模糊广告与新闻传播元素在形式和本质上的区别，用新闻的形式来传播广告或者在新闻报道中植入广告的元素，以达到广告的有效传播，实现某种商业目的。这些不规范的操作手段在社会新闻报道中更是被大肆运用，社会新闻具有“软性”的特征，其读者主要由普通百姓构成，不像以政界企业家等为传播对象的政经报道，其读者有着较高的辨识能力。随手翻开一张晚报都市报，标以“专题报道”、“企业家风采”、“记者手记”以及混杂在新闻报道中的软文随处可见，这不仅是对新闻专业精神的践踏，更是对受众知情权的亵渎。这些广告和新闻的异化现象带来的只是眼前利益，损害的是长远利益，也被称为“饮鸩止渴”，最终必将为受众所识破，也必将失去受众。

---

① 转引自周伟. 媒体前沿报告. 北京：光明日报出版社，2002.

② 胡正强，马骎. 饮鸩止渴：广告新闻化的媒介行为分析. 河北师范大学学报（哲学社会科学版），2010（1）.

【问题总结】在市场经济的驱动下，社会新闻滋生出不少的问题，其中最显著的当属炒作、低俗化和娱乐化，这些都让社会新闻的价值大打折扣，其原有的地位也不断受到挑战。但也正是市场经济的驱动，新闻传媒作为一个自主经营、自负盈亏的经济体，也要寻求解决这些问题的方法，只有克服这些弊端，社会新闻才能获得新生。

第三节　社会新闻报道要处理好三大关系

【问题提出】社会新闻报道中道德伦理失范的具体表现有哪些？当社会新闻涉及伦理道德时，怎样才能传播积极的、健康的人伦常纲？为什么说积极引导主流价值和道德追求应成为一种媒介自觉？在一些矛盾尖锐、引发普遍关注的社会新闻报道过程中，又如何避免社会新闻干预司法呢？

一、社会新闻与伦理道德

到底是“揭底”、“扒粪”更有益于社会健康发展，还是“扬颂”、“唱善”更符合人们对美好生活的期待？对于诸如“联防队员强暴他人之妻”事件，媒体应该揭开“面纱”，赤裸裸地报道真相，还是保留底线，维护受害人的尊严？直逼真相和人道关怀孰轻孰重？

1. 社会新闻的伦理规范与价值诉求

西方哲学奠基者苏格拉底曾说“德行即知识”，这是对善的最高赞誉，认为善是最高明的知识。他说：“每天探讨德行以及相关的问题，对于人来说是一种至高之善，没有经过这种考验的人生是没有价值的人生。”这种高度赞美“善”的理念与儒家的“仁者爱人”的思想不谋而合，均反对唯利是图，提倡对道德品行的追求。伦理规范是人类特有的一种内在规范，是指人类社会中人与人、人与社会、人与自然的关系和行为的秩序规范。任何持续影响全社会的团体行为或专业行为都有其内在的特殊伦理要求，新闻传媒作为生产精神产品的机构，对伦理道德的内在要求要高于其他行业。在新闻传播领域内，道德往往代表着社会的正面价值取向，有着判断行为正当与否的作用。在现代社会，伦理道德的教化通常是通过家庭教育、学校教育和社会教育共同完成的，在信息化社会，新闻媒介毫无疑问担当起最为重要的“导师”角色。

社会新闻较之其他题材的新闻，具有鲜明的伦理道德规范和价值诉求。无论是报道内容还是传播影响力，社会新闻中都会有意无意地植入传播者的意识形态和价值观，具有潜移默化的教育功能，引导着人们的伦理道德观。社会新闻主要是反映社会生活中有关社会问题、社会风尚、伦理道德、奇闻轶事，反映公共道德、社会法律等相关领域的现象及问题。社会新闻的受众是普通公民，剔除了一切身份标签，其读者数量的庞大程度是其他新闻都无法比拟的。这同样也对社会新闻的理论规范和价值诉求提出了更高的要求，一旦出现“方向性问题”，其影响范围之广、程度之深、持续时间之久也是不可估量的。

2011 年 10 月 13 日下午，广东佛山，两岁小女孩悦悦被一辆面包车撞倒和碾轧，18 名路人先后路过无一伸援手，直到第 19 位路人——拾荒阿姨救起小悦悦，然而最终她还是因抢救无效离世。此事引发了媒体的普遍关注，各大纸媒、电视媒体以及互联网媒体对此事进行了跟踪报道，拷问着国人良心以及对社会道德滑坡的反思。17 日《佛山日报》头版刊登大标题“这一天，他们让佛山蒙羞”，站在道义的高度报道了此事。姑且不论媒体这种做法是否有失公允，但其道德质问的成分无疑是非常之重的。此外，也有媒体走出了简单的道德评判，《南方都市报》19 日在头版头条刊登“谴责见死不救，拟设奖惩机制，广东问计于民”，站在更高的层面对同类事件进行了反思，当局者也开始有所作为。2012 年 11 月 27 日，广东省颁布《广东省见义勇为人员奖励和保障条例（草案修改稿二稿）》，见义勇为牺牲或可一次性奖 100 万元。这可以说是对近年来屡屡发生的道德滑坡事件的法律回应。

同一时期发生一起类似事件，中央电视台却采取了截然相反的报道方式：10 月 19 日，江西南昌一名 22 岁女孩被撞并被压车底，众多民众携手抬车救人。CCTV《新闻 30 分》对此进行了报道，央视的评论是：“帮助别人的氛围可以激发善举，勇气也可以互相感染。其实，在每个人的心底，善良和勇气都不会缺乏，缺少的可能是自主的萌发，所以，当别人需要帮助时，当我们想解救他人的为难时，不妨振臂一呼，把善举和勇气传染给更多的人。”央视的这种做法是逆流而上的——在大多数媒体对路人的冷漠进行抨击和反思的时候，我们也需要一些正能量来激发向善的力量。

任何一篇社会新闻稿件都有自己的思想和观点，从选题到报道都包含其独特的"品德"，这种"品德"影响着受众的道德观和价值判断，具有社会道德规范功能。人们除了政治、经济上的需求之外，还有情感需求，社会新闻不仅传递信息，更隐含着某种价值观，这正是社会新闻存在的价值。但是社会新闻工作者一定要有大局意识，要能正确地引导社会舆论方向，要坚持"有所为有所不为"的原则。在报道视角上，以小见大，在小题材中挖掘大主题，在小冲突中折射道德良知，不能仅以满足受众猎奇心理和吸引眼球为目的。

2. 社会新闻报道中的道德伦理失范

由于国内媒介环境趋于复杂，社会思想多元化、媒介竞争激烈、新兴传播媒介涌现等原因，导致了新闻媒体中伦理道德失范现象越来越严重。在激烈的市场竞争中，对经济效益的追求甚于社会效益，为了吸引受众不惜降低格调，一些节目有庸俗化、娱乐化、琐屑化的发展趋向，出现了虚假新闻和"有偿新闻"；社会新闻过度追求可读性和吸引力，对新闻事件进行越俎代庖式的道德审判；为了追求轰动效应而重利轻义，缺乏人道主义关怀。这些道德伦理的失范对整个社会的道德风尚和舆论导向产生了深远影响。

（1）道德审判倾向。

在媒介化社会，受众对大众传媒寄予过高的期望，认为传媒不应仅囿于报道、劝说、陈述以及有益的娱乐，作为一种社会舆论监督和公众舆论引导手段，它理应成为社会与公众的耳目和喉舌，并在道德上担负起应有的责任与义务；还应承担起宣传、阐明社会总体目标与美德的相应责任，以成为主流价值的塑造者与引导者。然而，部分媒体以"社会公器"自居，在进行社会监督时却出现了"媒介审判"的倾向，扮演着道德评判家的角色。

2011 年9 月初，一个出生仅6 天的婴儿无法正常排便，深圳市儿童医院建议做造瘘手术，全部费用需10 万元；而孩子的父亲拒绝了手术，到另外一所医院仅开了0. 8 元的石蜡油，即缓解了孩子的症状。10 万元手术费与8 毛钱间的巨大反差，引起公众对此事的极大关注。然而，时间最终澄清了事实，深圳市儿童医院没有误诊，孩子最终还是做了手术，家长及相关媒体也作了公开道歉。此事虽已告一段落，却引发了公众对社会新闻工作者职业道德的质疑。

对于此事，社会新闻工作者按习惯性思维做报道，简单地以为患者一定是弱者，出现了“一边倒”的报道倾向，无视新闻的真实、客观、公正和平衡。仅看看这些新闻标题吧：《从10万到8毛，医德沦丧多少?》、《医院反噬比“10万元手术”更让人心寒》、《医德沦丧：8毛治好的病怎要价10万》、《是技术差还是良心差》、《医院的老虎》、《两种答案透视不同医德》等。正如最早报道“八毛门”事件媒体的道歉信所言：“我们认为，医生和记者两种职业的共性之一，都是在治病。医生的职责是治人生理和心理的疾病；记者的职责是治社会的病。我们承认，在今天的中国，医生和记者两个本应更崇高的职业都遭遇到公众的信任质疑。”这种借助“社会公器”之名义进行的道德审判带来的伤害是巨大的，也直接导致了受众对传媒公信力的质疑。

社会新闻中普遍地存在着道德和价值的衡量尺度，在社会转型背景下对社会建构和道德重建肩负着重要的职责，但社会新闻乃至所有新闻媒体自身的道德建构也是一项颇为复杂的工程，是一种行业的自救行为，只有自身道德完善的新闻媒体才有关照公共价值的能力。但同时，受众不应对社会新闻寄予太高的道德期望，作为新闻的一种，社会新闻的首要任务是提供信息，并非道德审判。对于社会新闻工作者，无论是理论研究还是实践操作，都要坚决反对把伦理道德问题看成是首要问题的道德中心主义立场。

（2）人道主义缺失。

“人道主义”是关于人的本质、使命、地位、价值和个性发展等方面的思潮和理论，是一个发展变化的哲学范畴。人道主义承认任何具体的人都是人，在人格上不分高低贵贱，都有平等、自由的权利，并着重强调人的主体性，因此人道主义认为，应该尊重人、尊重人所享有的基本人权，平等待人。[①] 社会新闻以人民群众日常生活的社会事件、社会问题、社会风貌为报道内容，以贴近生活的方式反映社会道德伦理为基础的社会风尚。社会新闻旨在弘扬人间真善美，鞭挞黑暗与丑陋，一般是人道主义的坚守者，但也不乏新闻从业者和新闻机构缺乏人道

① 董元麟．人道主义思想溯源——从文艺复兴到“感性的转向”．中山大学研究生学刊（社会科学版），2011（4）．

主义和职业道德。由于社会新闻受众广泛，对受众思想及行为方式有着深远的影响，一旦出现漠视仁义道德的行为，其造成的不良影响将更加广泛而持久。

2011年11月，一起有关联防队员强暴案件以及一系列为人诟病的新闻报道成为舆论的焦点，被称为“最残忍的采访”。事主丈夫杨武（化名）失声痛哭的正面照片，至今仍赤裸裸地悬挂在各大网页上。附带的视频中，当杨武用哽咽的声音说到杨喜利要实施强奸时，拍摄者的声音尤其刺耳：“放大、放大。”从纸媒到网络，杨武将自家遭遇坦陈于大庭广众之下，成为集体偷窥下的“娱乐休闲”，一桩强奸案，赫然成为曝光程度最高的公共事件。“我忍受的是所有男人不能忍受的耻辱和压力，我不愿意回忆，求求你们了，出去好吗?”随后，《江淮晨报》毫无职业道德地刊登了一则名为《“我是世界上最窝囊的丈夫”，是的，你还好意思说!》的文章，把镜头对准这个已经崩溃的无助弱女子及其丈夫，这是对媒体本该恪守的伦理准则的践踏，有网友评价说：“这是一种极其严重的伦理失范。”

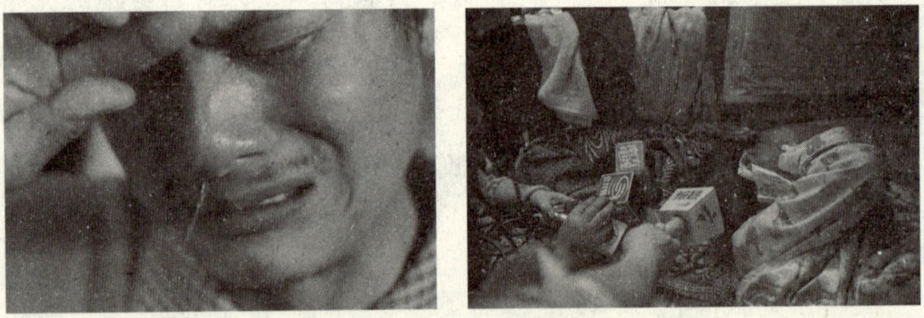

图7-2 “最残忍的采访”引发广泛争议（图片来源：网络）

清华大学新闻与传播学院教授陈昌凤对此冷峻评论道：“有一种现场，呈现的不是专业性，而是无德、无知、利益至上。”微博上的一项关于此事件中“最该反思的是什么”的调查显示，截至2011年11月11日17时45分，2 853名投票者中，有43%的人将票投给了“媒体不应泄露受害人隐私，并造成二次伤害”，另有22%的人认为“媒体报道失当，如指责丈夫杨武窝囊怯懦等”。在追求真相与坚守人道主义之间到底孰轻孰重，又该如何平衡？追求事实真相是新闻媒介的责任，但是人道主义是健全人格最重要的品质。新闻界前辈范长江在《通讯与论文》一书中曾写道："有了健全的人格，才可以配做新闻记者。"由此可见新闻从业人员坚守伦理道德观念的重要性，也间接指明了新闻从业者在追求真相与坚守人道主义之间该如何平衡。

新闻媒体伦理道德失范的原因主要有：①经济利益与道德价值的冲突，出于生存压力而放弃道德操守，为吸引"眼球"而放弃责任担当，甚至有个别记者为了经济利益制造有偿新闻，对经济利益的过分追逐是导致媒体道德失范的最直接原因；②新闻从业人员伦理道德观念的缺乏，新闻从业人员规模越来越大，良莠不齐，放低了对品位和格调的追求，在采编过程中出现了社会新闻娱乐化，低俗、庸俗社会新闻泛滥；③社会文化氛围的影响，在市场经济大潮的袭击下，整个社会物欲横流，在这种消费文化背景之下，道德观念缺失，功利主义严重，同时，面对激烈的社会竞争，人们也渴望获得轻松愉悦有趣味性的东西来缓解压力，造成"明星取代模范，美女挤走学者，绯闻代替事实，娱乐覆盖文化"的非正常现象；④相关新闻法律法规的不健全。

二、社会新闻与法律法规

从"邓玉娇案"的拍手称快到"药家鑫案"的杀声四起，从"罗彩霞事件"的义愤填膺到"杭州飙车案"的骂声不断，社会新闻的舆论监督功能越来越有发展为媒介审判的趋势。在网络媒体的推波助澜下，许多矛盾尖锐的社会新闻日渐干预司法程序，为了实现所谓的"新闻价值"而不惜越俎代庖。新闻工作者应当扮演社会观察者的角色，还是决策者的角色？

1．社会新闻中法律法规的重要性

利昂·纳尔逊·弗林特在其著作《报纸的良知》中这样阐述新闻界与法律的关系："没有人怀疑在报纸承担的更大责任当中，包括其对颁布法律、对和平时期由法官执行法律、对法律应用的司法解释、对废除和修改法律的影响。"

在媒介实践中，出现了大量的（新闻）侵权行为，即滥用新闻自由影响司法独立以及新闻报道侵犯他人合法权利等干预法律的行为。所谓（新闻）侵权行为，是指新闻媒体和新闻作者利用新闻传播工具，对公民、法人或其他组织造成不法侵害的行为。①信息化社会，新闻传播速度异常迅捷，传播范围十分广泛，尤其是社会新闻以其特有的方式广泛渗透到社会生活的各个角落，影响着人们的价值观念、生活方式以及思维方式，含有侵权内容的新闻作品一经播发，会在大范围内影响着人们思想和行为。因此，如何从制度上指引、规范媒体发挥社会新闻的积极作用，规避“新闻侵权”就显得格外重要。

2. 社会新闻与法律冲突的表现

社会新闻的报道内容常常涉及家庭纠纷、情感纠葛以及伦理道德问题，若不能准确把握好“度”，就容易出现侵犯公民权利的倾向。按照侵权是否出于主观愿望，可分为故意侵犯和过失侵犯，大多数情况下，社会新闻中披露他人隐私是出于过失而非主观愿望，即主观上并未意识到报道的内容侵犯了他人权利，而是出于无知或没有把握好报道的“度”而导致的。社会新闻与法律的冲突集中表现在知情权与隐私权的冲突、舆论监督与司法独立的冲突。如何把握好权利之间的平衡，是社会新闻工作者应当重视和直面的问题。

（1）知情权与隐私权的平衡。

众多社会新闻侵犯隐私权的案例基本都是借着“尊重受众知情权”的名义，这将知情权与隐私权的矛盾托出水面。隐私权的定义前面已经阐述，不再赘述。知情权有广义和狭义之分，广义知情权指知悉、获取信息的自由与权利，狭义知情权仅指知晓官方信息的自由和权利。由此可见，多数侵权案纠纷是因广义知情权与隐私权的外延不清所致。知情权和隐私权均为公民的个人权利并受法律保护，但两者又具有天然的对立性，因此学术界主张应兼顾两种利益的平衡，权利和权利之间是可以相互妥协和折中的，当作为私权利的知情权和隐私权发生矛盾时，则可以在一定范围内让这两种权利都做出一定的让步，相互以一种宽容的态度来求得权利的平衡。②知情权和隐私权的平衡，具体到媒体层面的操作，就需要新闻工作者能够坚守道德和法律的规范，明辨哪些属于公众合理的知情权，哪些是对公民隐私权的侵犯。在新闻报道过程中，不能被部分受众的猎奇心理和窥私欲所牵引，要保持独立的品格和职业精神。

---

① 顾理平. 新闻法学. 北京：中国广播电视出版社，2005. 282.

② 翁国民，汪成红. 论隐私权与知情权的冲突. 浙江大学学报（人文社会科学版），2002（2）.

言论自由和出版自由是宪法规定的公民的基本权利之一，新闻自由是言论自由和出版自由在新闻传播领域的延伸。从新闻自由的内容看，它包括营业自由、采访自由、写作自由、传递自由、发表自由、报道或评论自由、印制自由、发行和销售自由、获知自由、使用计算机互联网自由等。[①] 新闻自由是新闻媒体一切活动的前提，对发挥媒介功能具有重要意义，同时新闻自由是相对的，以不损害他人自由权利为前提，新闻自由既要保护，也要限制。孟德斯鸠曾说过："自由是做法律所许可的一切事情的权利，如果一个自然人能够做法律所禁止的事情，他就不自由了，因为其他的人也同样会有这个权利。"

新闻自由是以社会公益为目的的一种权利，这与单纯为满足个人需求而存在的私权利有所不同，记者需在行使"新闻自由"与承担"社会责任"之间寻找平衡，而美国新闻自由委员会提出的"社会责任理论"具有一定的借鉴意义。该理论指出新闻自由强调和保护的是公众的自由，是负有义务的道德性权利，不是传统认为的与生俱来的自然权利。隐私权是一种私权利，是人格的重要组成部分，两者不是不可调和的必然对立关系。这需要新闻工作者以承担社会责任为前提，以道德为基础，以法律为准绳，不得滥用新闻自由权利。

（2）舆论监督与司法独立的平衡。

舆论监督是社会公众运用法律赋予的公民言论自由权、出版自由权、知情权和批评建议权等基本权利，对公共权力、公共生活等一切涉及公共利益的事务进行监督，并促使其沿着法制和社会公共准则的方向运作的一种社会行为。司法独立意味着司法与其他事物之间存在明显的界限，并且具有独特的运作方式和规律。司法案件是社会新闻的主要报道内容之一，随着我国公开审判制度逐步落实，对司法案件的报道也明显增加。一方面，舆论监督对于促进司法审判公正，防止司法腐败有着重要的意义；另一方面，"媒介审判"等危及司法独立的现象也越来越多。因此，寻找舆论监督与司法独立之间的平衡是新闻界和法律界共同关注的话题。

在媒介干预司法独立的行为中，最为典型的失范行为是"媒介审判"。"媒介审判，又叫'新闻审判'、'舆论审判'，指新闻媒介利用其公开传播的新闻报

---

① 魏永征，张永华，林琳．西方传媒的法制、管理和自律．北京：中国人民大学出版社，2003. 13.

道或评论，干预、影响司法独立和司法公正。其表现方式主要是媒体超越司法程序，对正在审理的案件的案情分析、案件定性、涉案人员定罪量刑等一系列问题作出公开的判断和结论，以其明显的倾向性引导受众，形成一种足以影响司法独立审判的舆论氛围从而使审判在不同程度上失去其公正性。”① 魏永征认为：“媒介审判的报道在事实方面往往是片面的、夸张的以至是失实的。它的语言往往是煽情式的，力图引起公众对当事人憎恨或者同情一类的情绪。它有时会采取炒作的方式，即有诸多媒体联手对案件作单向度的宣传，有意无意地压制了相反的意见，它的后果主要是形成一种足以影响司法独立审判的舆论氛围，从而使审判在不同程度上失去应有的公正性。”②

从法律上讲，媒体的监督只是一种软监督，要在报道过程中讲究尺度，在分析问题时要选择适当的角度，注意报道的力度。以一种客观性、科学性的态度来报道新闻事实，坚持依法监督，避免“媒介审判”。为使舆论监督与司法审判各司其职，首先必须严格划分两者的界限，其次要深化司法体制改革，切实保障法院独立行使审判权，同时也要加快新闻立法的进程，保障言论自由并规范舆论监督。“权力不受约束必然导致腐败。”同样，新闻传媒的权利（非“权力”）也只有在约束的前提下才能健康行使。

三、社会效益与经济效益的关系

为何在此特别强调社会新闻传播过程中社会效益与经济效益的关系？因为社会新闻是社会性最强的新闻，也是最容易受到经济侵蚀的新闻，主要表现为：媒体片面追求经济效益，“唯发行量、收视率、收听率为王”，出现了传播内容过度娱乐化的现象；商业主义导致媒体广告内容增加，削减了有效信息量的传播，出现了“新闻广告化”和“广告新闻化”等异化现象，无视公民的知情权、表达权和监督权，最终降低了传媒的公信力；为满足自身对经济利益的追求，淡忘“社会守望者”和“社会公器”的职责，甚至不惜以丧失社会责任和职业道德来

① 慕明春．媒介审判的机理与对策．现代传播，2005. 64.
② 魏永征．新闻传播法教程．北京：中国人民大学出版社，2002. 209.

换取经济收益。当新闻理念和商业逻辑狭路相逢时，谁将做出让步？面对竞争激烈的传媒市场，社会新闻该如何平衡社会效益与经济效益？

新闻传媒的社会效益是指其新闻传播活动对社会稳定及发展带来的积极影响，对满足人民群众的精神文化生活所起到的积极作用的统称。新闻传媒的经济效益是指传媒工具在进行信息传播活动时的投入与产出比。媒体有两张面孔：一是天使，一是魔鬼。随着我国媒体产业化、市场化的蓬勃发展，传媒产业具有双重属性，既是精神产品，属于上层建筑，又是信息产业，属于经济领域；实行"事业性质，企业管理"，"自主经营，自负盈亏"，在坚持社会效益第一的前提下兼顾经济效益。一方面，我国现行的新闻体制是"在所有制形式上实行生产资料公有制；在领导体制上实行中国共产党的统一领导；在工作基本方针上，坚持为人民服务、为社会服务、为全党全国工作大局服务的三服务方向"[①]。其强烈的政治性和意识形态属性使新闻传媒作为党和人民的舆论喉舌，担负着依据社会主义意识形态原则组织新闻报道的责任，具有追求社会效益和宣传价值的任务。另一方面，大众传媒是传播信息的专业机构，是社会信息系统的重要部分，具有产业属性。作为市场经济中的主体，媒体应该遵循市场准则追求经济效益，最大限度地谋取生存和发展的资本。传媒的意识形态和信息产业双重属性决定了追求社会效益和经济效益双重目标的可能性和必要性。

援引美国"新闻自由委员会"提出的社会责任理论，其主要内容是：①大众传媒具有很强的公共性，因为媒介机构必须对社会和公众承担和履行一定的责任和义务；②媒介的新闻报道和信息传播应该符合真实性、正确性、客观性、公正性等专业标准；③媒介必须在现存法律和制度范围内进行自我约束，不能煽动社会犯罪，不能传播宗教或种族歧视的内容；④受众有权要求媒介从事高品位的传播活动，这种干预是正当的。由此可见，作为"社会公器"的新闻媒介，首先是联系政府与公众的纽带，协调社会成员之间的利益，调节国家与企业、政府与社会之间的关系；其次，"社会公器"应维护社会稳定，促进社会和谐，在社会冲突发生以后，新闻媒介可充当化解矛盾的润滑剂和稀释剂，起到减轻冲突影响的作用；此外，"社会公器"的监督功能可以起到警戒与约束的作用，作为一

① 钟大年．香港内地传媒比较．北京：北京广播学院出版社，2002. 21.

种公共资源，媒体承担着整合社会和教育公众的职责。因此，媒体在运作中必须将社会效益放在首位。

新闻传媒的经济效益就是传媒作为一个独立的经济实体在诸如广告刊播、媒介经营管理等具体经济活动中的投入与产出之比。社会主义市场经济已经把传媒经济纳入其优胜劣汰的市场体系中，媒介在产品质量上必须形成自己的核心竞争力，为求得生存和发展必须注重经营管理，努力提高效率、降低成本，从而最大限度地获取经济效益。对经济效益的追求为我国新闻事业注入了巨大的活力，具体表现在：首先，传媒在思想意识上加强了受众观念，受众的需求得到了应有的重视，新闻的真实性、实效性增强，传媒的服务功能和娱乐功能得到了充分的发挥；其次，市场的需求和竞争的压力促使新闻传媒在传播方式上不断推陈出新，新的栏目、新的报道方式和表达技巧不断涌现；此外，新闻传媒的市场意识、质量意识和营销意识不断增强，有助于实现传媒的“品牌化”发展。但对经济效益的强调也导致一些媒体为了生存而放弃本应承担的社会责任。

社会主义新闻业的性质和全球化媒介竞争环境，向媒介经营管理者提出了如何处理好媒介的社会效益和经济效益的关系的问题。应该看到，媒体的意识形态属性和商品性是可以而且应当同时存在的，片面追求经济效益而损害社会效益将直接损害媒体的公信力和社会影响力；单纯追求社会效益而忽视经济效益也将制约媒体的发展。媒体的经济效益为社会效益创造了物质基础，社会效益塑造了传媒的知名度和公信力，为追求经济效益创造了良好的舆论环境。一方面，通过对经济效益的追求，扩大市场、降低成本、提高收益，自觉地改善质量满足需求，为“受众本位”的实现提供了可能，经济收益在一定程度上调动了新闻工作者的积极性和创造性，进一步提高了传媒的竞争力。另一方面，社会效益也可直接或间接地带来经济上的效益。新闻传媒必须坚持“内容为王”的原则，只有高质量的产品内容才能赢得良好的知名度和公信力，才能吸引高素质的受众，唯有此，取得良好的经济收益才不会是“空中楼阁”。

在商业主义浪潮下，一些学者提出，媒体如果更强调社会价值，就需要偏重内容产品的艺术性；如果更强调经济价值，就需要更偏重内容产品的市场性。前者的代表性指标是“受众欣赏指数”，后者的代表性指标是“投入产出比”。[①] 随着传媒集团化浪潮，新闻媒体应打造自己的“核心竞争力”。所谓新闻传媒的核心竞争力是指新闻传媒在竞争中体现出来的核心的、独有的、持续的、以获取最佳的经济和社会效益的资源和能力。核心竞争力的要素包括：一是内容为王；二是杰出的人才结构；三是良好的资金状况；四是高质量的受众。[②] 这一观点对我国媒体处理社会效益与经济效益的关系具有借鉴意义。

【问题总结】社会新闻应当承担一定的社会责任，通过对社会事件及现象的报道反映当前社会道德中存在的问题，积极引导主流价值和道德追求。激烈的市场竞争，使得社会新闻格调开始下降，过度追求可读性和吸引力会导致社会新闻人文关怀缺失，甚至从“舆论监督”的角色转化为“媒介审判”，严重干预司法程序。在这种境况下，就需要回归理性，把握住各种权利与利益之间的平衡，包括大众的知情权与报道对象的隐私权、舆论监督与司法独立以及社会效益与经济效益的平衡。此外，始终坚持“内容为王”的原则也是社会新闻增强影响力，吸引受众的重要理念。

第四节　社会新闻报道如何让受众喜闻乐见

【问题提出】作为与受众联系最广泛、最紧密的社会新闻，具有巨大的传播价值，可以带来社会与经济的双重效益，其重要性使任何一家媒体都把做强社会新闻放在重要的位置。那么，怎么才能做出受众喜闻乐见的社会新闻？在采写和报道的理念、方式上又该有怎样的原则和突围呢？

---

① 周笑．视听率评估体系之框架结构．视听界，2007（2）．

② 转引自［美］雪莉·贝尔吉．媒介与冲击：大众媒介概论．赵敬松译．大连：东北财经大学出版社，2000．

一、社会新闻思想理念突围

1. 树立宏观大局意识：把握正确的舆论导向

谈及社会新闻，有人首先想到的是家长里短、鸡毛蒜皮、天灾人祸等负面新闻，有着“格调不高”、“品位低下”的印象。社会新闻之所以备受诟病，原因在于：社会新闻本身是个庞杂的信息集散市场；社会新闻记者专业素质良莠不齐；受众需求日益多元化，众口难调；记者过于追求新颖独特的报道形式等。具体表现在日常新闻报道活动中，主要是缺乏宏观思维和大局意识，就事论事，没有将小事件放在大背景下诠释其深层意义；为吸引“眼球”而大做噱头迎合部分受众的猎奇心理，以牺牲更多受众的健康审美需求和获取信息的需求为代价；为赢得经济效益，置社会效益和舆论引导责任于不顾。长久如此，社会新闻只会走入恶性循环，自断其路，最终也必然会失去读者，失去市场，失去舆论引导能力。为防止社会新闻丧失大局意识，出现庸俗化现象，就必须拧干其中的“水分”，提高含金量，真正报道出有深度、有厚度、有力度，同时也为受众所喜闻乐见的社会新闻。

社会新闻必须坚持正确的舆论导向，为受众提供融指导性、可读性、服务性于一体的高质量的新闻作品，提高传播效果。社会新闻具有题材多样、社会性强、可读性强等优势，其所触及的问题，大多是受众当下最为关注的热点和难点问题，同时也是党和国家着手解决的重点议题，牵连着上下“两头”。社会新闻的受众覆盖面极为广泛，涉及社会的各个阶层和领域，尤其需要考虑其社会效益和舆论引导功能，社会新闻对舆论的引导能够起到揭露社会问题、疏导民众情绪的作用。社会新闻的舆论导向不仅包括政治导向，还包括思想导向、价值导向、行为导向、生活导向、知识导向、服务导向等。舆论引导是新闻媒介的基本功能之一，舆论引导力的高低决定了舆论引导效果的强弱。

社会新闻对舆论引导的重要性决定了树立大局意识的急迫性，社会新闻工作者要认清社会生活的主流和当前工作的重点，抓住具有典型意义且能够反映生活主流的新闻事实，使社会新闻报道具有浓厚的生活气息和受众感染力。社会新闻只有真正把社情民意、舆论监督和突发事件纳入常规报道视野中并进行全面而深刻的解读，呈现出生活现状、社会动态和发展趋势，才能真正拉近新闻与受众的距离。社会新闻的难点和成败的关键就在于如何从浓缩的社会事件中去体现时代大主题，这就需要新闻工作者在长期的实践中多思考，创造出集思想性、艺术性、趣味性于一体的精品社会新闻，真正做到“以科学的理论武装人，以正确的舆论引导人，以高尚的精神塑造人，以优秀的作品鼓舞人”。

2. 坚持服务原则，贴近受众生活

广义而言，任何一种新闻都具有服务性，是为满足受众欲知而未知的信息需求而提供的服务。但与其他新闻相比，社会新闻具有报道内容实用，报道视角贴近读者，报道语言通俗易懂，报道对象以市民为主等特点，比其他新闻更具服务性。新闻的价值不仅在于告知受众新近发生的客观事实，更在于报道能够让读者切实感觉到新闻所带来的实际利益。因此，社会新闻的服务性不仅包括为受众提供有效信息，也包括发挥自身优势倾力为受众排忧解难。服务性新闻向有关部门提供民情民意民声，为百姓解决一些实际的生活问题，具有传播信息、指导生活、陶冶情趣的功能。服务性新闻具有生活气息浓郁、服务性强的特点。服务性新闻有广义和狭义之分，从广义上讲，传播新闻信息本身就是为读者提供基本的服务；从狭义上讲，是指一种特殊的新闻品种，即专门的服务性新闻。社会新闻更多地强调服务的理念，并贯彻到具体的新闻报道中。

社会新闻的服务性要求是由受众的接近性心理所决定的。贴近性是社会新闻报道的一个显著特点，这同社会新闻报道所秉持的“平视”视角密切相关。正由于是“平视”，社会新闻才能与读者打成一片，成为朋友，也才可能真正关心并了解读者的需求和愿望，从而在新闻报道方面千方百计地去适应和满足读者的兴趣和需求。社会新闻的贴近性，决定了它必然具有服务性；而服务性又必须落脚于贴近受众生活的新闻报道上。为更好地贴近读者，就必须全心全意地为读者服务，急读者所急、想读者所想，千方百计满足读者的信息需要，这是传播者角色的转换。社会新闻的服务性不仅体现在“平视”的报道视角上，更贯彻在“以受众为中心”的报道方针上，强调传播者与受众之间的互动关系。

社会新闻的内容和形式往往也不同于一般的硬新闻，写作方式则要求“软些再软些”，报道内容也要与日常生活“近些再近些”。社会新闻的服务性体现在采写层面主要有：一是题材选择要从细处着手，以小见大；二是写作内容应注重实用，贴近读者；三是新闻视角要关注平民，体现人文关怀。坚持为受众提供细致周全的服务，就可以培养其阅读定势，使得服务性新闻专刊拥有固定的读者群，使服务直接到达有效受众，提高新闻的传播效果，从而增强媒体对受众的吸引力。一篇社会新闻能否吸引读者，首先取决于其是否提出或解决了群众普遍关心和实际工作迫切需要解决的与心理需要相接近的问题。

社会新闻的服务性原则，其实质突显的是以人为本的新闻观，在传播视角上，从过去高高在上的“以传者为中心”转为平民视角的“以受众为中心”；同时也是对新闻自身规律的尊重，在传播思想上，从过去生硬地完成政治宣传任务转变为满足受众的信息需求。“三贴近”原则不仅是社会新闻的指导思想，更需要贯彻到具体的每一次新闻采写工作中。这要求记者一要以平民视角来彰显人文关怀，把传媒的聚光灯对着普通人的生存状态和精神风貌，于平凡之中发掘不平凡的意义；二要全面反映并介入社会生活，不拘泥于鸡毛蒜皮的小事，用宏观视角去观察现实生活；“三贴近”原则不仅仅要求社会新闻真实地反映社会生活，更要求媒体能够尽可能地运用自身力量积极介入社会生活，运用新闻手段与受众互动、为受众服务。从当前的工作重点出发，促进问题的解决和矛盾的化解，促进社会进步，这也是社会新闻发挥其影响力的重要形式和渠道。

二、社会新闻采访突围

1. 把握时代脉搏，追踪社会热点

“笔墨当随时代！”时代飞速发展，社会不断进步，作为历史的记录者和见证者，应秉持对历史负责的精神，与时代步伐相协调，这都需要新闻工作者以广阔的视野和胸怀俯瞰时代，时刻关注当前社会发展的热点。传媒的“守望者”角色决定了其在满足受众知情权、参与权、表达权和监督权方面有着不可推卸的责任。正因为责任重大，记者不应有半点懈怠，应加强理论和知识的积累，密切关注当前社会的热点话题，准确把握受众的信息需求。

与时政新闻、经济新闻、体育新闻等不同的是，社会新闻的采访往往都是突如其来的，需要记者有打无准备之战的技能和心理准备，这不仅需要记者平时多关注社会热点问题，能够把握时代脉搏，还需要记者具备应对各种问题的技能与素质，新闻事件发生后能够迅速到达现场进行采访。社会新闻的触角已经分布到生活的方方面面，同时记者的采访活动往往要涉及各个领域，这就要求记者努力成为一名无所不知的“杂家”。无论是政治、经济，还是法律、文史、科技，哪方面都要能讲出个子丑寅卯。因此，社会新闻记者应重视平时积累，面对层出不穷的新生事物，要不断自我“充电”，提高技能。

当一个热点问题在社会中刚刚出现，记者就应该敏锐地捕捉，迅速行动，准确地反映现象并为受众释疑解惑，引导受众争取应对问题，发挥稳定社会的作用，绝不能不作为或慢节奏，错失良机，这样就会失去话语主导权，陷于被动之中。丰富多彩的生活有着取之不尽、用之不竭的新闻题材，而生活是变动的，变动是新闻之母，一切形态的新闻均源于变动的社会。“风物长宜放眼量”，林林总总的大千世界本应有惊涛拍岸、气吞山河的大题材以记录历史的变迁，也应有生活气息浓厚、人情味十足的小事件小人物用以展示真实的生活现状。对于某一时期的社会热点，如随着社会结构的调整，城乡二元结构造成农村人口向城市流动，产生了大量流动的农民工。当包工头拖欠农民工工资问题被曝光以后，“农民工讨薪难”一时之间成为街谈巷议的话题。社会新闻不仅要报道单个农民工被拖欠工资的案例，更应对社会结构和制度进行深层次探讨，只有这样，才能既满足受众对可读性的要求，又深刻地揭露社会问题。而某一时间段爆发的社会热点一般是突发性事件，此类事件时效性特别强，需要记者有快速反应的能力。

2. 见微知著，捕捉新闻敏感

新闻敏感是记者对新闻事件的高度敏感和洞察，是指新闻工作者迅速而准确地捕捉客观世界的变动信息，并衡量其新闻价值大小的职业反应能力，决定着记者采写新闻的效率和质量。社会新闻记者的新闻敏感，表现为对纷繁复杂的社会现象锐利而敏捷的观察和判断能力。新闻敏感性缘于对知识的积累，记者的知识越丰富，视野就越开阔，看问题就越准确、深刻，这也是要求记者了解国家和行业大政方针的原因所在。

罗丹在谈到艺术家的职业敏感时曾说：“要善于用自己的眼睛去看别人见过的东西，在别人司空见惯的东西上能够发现出新的美来。”社会新闻记者更应在平时的生活中善于发现新闻，无论是在工作时间还是休闲购物时都要细心寻找新闻线索，挖掘其中的新闻价值，只有做个有心人，才能在那些看似无关紧要的事件中发现有价值的社会新闻。有些不为人注意的生活小事，但只要细心观察，将其放置在当下的大环境中，往往就可发现隐藏在小事之后的“别有洞天”，揭示其深刻的社会意义。只有时刻保持敏锐的新闻敏感，记者才能在纷繁复杂的事件中，通过观察与分析，及时地发现和捕捉具有新闻价值的事实。

社会新闻的采访更需要记者有吃苦耐劳的精神，为了客观反映现实生活，记者不仅要走进街头巷尾甚至田间地头，还有可能要潜伏在危险的环境中，因此要求记者有深入实践的勇气和乐于深入生活的态度，唯有走进生活、走进实际、走进群众，才能捕捉到有价值的新闻素材。要增强社会新闻的趣味性，就要善于挖掘能拨动读者心弦的情节，注意表现那些让人动情的场面和实例。有些社会热点新闻，并不是以爆炸式的社会事件呈现出来，但又关系到当前大环境，这就需要新闻媒体通过一些细枝末节的现象及时发现问题，嗅出其中的火药味，把握事件的发展趋势，及时疏导，做到防患于未然。相较于片面地追求轰动效应，此类社会新闻更具大局意识。明察秋毫是记者的特长，寻根究源是记者的本能，这些都需要记者有一颗饱含深情的心，只有有心人才能真正地赞颂真善美，才能写出引起受众共鸣的新闻作品。白居易说“感人心者，莫先乎情”，情感是创作的源泉，生活是灵感的来源。

3. 深入实际调查，探求事实真相

社会新闻传播范围广、报道领域宽、报道对象多，这决定了社会新闻线索的获得和真相的探究要比其他新闻更难，因而要求采访者有更强的新闻敏感、社会观察能力和深入基层的作风。各类会议、工作汇报及活动报道，往往会有专门的对接人员提供大量的政治、经济、科教、文体新闻线索，而社会新闻事实发生在社会底层，传播在平民口头，往往只有少数“知情人士”知道。面对这种情况，要成功获得社会新闻线索，主要得靠新闻记者多方观察，亲自发现；多跑基层，求证于“知情人士”，并广泛打听，进行多信源核实。由于记者在生活中亲眼所见的和在基层中打听来的往往是庞杂的、原始的事实，新闻的真实性及新闻价值的大小需及时辨别，这就要求新闻记者有深入实践进行调查的精神。

社会新闻记者要善于从碎片化的新闻事实中窥探更深层次的社会问题，从某一偶然事件入手，以小见大，站在一定高度作全景式的深入探索，摒弃就事论事，引导受众思考。此外，对一家媒介机构而言，进行独具深意的报道也是在社会新闻同质化竞争中制胜的举措。任何现象都是由内外因共同作用产生的，偶然之中蕴含着必然。社会新闻记者要善于捕捉随时可能出现的“偶然”现象，发掘“偶然”背后折射的“必然”本质，善于发现新闻背后的新闻。运动是绝对的，任何事物在特定时间内展现出来的都是其发展过程中的一个切面，这就要求不仅要对新闻事实的来龙去脉进行翔实的描述，更要透过事实深入探究新闻事件背后的因果联系，对社会各界的影响以及预测其发展趋势，从多个视角和层面进行剖析，在特定社会背景下解释事件全貌，挖掘出深刻的主题。对新闻事实进行事件脉络和空间布局上的细致梳理，恰到好处地植入事件的历史背景以彰显其传播价值，透过现象揭示其背后的原因和本质，是社会新闻以大格局取胜的关键。

三、社会新闻报道方式突围

1. 理性思维驾驭感性语言

社会新闻需要追求并保持较高的品位，这种品位就是理性，运用逻辑思维给人以理性的思考。社会新闻要充分发挥其广泛联系群众的优势，通过新闻报道及时地将党的方针政策传达给百姓，使百姓明事、知理，用小报道揭示大道理。诉诸理性要求记者善于运用逻辑的力量，在尽可能多地占有事实材料的基础上，运用敏锐的洞察力和严谨的逻辑推理，抽丝剥茧地深入剖析，亮出独到的见解以启迪受众。这要求社会新闻工作者时刻留意生活中发生的蕴含着价值冲突和矛盾张力的新闻事件，以微观的视角折射出宏观的理性诉求，达到滴水见日的传播效果。与宏大的主题相比，小事件由于贴近受众生活，反而更容易引起共鸣，达到良好的传播效果。

社会新闻最大的优势在于寓教于乐，采用“润物细无声”的方式感化受众。任何优秀的作品总是理性和情感的统一，新闻实践证明，新闻作品最能打动人的是“情”，充满人情味的社会新闻最能引发读者共鸣，震撼读者心灵。当然，社会新闻报道要想感动受众，必须首先打动自己，因此，在采写过程中，报道者不能以旁观者的冷漠态度对报道对象评头论足，而应饱含真情，设法拉近与报道对象的距离，与之作心灵上的交流。相对于政治性、政策性、科技性新闻以说理或解释性语言为主的特点，社会新闻由于读者对象广泛，有着深厚的群众基础，语言运用得也最为灵活，最丰富多彩，具有通俗易懂、明快晓畅的特点。在社会新闻中，还有些口语化的表述，像民谣、顺口溜等虽然具有民间色彩，但它能给新闻带来一种自然的、浑然天成的生活气息，真实地再现了社会上的新人、新事、新面貌。

《楚天快报》刊发的《襄阳90后大学生休学侍母　背母上学四处打工》一文，开篇即是："你给了我生命，我陪你走一生，不因幸运而得意忘形，不因厄运而一蹶不振。"为全文奠定了感人的基调。但应当警惕的是，社会新闻绝不能因为追求可读性和趣味性而对理性弃之不顾，表达形式上的可读性应建立在理性之上，赋予新闻报道丰富的社会价值。用感情写作并不等同于煽情主义写作手法。用情写作的前提是尊重新闻事实，这与摒弃客观事实追求感官刺激的煽情主义有着本质的区别。

2. 细节展示主题的张力

一个好的细节往往胜过长篇的议论、大段的描写，尤其在富有人情味的社会新闻中。在写人物报道时，细节最能真实地反映一个人的内心世界；在写事件新闻时，细节描写最能反映事件的本质；在场景报道中，细节描写可以烘托环境的特征。新闻报道中的细节是指采访对象所呈现或表露出来的特征明显、个性鲜明的特质，往往通过人物的语言、动作及现场情景表现出来。穆青曾要求记者要善于写"视觉新闻"，这需要记者深入现场进行细致的观察，或与当事人面谈，尽可能多地收集第一手资料，选取最能揭示新闻事实本身意义或展现报道对象特点的典型细节，以精练的文字表达出来，达到如见其人、如闻其声、身临其境的效果，使人读后印象深刻。新闻细节往往是情感迸发的导火线——或烘托场面气氛，或表现人物性格，或解释事件意义，或发人深省，细节描写不仅能够增强文章的可读性、可信性，更有助于传达新闻的思想感情，起到引导受众的作用。

社会新闻通过报道社会中某个个体的行为、事迹来打动人、感染人，深入挖掘细节，不仅可以丰富稿件内容，还可提高稿件质量。著名记者艾丰在谈到对细节的表现时，有一段精彩的论述："直接观察较容易取得细节材料。访问当然也可以获得细节，但通过观察获得的细节更直接、更真实、更有把握，而且可以做到有自己独特的东西。一个记者怎能把对细节的描写完全建筑在这些他人的观察的基础之上呢？"马克思也曾说过："每一滴露水在太阳的照耀下都闪耀着无穷无尽的色彩。”如何让每篇报道中的微小事件以及小人物的生活都能折射出光芒来？这就是细节的力量。细节描写还通过增加社会新闻的故事性和趣味性吊住读者的胃口，激发阅读欲望，有无充分的细节描写是一篇报道有无情感张力，能否引起读者共鸣的关键所在。

一名60岁的男子用双手抓住树干。树皮变得如此光滑，以至于它能闪闪发光。这位老人的双臂伸展开来，两腿稍稍离开地面在空中来回摆动。这位老人姓张，他每天早晨都要在树上吊一会儿。张先生坚信，这种伸展锻炼能防止腰椎间盘劳损。

这是德国《商报》记者所写的一篇社会新闻《中国人在公园做出千奇百怪的动作》。将北京人在公园里晨练的场景浓缩成对一个人动作的描写，这就极容易引起受众的阅读兴趣，而且具有视觉化效果，这就是细节描写的效果。新闻报道中对细节的恰当运用，可以增强新闻的现场感、真实性与可读性，增强感染力，引人入胜，还可以增加趣味性，吸引受众，更有利于深化主题。细节是文学艺术作品中细腻地描绘人物性格、事件发展、社会环境和自然景物的最小单位，是对生活中人物细微的神态、动作的描写，是刻画人物性格、揭示人物心灵的重要手段。

3. 用说故事的方式引人入胜

新闻报道的首要目的是满足受众的信息需求，故事性是由社会新闻的题材决定的，对于社会新闻而言，“说故事”是首选的叙事方式。社会新闻事件本身往往具有浓郁的故事性和强烈的人情味，先天具有“说故事”的特质。但“说故事”并不是凭空杜撰，而是采用跌宕起伏、引人入胜的叙述方式把新闻事实呈现出来，通过形式上的奇巧来增强新闻的可读性和形象性，激发受众的阅读兴趣，从而产生良好的传播效果。故事化新闻“强调在硬性新闻写作中适度加入人情味，强化或有意添加所报道事件的戏剧悬念或煽情、刺激的方面，走新闻故事化、新闻文学化的道路”①。故事化新闻写作大大提高了社会新闻的可读性。

① 林辉. 市场经济与新闻娱乐化. 新闻与传播研究，2001（3）.

确切地说，故事化新闻是从西方国家传入的，19 世纪法国的杂闻写作是故事化新闻的源头，但是真正把“说故事”发挥到极致的是美国的新闻媒体，其中《华尔街日报》最具代表性。虽然《华尔街日报》以报道财经新闻为主，但其故事化的报道方式值得社会新闻借鉴。《华尔街日报》有一句著名的写作箴言：“一千万人的死亡只是一项统计数字，而一个人的死亡却是一场悲剧。”《华尔街日报》的“小故事，大主题”写作手法被称为“华尔街日报体”，即通常在开头先讲一个与新闻主题密切相关的小故事，然后再从读者熟悉的小故事引向深奥的新闻主题，层层剥笋式地托出大主题。这种写作手法有利于从小处着手，向大处开掘，引导读者从感性到理性的跨越，颇受读者欢迎。

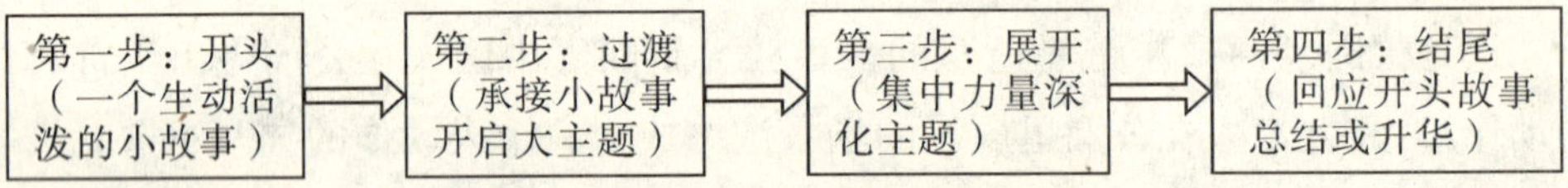

“华尔街日报体”结构示意图①

在我国，长期以来，作为宣传工具的新闻严肃有余而活泼不足，普遍存在着模式化的问题，让人读来味同嚼蜡，索然无味。长期的宣传说教模式越来越难以满足受众日益增长的文化娱乐需求。随着新闻传媒的市场化，很多媒体一改往日严肃的面孔，津津有味地讲述着妙趣横生的新闻故事。新闻故事的出现，给受众带来了全新的阅读快感和视觉享受，同时也颠覆了传统的新闻叙述模式。清华大学李希光提出，找新闻就是找故事，“优秀的新闻作品听起来都是好听的故事。讲故事新闻学是用新闻中的故事抓住受众，是一种突出描述艺术的写作风格，强调文字描述对感官的刺激。这是一种超越倒金字塔，要求记者像语言艺术巨匠那样，用感觉化、视觉化的文字报道新闻并发掘这个故事对读者生活的意义”②。

新华社记者顾月忠在 1980 年写的《从邮局看变化》一文，开头是：“春节将到，记者在新疆维吾尔自治区邮电管理局里，看到了跟一年前大不相同的情况：过去忙于分拣从内地寄来的大批副食品包裹，而今天却忙于收订大量报刊。”

---

① 石坚．新闻写作新视觉．南京：南京师范大学出版社，2010. 298.

② 李希光．畸变的媒体．上海：复旦大学出版社，2003. 86.

然后放大视野，写由于“林彪、‘四人帮’极‘左’路线的干扰破坏，新疆副食品供应十分紧张”，最后反映全局情况：“现在党的工作着重点已经转移到四化建设上来，各族人民学科学、学文化的劲头越来越足了。”这篇几百字的社会新闻，记者采用窥一斑而知全豹的写作手法，从新疆邮局这个小小窗口所发生的变化，来窥探整个国家的大好形势，可谓小故事里有大主题。

故事化新闻写作要求记者脑子里时刻装着“说故事”的意识，在采写过程中，注意挖掘新闻故事线索，要善于抓取具有动感的事实因素。尤其要学会描写具有戏剧性的故事，采用多种手法细致入微地展现事件中的情节和细节，如采用对话、动作、表情、场景设置来展示故事肌理，做到有对话、有人物、有场景、有情节、有细节，在顾及受众阅读快感的同时更重视挖掘新闻的社会价值。故事化的新闻写作更易引起读者的共鸣，拉近读者与新闻报道的距离。通过把平凡的题材变成深刻的话题，增强了新闻的人本主义色彩。故事化新闻偏向于挖掘普通人的日常生活故事和代表时代发展趋势的社会故事，如就业、升学、看病等。此外，故事化新闻在吸引读者眼球的同时也注重挖掘新闻背后人性化、源头化的问题，因而在娱乐化的基础上又提升了新闻的内涵、拓展了新闻的影响力。

【问题总结】社会新闻传播对象分布广泛，不局限于某一特定的社会阶层，是媒介开拓读者市场，占领舆论阵地的必争之地；社会新闻反映现实社会的最新变动，反映舆情民意、群众生活，是党报反映社情民意、践行“三贴近”的重要途径。因此，社会新闻树立宏观大局意识，把握正确的舆论导向以及贴近受众，体现服务意识就显得极为重要。要做到这些，就需要在新闻采访上突围，“紧扣时代的脉搏，倾听群众的心声”是社会新闻的生命力所在，这就决定了记者需要有敏锐的新闻嗅觉，能够知晓和把握住社会热点问题，不断探索，找准最佳报道角度，既挖掘出事实，又能够予人以有益启示。在写作上，注重细节交代，展现事实故事化都能够使社会新闻变得可读性强，达到良好的传播效果。

参考文献

1. 魏剑美，唐朝华. 商业策划与新闻炒作. 北京：中国商务出版社，2005.
2. 李良荣. 新闻学概论. 上海：复旦大学出版社，2001.

3. 周伟主编. 媒体前沿报告. 北京：光明日报出版社，2002.

4. ［美］利昂·纳尔逊·弗林特. 报纸的良知. 萧严译. 北京：中国人民大学出版社，2005.

5. 顾理平. 新闻法学. 北京：中国广播电视出版社，2005.

6. 魏永征，张永华，林琳. 西方传媒的法制、管理和自律. 北京：中国人民大学出版社，2003.

7. 魏永征. 新闻传播法教程. 北京：中国人民大学出版社，2006.

8. 钟大年编. 香港内地传媒比较. 北京：北京广播学院出版社，2002.

9. ［美］雪莉·贝尔吉. 媒介与冲击：大众媒介概论. 赵敬松译. 大连：东北财经大学出版社，2000.

10. 石坚. 新闻写作新视觉. 南京：南京师范大学出版社，2010.

11. 李希光. 畸变的媒体. 上海：复旦大学出版社，2003.

第八章　文化娱乐新闻报道

以微博、微信等新媒体的崛起为标志，现代媒介生态发生了革命性的变化。文化娱乐新闻的形态亦随之变化。从20世纪80年代末，娱乐新闻初登上文化新闻的版面，到目前娱乐新闻已经发展成为独立于文化新闻并且有超越文化新闻趋势的新闻体裁。由于娱乐新闻脱胎于文化新闻，两者之间边界模糊，并保持着千丝万缕的联系，为了叙述的方便，本章将其统称为“文化娱乐新闻”，引用金梦玉在《专业新闻报道》一书中的界定，“文化娱乐新闻是对文学艺术、娱乐领域里新近发生的、发现的事实的报道”①。在本章中，文化新闻和娱乐新闻一般统称为文化娱乐新闻，但当涉及具体的报道内容时，则根据情况分别论述为文化新闻和娱乐新闻。

本章重点关注的问题是，在新的媒介生态缔造的“浅阅读”时代，文化娱乐新闻是否也被“麦当劳化”了？在消费主义盛行的时代，是媒介在消费公众和名人还是公众和名人在消费媒介？抑或是双向消费？什么样的文化娱乐新闻才是大众乐意去看的？文化娱乐新闻如何才能做出“文化”？希望本章的讨论可以解决以上问题。

第一节　文化娱乐新闻被“麦当劳化”了吗

【问题提出】娱乐新闻炒作化，文化新闻程式化使得文化娱乐新闻屡遭诟病，呈现出来的也是“麦当劳化”，无法给人以阅读上的享受。为什么文化娱乐新闻会步入这些死角？文化娱乐新闻“麦当劳化”又将会带来哪些影响呢？

---

① 金梦玉．专业新闻报道教程．北京：中国广播电视出版社，2005. 220.

一、新闻的“麦当劳化”

1993年，美国学者乔治·里泽（George Ritzer）在马克斯·韦伯（Max Weber）官僚体制理论的基础上，用“快餐厅”的比喻来描述现代社会的特征，创造了“麦当劳化”这一名词来指一个社会经历着速食餐厅之特色的过程。他认为，“麦当劳化”包含了四个重要的维度：一是效率，也就是生产的高效性，“不断提高的效率表现为及时生产、快捷服务、流水线作业以及排得满满的日程表，它存在于生活的各个方面，从工作场所到迪斯尼乐园，再到你家里”[①]。二是可计量性。“它为流程（比如说生产）和最终结果（比如说产品）都设立了数字化的标准。在流程上，它强调速度（往往要求快速），而在结果上，它强调的是生产和供应的产品数量，以及产品的尺寸（往往是大个的）”[②]，强调数量而不是质量成为人们追求的标准。第三个要素是可预测性。“在理性社会里，大多数时候和大多数情况下，人们总想预知可能发生的一切。他们既不需要也不期待出现意外或惊喜”[③]，它反映了“麦当劳化”对标准化的强调。第四个要素是可控制性。通过引用新技术，员工和消费者受到越来越多的控制，人们被标准的行为方式去技巧化了。“人工技术（比如一个螺丝起子）受人类控制；非人工技术（比如免下车售票窗口）控制人类。”[④]

这一趋势表现在新闻领域，即“新闻的麦当劳化”，如鲍勃·富兰克林（Bob Franklin）所说，“新闻的麦当劳化”描述的是在麦当劳条件下新闻界的实践活动及其产品[⑤]。安德鲁·马尔（Andrew Marr）将“麦当劳化”的新闻抨击为“一口大小的鸡块新闻”[⑥]，这样的新闻是碎片化、枯燥的、机械化和单一的高度标准化生产的文化商品，忽略了人的现代个性。这样的快餐化新闻符合“工

① ［美］乔治·里泽．麦当劳梦魇——社会的麦当劳化．容冰译．北京：中信出版社，2006. 45.
② ［美］乔治·里泽．麦当劳梦魇——社会的麦当劳化．容冰译．北京：中信出版社，2006. 69.
③ ［美］乔治·里泽．麦当劳梦魇——社会的麦当劳化．容冰译．北京：中信出版社，2006. 91.
④ ［美］乔治·里泽．麦当劳梦魇——社会的麦当劳化．容冰译．北京：中信出版社，2006. 113.
⑤ ［英］斯图尔特·艾伦．新闻业：批判的议题．纪莉，石义彬译．武汉：武汉大学出版社，2011. 153.
⑥ Franklin，B. *Newszak and News Media*. London：Arnold，1997. 5.

具理性”，却不符合“生存理性”，它只能满足人们“吃饱”的需要，却无法给予人们味觉上的享受。

二、一次性文化消费品的缔造

20世纪80年代之前，文化新闻在“左”的错误思想指导下只是作为意识形态教育的工具而存在，因此，只能作为报纸版面编排的配角。而娱乐新闻作为文化新闻的一部分，在政治激情的荡漾中被文化新闻挤占了生存空间。改革开放之后，随着经济的发展，中国社会进入了大众文化兴盛的时代，娱乐与文化并列。80年代开始报纸上出现了文化娱乐专版，如1984年《解放日报》改版后，每周六推出的《影剧天地》专版和《周末增刊》中的“文化·娱乐”版；1987年1月《广州日报》创办娱乐版，并在娱乐版中设《国外见闻》、《世界艺坛集锦》、《香港艺坛》等栏目，刊登外国和港台娱乐文化方面的信息。90年代中期到21世纪初期，报纸一再扩版，文化娱乐新闻的重要性逐渐凸显出来。如2000年9月1日《南方都市报》按照读者的阅读习惯将娱乐新闻独立成叠，包括“娱乐新闻·重点”、“娱乐新闻·对话”、“娱乐新闻·电影”、“娱乐新闻·电视”、“娱乐新闻·圈子”、“娱乐新闻·音乐”、“娱乐评介”等，每天保持出版八九个版，最多的时候可以达到十至十二个版。在这一阶段，广播、电视台都纷纷推出了以报道文化娱乐为内容的新闻节目。最典型的例子就是湖南电视台2000年开播的《娱乐无极限》、北京电视台2001年开播的《每日文化播报》（2006年改名为《每日文娱播报》）、东南卫视2002年开播的《娱乐乐翻天》，以及中央电视台3套的《综艺快报》（现已停播）等综艺新闻性节目。进入新世纪之后，文化娱乐新闻呈现出快速发展的趋势，从电视上不断推出的将新闻性与娱乐性融为一体的娱乐脱口秀节目，到报纸上为适应“读图时代”的大幅彩照、夺目标题的文化娱乐新闻都体现出了快餐式的集体狂欢。同时也出现了专门报道文化娱乐新闻的刊物，如《南都娱乐周刊》，由《南方都市报》出品、南方报业传媒集团主管，于2006年3月1日创刊，其定位是：真实的娱乐新闻，有文化的娱乐，有品位的八卦。主张娱乐不在别处，生活就是看法，立志做一个看法提供商，提供娱乐的看法、生活的看法。主要有资讯、新闻、人物、观点、作品、时尚等版块。随着互联网的发展，一些门户网站上也陆续出现了网络娱乐视频报道，如新浪网的“影音娱乐”、56网的娱乐频道、搜狐娱乐视频、优酷网等，其中除了电视娱乐节目外，还有一些自创的栏目，比如《优酷娱乐播报》、《56娱乐快报》等。

随着时间的累积，文化娱乐新闻逐渐发展成熟，并形成了自身标准化生产的模式，但这也预示着其健康发展阶段的终结。文化论战、文坛交恶、文事诉讼频频曝光于大众传媒之上，越来越多的媒体介入其中，争相报道；名人鸡毛蒜皮的小事被翻来覆去地炒作；娱乐新闻的过度发展挤占了文化新闻的生存空间，只留存了各级党报关于文艺活动等程式化的报道……归结起来，文化娱乐新闻发展到这个阶段，其主要的报道内容可以归结为名人绯闻、八卦现象、恶意炒作等，当然也不乏为了吸引眼球而炮制的假新闻。这些新闻除了满足大众娱乐、猎奇、窥私的恶趣味之外，没有其他价值，文化娱乐新闻在这个时候真正变成了“一口大小的鸡块新闻”。正如学者吴飞和沈荟所说，文化娱乐新闻记者“消化一切难于消化的原材料，吐出可供即时消费的噱头或快餐”①。

随着以微博为代表的社交媒体的出现，网络社会进入了Web 2.0时代，现代传媒生态发生了革命性的变化，新闻的来源不再仅仅是专业的新闻工作者，在“人人都有麦克风”的时代，我们开始“所有人对所有人”的传播。与此同时，大众的阅读习惯也在这样的背景中发生了变化，即大众不再适应“深阅读”的阅读方式，而是转向了“浅阅读”。在微博140字传播方式的影响下，人们的注意力也逐渐被“肢解”。这时候，碎片化、平面化、世俗化的新闻才能够吸引大众的注意力。本身处于亚健康状态的文化娱乐新闻报道者跟随大众需要，把文化娱乐新闻当做生产流水线上的标准化零件进行生产，“大量生产和复制千篇一律的东西来不断地扩展和促进大众文化的标准化和情感体验的标准化”②。在文化娱乐新闻报道中，所有的事实信息都变成了组成报道的原材料被加工和组装、整合，进行了工业化的操作。媒体通过对事实要素的组合创造出范例，进而成为之后新闻操作的样本，文化娱乐新闻的操作就变成了以样本为基础的对不同事件的

① 吴飞，沈荟．现代传媒、后现代生活与新闻娱乐化．浙江大学学报（人文社会科学版），2002(5)．
② 朱晓慧．新马克思主义消费文化批判理论．上海：学林出版社，2008. 13～14.

不同要素之间的拼贴和组合，采用标准化的生产方法，记者可以轻松完成报道。

文化娱乐新闻本身发展的偏离加上现代传媒生态的变革，标准化、碎片化、平面化、世俗化的文化娱乐新闻就被缔造了出来。打开电视，翻开报纸文化娱乐版，浏览门户网站，刷微博，“麦当劳化”的文化娱乐新闻随处可见。

三、“麦当劳化”的文化娱乐新闻

1. 读图时代的假新闻

匈牙利电影理论家巴拉兹在20世纪初就预言，随着电影的出现，一种新的视觉文化将取代印刷文化。德国哲学家海德格尔也提出了“世界图像时代”的著名表述，指出世界将作为图像被把握和理解。而这些预言在媒介生态变革的助力下在当前社会中得以实现。现代社会的生活节奏加快，人们压力过大和心理疲劳程度加大，人们更愿意接收图片等直观的信息，而不是枯燥的文字。人们的感性欲求战胜了理性的需要。在这样的媒介生态背景和人们的心理基础的综合作用下，文化娱乐新闻获得了广阔的发挥空间，但有时候也会形成对“读图时代”的误读。在报道中过度使用图片而不加图片说明或者文字报道补充，使报道缺乏核心事实，有些记者甚至在图片的基础上发挥想象力编造假新闻。电视或者视频网站的娱乐新闻也会仿照纸媒的操作手法，以图片为依托，加上主持人自编自导的解说词，杜撰新闻。为了吸引眼球，文化娱乐新闻记者、编辑可谓无所不用其极。

门户网站上的“娱乐新闻”或“文化新闻”版块，我们经常可以看到很多大幅图片，只配有很少的文字，甚至有些图片新闻连图片说明都没有。以“陈建州（黑人）夜店吻辣妹”的新闻为例。2012年10月9日，香港东方电视的娱乐记者拍到黑人在香港出席完篮球赛之后与长发辣妹在香港夜店的亲密动作，并称黑人与夜店辣妹咬耳朵，甚至有“亲吻”的照片和要电话等行为。随后香港媒体和大陆媒体开始疯狂报道相关消息。笔者浏览多个网页之后发现，新华网以“黑人被爆夜店偷亲辣妹 与范玮琪陷婚姻危机?”为标题，放置大图，进行了简单说明和推测，人民网、凤凰网、光明网、中国网等主流媒体网站紧随其后，跟风炒作。但笔者分析报道内容后发现，除了图片是真实的（但分辨率很低、清晰度不高），文字报道的部分全部为记者对当时拍摄照片的现场还原和主观推测，并无核心事实。大陆媒体全部引用香港记者的报道，没有对消息来源的可靠性和真实性进行质疑和核实，就让这一新闻传播开来。凤凰宽频娱乐频道、搜狐视频等网络视频网站也趁热打铁，引用香港记者的图片配上一些主持人的解说词就将该假新闻播报出来，并冠以“黑人陈建州背范玮琪偷情拥吻辣妹　被拍速闪”等标题。随后，黑人在微博上否认，表示照片是特殊角度，并且不清晰，“明明是在讲话还故意拍成好像在亲吻，明明是买单就说是要电话，真是夸张”。这一根据照片炮制的假新闻在黑人的否认和黑人范玮琪夫妇的公开甜蜜露面中离开了媒体和公众的视线。但这一类根据图片炮制假新闻的媒体操作手法不在少数，已经成为媒体的惯用伎俩。一般而言，这样的“新闻”以图片为外衣，以“据报道”、“据知情人透露”、“据可靠消息”等模糊新闻来源为依托，无规则无节制炮制假新闻，真假难辨。

2. 注意力经济下的新闻标题黄色化

最早提出“注意力经济”这一概念的是 Michael H. Goldhaber，他于 1997 年在美国著名的 *Hot Wind* 上发表了《注意力购买者》一文。文章指出，在互联网时代，信息非但不是稀缺资源，反而是相对过剩的。相对于过剩的信息，只有人们的注意力才是稀缺资源。中国人民大学喻国明教授将“注意力经济”引入传播学领域，他认为，传播回收的是大众的“注意力”，出售给广告商的也是公众的“注意力”，因此注意力才是传媒真正能够赚钱的终端产品。为了获得更高的发行率和市场份额，媒体采用各种手段吸引大众眼球。有些媒体甚至不顾媒体格调，不惜使用黄色化的标题来吸引大众。

打开门户网站的娱乐新闻版块，随处都可以看到低俗化、甚至是黄色化的新闻标题，如《李瑾煊爆湿身性感写真　彰显极致诱惑》、《李连杰妻子利智早年大尺度旧照曝光》、《李冰冰薄纱透视装中门大开　浑圆胸型展现朦胧美》、《巨乳艳模丹妮卡豪放露点　翘臀喷血性感》、《干露露夜总会几近全裸　其妹干毛毛爆乳》、《余函弥自爆露臀火辣照　引网友喷鼻血》等。以 56 我乐网为代表的视频网站，会在娱乐视频下面开设《写真大片视频》的栏目，该栏目下新闻报道多偏黄色化，如《小宋佳展现温柔性感》、《K 奶 AV 女优现身成人展》、《香艳豪乳车模引爆车展》、《嫩模斗艳深 V 爆乳黑 bra》等数不胜数。用低俗、近乎黄色的新闻标题来吸引大众眼球，只能满足大众的浅层次需求，短期内可能对网站的点击率上升有所帮助，但从长期来看，这对媒体的形象只有损耗作用而非增益作用。对于电视而言，由于其节目内容需经过广电总局的审核，在这方面比报纸和网络等媒体做得相对好一些。

3. 文化新闻报道程式化

与市场化媒体文化娱乐新闻报道的虚假化和低俗化形成鲜明对比的，是党报等媒体文化新闻报道的程式化。文化娱乐新闻报道的另一个极端就是媒体保持自身的格调，却脱离了大众，将官话、套话融汇到文化新闻的报道中，没有将官方舆论场与民间舆论场打通，这当然就很难引起广大读者的阅读欲望。

首先是形式上的程式化。互联网上曾一度流传网友对突发事件报道的模板总结："事故发生后，________高度重视。________立即作出________，要求组织________，妥善处理________，迅速查清________，严肃追究________；立即组织开展________，进一步做好________，防止________。"也有网友对新闻联播的播报模板进行了总结，这些都从一个侧面反映出网友对程式化报道的反感。文化新闻的报道也存在着上述问题，很多消息、通讯千文一面、千篇一式。缺少新意和个性的报道俯拾即是，很多报道活像是一个模子里倒出来的，令人无法产生阅读兴趣。其次是内容上的程式化。文化新闻报道将空洞的政治性话语、苍白的说教性言辞以及空洞模糊的表达结合在一起，陈词滥调式的报道让大众很难提起兴趣。八股气息的浓厚与陈词滥调的标准化语言，让文化新闻报道不断衰微。

以《人民日报》2012 年 12 月 1 日有关大型文献纪录片《科学发展铸辉煌》研讨会的报道为例。《人民日报》当天用一整个版面报道了该事件，主要由《十年巨变的影像纪录》、《国家媒体的使命追求》、《艺术创作的责任担当》、《一次承载使命的艺术创作》、《一份真实准确的国家史志》、《一部打动人心的磅礴画卷》六篇系列稿件加上五幅图片组成。仔细阅读每一篇报道，从形式上看，六篇报道都遵照对该文献纪录片的简略介绍和主要采访对象的直接引语两方面组织材料的方式。《一次承载使命的艺术创作》在简要介绍该文献纪录片的政治意义和美学价值之后，引用了对《文艺报》总编和军事科学院军事研究部原副部长的采访补充稿的剩余部分。《一份真实准确的国家史志》和《一部打动人心的磅礴画卷》遵循同样的报道程式。从内容上来看，"多角度"、"多维度"、"全方位"、

“全景式”等同义词多次出现，“社会主义先进文化”之类的短语的曝光率也是相当之高。这种程式化的内容安排和模式化的话语形式严重降低了大众的期待。如果文化新闻不能以广大大众喜闻乐见的形式报道出来，而是将文化新闻作为艺术品束之“官方舆论场”的高阁，其功能和作用就难以得到发挥。

【问题总结】如果说新闻的“麦当劳化”在整个新闻领域产生了一定的影响，那么，文化娱乐新闻的“快餐化”趋势更甚，从标题到内容，噱头多了，文化内涵少了。特别是娱乐新闻，如果放任自流，低俗化、媚俗化便会泛滥成灾。文化娱乐新闻与中国的各种文化及社会因素存在千丝万缕的联系，它对整个社会也会产生各种各样的影响，娱乐新闻炒作化并堂而皇之地占据“主流”位置是值得反思的。但无论如何，娱乐新闻应该承担社会责任，文化新闻应该不断转换语言，增强可读性，这些都应当成为当前阶段文化娱乐新闻突围的着力点。

第二节　消费主义时代：谁在消费谁

【问题提出】为了让文化娱乐新闻变得更“好看”，媒介使出了浑身解数，但随之出现的“过度消费”又值得深思。文化娱乐新闻的过度消费体现在哪些方面，它带来的危害有哪些？消费主义与文化娱乐新闻存在什么样的关系？通过对江苏卫视《非诚勿扰》节目的娱乐元素探究，我们可以获得哪些有益的启示？

一、文化娱乐新闻的过度消费

1. 名人消费

在当前文化娱乐新闻报道中存在着对名人的过度消费。由于影视明星报道是文化娱乐新闻的一个重要组成部分，这方面也就表现得尤为明显。在消费名人的时代，不论是大众的“关注”嗜好，还是媒体的“眼球”需求，名人都是潜在的“爆点”，并进而引发公众参与的“要素”①。在消费主义文化盛行的时代，名人由于其身份的特殊性，应该自愿贡献出自己的一部分隐私给媒体和大众进行分享和消费，这是无可厚非的。但是如果媒体对名人过度消费，这不但会侵害名人的名誉权和隐私权，对媒体而言，也会造成整个文化娱乐新闻报道生态的恶性发展。

一般而言，媒体报道名人的日常工作属于职责所在，但现在媒体对名人私生活的开发表现得过度热衷——大到名人的婚恋家庭，小到名人喜欢吃什么，今天跟谁一起吃饭，明天跟谁一起逛街，后天跟谁一起做运动，养了什么宠物，就连名人咳嗽一声、出汗都可以作为新闻报道给大众。更有甚者，一些女明星的“肚子”也能成为一些娱记追逐的目标，连续报道并猜测她是怀孕了还是仅仅有些发胖。近期多家媒体报道张柏芝携两个儿子游玩，Lucas 和 Quintus 玩出汗把上衣脱掉这种事情都可以被媒体当做新闻大炒热炒。2012 年 11 月 19 日的湖南卫视《娱乐无极限》将王志文儿子陪同其打高尔夫球的事搬上了荧幕，记者采访王志文儿子“以后要不要学习打高尔夫球”、“自己帅还是爸爸帅”等无聊至极的问题，不禁怀疑这种新闻是否为了凑够节目时间所为。还有前段时间的王石婚变事件，王石被曝出已经与妻子离婚，并和在长江商学院认识的女明星田朴珺确定男女关系。该事件经历了网友爆料—众人围观—新浪微博认证用户的再爆料—网友再次围观各种调侃、段子满天飞的传播过程，其间穿插着传统媒体的宏观梳理式的报道，微博等新媒体与传统媒体相互配合，优势互补，集中火力“消费”名人。从最开始挖掘出王石和田朴珺在长江商学院认识引发长江商学院在网络上的爆红，到后来挖掘出田朴珺曾拍过的色情片引发公众对田朴珺本人的围观和调侃，这就是新媒体和传统媒体对名人王石的过度消费而合力促成的一次娱乐狂欢。

2. 身体消费

文化娱乐新闻报道还存在一种倾向，就是对身体的消费。特别是对女性身体的消费。在消费社会中，身体成为一种文化事实，身体关系的组织模式反映了事物关系的组织模式及社会关系的组织模式。身体本身发生了分裂，一方面是作为

① 张兰军．“消费”名人 不能透支“理性”［EB/OL］．2011［2012－12－01］，http://opinion.people.com.cn/GB/159301/16522580.html.

主体而存在，另一方面是作为消费品而存在。[1] 身体消费的流行，是在商业逻辑下围绕大众的文化诉求争夺注意力的一种表现方式。

有学者曾指出，“身体消费”有三种表象：一是身体作为偷窥的对象而存在，二是身体作为被崇拜的对象，三是身体作为奇观而存在。[2] 身体作为偷窥的对象很好理解，在目前很多文化娱乐新闻中都存在对明星身体本身的报道，可以满足大众偷窥的欲望，从而获得偷窥的快感，如《10大女星钢管舞姿比拼谁更香艳》、《曝光十大女星含羞哺乳照》、《嫩模露乳贴丁字裤痕》等新闻就是通过对女明星身体的消费来满足大众窥私的欲望。文化娱乐新闻在报道过程中透露出了对某种外观的认同，其实也就是对身体的认同。当前很多文化娱乐新闻的报道都突出对名人，特别是女性名人曼妙身材的渲染，从而助长了整个社会“以瘦为美”的审美观。媒体对选美比赛的报道就集中表现出了这一点。同时，媒体在报道一些颁奖典礼时，女明星争奇斗艳的装扮和身材肯定是绕不过的话题，这些都是在制造大众对女明星身体的崇拜，既引领消费，同时又被大众所消费。除了窥私和崇拜，媒体消费身体还有一种方式，就是对身体的亵渎。凤姐、芙蓉姐姐当年就是依照“审丑逐臭”的路径火起来的，本来就传统的审美观念而言，这两者根本不具备“火”起来的基本条件，但由于媒体不仅热衷于对美的炒作，同时也不放过对凤姐和芙蓉姐姐丑的调侃，进而在媒体与网友的助力下，大众在审丑的过程中获得了精神上的愉悦和快感。“想火必先丑”似乎也成了大多丑星的成名秘诀。近期关于干露露的新闻频出，很显然就是想通过“审丑逐臭”的方式走进大众的视野。

3. 情感消费

对大众情感的过度消费也是文化娱乐新闻报道的一大误区。当我们沉醉于尼尔·波兹曼所说的娱乐至死的时代时，另一种携带着悲情因子的文化景观开始在新闻报道中风靡，这就是情感消费。这种文化景观强调的是个人命运的未知，着重渲染人生的悲凉，从传播学角度而言的蕴含着伤感美学的“悲情叙事”开始在文化娱乐新闻报道中泛滥。本来可以秉承客观原则报道的新闻，加入了悲情因

---

① 朱晓慧．新马克思主义消费文化批判理论．上海：学林出版社，2008. 199.

② 佚名．选美节目“身体消费”的文化特征［EB/OL］. 2008［2012－12－01］，http://women.sohu.com/20081126/n260859164.shtml.

子之后，大众的悲伤情感被调动起来，着实被媒体消费了一把。

在这方面比较典型的例子是新闻媒体对明星分手、离婚新闻的报道。远一些的有姚晨和凌潇肃因为第三者唐一菲介入而离婚的新闻，媒体过度渲染姚晨、凌潇肃一起经历的一些事情，连篇累牍的报道让姚晨、凌潇肃的离婚成为了公众“必须”关注的话题，大篇幅的新闻报道渲染出对两人感情破裂的惋惜和对第三者唐一菲的讨伐，大众的情绪也在媒体悲情报道的裹挟中大起大落，最后喊出“再也不相信爱情”的口号。再远一些是刘烨大婚报道，本来报道刘烨和安娜的婚礼本身就可以了，一些好事媒体又挖出刘烨和前女友谢娜的陈年旧恋说事，诸如《刘烨大婚 曾经最爱谢娜选择沉默》、《刘烨昨日北京大婚 新娘不是谢娜是安娜》等悲情的标题在刘烨大婚期间在报纸、互联网等媒体上泛滥，媒体极力渲染一种悲情的情绪氛围，将大众的情绪玩弄于股掌之中。近一些的张柏芝、谢霆锋离婚，董洁、潘粤明离婚等新闻都采用类似的煽情手法，当大众正在为明星劳燕分飞而唏嘘不已时，情感产生的原始路径实际上已经在媒体的作用下遭到了某种程度的扭曲。

4. 符号消费

法国学者让·鲍德里亚从符号学的角度出发，指出现代大众媒介和文化的基础就是符号的运作，在现代大众文化的消费过程中，凡是不能变成符号的东西都不能存在。“消费社会”的实质是“符号社会”。“消费社会的关键之点是人们日常生活中那些不可或缺的物品获得了某种文化符号的意义，从而使消费与商品的使用价值相脱离，使购买行为与真实需求相脱离，因此，消费社会就由以前的商品拜物教变成为符号拜物教。”① 在文化娱乐新闻报道中，由于媒体对某些名词的过度炒作和过度消费，使其被高度符号化，只要一提到这些词，被媒体操控下的大众心理会形成挥之不去的刻板印象，从而影响大众对文化娱乐信息的正常接收。

纵观文化娱乐新闻报道，这样被高度符号化的词汇俯拾即是。比如“嫩模”这个词，在娱乐新闻中，“嫩模”均以负面形象呈现，有时候几乎成为与“小三”、“劈腿”、“裸照”等高度相关的词汇。只要是有“嫩模”这一词汇出现的新闻，不论是纸媒、电视还是视频，基本上都是关于嫩模如何成为破坏家庭

① 朱晓慧．新马克思主义消费文化批判理论．上海：学林出版社，2008．162.

的“小三”，嫩模的裸照曝光，嫩模如何通过出卖身体博上位之类的报道。这些新闻的过度泛滥，就很容易让人们形成对嫩模的偏见，赋予“嫩模”这一符号不该有的刻板印象。再如之前王石婚变的报道，王石和田朴珺相识的地方——长江商学院一度成为众人关注的对象。之后，媒体趁热打铁，又接连报道了范冰冰将入读长江商学院的新闻，各大媒体纷纷总结并推出有关长江商学院的专题报道，比如对从长江商学院毕业的美女学员进行列举、分析比较等。媒体集中火力猛攻，使得“长江商学院”这一词汇也被高度符号化，“长江商学院”沦为“拉郎配”，也逐渐被符号化为富豪猎艳的新地标。文化娱乐新闻报道中被高度符号化的词汇还有很多，就是因为媒体不遗余力地炒作，才使这些词汇作为特定的符号在不断被消费的过程中固定下来。不可否认，这也是一种误区。

二、消费主义的时代背景与历史沿革

媒体对文化娱乐新闻的过度消费现象纵然与媒体编辑记者本身的职业失范有关，但也应该看到其背后的动因，这就使我们关注到消费主义这一时代背景。

1. 消费主义

消费主义是一种产生于消费社会的消费文化。消费社会是相对于生产社会而言的，生产社会是指以“生产”为中心的社会。在生产社会中，生产相对不足，生产与消费的关系是生产决定消费，生产的最终目的是满足人们的需要。在这个阶段，人类生活的核心就是生产，人们在生产中的地位也成为人们社会地位的主要决定因素。而对于消费社会而言，就是生产与消费的相互关系发生了变化。在消费社会，不再是需要制造商品，而是商品制造需要。在这样的消费社会中，最大的矛盾就是极大的生产能力与人们非常有限的消费需求之间的矛盾。而解决这一矛盾的最好方法就是培育消费者，引导和刺激消费者的消费欲望。消费主义就是在这样的社会背景下自然生长起来的一种文化。

消费主义是在消费文化引导下形成的一种生活方式，它是指：消费的目的不是为了实际需要的满足，而是不断追求被制造出来的、被刺激起来的欲望的满足。换句话说，人们所消费的，不是商品和服务的使用价值，而是它们的象征意义。正如学者陈昕所言："消费主要的'需求'是被创造出来的、并在无形中把越来越多的普通人都卷入其中的生活方式和价值观念，它使人们总是处在一种'欲购情结'之中，从而无止境地追求高档商品符号所代表的生活方式，这本身又构成了现代消费社会中社会关系再生产的条件。"①

西方消费主义的产生与工业革命是密切相关的，随着大机器生产时代的到来，大规模的消费物品生产从可能逐渐转变为现实。第二次工业革命之后，资本主义高速发展，1870年后的20年间世界工业生产总值比之前的20年增加了两倍。正是在这种生产力大发展的条件下，过去短缺的经济已经被生产力极速提高的剩余性经济所取代，资本增值的方式也开始转向了对消费市场的培植，这就必须进一步扩大消费的范围，创造出更多的如马尔库塞所言的"虚假的需求"。西方的消费主义就在这样的社会背景下应运而生。

2. 消费主义在中国

对于中国而言，在20世纪80年代之前，消费主义在中国无法找到生根落地的土壤。新中国成立之后，我国一直沿袭的是从苏联继承过来的计划经济政策，在经济上一直处于匮乏状态，基本上属于生产社会时代，根本不具备进入消费社会时代的政治、经济和社会条件。而改革开放之后，我国的经济获得了突飞猛进的发展，物质的充裕改变了当年物质匮乏的状态，这为我国进入消费主义社会做好了经济上的准备。改革开放之后，随着经济的迅速腾飞，人们的消费水平普遍提高，这种经济的迅速发展为人们消费更多数量、更好质量的产品，追求更高生活质量提供了物质基础；同时，人们的消费观念也随之发生了变化，这就为消费主义在中国的落地生根提供了心理基础。而大众传媒在这一阶段从昔日高不可及的圣坛走向大众化、世俗化，由教化型转向服务型，开始立足于市场定位并朝着与受众打成一片的方向转变，为消费主义在中国的发展提供了媒体的准备。另外，改革开放之后，我国被逐渐席卷进了全球化的浪潮中，开始和西方国家有更为密切的政治、经济和文化方面的交流，这就为西方消费主义在中国的广泛传播提供了客观上的可能性。

---

① 陈昕．救赎与消费．南京：江苏人民出版社，2003. 2.

3. 消费主义与文化娱乐新闻的变迁

文化娱乐新闻的发展变迁与消费主义在中国的发展过程是紧密相连的。可以说，文化娱乐新闻的变迁就是反映消费主义在中国落地生根的一个窗口。

新中国成立初期，娱乐新闻基本上不存在，只有少量的文化新闻偶尔出现在报纸某些版面的角落里，当时的文化新闻只是作为政治的附庸，它的首要功能既不是娱乐也不是消遣，其思想教化和意识形态灌输的用意远远超过了文化新闻本身的文化信息传播功能。20世纪80年代之后，这种情况才有了一定的改观。进入到20世纪80年代中后期，国家政治、经济和社会方面的变革也在文化娱乐新闻的发展过程中显现出来。这一阶段最明显的变化，就是娱乐新闻逐渐开始作为一种脱胎于文化新闻又与文化新闻有着千丝万缕联系的独立的新闻体裁而出现。一些报纸开始出现文化娱乐专版。到了90年代，很多报纸纷纷扩版，文化娱乐新闻版面的扩大从一定程度上反映出其地位的上升，在这一阶段，娱乐新闻的发展有超越文化新闻并成为独立体裁的趋势。进入21世纪，电视与网络视频中的文娱新闻报道也逐渐涌现出来，如前文提到的电视娱乐新闻节目《娱乐无极限》、《每日文娱播报》、《娱乐乐翻天》等，以及优酷网原创的“优酷娱乐新闻播报”和56网自创的“56娱乐快报”等。娱乐新闻的迅速发展与文化新闻衰微的迹象逐渐显现出来，消费主义打在文化娱乐新闻上面的烙印也逐渐崭露头角，文化娱乐新闻的不健康生态也开始显山露水。一些媒体为了获得更高的影响力、发行量，或收视率和点击率，不惜制造虚假新闻、炒作绯闻、侵犯明星隐私等，这些不端行为在消费主义的内在驱动下获得了长足的发展。随着经济的进一步发展，文化娱乐新闻的过度消费倾向也愈加明显，加之媒介生态的变革，文化娱乐新闻的过度消费也有了更加宽广的平台，并呈现出碎片化、标准化和肤浅化的传播趋势，其不健康生态也急剧恶化。某一新闻从新媒体平台上被曝出之后，纸媒和电视等传统媒体迅速跟进，两类媒体互相合谋，将名人消费、身体消费、情感消费与符号消费演绎到极致，媒体的报道裹挟着大众狂欢的情绪，我们已经进入了全民“娱乐至死”的时代。

三、被娱乐的大多数

尽管从一般意义上而言，在阅读文化娱乐新闻报道时，大众是消费者，消费着媒介生产的内容产品，从而获得一种娱乐与消遣的心理体验。但是，在被消费主义浸润的文化娱乐新闻报道泛滥的当下，大众已经不再单纯地作为文化娱乐产品的消费者出现了，大众作为媒介文化娱乐产品消费者的角色已经逐渐衰微，转而成为媒体消费的对象。在"娱乐至死"的时代，大众已经成为了"被娱乐的大多数"。

文化娱乐新闻对名人的聚焦与放大，让大众在"看"的同时陷入自我迷失的迷幻世界，在迷醉的状态中被物质化的符号所俘虏。文化娱乐新闻此时已经成为商品拜物教的表演台。打开网页看文化娱乐新闻，充斥在我们眼中的是名人的"风光"，锦衣玉食、宝马香车、香邸豪宅的生活状态。名人纸醉金迷的生活、奢侈无度的消费，被媒体聚焦、放大、无限度地渲染；明星的服装品牌、汽车品牌等被津津乐道，物质和品牌成为身份建构和文化建构的符号。商品的物质话语、极端非理性话语与大众文化合谋，为大众制造了一个个非真实的梦境。名利、富贵、浪漫、前卫、时髦等物质的衍生意义附身于明星，迷惑大众。[①] 以媒体对名人婚礼的报道为例，除了一般性的对婚礼程序的报道之外，媒体会对婚礼的花费、婚礼场面的壮观等方面进行过度渲染，没有一位名人的婚礼不是所谓的"世纪婚礼"，这就使大众联系自身，从而产生一种不切实际的虚幻感，进而导致自我迷失。纵观媒体对名人婚礼的报道，都和"富豪"、"高花费"、"奢华"等关键词密不可分。2012 年 11 月，郭晶晶与霍启刚的婚礼报道中，媒体过度强调"豪门眼中的'从简'婚礼光酒席就要花上千万"、"新娘婚纱总价超过百万"、"聘礼 500 万"、"晶刚四日婚礼花费千万"等信息，"豪门"、"名媛"、"大手笔"等词汇也屡次出现。加之媒体连篇累牍的报道，使大众无法从拜金主义的报道氛围中解放出来，最终只能作为被媒体消费的对象，成为金钱至上观念的俘虏。

---

① 黄磊，彭国祥．娱乐新闻的后现代型表征．新闻前哨，2006（6）．

文化娱乐新闻本身的娱乐属性被过分夸大并肤浅化，令大众的文化智力降低。大众在不知不觉地消费媒介产品的过程中，其精神家园可能随之荒芜。阿道夫·赫胥黎在《美丽新世界》中告诉我们，人们感到痛苦的不是他们用笑声代替了思考，而是他们不知道自己为什么笑以及为什么思考。不论是目前报纸上的、电视上的，还是新媒体平台上的文化娱乐新闻报道，都在创造大众对娱乐的主动需求，也让大众不知不觉陷入了其制造的娱乐陷阱中。在新闻报道所提供的娱乐狂欢中，大众的精神和整个社会的意志都处在被麻痹的边缘，在这种情况下，人们无法找到自身存在的意义。正如一位学者在评价电视节目泛娱乐化时所说："我们的被吸引正是因为我们的甘心被娱乐，甘心被电视掏空，仅为了获得一种被操纵的快乐，而真正发生在我们身边的真实，似乎都变成了真空。"① 也正如尼尔·波兹曼在《娱乐至死》中所担忧的，我们丧失了记忆的能力，并且难以想象一种合理的将来。当人们过多地沉浸在媒体所营造的娱乐陷阱中，将有限的注意力过多消耗在对人自身发展无增益作用的娱乐新闻中时，其思维方式也会蜕化降级，进而导致文化智力降低。这最终会陷入整个人类的困境：在对名人、对身体、对情感、对符号过度消费的狂热中，人类只能理解肤浅、碎片化的信息，而无法深入分析较为复杂的问题。当人们总是沉浸在"中国好声音"选手去哪里开演唱会了、名人的恩爱情仇、明星与合资方的合作与纠纷、某个大片上映出现了哪些劲爆点等新闻中的时候，自然没有精力再去关注"十八大"报告、美国总统大选、中国经济走势等较为深刻和艰涩的信息。媒体通过其娱乐霸权的方式实现了对大众的"洗脑"和文化智力的侵蚀。

四、媒体与消费主义的共谋

有学者曾经指出媒体与消费主义的关系方面，存在着三种不同的视角。一种是结构功能范式，它强调媒介与消费主义相互促进的一面。"媒介与消费主义的结合，在一定程度上是一种社会发展的必然，它释放了人们的物质欲望，满足了人们的世俗需求，这同时也是社会环境相对安定、物质生活相对富足的表现，有

---

① 李晓云. 被娱乐的大多数. 新闻界，2005（5）.

其合理性的一面。”[①] 另一种范式是剥削范式，认为媒介通过消费主义迎合受众，主要是出于经济的考量，这一范式注重对媒介的批判。第三种范式是媒介与消费主义共谋共生的范式。“媒介为消费主义的盛行推波助澜，消费主义让媒介迅猛扩张，两者相互依存，相互影响。”[②]在文化娱乐新闻报道中，媒体与消费主义的共谋主要体现为第三种范式，但在实际的操作过程中也出现了异化。

媒介与消费主义共谋异化的一个典型表现就是交换隐私。通过交换隐私，媒体名人可以实现双赢。在报道中，经常会出现一些名人为了上位而主动向媒体“出让”隐私的现象，而媒体也是来者不拒，成为名人自我炒作的一环。在这种现象中，媒体为名人在公众的视野中搭建展示自我的平台，名人可以在这里提高自己的曝光率，从而获得事业和商业的双丰收；而媒体也可以通过兜售名人的隐私获得丰富的报道资源，从而提高发行率或者收视率。这对两者来说是双赢的行为，而大众却成为这两者共谋的牺牲品。2011 年湖南电视台拍摄的电视剧《宫（宫锁心玉）》上映之际，主演杨幂和冯绍峰的绯闻也不胫而走，诸多新闻媒体纷纷贴出两位主演的甜蜜情侣照，并报道两位主演疑在真实生活中也是情侣关系，一时间，对于电视剧《宫》及其主演的关注达到了顶点，两位主演在现实生活中的甜蜜爱情让众多粉丝为之感慨并祝福。在这场媒体与名人（或者说名人的经纪公司）的共谋下，电视剧《宫》的收视率份额最高的一天达到 14.28%，连续 16 天在全国同时段收视称王，主演杨幂和冯绍峰也在一夜之间成为家喻户晓的明星。《宫》在湖南台播完后，媒体又开始报道其实两位主演在现实生活中并不是情侣关系的新闻。在这次名人向媒体交换隐私的过程中，捧红了两位明星和一部电视剧，湖南卫视收视率居高不下，战胜了同时段的其他电视节目；对于媒体而言，获得了两轮关注的热潮：第一次曝出杨幂和冯绍峰是现实生活中的情侣和第二次澄清两者在现实生活中并不是情侣关系。除了无辜大众的情绪被媒体利用并被“娱乐”了一把之外，这次隐私的交换获得了媒体和名人双赢的结局。

---

①② 蔡骐，刘维红．论媒介化社会中媒介与消费主义的共谋．今传媒，2005（2）．

五、个案分析:《非诚勿扰》中的娱乐元素

《非诚勿扰》是2010年1月15日江苏卫视推出的一档适应现代生活节奏的真人秀婚恋交友类节目，为广大单身男女提供公开的婚恋交友平台。节目由孟非主持，另有乐嘉和黄菡嘉宾作分析点评。每期节目都会有24位女嘉宾前来相亲，通过“爱之初体验”、“爱之再判断”、“爱之终决选”三关，来了解同一位男嘉宾。在此期间，女嘉宾亮灯表示对男嘉宾满意，愿意继续了解，灭灯则表示对男嘉宾不满意。若场上只有一位女嘉宾亮灯，主持人将询问男嘉宾的意见，如果他也中意亮灯的女嘉宾，则速配成功；若场上所有女嘉宾都灭灯，则男嘉宾必须离场。三关以后如果仍有多位女嘉宾亮灯，则男嘉宾获得选择权，进入“权利反转——男生权利”阶段，男嘉宾可以挑选自己心仪的女嘉宾。2012年10月20日晚开始，节目增设了“爆灯”环节，男嘉宾在进入“权利反转”前的任一环节，女嘉宾只要特别中意该男嘉宾，就可以按下“爆灯”键。全场大屏幕就会出现心跳动画，提醒大家有人亮灯，第一个爆灯的女嘉宾将成为“动心女生”。

这档节目本与文化娱乐新闻“报道”没有多大关系，但是由于其较强的娱乐性创造了电视节目收视的神话，成为当之无愧的媒体奇观。本节将结合前述文化娱乐新闻的相关理论对《非诚勿扰》中的娱乐元素进行分析。

1. 美女风景线满足大众多样化审美需求

对美女身体的消费已经成为《非诚勿扰》的首要娱乐元素。如前文所述，目前媒体对身体消费的情况普遍存在，特别是女性的身体。一方面身体作为主体性而存在，另一方面则作为消费品而存在。《非诚勿扰》一方面是对女性外在形象的消费，另一方面是对其内在特质的消费。《非诚勿扰》虽然并没有标榜其为选美节目，但是纵观各期节目、细数历届女嘉宾，无不拥有漂亮的外表、婀娜的身材以及极具特色的个人背景，这些都为大众所津津乐道。每一期的24位女嘉宾都有自己的特色，如近几期高贵冷艳的豪门美女骆琦、35岁美女CEO李芊墨、可爱傻气的传播学在读研究生刘五朵、精明干练的“辣妹子”文晓艳、少数民族特色的储慧等女嘉宾均形象与气质兼具，这些美女站在台上就能形成亮丽的风景线，引发观众观看的欲望。在当今社会工作和生活压力巨大的情况下，这种视

觉享受在一定程度上缓解工作和生活压力带来的疲劳感，获得赏心悦目的审美体验。另外，这些美女独具个性与特色，24 位女嘉宾代表了 24 种女孩的类型，如骆琦代表的是“温润如玉”、“心淡如水”的高贵典雅气质型美女，刘佳妮代表的是成熟型美女，文晓艳代表的是精明干练型美女、唐静是“冷美人”等，观众在欣赏着24 位女嘉宾的时候，就好像在和现实生活中她们所代表的24 种不同类型的美女交朋友，进而获得全方位的审美体验。

图 8－1　《非诚勿扰》的首要娱乐元素是对美女身体的消费

（图片来源：网络视频截图）

2. 悬念迭起制造“娱乐”

《非诚勿扰》非常善于制造悬念，从节目一开始就设置悬念制造出“娱乐”的效果，四重悬念设置将观众的眼球始终聚焦在舞台上。

第一重悬念是男嘉宾出场。男嘉宾从天而降的那一刻，其相貌和穿衣风格成为大家关注的焦点，有些打扮怪异、穿着搭配奇特的男嘉宾一上台就可以成为整场节目的笑点。曾有一男嘉宾的笑声非常有特色，编导在其上场之后屡次播放男嘉宾的笑声，引得大家捧腹大笑。在揭示完第一重悬念之后，男嘉宾对“心动女生”的选择又会成为第二重悬念。“心动女生”揭晓之后，男嘉宾的个人背景和生活、恋爱经历又会设置悬念，吸引观众观看三段 VCR，了解男嘉宾其人，这是第三重悬念。这里需要特别注意的一点是，《非诚勿扰》节目组在选择男嘉宾的时候非常注重其故事性和娱乐性，大多数上台的男嘉宾都有很多故事可以供大众“娱乐”。比如曾经有一期出现了30多岁还被母亲带着上《非诚勿扰》相亲的男嘉宾沈勇，一度被观众调侃为“没断奶”；还有声称“想找年收入300万以上的女人”的男嘉宾关敬民，被网友封为“资深专业拜金男”；男嘉宾李海宁在名片上印了14种联系方式，每一种都比裤腰带长，还嫌站着说话腰疼，要求坐着完成节目，被网友评为“自我粉刷涂料男”和“猥琐大叔”；还有帅气的25岁男嘉宾刘丞选择了大自己20岁的45岁女嘉宾杨曼，网友直呼“不可思议”，并将其定位为“母子畸恋主角男”等。在观看三段VCR间隙，每位男嘉宾和主持人、点评人、女嘉宾的互动对话中体现出的个性就具有十足的娱乐意味，让观众产生一种笑看世间百态的轻松感。第四重悬念就是男嘉宾的“下场”如何。观众在观看过程中会通过自己的经验和察言观色所得的零星线索进行分析，推测男嘉宾是否会被灭灯或是会和哪一位女嘉宾牵手，进而在悬念不断出现并被推翻的过程中，享受到娱乐消遣的乐趣。在这一重悬念揭示的过程中，经常会将节目推向高潮。特别是有些男嘉宾会专门为某一位女嘉宾而来，男嘉宾痴情的表白和恋上某位女嘉宾的故事也成为观众关注和娱乐的焦点。

3. 语出惊人缔造语言奇观

《非诚勿扰》的娱乐元素还体现在其对语言奇观的制造中。主持人、两位点评人以及24位女嘉宾雷语层出不穷，对话的兴奋点一波接着一波。

首先，主持人孟非幽默的主持风格是《非诚勿扰》舞台上语言奇观的一个重要组成部分。如在某女嘉宾谈到对豪车的要求，希望有B字开头的车（意指宝马和保时捷）时，孟非调侃说：“我也有辆B字开头的车，我觉得比亚迪的车很不错还环保。”还有在某期节目中，女嘉宾陆续灭掉男嘉宾的灯之后，孟非说道：“你们都是商量好的吗？一盏一盏灭得那么有节奏。”巧妙地化解了男嘉宾被全部灭灯的尴尬，同时活跃了现场气氛。

其次，嘉宾乐嘉和黄菡的点评也有不错的娱乐调节作用。虽然在整个舞台上，乐嘉和黄菡属于理性分析和引导的角色，除了中规中矩的分析点评之外，这两人也经常冒出一些搞笑十足的语言。如乐嘉曾比较经典地向男嘉宾支招：“选心动女生的时候一定要左右匀速的慢扫全场，然后神情坚定、微闭的双眼突然睁开对孟非说，好了！”配合乐嘉丰富的面部表情，可以想见其娱乐效果。有时候他也会自我调侃："大家好，我是一号男嘉宾乐嘉。"黄菡给人的印象是比较温和的，但她在与乐嘉的对话中，常常会出现一些调侃味十足的经典对话，如有次乐嘉说："女人生孩子有一种巅峰体验的感觉。"黄菡则回："你试过吗？"

最后是男女嘉宾经典言语，这是《非诚勿扰》舞台上最具重要性和代表性的语言奇观。反映男女嘉宾价值观的犀利语言加上两性"论战"的激烈语言，让观众在笑过之后，进一步思考背后所反映的社会问题。如女嘉宾朱真芳的"我的手只给我男朋友握，其他人握一次20万"和"我觉得他（指当时的一号男嘉宾）满足不了我住豪宅的梦想"；马诺的"宁可坐在宝马里哭，也不愿在自行车上笑"；温情对某个富二代男嘉宾说："你愿意把你的车送给我，然后自己再买一辆吗？"当男生要灭她的灯时，她又改口说："我不要你的车还不行吗？"……这些都是反映女嘉宾价值观的雷人言语。还有一些两性交锋的激烈言辞，如女嘉宾胡元君在评价一位男嘉宾时，说："他的鞋不搭裤子，裤子不搭上衣，上衣不搭发型……所以说他就更不搭我了，对不对？"还有一期，男嘉宾王巧根念了自己写的诗歌之后，女嘉宾夏燕说："我想问一下那位先生，是不是鲁迅爷爷那个时代的人穿梭而来的，您的诗是那个时代的呀。"诸如此类的对话还有很多，但总结起来大致可以分为两大类，一类是反映男女嘉宾价值观的"拜金"言语，第二类是女嘉宾对男嘉宾的犀利调侃。观众正是在这些反映价值观的言语中体会到某些女嘉宾的现实和刻薄，进而通过节目对这些价值观或者倾向的无限夸张和放大而认清楚现实的残酷；同时也在两性猛烈的言语厮杀中获得一种冲突的快感。这两大类的言语恰好反映了多个群体共同面对的社会焦虑，形成的言语奇观也成为转型时期社会迷茫情绪的宣泄品。观众在观看《非诚勿扰》时获得了更多的现实体验，并在逃离现实而又与现实拉近的艺术化体验中获得了一种置身事外围观的轻松感。

4．才艺展示增加笑点

几乎在每一期《非诚勿扰》中，都会有男女嘉宾才艺展示的内容，这就让《非诚勿扰》的节目形态在一定程度上打上了"娱乐综艺节目"的色彩。男女嘉宾或是欢快的舞蹈，或是深情的诗歌朗诵，或是流行歌曲的再演绎等，都为节目增加了看点和笑点。男女嘉宾表演舞蹈、乐器演奏等才艺几乎成为每一期的必备"小菜"。当然还有一些比较另类的，比如有男嘉宾现场赋诗，引得女嘉宾和现场观众捧腹大笑；之前有一期，一位来自印度的男嘉宾，现场吟诵自创中文诗，并与女嘉宾一起大秀印度舞，被乐嘉赞许为“最好看的印度男孩”，这位“大胡子怪咖”还现场模仿乐嘉和黄菡，并用一曲《忐忑》唱得现场乐翻了天；近期还有男嘉宾紧随潮流，在《非诚勿扰》舞台上表演“江南 style”，其以墨镜造型出场大跳骑马舞，并模仿吴宗宪、郭富城、周杰伦等各路艺人大秀才艺，表演“闻香识女人”的绝活儿……这些才艺展示在男女嘉宾相亲的同时，带给观众一场又一场视听盛宴。特别是在 2012 年 10 月 20 日改版之后，男嘉宾的才艺展示成为一个必需的项目，让《非诚勿扰》的娱乐色彩更加浓重。

随着现代社会信息和生活节奏的加快，人们承受的压力越来越大，在电视前实现便捷娱乐的目的和要求，直接导致了人们对电视娱乐节目和消遣的欲望空前膨胀。我国正处在社会大转型的时期，信息爆炸以及新事物、新观点瞬息万变，各种理念的交锋与思想碰撞也在所难免，因此，青年男女婚恋观也与社会发展变革的方方面面有着千丝万缕的联系。《非诚勿扰》栏目就是在这样的社会语境下产生的。[①] 总体而言，《非诚勿扰》就是通过对各具特色的美女样貌和性格的消费、不断制造电视剧化的悬念，加上反映社会现实焦虑与价值观的语言奇观，以及通过才艺展示活跃气氛等娱乐元素的综合运用，满足了大众在繁忙工作之余娱乐消遣的需要。同时，《非诚勿扰》更像是一个高度浓缩的社会景观，大众可以在这个舞台上看尽世间百态、悲欢离合，进而产生一种围观他人人生的感觉，满足大众的窥私欲。以上，或许可以从一个侧面解释《非诚勿扰》为何如此之火。

【问题总结】文化娱乐新闻的过度消费带来的娱乐狂欢不仅透支着广大受众的情感，也存在一些道德伦理问题，如“审丑”时代的到来，名人隐私揭露，媒体的“炒作”使得一些词汇符号化等都是佐证。要探究这些现象的实质，就需要关注消费主义这一时代背景。消费主义在中国落地生根对文化娱乐新闻产生了极大的影响，不可否认的是，其将全民带入了“娱乐至死”的时代。文化娱乐新闻本身的娱乐属性被过分夸大并肤浅化，给受众的精神家园带来了危害，为此，怎样让媒体与消费主义的关系趋向正常化也是文化娱乐新闻突围的重要方面。

---

① 翟金霞，任春晓．解析《非诚勿扰》热播的心理学原因．新闻天地（下半月刊），2010（10）．

第三节　大众乐意消费什么样的文化娱乐新闻

【问题提出】当前文化娱乐新闻报道由于其“麦当劳化”的操作和过度消费的倾向，呈现出病态的发展趋势。按照这种趋势发展下去，文化娱乐新闻将会逐渐丧失其受众。那么，媒体要提供什么样的文化娱乐新闻才能让受众喜闻乐见?

文化娱乐新闻存在的问题和内在焦虑使得人们对其应有的素质产生了思考，怎样让文化娱乐新闻回归理性和正常轨道，在提高内在价值和体现真实客观的同时又保证其特征就成了一个急需探讨和解决的问题。我们认为，文化娱乐新闻需要在以下方面努力。

一、新闻性

文化娱乐新闻属于新闻的大类，因此需要具备一般新闻所具有的普遍性特征，其中包括真实性、新鲜性、及时性和公开性。文化娱乐新闻报道要特别注意的是新闻的真实性和新鲜性。文化娱乐新闻一直是新闻的一个边缘化产品，对其真实性似乎没有明确的要求，只要能够娱乐大众，有点击量、有收视率，能够投大众所好就可以了。但实际上，真正规范的文化娱乐新闻必须恪守真实性原则，尊重新闻的价值规律，不捕风捉影。“真实”是新闻的生命，这同样是对文化娱乐新闻的要求。而新鲜性意味着文化娱乐新闻必须报道文化娱乐圈新近发生的事实，一些“狗仔”经常对发生了很久的新闻大炒热炒，毫无意义。

对于一些媒体的文化新闻而言，特别是对于一些党报等比较刻板的媒体，想要宣扬“主旋律”而出现了前文提到的文化新闻程式化的现象，在这个时候，就需要寻找文化新闻的新闻点，将主旋律与多样化的报道相契合，突出文化新闻的新闻性。有一些新闻本身就具有新闻点，只需要突出新闻点报道出来就可以了。比如2011年10月和11月，国家广电总局接连颁布了“限娱令”和“限广令”，表面上看起来这种新闻政策性很强，但仔细琢磨，只要抓住这条新闻与广大人民群众的利益息息相关的新闻点，就可以让政策性的文化新闻以“三贴近”的方式落地了。另外，对于一些指令性的报道，要进行开掘新闻点的“软”处理。诸如前文提到的大型文献纪录片《科学发展铸辉煌》研讨会召开这样的新闻，其本身趣味性不强，吸引大众的可能性也比较低，只能通过语言的多样化来实现文化新闻的突围。如果内容本身枯燥无味，语言上再刻板程式化的话，这样的文化新闻是没有人喜欢读的。另外，电视应该注重对文化新闻新闻点的挖掘，2012 年 11 月 8 日《娱乐乐翻天》中报道了“优秀电视剧献礼十八大”的新闻，除了动态性报道为十八大献礼的电视剧剧目之外，没有任何有关电视剧内容的介绍，没有抓住新闻点，有“完成任务”之嫌。

对于娱乐新闻而言，一定要恪守真实性的原则，虚假的新闻是不会有市场的。前文提到一些记者打着读图时代的幌子，常常根据一张图片去杜撰所谓的故事，造成了虚假新闻泛滥的现象。虚假新闻的卖点在于记者编造的故事中所设计的矛盾和冲突。但在实际中，文化娱乐圈也有大量丰富的新闻资源，其中当然也包含了很多具有矛盾和冲突的故事，关键在于记者是否有一双善于发现新闻的眼睛和挖掘新闻资源的能力。一家媒体只有报道真实准确的新闻才能够赢得更多的受众并在大众中提高自身的公信力，进而提升自身品牌并树立良好的形象。在核实新闻真实性方面，做得比较好的是《娱乐乐翻天》。该节目在报道名人新闻的时候，开辟出了《××有话说》栏目，给名人以平台和机会对坊间传言进行回应，澄清不实传言。以 2012 年 10 月 29 日的《娱乐乐翻天》为例，节目中涉及周迅将入围奥斯卡的传言，记者采访周迅之后得到了周迅否定的回复；针对伊能静发微博说“全家人在一起很幸福”，被传与哈林复合，记者找伊能静核实之后，伊能静澄清其微博中所指的“家人”是自己的妈妈和姐姐，并不是网友所理解的哈林；针对“董洁、潘粤明婚变，梁朝伟被指为第三者”的传言，记者采访刘嘉玲，其回应称完全是无稽之谈……该节目对娱乐圈传言进行核实的精神值得其他媒体学习。恪守文化娱乐新闻的真实性，就是要在拿到新闻爆料之后积极去核实新闻的真实性，而不是不负责任、不假思索地立刻传播。

二、娱乐性

美国学者赖特于1959年在拉斯韦尔提出的大众传播三功能说（环境监测功能、社会协调功能、社会遗产传承功能）的基础上，提出了大众传播的第四个社会功能——娱乐功能。他认为，大众传播的内容并不都是务实的，其中相当一部分是为了满足人们精神生活的需要，例如文学的、艺术的、消遣性、游戏性的内容。[①] 文化娱乐新闻的目的在于调节身心，给人们提供休息的机会和轻松的消遣。赖特认为，娱乐功能是媒介功能中最为重要的一个功能，当然，也是最为受众所赏识的功能。[②] 作为文化娱乐新闻，娱乐性和消遣性是其应有的题中之义。文化娱乐新闻与严肃谨慎的政治新闻、经济新闻截然相反，它呈现出娱乐性、消遣性、趣味性和通俗性。这也就要求其通俗易懂，要与现代社会流行文化的风格特征相契合，要比其他类别的新闻品种具有更强的可读性与可看性。

在这方面，文化新闻的报道过度强调了对“社会主义先进文化”的宣扬，很难引起读者的阅读兴趣，可读性降低了，受众人数自然也就降低。因此，文化新闻需要打破原有的条条框框，通过表达的趣味性来弥补中宣部“规定动作”的枯燥性。具体而言，注重写作手法的轻松活泼，在遣词造句上体现出明显的口语化和时尚化的风格，以增加吸引力和亲和力，特别是对一些严肃的党报来说，使用趣味性的表达方式有利于改变党报在读者眼中死气沉沉的刻板印象。另外，还可以通过版面的编排来实现文化新闻报道的娱乐性。在这里，文化新闻可以借鉴娱乐新闻版面的编排手法，精心设计版式、制作标题，做到“图文并茂、色彩鲜明”，强化版面的视觉冲击力。在这一方面，电视具有天然的优势，只要在画面、解说词和字幕的配合下就可以做得很好。2012年12月7日《每日文娱播报》在报道“电影《少年派的奇幻漂流》入围85届奥斯卡”的新闻时，一并报道了网友对少年派电影原版海报的恶搞和模仿。如在画面上播出网友重新创造的少年派的海报，有“泰坦尼克号”版，有“动物园”版等，并将网友与自己宠

---

① 郭庆光．传播学教程．北京：中国人民大学出版社，2003. 113～114.

② 黄晓钟，杨效宏，冯钢．传播学关键术语释读．成都：四川大学出版社，2004. 266.

物模仿少年派海报的照片一并搬上荧幕，主持人轻松的解说词配上不断变换的快节奏音乐，加上字体多变、个性十足的字幕，让这一报道充满了趣味性。要知道，只有贴近受众的新闻才是大众愿意去看和消费的。

目前的娱乐新闻，其娱乐消遣功能已经被媒体发挥得淋漓尽致，甚至在某种程度上出现了过犹不及的倾向。因此，对娱乐新闻来说，将娱乐消遣性保持在一定范围内，尽量克制对名人、身体、情感和符号的过度消费。能够娱乐消遣又不失深度、给予读者思考的娱乐新闻才会拥有广泛的市场。

三、批判性

面对纷繁复杂的文化娱乐圈，作为媒体，不能一味相信或一味反对，要客观、公正地报道，避免单向片面，呈现多角度的新闻事实，全方位满足大众的知情权。保持批判性的态度并不意味着要胡批乱批，对事实真相不分青红皂白就加以批判，对文化娱乐圈的各种现象持否定态度，毫无根据地进行造谣中伤；也不能妄自菲薄，一味地曲意逢迎，无原则地说好话。批判性的文化娱乐新闻最终是要给大众还原一个真实、全面的文化娱乐圈。对大众来说，更需要的是理性的报道，而不是提供偏激意见的报道。

对于文化新闻来说，无原则地说好话，一味地曲意逢迎是大众所不齿和不屑于去看的。这种单向、片面的报道只能将文化新闻引向歧途。目前很多文化新闻报道动辄是“最具有历史意义的”、“最具有开创精神的”、“最具有里程碑意义的”、“新中国成立以来最……”等一连串空洞无实际意义的形容词的堆积，让人很难理解新闻背后的真实内涵。以2012年“大地情深”——国际公共文化示范区创建城市群众文化进京展演的新闻报道为例，整篇新闻报道都是以“独特的群众文艺形态”、“充分抒发群众心声”、“描绘百姓生活”、“真实公共文化建设成就”这些空洞的词汇堆积而成，单向、片面的报道很难引起读者的共鸣。相反，媒体对近期上映的电影《一九四二》的报道就全面很多。不仅有对电影本身的报道，如《〈1942〉首集纪录片曝光　逼真还原当年街景》、《河南大饥荒百张照片回味真实的〈1942〉》等；也有对这部电影背后历史的回顾，如《电影〈1942〉历史背景简介》、《电影〈一九四二〉：聚焦中国人的饥饿记忆》等；有从另一个侧面探讨由这部电影引发的对历史的思考和对现状的批判，如娱乐评论《有温故而无知新的〈一九四二〉》；还有由这部电影观影中观众不等电影字幕播完就散场的现象而提出对“中国式看电影”的反思。这些报道不是对电影进行单向、正面的评价，而是以电影为中心向四周辐射挖掘新闻点，并对电影本身和由此衍生出的观众观影习惯提出反思，这种具有批判性的文化新闻才是读者乐意去看的。

注重批判性对于娱乐新闻而言就是要避免片面报道，多角度呈现新闻事实。娱乐新闻记者不能根据自己既定的观点来选择新闻事实，而是要在批判性原则指导下全方位地展现新闻事实。美国《新闻日报》古典音乐评论家贾斯廷·戴维森（Justin Davidson）在获得1998年美国报纸主编协会杰出写作奖中的艺术评论奖时说：“如果想写一篇评论全部都说‘太好了’或者‘实在糟糕透顶’是很容易的，但要写‘它有一些优点，也有一些缺点’就很难……你必须把各方面的审美标准调整好，因为要以各类演出自身领域内的要求去评判它们的优劣。”①正如戴维森所言，大众更乐意消费的是提供了全面信息的娱乐新闻报道，而不是充斥着记者在自身观点和立场预设的前提下，将个人情绪和意见贯穿其中的片面报道。

四、教育性

尽管娱乐性是文化娱乐新闻一个比较显著的特点，但不可否认，由于所有新闻都在无形中间接地履行着社会教育的职能，文化娱乐新闻也不能例外。但就文娱新闻而言，更切合的应该是思考性。正如新闻学者贝尔纳·瓦耶纳所说：“真正的教育离不开新闻（媒介）。因为大众传播工具是一种扩大器，可以使教育者的作用超越一般传播的对象。”② 学者沙莲香对此作了进一步的解释，她认为媒介的教育功能是指“通过大众传播把文化传递给下一代，并不断教育离开学校的成年人、社会成员共享统一的价值观、社会规范和社会文化遗产”③。深刻而又

---

① 转引自金梦玉．专业新闻报道教程．北京：中国广播电视出版社，2005. 238.

② 张国良．新闻媒介与社会．上海：上海人民出版社，2001. 66.

③ 沙莲香．传播学——以人为主体的图像世界之谜．北京：中国人民大学出版社，1990. 168.

有内涵，能让大众在娱乐之后有所获益的文化娱乐新闻才是大众真正需要的。

真正优秀的文化娱乐新闻报道可以为受众提供娱乐消遣，放松身心的同时有所思考。文化新闻报道在这方面已经做得很好了，唯一需要注意的就是进行教育的方式要尽量贴近大众，以广大受众喜闻乐见的形式呈现。这一点在前文已经提到，在此不再赘述。而娱乐新闻在这方面的表现确实差强人意。也许很多人会说自已看娱乐新闻就是图个消遣，并不指望从娱乐新闻中学习到什么。但我们也应该看到过度沉溺于娱乐新闻给我们生活带来的后果，如上文已经提到的迷失自我和文化智力降低等弊端。事实上，与时政新闻、经济新闻、文化新闻等相比，娱乐新闻需要承担的教育功能并不多，只需要在人们获得审美愉悦和娱乐快感的同时，能获得思想上的触动和心灵上的提升，留下充分的时间和空间，让大众可以在娱乐消遣之余思考周围的世界，不至于长期在“娱乐至死”的氛围中失去独立思考的能力。但这并不是意味着要将娱乐新闻变成“说教式”的新闻，过度注重其教育性，而忽略了其娱乐消遣的功能，只需要在娱乐新闻力所能及的范围之内坚持正确的导向。当大众疲于面对媒体每天对名人吃什么穿什么之类鸡毛蒜皮的报道时，如果可以将正确的政治导向、价值导向、生活导向融汇进去，多报道一些名人健康的生活方式和积极向上的生活趣事，或是在进行名人专访时多挖掘一些名人奋斗史和励志故事，这样的娱乐新闻应该是大众非常喜欢的。

五、基本的道德立场

文化娱乐新闻报道必须持有基本的道德立场，对于媒体而言，至少报道的内容应该是健康并且适度的，这可以对名人、对身体、对情感和符号的消费控制在一定的限度之内；对记者本身而言，应不违背基本的新闻从业者职业道德规范和基本的道德原则。报道的内容应该是健康的，使用的语言应该是恰当的，不应出现一些煽动性和过度渲染导致大众情绪发生强烈波动的内容。大众对低俗化、庸俗化的报道已经非常厌倦了，大众亟需有立场的文化娱乐新闻。在此，记者需要扮演好社会守望者的角色。

由于目前的文化新闻多立足于党报等媒体，自身立场失范的情况不多，在此不过多讨论。而娱乐新闻要保持基本的道德立场在今天就显得尤为重要了。如近期媒体对香港诸多艺人集体吸毒事件的报道，可能大众更需要的是站在客观立场上去分析香港出现艺人集体吸毒现象背后的深层原因，而不是仅仅每天浮于表面地报道哪些艺人又加入了吸毒者的阵营，这些人或者这些人的亲属又是哪些非常出名的明星等。这种热衷于艺人炒作而无反思的报道只会加重大众对娱乐圈的怀疑并对自身生活的意义产生联想，甚至可能出现模仿艺人等问题。新浪娱乐甚至趁热打铁，做了明星吸毒的专题，将近年来满文军夫妻、张默、酒井法子、莫少聪等吸毒的明星进行了归纳整理，列了满满一页，营造出一种明星中大部分人都在吸毒的幻象。这对于大众，特别是乐于关注娱乐新闻的青少年的影响是极为不利的。做有立场的新闻，给予大众健康的导向，这应该是文娱新闻应有的题中之义。

【问题总结】只有回归其本源，追溯其作为新闻的本质，这样的文化娱乐新闻才是大众喜闻乐见并乐意消费的。坚持新闻性、娱乐性、批判性、教育性并保持基本的道德立场才是文化娱乐新闻的应然状态。

第四节　文化娱乐新闻如何做出“文化”

【问题提出】随着对文化娱乐新闻的探讨和认识不断加深，“文化性”对于其重要程度也是毋庸置疑的。可以说，把“文化性”作为文化娱乐新闻的灵魂，对于文化娱乐新闻以后的发展有着积极且深刻的影响。那么，文化娱乐新闻又该如何做出“文化性”呢？

一、明确态度

前文所述的所有文化娱乐新闻报道中出现的失范行为与不良倾向，从主观上都归因于文化娱乐新闻的编辑记者没有树立起专业主义的理念。记者编辑的新闻专业主义理念，是文化娱乐新闻做出“文化”的根本前提。

专业主义是一套论述新闻实践和新闻体制的话语，强调的是新闻从业者与新闻工作的普适性特征；它又是一种意识形态，是与市场导向的媒体（及新闻）和作为宣传工具的媒体相区别的、以公众服务和公众利益为基石的意识形态；它还是一种社会控制的模式，是与市场控制与政治控制相抗衡的、以专业知识为基础的专业社区控制模式。[①] 以专业主义为原则，将公共利益和社会责任作为职业精神牢记在心对文化娱乐新闻的编辑记者而言显得尤为重要。在具体的操作过程中，则包括把握客观的立场，核实新闻来源，保证新闻的准确性等。

南都娱乐新闻部一直在践行新闻专业主义的理念。笔者在对南都娱乐新闻部一位记者的访谈中了解到，南都娱乐新闻部一般将文化娱乐新闻分为严肃有深度的行业新闻（即作品，如电影、电视、音乐等）和娱乐八卦（即与明星相关的新闻）。在对新闻事实的处理过程中，记者会尽量从新闻专业主义的角度出发，对电影、电视剧、电视节目和音乐等内容进行把关，他们会站在关注文化产品或文化现象的角度，客观地把握立场，因此这种类别的新闻一般不会流于低俗肤浅。对于娱乐八卦新闻的报道，就会特别警惕。如果一看就是恶意炒作博眼球的新闻，经过记者的价值判断，觉得没有新闻价值的，就会无视这些所谓的“新闻”，不予报道；另外一些有炒作嫌疑，但是具有一定新闻价值（比如涉及大众比较关注的名人，或者事件本身就能够引起大众关注和议论的）的内容，南都娱乐新闻部的记者会有立场地报道，除客观阐述新闻事实外，还会做到向各方当事人求证，并提出是否为炒作的质疑，在行文中会把握客观的立场。记者会尽量避免港台娱乐新闻的不良习气，避免将主观的、不负责任的、浅薄的调侃和议论穿插在新闻的行文里，特别是主观臆断和人身攻击的词句。有时候为了增加新闻的娱乐性，南都会选择用《8姐视点》这一栏目形式，借用“8姐”这个虚拟人物之口夹叙夹议某条娱乐新闻，但立场仍然会尽量客观，可以有调侃和质疑，但不会流于低俗和无趣。这种专业主义的态度在一定程度上造就了南都娱乐新闻部所生产的文化娱乐新闻的高度，这也是多年以来南都引领文化娱乐潮流的原因所在。

---

① 陆晔．成名的想象：社会转型中新闻从业者的专业主义话语建构［EB/OL］．2005［2012－12－04］，http：//academic. mediachina. net/article. php？ id＝3880.

二、挖掘深度

要做出具有“文化”的文化娱乐新闻，还要对文化娱乐新闻资源进行多角度、多侧面、立体化的观察和分析，从而打造文化娱乐新闻的深度化，即“深度娱乐”。

“深度娱乐”并不意味着文化娱乐新闻要放弃其娱乐消遣的功能，而改用严肃的面孔和晦涩的语言进行报道，这只会让文化娱乐新闻畸形化。这里的“深度娱乐”强调的是对新闻资源的开掘。首先记者要有一双发现题材的眼睛，抓住某段时间内文化娱乐圈中发生的重大事件或热点、焦点问题，采用新颖的报道角度，多版面全方位深入，强调对新闻资源的整合，突出原创性和思想性。另外，需要强调的一点是，相比新媒体平台上碎片化的文化娱乐新闻，传统媒体与之相对抗的最重要手段就是“深度娱乐”，提供足够的信息群，把选定的题材充分整合，一站式推出，避免大众的二次检索。这就需要文娱新闻记者编辑整合信息的能力和包装信息的能力。对记者而言，需要在采访前尽可能多了解该事件，在采访中尽可能挖掘出更多的信息，从而为进一步的写作准备好原材料，并将原材料以巧妙的结构组织在一起，形成“场效应”。对于纸媒的编辑而言，需要在版面语言和图片运用上下功夫，通过视觉刺激配合文娱事件的报道，并形成自身鲜明的报道风格。对于电视和网络视频媒体而言，由于其媒介本质决定了它的肤浅和无法做出深度，因此就要特别注重对新闻素材的深度挖掘和新闻资源的多角度整合。另外，还要特别注重画面、字幕、解说词和背景音乐的配合，尤其是字幕，可以起到“备忘录”的作用，在提供娱乐的同时提示新闻中有价值并值得观众思考的信息。

随着2004年《娱乐周刊》与2006年《南都娱乐周刊》的出现，目前很多媒体也开始“深度娱乐”的探索和尝试。以《南都娱乐周刊》为例，它自创刊起就将自身定位为“中国娱乐第一刊”，要打造真实严谨、明星话题、独家视角、产业关注的新闻类娱乐杂志，在对常规的电影上映或者各种国际电影节的报道中，都能以一个新闻点入手对其资源进行深度开掘。其多年来的发展在行业中树立了典范，2006年创刊之初就出了很多经典的报道，比如女演员张钰揭露导演与女演员的性丑闻，其他的媒体对张钰公布的性录像汲汲追求并争相报道的时候，《南都娱乐周刊》推出了封面话题女权主义，除了在核心报道《女演员和导演到底怎么回事》中专访张钰，报道该事件来龙去脉之外，还纵深挖掘推出《“丑闻大讨论”之男半场》、《性交易中的女权主义》、《中国性纠纷十大事件》等报道，从女权主义的角度来解读这件被其他媒体黄色化解读的新闻。在报道中并不追求肤浅的内容、满足大众的低层次需要，而是对新闻进行深度挖掘，从而带来一种新的思想和观点的表达，这正是“深度娱乐”的魅力所在。

三、拓展广度

明确了态度，拥有了深度还是不够的，新闻报道还需要拓展广度，这就需要在内容、体裁和平台上拓宽广度。

具体而言，拓宽内容的广度和深度有一定的联系，总之都是要打造文化娱乐新闻的专题化；同时要拓展体裁上的广度，推动娱乐评论的发展，媒体可以设置专门的栏目对文娱现象做深度报道，通过对文娱资讯深度解读和观点提供相结合的方式，拨开眼花缭乱的浮云迷雾，为大众提供多角度、多层面的参考和观点，使大众对其蕴含的内在意义和价值形成准确的判断。此外，要注重文娱新闻传播的渠道，注重微博等新媒体平台的整合传播，增强大众与媒体的互动，提高文化娱乐新闻的到达率。这对文娱记者的采写能力和运用新媒体的能力都提出了新的要求和挑战。

《南方周末》“文化”版的报道一直都做到了深度和广度。2008 年 10 月 23 日出刊的对电影导演谢晋逝世的报道就是个典型的例子。谢晋辞世之后，南周推出了多篇稿件报道该事件及背后的现象。《“纪念谢晋”·谢晋最后的时刻(1923—2008)》主要展现谢晋辞世之前的生平琐事，这可以算是这个专题报道的主稿，是最具有时效性和核心新闻性的内容；由主稿拓展出《“纪念谢晋”·回忆谢晋》、《“纪念谢晋”·解码谢晋模式》、《“纪念谢晋”·谢晋：远去的时代》等报道，分别从《大师谢晋》的纪录片中解读谢晋的一生，解码谢晋及其作品与特殊的时代背景的关系，以及谢晋和他所处的那个时代的中国电影发展的关系。由核心新闻向四周辐射，对谢晋所代表的时代的中国电影进行反思，使读者在专题化的报道中获得了广泛的阅读体验。这种操作方法值得借鉴。又如，2012 年 12 月 7 日的《每日文娱播报》关注到了赵本山的弟子王小宝与出租车发生追尾事故并殴打出租车司机的新闻，并由此新闻扩展到赵本山对弟子的点滴，比如之前帮刘小光还债，帮小沈阳澄清不实传闻等。这就从一个点扩散到更大的范围，有助于受众将零散的新闻信息整合起来。另外，通过开设娱乐评论的栏目来拓展体裁上的广度也是非常必要的。《淮北日报》文化娱乐新闻编辑程文曾在谈到自己的采编时提及《娱乐时评》的尝试，他认为："这种栏目的设置，克服了娱乐新闻版消遣性、趣味性有余，思想内涵不足的弱点，在提升娱乐报道思想格调，引导健康娱乐生活方面起到了积极的作用。"① 目前众多媒体已经开设了娱乐评论板块，需要注意的就是要立论严谨，推论严密，张扬个性但不能违背新闻的价值理念，任何发言都要根植于对真相负责的态度。福建东南卫视的《娱乐乐翻天》在报道完每一条文娱新闻之后，都不忘加上几句"小编点评"，这也是娱乐时评在电视节目中的表现。最后，在平台方面拓宽广度就是要充分利用微博等新媒体，在微博平台上注重和大众的互动。《娱乐乐翻天》在每期节目最后会有一个"娱乐显微镜"的问答环节，就是加强节目与观众互动的有效尝试。"@南都娱乐周刊"和"@新浪娱乐"等微博在新浪微博平台上相当活跃，非常注重人际传播的技巧，及时传播文化娱乐信息，适时开展一些娱乐竞猜活动和投票活动，拉近和大众的距离，增加其报道的到达率，这是非常值得借鉴的。

四、保持温度

有人认为，有了新闻专业主义理念的指导，拓宽了文娱新闻的深度和广度，就已经可以成就一次比较成功的文化娱乐新闻报道。但是如果不注重人文关怀，这样的文化娱乐新闻报道是没有生命力的，只是以"内容"为中心出现，而不是以"人"为中心呈现，缺乏对人本身价值的基本关照。有温度、有人性的文化娱乐新闻才是真正有"文化"的。

本着人文关怀精神的文化娱乐新闻不仅是对名人生活状态的尊重，也是对大

---

① 程文．娱乐报道的文化精神．今传媒，2010（1）．

众知情权的尊重，同时也体现着媒体对自身的尊重。缺乏人文关怀的文娱新闻逐渐在受到人们的谴责，大众也逐渐重视文娱新闻华丽外表下更为深刻的人文底蕴。2003年香港《东周刊》刊出刘嘉玲裸照后引起大众不满，迫使其公开发表道歉声明并停刊；2006年张学友醉酒抢记者相机；2008年7月在泰国机场港媒不听劝阻狂拍女儿李嫣，李亚鹏怒火难耐殴打记者；窦唯不堪《新京报》对自己的负面报道闯入报社抗议，烧毁编辑私人车辆……这些例子可能过于极端，但文化娱乐新闻记者与名人的矛盾已可见一斑，究其原因，就在于媒体对名人隐私的挖掘肆无忌惮，对名人缺乏基本的人文关怀。长平曾撰文批判我们的娱乐新闻既没有低度又没有高度，“在娱乐八卦这件事情上，跟在民主自由等大事上有着相同的道理，那就是别把人家的后现代问题放到我们的前现代现实中来讲……看看人家的娱乐杂志和演艺明星为读者提供了多少东西，就知道咱们自己过着多么贫乏的娱乐生活了”[①]。没有温度、汲汲追逐名人私生活的文化娱乐新闻一方面恶化了媒体与名人之间的关系，另一方面虽然从表现上来看是对大众的贴近，但实际上是对大众的疏离。正面地、积极地去关注名人，在报道中将对“人”的关注和尊重放在至高无上的地位上，对媒体、对名人、对大众而言都是百利而无一害的。

以《南方娱乐周刊》为例，其在人文关怀方面做得功过参半。2008年王菲流产的新闻报道，记者并没有对第一手的信息进行核实，而只是将香港台湾等地的报道进行汇总整理，并加上记者自己的判断，围观王菲流产事件，造成一种众声喧哗，围观名人生孩子的集体狂欢。这是对名人隐私的侵犯，同时也没有将王菲作为一个有温度、有血性的人来进行报道，可见，记者在新闻专业主义理念和人文关怀方面还有很多需要改进的地方。与之相反，其2011年对姚晨的专访就进步了很多，没有一味挖掘名人身上的隐私，而是将姚晨当做一个人来报道，报道她如何和微博结缘、如何成为微博女王，展现她生活和交际圈中真实的一面，报道显得有温度、有人情味了很多。

2012年10月22日的《娱乐现场》对黄晓明将出演英语学校创始人进行报

---

① 长平．既没低度又没高度的娱乐新闻［EB/OL］．2006［2012－12－05］，http：//ent.163.com/06/0511/10/2GR82MCI00031H2L.html.

道，在人文关怀方面做得确实有失水准。黄晓明曾因一首英文歌曲中“not at all”的发音“闹太套”成为大众嘲笑的对象。《娱乐现场》在报道中热衷于采访观众对黄晓明英语水平的看法，并多次追着黄晓明要求其说几句英语，要求多次被拒绝之后，记者和主持人不忘在节目中对黄晓明的英语水平调侃几句。这实际上是对名人的不尊重，记者应该正视名人的弱点和缺陷，只要其在不断努力改进，就应该予以肯定，而不应过分苛责，并将个人情感和偏见带入到新闻报道中去。

名人也是人，他们也需要自己的生活空间，他们也需要被尊重，他们的生活不应被媒体一丝不落地报道并公开。要始终记得，“人”的价值，永远是文娱新闻报道中最有力量和温度的部分。

【问题总结】文化娱乐新闻想要做出“文化”，就需要把握好四个度：一是态度，文化娱乐新闻记者要树立专业主义理念，打造专业主义文化娱乐新闻；二是深度，注重对文化娱乐新闻素材的纵深开采；三是广度，以核心新闻事实为中心向四周辐射，从内容、体裁和平台向四周辐射扩散；四是温度，突出以人为本的理念，注重人文关怀。

第五节　南都娱乐的启示：全媒体时代如何突围

【问题提出】随着科学技术的飞速发展，网络技术得以不断更新升级，全媒体时代的到来使得媒介运作发生了根本的、深刻的变化。因此，媒体的一些采编理念也要不断更新，与时俱进，与全媒体时代相匹配。那么，文娱新闻需要全媒体转型的原因是什么？《南方都市报》的文化娱乐新闻在新媒体的挑战下又是如何进行报道改革的？

《南方都市报》的文化娱乐新闻无论是从新闻专业主义还是其他方面，都堪称同行业的典范。本节以南都娱乐新闻部的文娱新闻实践为例，探讨在全媒体时代文化娱乐新闻应该如何突围的问题。

一、文娱新闻也要全媒体转型

全媒体时代给报纸带来的挑战是相当严峻的。首先是网站和微博等新媒体的威胁。有记者曾经调侃称，目前传统媒体都是给新浪打工的，好不容易采访到一篇独家，转眼就被网站转载了，而网站尤其是微博的点击率和转发率往往比传统媒体自己网站的点击率要高很多。其次，在全媒体时代，大众大多从网络获取信息，根本不会在乎信息源在哪里。就目前的趋势而言，门户网站等媒体已经瓜分了传统媒体相当大的市场份额，加之报纸的逐渐没落和未来某天将要消亡的预言不断被证实，传统媒体进行全媒体转型就显得非常必要了。全媒体转型不光是形式和内容的转型，更是一种理念上的转型。南都娱乐新闻部的具体做法是：在"内容为王"的理念指导下进行跨平台整合。

娱乐新闻部与音视频部合作，进行平台整合。对《南方都市报》而言，进行全媒体转型的尝试从2009年就开始了。2009年，南方报业传媒集团社长杨兴锋就提出了南方报业传媒集团要向全媒体集团转型。文化娱乐新闻作为新闻报道的一个重要组成部分，也不例外。南都娱乐新闻部除了做传统上《南方都市报》每天出街的娱乐新闻版面和向奥一网、南方报业网提供文娱新闻之外，也开始和南都音视频部合作生产原创视频节目。目前主要有三档固定的节目：一是《花港观娱·毒家试片》，主要是"毒舌"电影，对某些新上映的电影进行评价和"吐槽"，有种类似于观影指南的作用；二是《花港观娱·讲视讲非》，这个主要针对电视剧，对烂剧进行"吐槽"；还有一档节目是《花港观娱·当红一击》，主要针对文娱圈的热点事件，主持人用粤语进行主持，对文娱圈的热点事件进行梳理、点评和总结。这些节目的原始新闻素材都来自于报纸，以原创视频节目的方式对原始文娱新闻素材进行加工整合，并提供南都自己的观点。这是对纸媒单一报道平台和单一报道方式的突破。

不可否认的是，全媒体转型，内容仍是核心。这些形式的创新和转型是远远不够的，不管怎样，全媒体时代依然是内容为王的。面对新媒体的竞争，传统媒体能够做的仍然是拼独家。而大众还是更习惯从纸质媒体上而不是从网站上阅读深度和长篇的报道。这对报纸等传统媒体来说，是一个得天独厚的优势。因此，

图 8－2　南都网娱乐新闻版块（图片来源：网站截屏）

从内容上来讲，深度报道和深度访谈就是传统媒体文娱新闻报道的一个制胜法宝。“深度娱乐”是文娱新闻报道的一个趋势。

二、“快”不了，就做“新”

全媒体时代带给新闻界最大的挑战就是信息发布的迅速性，文化娱乐新闻也不例外。很多新闻都源于微博、论坛、社交网站等平台的爆料。尤其对名人而言，他们特别喜欢通过微博平台发布个人资讯和“自我爆料”，这就给文娱记者带来了很大的困惑，想要抢占到文娱信息的第一落点往往是不可能的。并且，由于微博上信息来源的多样化和完整性，很多文娱新闻最后都会变成对微博信息的复述和整理。当同样一条文娱新闻送达读者手上时，读者已经在微博上看过了，这难免降低了文娱新闻的时效性，同时也缺乏独家性。面对这种挑战，在内容本身很难做出新意的情况下，南都娱乐新闻部独辟蹊径，一方面选择其他媒体或者网络等新媒体不曾关注的角度，另一方面就是加强策划，注重包装。

具体而言，独辟蹊径就是要选择独特的报道角度。这不是说在其他媒体都去关注新闻点的时候，南都娱乐要去“炒冷饭”，报道没有新闻价值的东西，而是要想到别人想不到的角度。比如在某个新闻事件中，某个名人的正面回应，各个媒体都会引用名人的回应而做出大同小异的报道，南都娱乐在这个时候就会选择从侧面突破去采访其他人。再比如说如果主要的新闻事实是名人晒恋情，其他媒体跟风报道名人的恋情进展时，南都娱乐就会选择把焦点放在网友的“吐槽”上，提供多个网友看待名人恋情的角度。总之，就是要用与众不同的眼光去打造独家的角度和视点。

此外，就是要加强包装策划。在把握不到新闻的第一落点和新闻事实趋向同质化的今天，策划和包装的意义就更加凸显了，这是让自己与众不同的关键所在。南都娱乐新闻部在加强新闻的包装策划方面一个比较实用的操作手法就是运用最近的流行语来包装一个或几个新闻事件，从而在形式上增加趣味性。如近期在报道“百变大咖秀”明星现场教授变身秘诀的新闻时，记者编辑就用“逆天”这一流行词进行包装。本来只是蔡妍、王喜、王祖蓝等通过造型师的化妆和变装来模仿 MJ、陈奕迅和张国荣等大牌明星，大众的关注度可能有限，但在报纸上写上“逆天”两个大字，就变得相当吸引眼球了。还有《花港观娱·毒家试片》、《花港观娱·讲视讲非》、《花港观娱·当红一击》这三档节目，也会经常将“神马都是浮云”、“切糕”、“元芳，你怎么看?”等流行语运用其中，平添了很多趣味。比如在电视剧《神探狄仁杰》中“元芳，你怎么看”这一台词成为网络流行语之后，有一期《花港观娱·当红一击》中评价董洁和潘粤明婚变这一事件时，不时穿插《神探狄仁杰》中狄仁杰与元芳的对话，让节目增加了很多趣味性。

三、观点娱乐，娱乐观点

南都娱乐新闻部目前还有一个比较新的尝试就是提供娱乐观点。他们的口号是“观点娱乐，娱乐观点”，就是要提供给大众有观点的文娱新闻，用观点来娱乐大众。在目前这一新闻事实泛滥，观点却很稀缺的市场中，展示观点、为大众提供理解文娱事件的角度，就显得很有卖点了。

视频节目、网站、电视很多其他媒体都可以做娱乐报道，但是作为南都娱乐新闻部自身的观点却是最独特的，这就是南都娱乐的卖点。前面提到的《花港观娱·毒家试片》、《花港观娱·讲视讲非》、《花港观娱·当红一击》都是观点性的娱乐节目。这三档节目每一期都会针对电影、电视剧或者娱乐事件提出南都自己的观点。比如毒舌电影《王的盛宴》，称其为观众的噩梦；再比如吐槽抗日剧《战旗》主演，并建议抗日剧也要突破原有模式，进行创新等。对纸媒而言，就是前述报纸上文娱版的《8姐视点》栏目，通过“8姐”这个虚拟的身份，从其口中讲出对文娱圈热点事件的观点和评价，向大众兜售文娱事件观点，这些都是不错的尝试。

但是，这种发展趋势会不会妨害文娱新闻的客观性，以后的发展前途又是如何？这些问题目前都还不明朗。按照南都娱乐部记者自身的说法，他们认为“这种思路是好的，但是具体成效方面目前还处于试水阶段，前途莫测，因为影响一个节目成败的因素太多了，比如制作的专业性、播出平台等”。

【问题总结】以微博等为代表的新媒体平台的崛起，彰显着新型媒介已经开始深刻地影响着社会生活。“全媒体”的理念不仅包括了各类传播工具，而且要针对受众的不同需求，选择最适合的媒体形式和管道，深度融合，提供超细分的服务，实现对受众的全面覆盖及最佳传播效果。《南方都市报》的平台整合理念，提供娱乐观点以及在新闻来源日益相同化的挑战下选择独特的报道角度，求“快”不成，转而求“新”的实践都是有益的尝试。南都娱乐的尝试为全媒体时代文化娱乐新闻的突围提供了蓝本。

参考文献

1. 金梦玉．专业新闻报道教程．北京：中国广播电视出版社，2005.

2. ［美］乔治·里泽．麦当劳梦魇——社会的麦当劳化．容冰译．北京：中信出版社，2006.

3. 李幸．文化娱乐新闻的采访与写作．北京：中国广播电视出版社，2002.

4. ［英］斯图尔特·艾伦．新闻业：批判的议题．纪莉、石义彬译，武汉：武汉大学出版社，2011.

5. 朱晓慧．新马克思主义消费文化批判理论．上海：学林出版社，2008.

6．陈昕．救赎与消费．南京：江苏人民出版社，2003.

7．郭庆光．传播学教程．北京：中国人民大学出版社，2003.

8．张国良．新闻媒介与社会．上海：上海人民出版社，2001.

9．沙莲香．传播学——以人为主体的图像世界之谜．北京：中国人民大学出版社，1990.

10．［英］托尼·哈尔卡普著．新闻工作：从原则到应用．周黎明译，北京：中国人民大学出版社，2010.

11．黄晓钟，杨效宏，冯钢．传播学关键术语释读．成都：四川大学出版社，2004.

12．吴飞，沈荟．现代传媒、后现代生活与新闻娱乐化．浙江大学学报（人文社会科学版），2002（5）.

13．黄磊，彭国祥．娱乐新闻的后现代型表征．新闻前哨，2006（6）.

14．李晓云．被娱乐的大多数．新闻界，2005（5）.

15．蔡骐，刘维红．论媒介化社会中媒介与消费主义的共谋．今传媒，2005（2）.

16．林晖．市场经济与新闻娱乐化．新闻与传播研究，2001（6）.

17．朱德泉．竞合时代，都市报文娱新闻传播的对策与方法．青年记者，2005（2）.

18．李敏．娱乐新闻特征研究．河北大学硕士学位论文，2003.

19．彭莲萍．消费文化影响下的娱乐新闻报道．暨南大学硕士学位论文，2005.

20．张浩．消费主义视野下的娱乐新闻研究．兰州大学硕士学位论文，2008.

21．张兰军．“消费”名人 不能透支“理性”［EB/OL］．2011［2012－12－01］，http：//opinion. people. com. cn/GB/159301/16522580. html.

22．选美节目“身体消费”的文化特征［EB/OL］．2008［2012－12－01］，http：//women. sohu. com/20081126/n260859164. shtml.

23．陆晔．成名的想象：社会转型中新闻从业者的专业主义话语建构［EB/OL］．2005［2012－12－04］，http：//academic. mediachina. net/article. php？id＝3880.

24. 程文．娱乐报道的文化精神．今传媒，2010（1）.

25. 长平．既没低度又没高度的娱乐新闻［EB/OL］. 2006［2012－12－05］, http：//ent. 163. com/06/0511/10/2GR82MCI00031H2L. html.

第九章　突发事件报道

突发事件是一个内涵非常广泛的概念，对于突发事件的定义，学者们各有不同的界定标准，但都大同小异。我国学者徐学江认为："突发事件，是指突然发生的，出乎人们意料的事件，不以人们的主观意志为转移。正因为其'突发性'，重大突发事件总是对社会迅速产生巨大的冲击力和震撼力，在极短的时间里成为社会舆论关注的焦点和热点。"[①] 而由中华人民共和国第十届全国人民代表大会常务委员会第二十九次会议于2007年8月30日通过的《中华人民共和国突发事件应对法》第一章第三条指称，突发事件是指突然发生，造成或者可能造成严重社会危害，需要采取应急处置措施予以应对的自然灾害、事故灾难、公共卫生事件和社会安全事件。由以上定义不难看出，突发事件一般是指那些突然发生、人们无法预先掌控，却能引起社会公众的特别关注，并对政治、经济、文化，甚至是一个社会系统的基本价值和行为准则产生一定危害或是造成威胁的具有深刻影响的事物和现象。突发事件报道，就是新闻从业人员对于发生的或是可能发生的如自然灾害（台风、旱涝、泥石流、地震等）、公共安全事件（食品安全、恐怖事件等）和事故灾难事件（生产安全、交通事故等）等相关方面做出的采访、写作、传播等一系列的新闻生产活动。

由于突发性、不确定因素等特殊性，突发事件一旦爆发，往往会在政治、经济、文化、社会等层面上造成一定影响，尤其可能会造成一定的财产损失、人员伤亡等负面的结果，甚至会威胁到人类生存和发展的切身利益。因此，公众必然会把注意力转移到突发事件的结果、事件进展等相关信息上。但因受时空、专业设备和专业素养等主客观因素的限制束缚，公众很少会亲自到突发事件现场获取信息。为了尽快认知了解事件，他们一定会把目光转移到各类媒体对相关事件的

---

① 徐学江．提高突发事件报道总体水平的关键．中国记者，2000（2）．

报道上。同时，新闻媒体作为“社会公器”和公共传播资源的使用者，必然要承担报道事件真相的责任，履行告知公众信息的义务。做好突发事件报道，告知公众真相，对于媒体来说至关重要。

第一节 为什么要做好突发事件的报道

【问题提出】突发事件的发生一般都是始料不及甚至毫无征兆的，常常令人措手不及。在探讨如何做突发新闻之前，需要探究做突发新闻的必要性。那么，媒介面对突发事件迅速出击，克服种种困难做好突发新闻的必要性是什么？做突发新闻又能够对媒介和社会带来哪些有利的方面呢？

2003 年 SARS 危机、2008 年汶川地震、2010 年舟曲泥石流灾害、2012 年北京“7·21”特大暴雨等，这类突发事件都造成了重大的财产损失和人员伤亡，且因其巨大的社会冲击力，在短时间内迅速成为社会关注的焦点。而且由于中国社会现在处于急剧转型的特殊时期，在政治、经济、文化等改革发展的过程中，各种问题和矛盾逐渐凸显，也常会出现类似于三聚氰胺毒奶粉事件、煤矿爆炸和矿井坍塌、“7·23”动车事故等关乎食品安全、生产安全、交通事故的各类突发事件。面对这些问题，媒体在保障公众知情权、引导社会舆论方面发挥着重要的作用，如若处理不好，可能会引发更大的问题，如厦门 PX 项目引发的网络群体事件的爆发、舆论暴力等。因此，多发的自然灾害和社会转型的特殊时期中凸显出的问题和矛盾，使得突发事件报道成为媒体常遇到的一种报道体裁。对突发事件报道的成功与否不仅关系到信息传播、舆论引导、社会监督、民心稳定，更是检验媒体的试金石，它直接关系到媒体的生存发展、权威及公信力的树立。

一、报道真相，引导舆论，预防信息变异和舆论暴力

随着信息传播技术的进步和发展，传播渠道日益呈现出多样化的特点，突发事件报道已经突破了时空限制，一个突发事件的发生可能随时聚焦全世界关注的

目光。2001年，美国“9·11”恐怖袭击事件发生后，一时间成为全世界关注的热点。美国CNN有线新闻电视公司的记者最先对这一震惊世界的事件做出报道，并拍下第二架飞机撞击世贸大楼的全过程。事件发生后，凤凰卫视也立即停止了正常节目的播出，同步传输美国福克斯电视网的节目信号，第一时间向国内电视观众传递这一消息，随后还进行了长达几十个小时的直播报道。2010年山西王家岭矿难发生后，以《泰晤士报》、《卫报》、《纽约时报》、《时代周刊》等为代表的西方主流媒体也对其做了大量报道。其中，《纽约时报》中关于该事件的报道就有6篇，《泰晤士报》和《卫报》则各有7篇。

互联网、电脑、手机等移动终端的普及应用，不仅加快了信息传播的速度，更重要的是，它们使得每个人都成为可能的信息传播者。但因专业素养的缺失，成为传播者的公众无法对其传播的信息作出准确的判断，这在一定程度上破坏了信息的真实性。网络媒体借助先进的技术优势，可以对与事件相关的各种信息资源快速进行整合并在网民中间迅速予以传播，使其成为一个社会焦点，但整合过的信息资源的真实、客观、公正是无法保证的。

因此，世界媒体的激烈竞争与网络媒体的特殊性，在一定程度上破坏了报道内容的客观、公正、真实。公众一旦听信了谣言，可能会产生焦虑恐慌情绪，这必然会影响到舆论走向和社会稳定。美国著名民意测验专家丹尼尔·亚克拉维奇（Daniel Yankelovich）认为媒介在危机传播中发挥着至关重要的作用，是帮助公众形成风险评估、对风险准确认知的信息源。

在突发事件发生时，公众对信息的需求意愿强烈，在寻求信息的过程中，必然会受到网络、国外媒体等报道的影响。因而，在突发事件报道中面对公众质疑时，媒体迅速告知受众真相，予以客观真实的回应，可以有针对性地消除公众不安的情绪和疑虑的心理，从而有效防御谣言，稳定人心。尤其是在一些地震、矿难等重大突发事件上，及时报道真相和事实，主动掌握话语权，可以有效应对国外媒体和网络谣言的冲击。2011年3月，日本发生9.0级地震，引发福岛第一核电站多个机组地下室出现放射性活度严重超标的积水问题，一时因信息不畅，造成核危机恐慌，在我国甚至一度出现全民抢盐风波。媒体准确报道突发事件是与社会公众进行良性互动的重要体现。准确的报道可以取得公众的信任，正确引导社会舆论，维护社会安定。尤其是报纸、广播、电视等传统媒体在做好突发事件报道，告知社会公众真相，引导社会舆论方面承担着重要的社会责任。

二、监督社会，守望环境，推进事件解决和社会进步

美国著名报人约瑟夫·普利策说过："倘若一个国家是一条航行在大海上的船，新闻记者就是船头的瞭望者，他要在一望无际的海面上观察一切，审视海上的不测风云和浅滩暗礁，及时发出警报。"每一个事件的发生都可能成为社会发展的绊脚石或助推器，而新闻媒体有守望社会环境的职责和功用。因而，大众传播媒体在报道事件发生的时间、地点、原因、产生的后果等基本信息时，保证向社会大众提供全面、公正、客观且真实的信息，履行告知、教育等职责的同时，还要不畏阻碍压力，准备后续跟进，紧跟事件发展情况，做好深度报道，勇于提出质疑和反思，探求新对策，促进社会进步，发挥瞭望者的监督及舆论引导功能。2008 年，中国出现了震惊中外的三聚氰胺毒奶粉事件后，新闻从业人员对奶业和食品安全的拷问和质疑，在一定程度上促进了相关行业的改进。

2003 年，广州的孙志刚案发生后，包括《南方都市报》在内的许多媒体对该事件做了详细报道，引起公众的广泛关注，在社会上掀起了对收容遣送制度的大讨论，先后有 8 名学者上书全国人大，要求对收容遣送制度进行违宪审查。2003 年 5 月 14 日华中科技大学法学院俞江、中国政法大学法学院滕彪、北京邮电大学文法学院许志永三名法学博士向全国人大常委会递交审查《城市流浪乞讨人员收容遣送办法》的建议书。2003 年 5 月 23 日，贺卫方、盛洪、沈岿、萧瀚、何海波 5 位著名法学家以中国公民的名义，联合上书全国人大常委会，就孙志刚案及收容遣送制度实施状况提请启动特别调查程序。2003 年 6 月 20 日，在未公布详细程序的情况下由中华人民共和国国务院总理温家宝签署国务院令，公布《城市生活无着的流浪乞讨人员救助管理办法》。6 月 22 日，经国务院第 12 次常务会议通过的《城市生活无着的流浪乞讨人员救助管理办法》正式公布，并于 2003 年 8 月 1 日起施行。1982 年 5 月 12 日国务院发布的《城市流浪乞讨人员收容遣送办法》同时废止。就这样，媒体对事件的持续报道和监督，引起了社会各界关注，并在学者的努力下改写了一部法律，促使施行 20 多年的收容遣送制度被废止。

三、检验媒体，测试能力，直关其公信力的树立和生存发展

可以说突发事件是对媒体和新闻从业人员的一个绝对考验，它既检验着媒体的反应速度、专业素质、媒体品格等方面的综合能力，也检测着新闻从业人员的职业素养。在突发事件报道中制胜，对媒体的影响力和公信力的提升至关重要。文广新闻传媒集团总裁黎瑞刚曾谈到，从世界媒体发展情况看，突发事件是造就媒体成功的机遇，如海湾战争造就了 CNN，“9·11”及随后的一系列事件造就了半岛电视台等，每一次突发事件报道可以说都是对媒体的一次综合性“体检”。

美国新闻学教授比尔·伯尼（Bill Bonney）博士认为：“对新闻媒介来说，最有市场价值的是交通失事、水灾、火灾、地震、谋杀、战争、行业纠纷以及死亡和伤害。”① 正所谓“成也萧何败也萧何”，面对激烈的媒体竞争，媒体能否对发生的突发事件做出迅速合理的决策，能否有效利用突发事件的新闻价值，对其生存和发展有着举足轻重的作用。

2001 年 9 月 11 日 8 点 45 分，纽约曼哈顿下城的世界贸易中心的摩天双子楼被恐怖分子驾机袭击。香港凤凰卫视中文台驻美记者庞哲在美国被袭击的第一时间就将电话打到了香港总部。21 时 10 分，正在播报《时事直通车》的主持人吴小莉立即中断正常新闻播报，报道了有关“美国纽约世贸大楼被袭起火”的消息及现场画面，使得凤凰卫视在全中国上千家电视媒体中成为最早播报“9·11”相关信息的电视台。对这一事件迅速作出反应既是对凤凰卫视庞哲和吴小莉专业素养的考验，也是凤凰卫视媒体品格的体现，是凤凰卫视一夜成名的关键基石。与凤凰卫视相比，CCTV 当时只是在固定的新闻栏目《现在播报》中对“9·11 事件”进行了报道。而这距“9·11”恐怖袭击事件发生已过了 3 个小时。因反应迟缓，未及时满足受众信息需求，使得 CCTV 在此期间失去许多受众。许多内地观众选择凤凰卫视中文台的《时事直通车》，就是因为想获得最新的信息。对同一事件，只因反应速度不同，便产生了天壤之别的结果。

不报、瞒报、缓报信息，只报喜不报忧的报道不仅会增加公众的抵触和反

---

① 张威．中西比较：正面报道与负面报道．国际新闻界，1999（1）．

感，降低受众对媒体的信赖度，直接影响到媒体公信力和形象的树立，而且可能会使我们错过最佳的救援时机或错失在决策制度等方面修正进步的机会。尤其是在面临重大的国际事件时，中国媒体更应该积极主动报道，把握话语权，树立良好的国际形象，扩大国际影响力。

2003 年 3 月 20 日上午 10 点 35 分，美国开始对伊拉克进行军事打击；CCTV 没有再像报道“9·11”事件那样后知后觉，而是第一次选择对本国的重大新闻事件中断播出而对伊拉克战争进行全方位直播报道，抢占了第一时间制高点。10 点 41 分，CCTV－4 正在播出的《中国新闻》开始出现“伊拉克战争打响，巴格达发出爆炸声”的滚动字幕，同时电视屏幕上切出美国轰炸伊拉克的现场画面和同期声，展示图文并茂的伊拉克战争画面，还约请专家评论，链接大量的历史背景介绍，并破例进行现场同声传译。10 点 43 分，CCTV－1 套中断正常节目，推出《伊拉克战争直播报道》栏目，开始长达 4 个多小时的直播报道；10 点 45 分，CCTV－9 也及时对伊拉克战争做了报道，之后，CCTV－3 也加入了伊拉克战争报道的阵营。CCTV 共对伊拉克战争做了长达一个月的新闻报道。CCTV 的第 1、3、4、9 套节目，根据最新战况和各国反响，结合各自频道的特点，从不同角度、有策略地全面报道战争动态，采用演播室与现场直播交互切换的方式，在第一时间进行报道，并利用各档新闻栏目同时滚动报道事态进展；而各专题节目则及时梳理、汇总某一阶段战况；非新闻时段则在屏底以滚动字幕的形式及时播报，全台各频道的新闻报道相互呼应，连续长时间直播报道了伊拉克战争的新闻，及时、全面、客观地报道战事动态。CCTV 此次对伊拉克战争的反应速度，让国内外媒体大开眼界，多层次、多角度、多形式的及时迅速播报，赢得了广大海内外观众的肯定与赞誉，充分满足了受众及时获取最新信息的需求，这也为 CCTV 的后续报道奠定了受众基础。现央视 4 套频道总监杨刚毅提到，在报道伊拉克战争期间，收视率翻了 28 倍，收视率最高时，国内有 1.1 亿人在看这个节目。

【问题总结】突发事件发生后，可能随时聚焦全国乃至全世界关注的目光，如果真相迟到，难免会谣言四起，及时而又准确地对突发事件进行报道可以有效引导舆论，预防信息变异和舆论暴力。对于媒介自身而言，报道突发事件是考验，同时也是媒介公信力树立和寻求生存发展的契机，及时、准确、全面而又客观的报道会赢得受众的信任，从而直接影响到媒体公信力和形象的树立。

第二节　突发事件报道中面临的挑战

【问题提出】近十余年，从2003年的SARS危机到2008年的南方冰雪灾害，从2008年的汶川大地震到2011年的“7·23”甬温动车事故，可以明显看到我国新闻媒体在突发事件的报道上已经取得重大的突破和进步。但同时也看到在实际的操作过程中，我国新闻媒体对突发事件的报道还有很多不尽如人意的地方。突发事件的报道受到来自政府、受众、新媒体等因素的束缚体现在哪些方面？这些影响因素又给媒体带来了哪些挑战？

下面我们将从突发事件本身的特点、政府对信息的处理、新闻从业人员在采写过程中面临的困难、新媒体的冲击等方面来分析新闻从业人员在突发事件报道活动中可能面临的挑战。

一、信息传播渠道多元，舆情爆发演变突然

突发事件的事态常常会突然激化、恶化，记者即使在现场有时也会手足无措。看不到这种突然性，就不可能做好心理、组织、技术、后勤等方面的必要准备，难以对突发事件作出快速反应，这样就会贻误时机，影响报道的效果，削弱报道的影响力。

涉及公众利益，甚至会威胁到公众的生命财产安全的重大突发事件，往往会在较短时间内成为社会关注的焦点和社会舆论热点，并产生巨大的震撼力和影响力。加之突发事件最大的特点就是爆发突然，出人意料。短时间内公众通过不同渠道获取各种信息，再通过各种渠道传播出去，聚集起来的信息以井喷式的方式散播出去。值得一提的是，在突发事件开始时，因为传统媒体的局限性，社会公众获取的大部分信息是事发地居民借助手机、电脑等终端传播出来的，其真实性

很难得到保证。在突发事件的非常时期，若传统媒体没有及时跟进报道，政府又不及时公开信息，任由这种信息肆意传播，其后果可想而知。

"7·23"动车事故发生后，以微博为代表的新媒体成为最早发布事故现场状况的信息源。但铁道部没有做到及时发布信息，随着救灾和赔偿等情况的进展，对于一些"把车头埋在土里的目的"等质疑也没做出合理的解释，引起网民极大的愤慨。尤其是在宣布救灾结束后，又救出被困20多个小时的小伊伊，更加激发了社会公众对事故原因、救援措施、伤亡人数与善后、列车残骸处理、中国高铁安全等的质疑和猜测；甚至在网络上出现了多个版本的遇害人数和名单，使政府陷入了诚信危机。中央电视台、《人民日报》等传统主流媒体也由于在事件中报道不够及时、全面深刻而遭受公众质疑。与国外媒体相比，国内媒体在对该事件报道上显得有些缓慢。例如，事故发生5小时后，人民网、新华网首页都没有作出积极回应；中央电视台坚持以滚动字幕和官方口径进行播报，直至事发后第4天才有新闻主播评论，质疑事故中的人祸因素；7月24日，"7·23"事故未能登上《人民日报》、《经济日报》、《光明日报》与《解放军报》四大报的头条。主流媒体的这些行为更加激发了社会公众的不满和质疑。虽然政府和主流媒体事后有所努力和改进，但效果甚微。

图9-1　"7·23"动车事故后一节严重变形的车厢被缓缓吊起（图片来源：中国高铁网）

二、采写过程危机四伏，信息获取渠道各方受阻

“对于政府来说，灾难事件无疑包含着对政府公共管理能力的考验与批判，甚至会引发对政府认同的危机，因此，政府对灾难新闻的传播必然限定其边界。”① 突发事件如煤矿爆炸等由于事故涉及有关部门的利益与安全措施监管的缺失，新闻工作者尤其是记者在采访过程中可能会遭到来自各方的阻挠甚至威胁。根据非政府组织“新闻问题运动”2011 年底发布的年度报告，2011 年在世界上 39 个国家至少有 106 名记者被杀害。三分之二的受害者出现在存在冲突的国家，如战争、民众反叛、血腥镇压、恐怖活动或大规模的犯罪活动。“新闻问题运动”组织的秘书长莱姆朋说，2011 年在埃及、利比亚、叙利亚、突尼斯和也门等发生的混乱中 20 名记者被打死，100 多名记者受到攻击、迫害、逮捕或受伤。

《洛杉矶时报》记者鲍波·多根说：记者不再被认为是“非战斗人员”，某些情况下，他们甚至变成了射击目标。记者在突发事件发生时，基本都是在事发的最前线，在报道事实、揭露真相时身心可能会遭受各方压力。《经济观察报》的记者仇子明曾因为报道上市的凯恩公司内部关联交易之内幕，被浙江丽水遂昌县公安局以所谓的“损害公司商业信誉罪”在网上通缉；第一个点名报道三鹿的记者简光洲也在自己的博客中提到：“在报道上版时，我脑子里晃动的都是三鹿公司气势汹汹地打电话指责记者的不负责任，并要把记者告上法庭的景象。说实话，这个晚上，我都没有怎么睡好。”

当然，记者在采访洪水、台风、地震等突发的自然灾害时也可能会遇到非人为性质的危险。南都记者刘可在徒步赶往映秀的途中遭遇惊魂一幕，“余震过时，情景极为可怕，飞石从头顶落下来……有一次我的脚陷入了泥浆中，前面又有人挡着，无法躲闪，只能眼睁睁地看着石头落在前方四五米处。夜里没睡好，头脑昏沉沉的，我不断提醒自己集中注意力，因为一个很小的疏忽都可能是致命

① 田中初. 新闻实践与政治控制：以当代中国灾难新闻为视域. 济南：山东人民出版社，2005.11.

的”①。

先驱集团出版部门编辑副总裁霍华德·泰勒说：“记住，没有任何故事价值比记者的生命更重要，一位死去的记者什么都报道不了。”因此，各大媒体在派遣记者采写新闻时，一定要把记者的安全放在第一位，尽量保证身居突发事件前线的记者的人身安全，并做到事后对记者的心理健康状况予以检查和调试。

三、媒体蜂拥而上，报道竞争激烈

公众的综合素质越来越高，使得他们对媒体报道的要求也越来越高。同时，技术的进步，新媒体技术的普遍应用也加剧了媒体之间的竞争。没有强烈的竞争意识，不充分发挥积极主动性，往往不能在报道中抢占先机。在突发事件报道中制胜成为媒体在竞争中求得生存发展的至关重要的因素。

突发事件发生后，尤其是地震、洪水等自然灾害类的突发事件，可能会造成事发地的交通、通信瘫痪，这给媒体迅速进驻事发地采访报道带来很大困扰。具有重要价值的突发事件，不仅会吸引社会公众的目光，更会促使各大媒体蜂拥而至，各显神通抢先报道。为了拼速度，各大媒体一定会想尽办法，最快赶抵事发现场。美国“9·11”恐怖袭击事件发生时，CNN记者站在CNN总部大楼上目击3英里之外冒着浓烟的世贸大楼并对其进行报道，这样记者虽没有到达现场，却用了一分钟的时间就抢先播出了飞机撞向世贸大楼的第一条消息。汶川地震发生后，《财经》杂志和《南方都市报》的记者同时进入映秀镇，但因《财经》记者携带了海事卫星电话，成为全国第一家发出映秀消息的媒体，南都记者则因装备不足，错过了第一时间发稿的良机。

汶川地震发生的当日下午两点半左右，南都记者朱卓华在完成成都工作，去往机场准备返回广州的路上，地震发生了。在机场等候两个小时后，打车返回酒店的路上，她看到地震给当地人民带来的恐慌，随即跟领导联系，临危受命，赶赴掩埋了数百名学生的聚源中学，是较早到达现场的四川省外媒体记者之一。当时，路透社驻北京摄影记者David Gray还滞留在北京机场，地震发生4个小时

---

① 南香红．巨灾时代的媒体操作．广州：南方日报出版社，2009．104．

后，才搭上飞往成都东部的飞机，再开车去成都，用了18个小时才到达灾区。《华盛顿邮报》驻北京首席记者 Edward Cody 也是几经周折才到达成都——飞往成都的飞机被迫降昆明，第二天飞到重庆，再从重庆驾车去成都。中央电视台则充分利用自己的资源，央视时政部记者李东、梁丽娟、王威等人做好准备，随总理专机从北京赶赴灾区；当日18点左右央视另一部分人马在北京机场会合，通过张泉灵得知国家救援队将有飞机前往成都，可让记者直接上飞机；央视军事部的记者因得知北京军区某工兵团将会飞赴灾区而直接走北京军区的渠道；当天20点，央视新闻中心的首批记者11人坐在一架伊尔－76飞机的地板上飞赴成都。经过两个多小时的飞行，22点35分，飞机带着央视的第一批记者在成都某军用机场着陆。

可见突发事件报道的竞争之激烈，各大媒体想尽一切办法，“无所不用其极”，以便第一时间赶赴事发地。值得一提的是，央视这种充分利用自身优势，并通过各种渠道开发资源的路线值得各媒体借鉴学习。

四、对新闻从业者的专业素养和身体心理等素质的挑战

突发事件一般都有时间短、变化快的特点。要求采访的记者必须全神贯注，稍有疏忽，就会漏报重要情况。有时也会有如伊拉克战争等这样持续时间长的突发事件，要求记者持续不断地跟踪事态的发展，连续不断地发稿，这对记者的体力和脑力都有极高要求。大型的突发事件给新闻从业人员带来巨大的挑战，不仅要求记者有着极高的专业素养，更要求他们具有较好的心理和身体素质，以应对各种突发状况，以保证新闻报道工作的质量。就如2008年5月12日的汶川地震，在这样一个百年不遇的巨大灾害面前，无疑是对媒体和新闻从业人员专业素养和身心素质等进行的一次严峻考验。

汶川地震发生后，各路奔向灾区的记者大都跃跃欲试，满怀热情和精力，但当他们真正到达灾区时，发现现实的情况与他们想象和预计的相差甚远，惨烈的伤亡和满目疮痍的现场，使得很多记者失声痛哭，甚至连不在事发现场的央视主持人赵普在直播汶川地震消息时都泪洒演播室。很多记者因准备不足，在面对这样的巨大冲击时，未能理智应对，这在一定程度上降低了采访、写作、报道等新

闻活动的水准。

南都记者卢斌回忆在灾难现场时说："残垣断壁里不断有人哭喊。那么多生命在逝去，而我们无计可施，让人羞愧，让人无力。平时，一个人的死去可能让生者哀叹，当成千上万的人突然间死去时，却可能让我们变得麻木。在映秀，我看到的更多的是生命的脆弱，而不是奇迹。""我一分钟也待不下去了。我没有勇气采访那些悲痛欲绝的家长，只想逃离那里。"

另一位南都记者林劲松则回忆："我几乎没有了继续采访的勇气。一种无力感弥漫在我心中，心情压抑到了极点。看着这些受难的人，目睹这片悲怆的土地，我不由得对自己的工作产生动摇。从事灾难新闻报道整整8年，经历无数的灾难，面对许许多多的死亡。但在此刻，站在这些遭受苦难、痛失亲人的人面前，我不知道该怎样开启采访话题。在这样的时刻，我还得采访，不能去为他们尽一份力，我深感愧疚和自责。"

五、新媒体对传统媒体的冲击，外国媒体对国内媒体的影响

以手机、电脑、iPad为代表的新媒体，作为一个新的社会舆论平台，因其使用者的数量众多加之其发布信息的即时性、传播互动性强等特点，使其在抢占发布信息时机，引导社会舆论方面占有独特的优势。而由于编辑、印刷等工序，报纸等传统媒体受到很大的限制，在时效性和速度上与网络有一定的差距。从伊拉克战争到"9·11"恐怖袭击事件，从"5·12"汶川地震到"7·21"北京特大洪涝灾害，我们看到了网络媒体在舆论导向上的作用，见证了新媒体对于传统媒体的巨大冲击。汶川地震发生后，中央电视台第一次播放受灾最严重的北川县的画面是在次日11点左右，而绵阳电视台的记者廖勇前一天拍到的画面，播出5分钟后便被CNN转载。

随着经济的发展，国际社会对中国的关注度越来越高，任何一件事情都有可能成为国外媒体报道的焦点，尤其是围绕2008年发生的一系列重大事件：1月中旬，我国南方地区遭受雨雪冰冻天气灾害袭击；4月，胶济铁路发生特大交通事故造成70多人死亡，400多人受伤；5月，造成10万多人死亡和失踪的汶川地震；9月，至少造成260人遇难的山西省临汾市新塔矿业有限公司尾矿库溃坝事

故；接着是伤及中国5万多名婴幼儿的三聚氰胺毒奶粉事件。这些重大事件使西方媒体掀起了报道中国的热潮，然而其中不乏偏激、不客观的报道，对中国媒体造成一定的冲击和影响，同时也在一定程度上损害了中国的国际形象。面对这样的挑战，中国媒体要做好突发事件报道任重而道远。

【问题总结】突发性事件往往瞬息万变，这常常会让记者措手不及。并且，传统媒体在其他多种渠道以及微博等“自媒体”井喷式的信息传播面前，其局限性一览无遗，受制于政府等部门信息披露的滞后，更会引发多方质疑。突发性事件的现场往往也是危机四伏，记者前往现场获取信息时，一方面信源难以打开；另一方面更是面临人身安全的危险，记者的专业素养和身心等备受考验。此外，新媒体的参与会使得传统媒体抢先发布信息的时机丢失，外媒缺乏客观公正的报道更是呼唤国内媒体要做好突发新闻，在追求和逼近真相的过程中，要始终跑在外媒前面。

第三节 如何做好突发事件报道

【问题提出】每一个突发事件的发生对媒体、政府来说，都是一次处理危机的挑战。媒体该如何报道突发事件才能把握好度与量？媒体在突发事件报道上，怎样才能增加报道的可信度，并有效引导舆论，使事件往有利的趋势发展？在报道方式上，又该从哪些方面入手，使得突发事件新闻更有新意，更能够被受众接受？

2008年6月，胡锦涛总书记在视察人民日报社时就指出：“要完善新闻发布制度，健全突发公共事件新闻报道机制，第一时间发布权威信息，提高时效性，增加透明度，牢牢掌握新闻宣传工作的主动权。”然而突发事件敏感性强、报道难度大，若把握不好则很容易产生负面影响，甚至给社会政治稳定造成危害，成为报道的难点。在突发事件报道上，媒体可能会受到来自政府、公众舆论等各方的压力，这使媒体在面对突发事件有时会显得畏手畏尾，乃至丧失了报道的主动权。突发事件报道往往涉及社会的敏感问题，要求媒体从业人员有锐意进取的精神和勇气。媒体从业人员一定要强化突发事件报道意识，转变观念，敢于报道，要勇于改变以前“能捂则捂、能盖则盖”的做法以及错误地把对突发事件报道变成歌功颂德式报道的观念。

一、坚持实事求是，全面及时，增加报道的可信度和影响力

无论是政治性突发事件，还是自然灾难和重大责任事故，都因其严重的破坏性后果，给人们的心理带来极大的冲击和震撼，因而具有很高的新闻价值，很容易激起公众的了解欲望。同时，也会引发各大媒体争先报道，甚至会引来众多外国媒体的报道。尤其是以CNN、《纽约时报》等为代表的西方主流媒体，基本上掌握了当今国际涉华舆论的话语权和主导权。但它们在报道中国发生的事情时一般是按照西方国家的思维方式和价值标准进行的，因而它们所传播的中国声音、塑造的中国形象，很大程度上影响到了其他国家受众对中国舆论的视听和认知。面对重大突发事件，我们要同境外媒体争夺舆论阵地，第一时间作出报道，以赢得受众，争取舆论的主动权。

新华社社长李从军说过：“记者必须在第一时间、第一现场，喊出第一句话。”面对突如其来的重大突发事件，在较短时间内，受众往往无法对事件真相或是相关的细节作出准确判断。而媒体则有责任积极开展报道，正视突发事件的问题和产生的结果，把真相告诉公众，为受众答疑解惑，以正视听。有些媒体在不明真相的情况下，对来源不明的信息不去核实、求证就予以报道，充当了谣言的“扩音器”。同时，面对突发事件，记者还要去查证相关信息，兼顾社会影响，选择合理的报道时机。2001年底，长江上游发生一起卡车氰化钠泄漏的重大突发事故。《长江日报》的记者第一时间赶到现场准备进行报道，但在采访中记者根据自己的判断认为事态很严重，如若一意孤行报道不全面的信息可能会让市民产生恐慌，于是决定暂不披露，抓紧进行补充采访。后来从权威方面了解到，这批氰化钠经汉水释解，不会对下游居民的饮水安全造成威胁之后才予以报道。

对突发事件的背景、结果等客观的事实和信息给予及时准确的报道不仅能够

先声夺人，掌握主动的舆论权和话语权，还能够为救灾、灾区重建等进一步的工作提供决策和计划制订的依据。反之，信息发布不够及时准确可能会增加突发事件带来的负担。2008 年初，南方雨雪灾害期间，京珠高速公路出现严重堵车。其中一个重要的原因就是各方通车信息发布不及时，致使许多不知情的车辆进入湖南后无法出去。同样，郴州断电十几天的消息在事发 15 天之后才被公众得知。信息传播的不通畅严重影响了抗雪救灾的进程。

同时，突发事件事关民心稳定、社会安定，对其报道一定要谨慎、认真，容不得半点虚假。对于突发事件报道，新闻从业人员不仅要快速反应，注意时效性，更重要的是要去核实已获取的信息尤其是与财产损失、人员伤亡有关的数字，留意可能导致事件发生的各种细小环节等，做到如实报道，避免因盲目抢时间，一味追求时效性而出现失实报道，避免对社会产生不良的后果。真实准确的报道既是对公众负责，又是对明天的历史负责。

突发事件报道的准确性是一个很重要的问题，在实际操作过程中，会有各种主客观因素的制约。有些媒体还是没有突破“报喜不报忧”的模式，会有意识或无意识地缩减对事件造成的不良结果的报道，企图掩盖或减轻相关人员、单位的责任；有些媒体也会为了追求轰动效应而夸大局部，造成不必要的恐慌。有时还会受到事件本身的特殊性质的影响，如煤矿坍塌、洪水灾害等突发事件，其伤亡人员和财产损失数据是不断变化的，有可能发稿一分钟之后就不准确了。记者在采写上要注意及时更新数据，这可以通过与当地媒体沟通联系获取信息，采访权威专家和业内人士等，避免采访对象不够权威，掌握的信息不全面。同时编辑首期检查时要严格审核，让报道更加真实可信。

二、坚持以人为本，适度适量，提升报道的可读性和引导力

在突发事件报道，尤其是灾难报道面前，不同的媒体有着同样的责任。路透社驻北京摄影记者 David Gray 曾提到：“你是一个记录者，你要抓住人们的悲伤，但最好不要让你自己与他们的感觉有距离。”[①] 新闻报道注重时效性是无可厚非

① 李梓新. 灾难如何报道. 广州：南方日报出版社，2009. 109.

的，但是对于突发事件这种特殊的报道，新闻从业人员必须站在全局的立场，明确对突发事件报道的目的，不要单纯考虑发行量、收听率、收视率，慎重考虑报道后的社会效果，考虑大多数人的利益，避免为追求轰动效应，盲目地“有闻必录”去抢新闻、报新闻，要严格把握一个度，避免对事件的解决造成负面影响。而这个“度”既包括报道时机，又包括报道内容。

在报道时机的选择上，媒体要考虑到受众的关注焦点和注意力、当下重大的政策、社会环境等因素，从全局利益出发，选择合适的报道时机，使报道获得最理想的社会效果。反之，则可能会产生截然相反的结果。2010 年，菲律宾劫持香港人质事件发生后，菲律宾的棉兰网及其他三家电视台不仅电话采访劫持者门多萨，占用了谈判人员与劫匪进行沟通谈判的唯一线路，还通过电视发布总统府“不向暴力屈服”的信息并直播了劫匪弟弟与儿子被拘捕的过程以及外面警察的部署等情况。而劫持者门多萨通过大巴内的电视看到这些后被激怒，开枪射击人质，导致局势恶化，造成 8 人死亡、6 人受伤的结果。在这一突发事件报道中，菲律宾媒体没有把握好度，一味地追求轰动效应，忽略了社会公众利益的行径值得反思。

此外，很多媒体在报道突发事件时形成僵化模式，过多地流于领导亲临灾区指导，各单位奋战抗灾救灾等报道套路，却往往对受众最关心的突发事件现场的具体情况、发生的原因、社会各界对事件的看法和观点等内容一笔带过。媒体在报道突发事件时一定要想灾区民众之所想，急灾区群众之所急，既报道事件的基本情况，又报道事件中相关人员的生存状况和心理变化等；不能局限于只报道发生的灾害造成的人员伤亡和财产损失，应及时告知地质灾害、天气等信息，告知公众他们处于怎么样的环境中，给灾民提供可以采取的预防措施等服务性信息。

然而，媒体在报道突发事件过程中，往往还会为了吸引受众眼球，追求轰动效应，过分重视对细节的详细描写，产生不良的社会效果。媒体一定要坚守新闻专业主义，考虑受众的接受程度，对社会负责，避免煽情主义和过分的细节描写，尤其是要防止对突发事件中的当事人造成无谓的二次伤害。汶川地震后，凤凰卫视《冷暖人间》播出的《陈坚，最后 79 小时》这期报道记录了陈坚被抢救出来前后的 79 个小时所发生的事。报道中大量使用了对陈坚的同期采访，但陈坚被抢救出来后最终没能坚持到最后。不少受众认为，陈坚本来就很虚弱，记者却一直在采访他，让他说话，这样的报道非常不人道。

媒体只有以人为本，做出的报道才能深入人心。在关注度极高的重大突发事件报道中，记者必须把“以人为本”的理念贯穿于整个采写报道过程中。因为记者传递的画面以及举手投足都会给受众传递出信息和带来影响。记者要用理智去选择报道题材，尤其是在面对一些暴力事件或是恐怖袭击等突发事件时，新闻从业人员可以用手中的笔、镜头、话筒来传递信息和正能量。同时，要避免让新闻报道成为对当事人造成再次伤害的凶器，不要让笔触、镜头过分集中到一些血腥暴力的细节上，讲究对文字、图片、视频等新闻素材的处理。

三、深入调查研究，挖掘本质，保证报道的后续跟进和推动力

现代社会传播的信息呈现出“信息过剩”的显著特点。每当发生重大突发事件时，同一区域甚至是全国各种媒体的相关报道会铺天盖地砸向不明真相的受众。这种情况下，要想做出有竞争力的个性化报道，在竞争中取胜，深入调查研究，将报道做大、做深便成了媒体的不二法门。美国学者沃尔特·福克斯在《新闻写作》中就曾指出：“记者只是简单地叙述发生了‘什么’事实，只是简单地交代传统报道中的5W已不合时宜。在电子时代，新闻报道中需要意义与背景，而提供这些内容的工作便获得一个特别的称谓：解释。”

媒体做突发事件报道，在采取全景式记录，力求实时追踪、及时更新信息来展现突发事件发生的全过程，以便保证受众及时获取信息，满足其知情权的同时，还要立足已掌握的新闻素材，充分发掘新闻资源，对突发事件的前因后果进行深度调查和剖析，努力挖掘出事件背后的事实真相和本质，并结合连续报道、系列报道、组合报道等深度报道模式，增加报道的影响力。

然而突发事件的结束，并不意味着媒体的报道也随之戛然而止。每一次重大突发事件的背后或多或少都会有深刻的原因。媒体作为“社会公器”，要通过适当的舆论引导，主动监督质疑，激发社会公众对原有制度、体系、应急措施等的反思，并尽可能推动其发生改变，趋向完善。因此，媒体有责任对事件背后所触及的问题进行后续报道，去监督跟进，发掘真相，发现问题并促进问题的解决，引领社会进步。

媒体在做后续报道时，要了解受众，尤其是网民对事件发生、处理等环节的疑虑，努力通过客观、严谨的后续报道将这些疑点澄清。尤其是在新媒体盛行的当下，媒体做好对突发事件的后续报道，有针对性地释疑解惑，反映受众诉求，对其树立公信力，赢得受众显得至关重要。

四、敢于转换创新，突破常规，避免报道的同质化

在突发事件发生后，即使记者、编辑等新闻工作人员及时到达事发现场，但受交通、通信等客观条件的束缚，记者采写的一些新闻素材不能及时传回媒体中心，此时，大部分媒体会选择转载或借用已传播出的音像、视频、图片等资料，这不可避免地造成内容同质化。媒体要想在突发事件报道中获得竞争优势，一定要另辟蹊径，敢于在报道模式、编辑排版等方面创新，避免与其他媒体重复。同题竞争之下，我们看到的是“千报一面”。汶川地震的第二天，新华社的图片和文字稿被大量使用，相同的一幅照片出现在许多媒体的封面，而这些报道又早在头天下午至迟晚上都已上网，报纸只能把网上的内容照扒一遍。雷同、同质，每家报纸失去了自己的“脸面”，变得面目模糊，尽管大家在版式上想出很多花样，但依然掩饰不住内容的空洞。①

汶川地震发生后，面对多家媒体用同一张照片，重复现象严重，南都编辑刘晨选择了另辟蹊径。“我深知，对于绝大多数的中国人、绝大多数读者来说，他们不会在第二天早上看到报纸后才知道四川地震。有电视有网络有口头相传，他们早已得知灾情重大。那么，第二天读者看到我们的报纸，我想他们更需要看到一种态度——国家遭难，匹夫有责的态度。”于是，5 月 13 日的南都与其他报纸不同，其一版面上只有几行黑色标题，它最早表达了“祈祷、哀悼、救援”的态度，正好契合当时读者的情绪。

因此，在报道突发事件的同时，一定要做到知己知彼，既要清楚了解其他媒体已经做了什么报道以及报道的内容，又要想受众之所想，急受众之所急，寻求不同的报道路径。在“三鹿奶粉事件”曝光之后，很多社会公众无疑都想知道

---

① 南香红. 巨灾时代的媒体操作. 广州：南方日报出版社，2009. 212.

三聚氰胺的具体危害，以及那些已经遭受毒害的婴幼儿应该如何治疗等关键的问题。面对这样的受众需求，新华社于9月13日立即发出两篇消息《专家谈如何护理“肾结石”婴幼儿》、《调查组医疗专家谈三鹿问题奶粉的危害》，报道了医疗专家对问题奶粉的看法以及治疗“肾结石”患儿的方法，很好地做到了答疑解惑。同时，面对三鹿毒奶粉事件，新华社大量使用新华社评论员文章、新华时评等发出主流媒体的声音，以评论的方式传播国家主流媒体的立场和声音。这样，通过报道与评论相结合的方式，既满足公众知情权，吸引公众积极地参与和讨论，又能引导舆论朝着理性、建设性的方向发展。

【问题总结】 英国危机公关专家迈克尔·里杰斯特（Michael Regester）在其《危机管理》一书中提出了突发危机处理的“3T”原则，强调了危机时期信息发布的重要性，即Tell your own tale（以我为主提供情况），Tell it fast（尽快提供情况），Tell it all（提供全部情况）。这“3T”原则同样适用于媒体在面临突发事件时的报道原则：以媒体角度报道事实、以最快速度告知受众消息、报道事件真相。同时媒体要注意人性化，报道的内容不宜过分渲染，在报道程度或力度上都应该做到适可而止。

第四节　如何做好突发事件报道的策划

【问题提出】 突发事件报道是衡量一家新闻媒体综合实力及其新闻从业人员专业素养等的一个重要标准，报道的成功与否和对社会影响的大小直接关系到新闻媒体的竞争力、公信力以及品牌形象的树立，有时甚至会对政府形象、社会安定产生直接影响。常言道“凡事预则立，不预则废”。因此，要想做好突发事件的报道，必须做好新闻策划。那么，媒体如何做好日常准备和临时准备以更好地对突发性事件进行报道？在突发性事件发生后，媒体又该从哪几方面入手策划，提升报道的水平？

突发事件报道策划，是指记者、编辑针对某个突发事件，在最短的时间里，努力发掘其新闻价值，谋划最佳报道形式，以求达到良好的传播效果和社会效应的过程。[①]

通过合理的新闻策划，可以对已掌握的新闻资源进行有效整合，便于进一步深度挖掘新闻素材，更好地对突发事件做出全方位、多层次、多角度的立体式综合报道。这样不仅有助于社会公众透彻了解突发事件的来龙去脉，提高社会公众参与事件讨论的积极性和质量，更能使媒体在激烈的竞争中取胜，促进发展。

对突发事件的策划既包括前期策划，又包括后期策划。而前期策划主要是指媒体要建立自己的应对突发事件的系统。

一、积极预见：建立应对突发事件的系统

因突发事件常常出人意料，事发突然，媒体一般无法事先做出策划，但是媒体可以预先建立自己的一套突发事件应对体系，保证在遇到突发事件时能合理有效地分工，使新闻从业人员找准自己的位置，快速有序地投入到对突发事件的报道中去。国际上很多在突发事件报道中有出色表现的媒体，它们都有一套自己的应急报道预案，以便在重大突发事件来临时迅速作出反应。例如，新华社在2005年6月也制订了自己的《突发公共事件新闻报道应急预案》。

建立快速反应机制，便于媒体第一时间通过不同的渠道获取信息。例如，《南方都市报》经过多年的探索，就建立了自己的一套应急反应系统。2004年，南都记者通过报料中心获得孙志刚案的新闻线索，立即对该线索进行了核实，意识到其中蕴藏的巨大新闻价值后，持续报道，最终轰动全国，提升了知名度，并推进了实施20多年的收容遣送制度的废止。《南方都市报》的呼叫中心覆盖全国，使全国读者为其提供新闻线索成为可能。他们在接到突发的新闻线索时，立即向部门领导传达，以便对信息作出迅速准确的判断，有计划、有秩序地对人员、资金和设备等方面作出安排，保持事发现场与报社后方工作人员的联系，力求第一时间赶赴现场，以最快的速度找到好的新闻视角，向社会公众传递信息。

汶川地震发生后，《南方都市报》获得的第一条讯息就是当日下午2点半左

① 赵振宇．新闻报道策划系列谈（二）媒体该如何应对突发事件．新闻与写作，2010（8）．

右，报社一楼大厅的呼叫中心在接到报料并予以判断确认之后，《南方都市报》广州新闻应急程序启动，南都数字报开始网上直播，搭建内部 QQ 地震工作平台，引导整个新闻报道有序地进行。同时根据对灾情的判断，确定赶赴灾区的工作人员规模，并让南都记者通过飞机、汽车等不同的交通形式赶赴灾区。

然而媒体在对突发事件进行策划的同时也要注意在消息判断、人力派遣、物力装备上做好充足的准备：

（1）突发事件发生后，面对复杂的情况、紊乱的信息，新闻从业人员一定要对事件的相关信息进行梳理分析，避免出现错误的判断，贻误对突发事件报道的最佳时机。

（2）在组织选派赴突发事件现场的人员时，要考虑到各人员的身体健康状况、心理承受能力、采写经验等重要因素，避免出现选派人员到达现场后由于身心或是专业素质的限制而不能顺利完成采写任务，贻误报道。

（3）在财力、物力上要予以绝对支持，保证突发事件发生时报道设备、财务开支等的充足，避免滞缓信息的传播。

2004 年，印度洋发生地震并引发海啸导致 15.6 万人死亡。当时，中央电视台因其记者乘坐救援队专机成为较早抵达印尼亚齐的华人电视媒体。虽然具有最先到达的优势，但由于采访记者所带设备不能传输画面，只能依靠电话进行报道。最终，央视因在设备上考虑不周，给成功报道带来了些许遗憾。

二、搜集材料：为制定选题提供依据

“巧妇难为无米之炊。”材料的搜集，对策划突发事件报道至关重要。在搜集材料的过程中，可以为新闻从业人员的报道方向和选取报道角度提供帮助，并为确定选题提供依据。因此，要尽可能搜集全面完整的材料，为报道提供充实准确的新闻素材。下面以 20 世纪《纽约时报》对泰坦尼克号的成功报道为例来看材料搜集在突发事件报道中的重要性。

在获知泰坦尼克号沉没这一消息后，《纽约时报》及时辨别真伪并作出判断，其传奇编辑范安达立即与该报在哈利法克斯和蒙特利尔的记者以及拥有泰坦尼克号的白星航运公司办事处取得联系，并要求着手准备包括乘客名单和以往海难报道在内的材料，为后期报道策划提供了宝贵的素材。在两个小时之后，范安达和他的部下就已经策划好了这次突发事件的报道。在得知卡帕西亚号承担救援任务后，范安达甚至说服了无线电发明人马可尼到船上采访无线电报务员，记者则充当马可尼的助手也顺利上了船，从而获得一则关于泰坦尼克号最后发出的讯息的独家报道。卡帕西亚到达 3 个小时后，24 个版面的第一批报纸就已出街，其中关于泰坦尼克号沉没的报道占据 15 个版面。《纽约时报》对泰坦尼克号沉没事件的处理和应对至今仍被人津津乐道。《纽约时报》在材料搜集方面的这些方法和途径有很多地方值得我们去学习和借鉴。

美国学者斯蒂芬·芬克（Stephen Fink）认为："危机在不同阶段具有不同的特征，因此要在了解这些特征的基础上，选择相应的传播手段，才能达到传播效果的最优化。"重大突发事件具有较强的不可控性，事态的发展往往出人意料。因此，要尽可能多地搜集相关材料和信息，在为选题和策划提供材料依据的同时，又要实时搜集最新材料，及时变更、修正既定的策划方案，以应对突发事件中随时可能出现的计划外的状况，减少实时追踪事件动态的盲目性，既保证报道的速度，又保证报道的深度。

此外，新闻从业人员也要在具体的报道实践中，有意识地去总结一些典型的突发事件报道模式，同时有目的地去收集已发生的突发事件作为背景材料，总结突发事件的基本类型和有关知识，积累国外具有影响力的媒体在报道突发事件方面的方法，以便在面临突发事件时，能够及时作出反应，减少突发事件报道的盲目性。

三、求异去同：抢占突发事件报道的新闻制高点

在重大突发事件中，很多在事发现场前线的记者一般会或多或少地碰到一些超出常态的事情和现象，如重大的人员伤亡、突发事件相关人士非常规的言行举止等，可能会让记者有一种到处都是新闻的感受甚至产生无从选择的困惑与茫然。这时，制定一个合理的选题，为记者采写工作提供指引和帮助，以提升新闻报道的传播效果就显得极为重要。

同时，全国甚至世界上的各大主流媒体必定会对突发事件予以高度关注，因

媒体自身的影响力，其报道内容和角度有时难免会对其他媒体的报道产生一定的导向作用，这样，便会出现同题竞争的局面。在这种情况下，不论是后方的编辑还是身处前方采访的记者，都要提高竞争意识，发挥自身的创造力，对选题的报道方向进行判断和选择。记者要充分发挥自身的专业素养，亲临事发现场，获取更多、更新、更独到的第一手材料，对突发事件或是其中的某一现象进行全新解读，抢占突发事件报道的新闻制高点。

即使是碰到了其他媒体已经报道过的选题，记者和编辑也可以换个角度，另辟蹊径，探寻出亮点。如汶川地震造成四川洛水中学108位学生遇难，他们被埋葬在四川省什邡市洛水镇李冰村的一个山坡上。这个事情被很多媒体关注过，但都收效甚微。一星期后，《潇湘晨报》推出一个整版，将108块红砖错落地排列在版面上，标题是《天国没有墓志铭》，配上只有176字的短文。《潇湘晨报》通过编排，利用版面语言强烈表达对遇难孩子们的哀悼和心痛，社会反响强烈，获得了“独家”的传播效应。

部分突发事件从发生到结束有时会持续一段时间，其报道不可能一次性完成。因此，媒体还要做好后续跟进报道的准备，根据时间的推移、突发事件的变动以及受众关注焦点的变化等不断改进策划方案，完善制定的选题，有计划、有准备地做好对突发事件的跟进报道，控制报道进程，进而传递有效信息，正确引导舆论，提升新闻质量，增强报道的社会传播效果。

四、运筹帷幄：采写流程制定和操作

随着时间的推移和事件的发展，之前让人茫然的事件会呈现出明朗化的趋势，甚至能转化为可预知的新闻事件。新闻从业人员可以抓住其可预知甚至是可预测的有利条件，对相关事件或是人物进行预先采访，等到事件真正发生时，再依据现实情况的变化，对采访内容进行充实或修订。但这种情况一般是比较少见的。

所以，在突发事件的现场，新闻从业人员尤其是记者关键还是要把主要精力集中于突发事件发生的原因、造成的结果、与事件相关联的人的现状等方面，特别要捕捉可能出现的出乎意料的、与原先设想大相径庭的结果等，凭借自身的专业素养，迅速作出判断并及时与编辑沟通，对事件涉及的方面做出全方位的报道，满足受众迫切的知情权。例如，南都记者在汶川地震采访时，偶然碰到了绵竹市委书记蒋国华下跪的场景，记者凭借敏锐的洞察力和新闻敏感，及时把这转瞬即逝的场景用相机记录下来。这样有价值的突发状况是可遇不可求的，必然需要新闻记者凭借自身的专业素养才能及时捕捉到。

同时，新闻记者在突发事件现场进行采写的过程中，一定要想尽办法及时与身处后方的编辑人员进行有效沟通，统筹运作，这样既能加快完成新闻报道稿件的进度，避免工作成果的浪费，又能增强新闻报道的时效性，吸引受众的眼球，还有利于提高新闻报道的质量。《南方都市报》在汶川地震报道中就曾出现因记者和后方编辑的通信中断，导致沟通不畅，结果记者费尽心思采写的稿件因版面不足而无法及时刊发的状况，甚至影响到记者的积极性。

【问题总结】 虽然突发性事件难以预料，但媒体建立一套常规的应对机制和系统还是极为必要的，这样不仅可以有效打开信源，也可以使突发性事件的报道变得有序，减少盲目性。并且，在策划过程中，注重材料的搜集，敏锐捕捉到一些出人意料或稍纵即逝的信息和画面，这是选题精准、报道全面的有力保证。此外，选题和报道角度的创新也是很重要的，这就需要在策划过程中充分发挥创新能力，求异去同，避免千人一面的同质化报道。

第五节 全媒体时代，传统媒体在突发事件报道中如何制胜

【问题提出】 网络新媒体的迅速崛起，开启了全媒体时代的来临，网络媒体的“即时性”特点使得传统媒体在突发新闻报道上备受挑战，传统媒体在突发事件报道中还有优势吗？既然网络新媒体具备这么多的优势，那么，传统媒体如何借力网络新媒体，获得更好的发展？

一、新媒体凸显的优势及对传统媒体的冲击

随着互联网和信息传播技术的发展以及被广泛应用，网络媒体成为继报纸、广播、电视之后的第四大传播新闻信息的工具。所谓网络媒体就是媒体意义上的网络，恰如媒体意义上的报纸、广播、电视，它是借助国际互联网这个信息传播平台，以电脑、电视机、移动电话以及 MP4 等为终端，以文字、声音、图像等超文本形式来传播新闻信息的一种数字化、多媒体互动式的传播媒体。简而言之，即以互联网为传播平台，以超文本为主要传播手段的传播媒体。[①] 与传统媒体相比，网络媒体因其信息传播的快捷性、交互性强以及信息内容的多样化和无限性等特点，在突发事件报道中有着无可比拟的优势。

网络媒体凭借互联网的技术优势，可以把生产出的信息随时随地予以传播，呈现出“即时性”的特点。而传统媒体在制作和传播信息过程中都要经过排版、印刷、音频剪辑、再传输等多个环节，这在一定程度上延缓了信息的及时传播。因此，网络媒体在信息的传播速度方面远远超越了传统媒体，尤其是报纸和电视。面对具有不确定性和突然性的突发事件，网络媒体似乎并不会“惊慌失措”。在突发事件发生的同时，任何人都可以通过手机、电脑等终端，甚至是在事发现场将信息传播出去，及时地提供权威信息，发挥其迅捷的突出优势，这是传统媒体难以企及的。

网络媒体在第一时间发布相关信息之后，还可以依托快速整合、编排能力以及空间无限量的独特优势，根据事件的发展变化实时更新信息，让受众随时获知突发事件的最新情况。网络媒体信息发布的“即时性”特点，成为它在突发事件报道中赢得广大受众的最大优势。另外，网络媒体还整合了报纸、广播、电视三大传统媒体的优势，既能传播文字、图片，又能发布音频、视频，多样化的内容可满足受众的不同需求。

因为技术的进步和互联网的普及，每个人都可能成为信息的发布者。每个人都可以通过博客、微博等来发布自己耳闻目睹的人和事，成为“报道者”。尤其

---

① 张健，程洁．网络传播学．苏州：苏州大学出版社，2007．11．

是突发事件发生后，传统媒体的新闻从业人员受交通等条件的限制，往往无法第一时间赶赴事发地，而身处事发地的每一个人都可能用手中的手机、相机等对现场状况予以记录，甚至发布到网络上。近几年微博的出现更是促进了信息传播方式的巨大变化，它甚至成为很多重大突发事件的第一信息源。2011 年“7·23”温州动车事故发生后，几乎在事故发生的同时新浪网友“袁小芫”发出了第一条微博：“D301 在温州出事了，突然紧急停车了，有很强烈的撞击。还撞了两次！全部停电了！我在最后一节车厢。”数万网民在第一时间得知了这一信息。之后，第一条求助信息由网友“羊圈圈羊”在出事车厢内发出：“求救！动车D301 现在脱轨在距离温州南站不远处！现在车厢里孩子的哭声一片！没有一个工作人员出来！快点救我们！”

新媒体在突发事件报道中不仅做到了及时传播新闻信息，赢得受众，并且通过快速整合优势实现了多角度、全方位的报道，加之其多样化的信息来源，正在改变着突发事件的报道模式，成为冲击传统媒体的一股强劲力量。值得一提的是，以网络为代表的新媒体在传播信息过程中因审核机制的不健全和把关人的缺失，使其在树立社会公信力和权威方面遭遇瓶颈。新媒体报道突发事件、传播信息时，必须更多地关注具有权威的传统的新闻媒体、政府机构或是突发事件涉及的相关社会机构官方站点的信息，严格审核信息，报道权威的信息，才能减少因不必要的失实报道引发的恐慌。

二、传统媒体在突发事件报道中显现的优势

一般在突发事件结束后，能让人记住的大多是有深度的新闻，报纸、杂志等纸媒上有深度的内容会被网络媒体整合编排进行再次传播。与网络、广播、电视等媒体不同，纸质媒体有着思想深厚的品质和作品独具匠心的魅力。

报纸作为传统媒体的典型代表，它以文字为主、图片为辅来传递信息，其报道中有深度的信息内容和独到的思想观点是新媒体无法复制的。正是这一优势，使其吸引了一定数量的受众群体。在突发事件报道中，因为印刷时间等原因，报纸在时效性和互动性上虽不及新媒体甚至广播电视，但它的优势在于其长期树立的权威性和公信力以及报纸擅长的深度报道。受众对报纸的信任也强化了其在舆

论引导上的作用。尤其是突发事件发生后，因为信息不畅、社会公众面对突发事件的恐慌等可能成为谣言滋生的温床。此时，报纸应当凭借资深的专业采编团队和可靠的信息来源，对搜集到的信息进行全方位、多层次、多角度的报道，有针对性地答疑解惑，破解谣言，提高受众认知的主动性，帮助受众判断事实真相。

与其他媒介相比，广播最大的优势和特点就是快捷，接收信息迅速，较少受外界条件的制约。突发事件发生时，尤其是碰到地震、泥石流等重大自然灾害时，网络可能中断、通信信号可能消失、交通可能受阻，但是无线电波则是畅通无阻的。广播这一天然的优势，加上移动广播的迅猛发展，如地铁、公交、出租车等交通工具的车载广播，尤其是手机、MP3、MP4 等轻巧的可随身携带的便捷广播载体的运用和普及，使受众可以通过这些终端随时接收有关突发事件的各种信息。

2008 年 1 月，我国南方部分省市遭受了一场罕见的冰雪灾害。因雪灾严重造成湖南等地大范围的交通中断、停电，报纸、电视、网络等媒体一时难以抵达受灾群众所在地。在这个特殊的传播环境里，广播的无缝覆盖、传递迅捷、接收便利的独特优势，使其成为部分受灾地区群众了解外界信息的唯一来源。同样，2008 年 5 月的汶川大地震使得道路中断，电视、电信、电力等设施受损严重，灾区人民与外界通信也处于中断状态。尤其在地震发生后的几天，广播甚至一度成为灾区唯一的有效媒体，灾区群众只有靠广播了解灾情和政府的救援措施，感受同胞关怀和温暖，缓解恐慌和焦虑。

从南方冰雪灾害到汶川地震等突发事件报道中，我们看到了广播以其传播快捷、受众对象广泛等独特优势，在突发事件报道中占据了突出的位置，有着其他媒体无法替代的作用。

此外，在突发事件报道中，广播在发布信息的同时，通过筛选整合，发挥着为政府、救援队，甚至是群众部署救灾、互助救灾、自主救灾提供信息的作用。2008 年在抗雪救灾的报道中，安徽交通广播中断正常节目，全天播报“迎战暴风雪”特别节目，为滞留在道路上的司机、准备出行的受众等提供天气和航空、铁路、公路等交通状况实时的资讯。还与周边省份江苏、浙江、河南、江西交通台保持联系，每天及时发布各主要路段的交通实况。

与报纸、广播相比较，电视在突发事件报道中的优势就是其对声画的原生态记录。电视媒体既有广播记录声音的优势，又有记录动态画面的独特优势，只要能在突发事件现场捕捉到声画，基本上就是独一无二的素材。电视媒体在面对突发事件报道时，在通信和相关设备齐全的情况下，可以通过记者和演播厅的现场连线，实现声画的直播。这种具有声音和记录灾区具体情况的视频往往更能吸引受众。在汶川地震中，中央电视台在国内开创了全程直播灾难新闻的先河，24小时实时播报灾区记者发回的报道和画面，进一步提升了央视的影响力和公信力。

三、传统媒体与新媒体结合，达到优势互补的双赢效果

面对突发事件的复杂性和时空的限制以及激烈的媒体报道竞争环境，传统媒体仅依靠自己单一的力量是很难有重大突破的；同时，以网络媒体为典型代表的新媒体，其劣势和不足之处主要在于内容资源及其真实准确程度上有所缺失，而原创内容丰富、报道可信度高恰恰是传统媒体的优势所在。传统媒体与网络媒体之间若尝试取长补短，互相融合，必然可以更加从容应对各种突发事件的报道。两者可以在开辟新闻源、增加报道深度、与新媒体合作等方面实现突破，促进传统媒体和新媒体的共同发展。

在融合发展过程中，新媒体可依靠传统媒体加强内容资源建设，突出核心资源，传统媒体则可借助新媒体的传播渠道优势，为核心内容增加传播载体，实现多载体共享资源，达到共赢的目的。

（1）整合新闻资源、加强内容建设。

维亚康姆公司（Viacom）总裁雷石东认为："传媒企业的基石必须而且绝对必须是内容，内容就是一切！"即使是在新媒体时代，我们仍要坚持内容是报道的根本，坚信"内容为王"。传统媒体在突发事件报道上力求及时，以便在时效性上努力追赶新媒体的同时，也可以充分发挥自身的优势，通过评论、深度报道等形式，加强内容建设，避免报道失衡，对事件本质进行深度分析，抢占舆论引导的制高地。另外，好的报纸排版、视频画面等新闻语言形式也能引起受众的兴趣，因此，新闻从业人员利用编辑、排版等形式对报道内容更好地整合，借助好的形式去表达内容，同样可以取得良好的社会效果。

在突发事件报道中，传统媒体可以通过与其他传统媒体合作的方式来丰富传播内容。不论是报纸、广播还是电视均可以借鉴央视在伊拉克战争报道中的做法：与国外媒体签订协议，采用4套国外信号来挖掘新闻资源的方式，给受众提供更加丰富真实的内容，以弥补在突发事件报道中内容上的缺失和不足。这不失为传统媒体与新媒体合作的制胜之道。

传统媒体也可以借助网络上丰富的信息资源，分析其中可能存在的具有新闻价值的人和事等。手机、电脑等移动终端的普及为社会公众通过微博、博客等平台传递信息提供了便利，这也为网络媒体带来了丰富的消息资源。但这些资源都呈现出碎片化的特点，会让置身于信息海洋中的受众无所适从。在这种情况下，传统媒体完全可以对网络上的信息资源进行整合和深度加工，通过评论等形式对其做出深度剖析和解读，再次予以传播，为受众呈现一个耳目一新的、立体化的、有深度的报道，帮助受众认清突发事件的真相本质，正确判断是非。同时，新媒体可以转载传统媒体的深度解析报道，提升网络媒体报道内容的深度和质量。

（2）广辟新闻渠道，强化信息传播。

信息传播技术的发展使得新闻媒体的应用愈加广泛和普及，传媒渠道也日渐呈现出多样化的特点，网络、手机、iPad等便捷的可移动终端使信息传播变得轻而易举。所以，报纸、广播、电视等任何一个新闻媒体要想在激烈的突发事件报道竞争中占有一席之地，必须要敢于变革和发展。而能否充分利用新媒体，拓宽信息传播渠道，提高新闻报道的时效性，则是在突发事件报道中取胜的关键。正如2008年的南方冰雪灾害，造成广州经过湖南等地的火车不能如期开动，面对滞留在广州火车站的几十万乘客，传统媒体完全可以利用手机等新媒体，通过定点区域短信群发，向这部分人发布天气、交通类的服务类的信息及其湖南等重灾区的情况，让公共了解灾情的实际情况，自行安排出行计划。

越来越多的报纸、广播、电视意识到网络媒体在突发事件报道中的优势，开始重视自身网络媒介的建设，主动融合网络中的诸多元素，以实现多维发展。美国CNN于1995年8月30日即开始建立网站，开办“CNN交互电视”（CNN INTERACTIVE），网站兼有文字、图片、声音和视像，有重要新闻站点、快速新闻站点、全政治新闻网页和葡萄牙语、西班牙语、瑞典语三种语言站点。随后，美国哥伦比亚广播公司、福克斯广播公司和美国广播公司也纷纷建立自己的网站。1996 年 7 月，微软公司与美国全国广播公司联盟，以 MSNBC 的网站名上网。中国网络电视台（CNTV）也于 2009 年 12 月正式开播，其首期上线的内容包括首页、客户端、新闻台、体育台、综艺台、爱西柚及爱布谷等内容，并陆续添加电影、电视剧、纪录片等服务内容，为受众贴身定制，提供全方位的服务。国内各大报纸、电台，如《人民日报》、《南方都市报》、中国之声等也纷纷建立自己的官方网站。

这样，在面临突发事件时，即使报纸、电视等传统媒体不能及时将编写的内容传播出去，也可以将内容先放到自己的网站上，引发受众的关注和讨论，还可以收纳、归类受众的反馈和建议，了解受众关注的焦点。另外，也可以根据网络媒体的传播特性，将之前已经传播过的内容重新编排后放到媒介网络上，为不能观看、收听直播或是不能阅读当日报纸的受众提供便利，实现内容的多次传播，达到传统媒体信息价值的最大化传播。

所以，未来对突发事件的报道趋势必定是传统媒体和新媒体的融合。面对突发事件，传统媒体与网络媒体要在相互博弈中寻求合作，开展整合互动，扬长避短，力求在突发事件报道中实现共赢。同时，如何准确辨别网络媒体信息的真伪，以便快速报道突发事件的真实情况，如何根据网络舆情的变化进行跟进式的连续追踪报道，成为传统媒体记者面临的又一挑战。

【问题总结】 网络媒体信息发布的即时性特点，成为它在突发事件报道中赢得广大受众的最大优势。并且，以微博为代表的“自媒体”更使得人人都能成为“报道者”。但传统媒体并非毫无招架之力，也不会就此一蹶不振，传统媒体报道内容的深度是新媒体难以比拟的。但传统媒体也并不能因为这一点而故步自封，在全媒体时代，只有传统媒体与新媒体有机结合，进行资源整合和优势互补，才能产生更大的传播效应。

后　记

《新闻报道学》是供研究生使用的新闻业务课程教材。本教材的前身是研究生课程“新闻采写研究”的部分讲稿，教学实践中虽在使用，但也一直在酝酿如何将当前新闻实践中遇到的基本问题和新问题上升到学理层面，并拓展学科领域。教材虽已出版，我们总觉得作为一门学科，对新闻报道学的研究仍处于探索阶段，尤其是全媒体时代出现的诸多值得研究的新问题。

学者认为，传媒传播运作规律的三个基点是产品力、渠道力和品牌力，也即内容、传播渠道和受众忠诚度。

因此，无论什么样的媒体都不过是一种机器而已，它的功能体现过程就是传播的过程，媒体无论怎么变化，这个基本功能都不会变。

从这个意义上说，无论媒体形态如何改变，作为产品的新闻报道，其材料采集、制作、加工等程序，本质上不会有多大改变。

本教材撰写具体分工如下：

第一章，薛国林、王厚启；第二章，薛国林、肖兆路；第三章，薛国林、唐涛；第四章，薛国林、梅刘柯；第五章，张晋升、许诺；第六章，张晋升、冯叶；第七章，薛国林、彭雪蕾；第八章，薛国林、张艳丽；第九章，张晋升、张维。

最后由薛国林、张晋升修改定稿。

书中难免有诸多不完善之处，敬请批评指正。

薛国林　张晋升

2013 年 3 月 15 日